中國学術思想 研究輯刊

八 編

林慶彰 主編

第 10 冊

韓非尊君學說與兩漢政經形勢（下）

黃紹梅 著

花木蘭文化出版社

國家圖書館出版品預行編目資料

韓非尊君學說與兩漢政經形勢（下）／黃紹梅 著—初版—
台北縣永和市：花木蘭文化出版社，2010〔民99〕
目 4+270 面；19×26 公分
（中國學術思想研究輯刊 八編；第 10 冊）
ISBN：978-986-254-194-4（精裝）
1.（周）韓非　2.學術思想　3.中國政治制度　4.經濟制度
5.漢代
121.67　　　　　　　　　　　　　　　　　　　99002347

ISBN - 978-986-2541-94-4

9 789862 541944

中國學術思想研究輯刊
八 編 第 十 冊　　　　　　　ISBN：978-986-254-194-4

韓非尊君學說與兩漢政經形勢（下）

作　　　者　黃紹梅
主　　　編　林慶彰
總　編　輯　杜潔祥
出　　　版　花木蘭文化出版社
發 行 所　花木蘭文化出版社
發 行 人　高小娟
聯 絡 地 址　台北縣永和市中正路五九五號七樓之三
　　　　　　電話：02-2923-1455／傳眞：02-2923-1452
網　　　址　http://www.huamulan.tw 信箱 sut81518@ms59.hinet.net
印　　　刷　普羅文化出版廣告事業
封 面 設 計　劉開工作室
初　　　版　2010 年 3 月
定　　　價　八編 35 冊（精裝）新台幣 58,000 元

韓非尊君學說與兩漢政經形勢（下）

黃紹梅　著

目
次

第五章 從韓非尊君學說考察漢代政治上之現象

　　上章歸納韓非尊君學說有六項重點，其中一至四項，主張用人公平嚴防權臣、虛靜無爲潛御群臣、循名責實考核臣僚以及立法執柄等，最有助於君主在政治層面上的運作。因在君主集權政治下，人君乃世襲產生。爲管理眾人之事，必須任人用才以濟君主專制之窮，以及制定法律作爲治理天下的標準。是以君主所憑藉的不外是官僚與法律以統理眾人。因此，國君首先面對的是總理官僚以及制定法令的問題。

　　基本上，在集權專制時代，用人及立法之權集中於君主。韓非論法術時曾說：

> 不可一無，皆帝王之具。（〈定法篇〉）

> 人主之大物，非法即術也。（〈難言篇〉）

「術」，即君主潛御群臣的用人方法。即後世所謂「爲政之要，莫若得人，百官稱職則萬務咸治。」（《宋史・司馬光傳》）爲強調天子集權，韓非言：

> 人主者，天下一力以共載之，故安；眾同心以共立之，故尊。（〈功名篇〉）

是以裁黜公室強臣、削弱諸侯，成爲專制時代要務。韓非子言：

> 萬乘之主，千乘之君，所以制天下而征諸侯者，以其威勢也。威勢者，人主之筋力也。今大臣得威，左右擅勢，是人主失力；人主失力而能有國者，千無一人。（〈人主篇〉）

強臣擅勢則權力分於下而上位危。因此，中央集權制度之下，一切官吏皆憑

才能選用，避免因世襲而專權。是以一切官吏均由君主進退，且其權力來自君主，君主對官吏易收指揮及令行禁止之功。

至於法本身爲客觀標準，所以有「信賞必罰」、「王子犯法與庶民同罪」的觀念。韓非言：「法不阿貴，繩不撓曲。法之所加，智者弗能辭，勇者弗敢爭。刑過不避大臣，賞善不遺匹夫。」（《韓非子‧有度篇》）即說明法適用於人民及親貴。至於法之制定權及執行權則在君主，依商鞅所言：「權者，君之所獨制，人主失守，則危。」（《商君書‧修權篇》）其中「權」指權力，是制定政令，推行政令之依據。故韓非言：「明主之所道制其臣者，二柄而已矣。……人主自用其刑德，則群臣畏其威而歸其利矣。」（《韓非子‧二柄篇》）換言之，法治的最高權威爲人君，誠如梁啓超先生所言：

> 法家最大缺點，在立法權不能正本清源。彼宗固立言吾主當「置法以自治，立儀以自正」力言人君「棄法而好行私謂之亂」。然問法何自出，誰實制之？則仍曰君主而已。[註1]

在執法以處「勢」的前提下，法之執行憑藉爲勢，勢亦待國君執法而展現其權力。由於處勢關鍵在執「柄」，因而力主賞罰由君主操持。《韓非子》書中類此言論頗多，他說：

> 人主非使賞罰之威制出於己也，聽其臣而行其賞罰，則一國之人，皆畏其臣而易其君，歸其臣而去其君矣。（〈二柄篇〉）

> 賞罰者，利器也。君操之以制臣，臣得之以壅主。（〈內儲說下篇〉）

法勢之結合有助於尊君，由於漢代爲中央集權專制政體，君主是一切判斷標準，所謂「天下治亂，在朕一人。」（《史記‧孝文本紀》）因此，漢代國君如何統御群臣及掌握法律，以鞏固專制政權，爲一大課題。以下就韓非尊君學說中對漢代政治之影響，舉其犖犖大者說明之。

第一節　打擊地方諸侯王鞏固中央集權

秦漢集權世代爲帝，成爲家天下之形態。爲表示君主地位之尊隆，自秦漢以來，天子正號稱爲皇帝，此正是韓非所說的：「夫立名號，所以爲尊也。」（〈詭使篇〉），商鞅亦言：「古者，未有君臣上下之時，民亂而不知治，是以

〔註1〕參見梁啓超《先秦政治思想史》第十六章，頁173。東大圖書公司，民國76年出版。

聖人別貴賤，制爵位，立名號，以別君臣上下之義。」（《商君書‧君臣篇》）

　　漢初君主地位已有絕對化現象，根據太史公記載：漢五年（西元前 202 年）「已并天下，諸侯共尊漢王爲皇帝於定陶。」（《史記‧劉敬叔孫通列傳》）「群臣欲飲酒爭功，醉或妄呼，拔劍擊柱。」（同上）毫無禮數，叔孫通徵集魯諸生三十餘人與其弟子百餘人爲漢制禮儀。其後：

　　　　自諸侯王以下，莫不振恐肅敬……無敢喧嘩失禮者，於是高帝曰：
　　　　吾乃今日知爲皇帝之貴也。（同上）

由此已見君臣關係由封建時代之相對性轉變成主僕之絕對性。〔註2〕

　　爲鞏固君權，廢封建、立郡縣是時代趨勢。但是漢初行郡國制，有中央直轄之郡縣，並有諸侯統治之封國。基本上，中央朝廷與地方封國之勢力常不能兩立，韓非曾說：

　　　　及孝公、商君死，惠王即位，秦法未敗也，而張儀以秦殉韓、魏。
　　　　惠王死，武王即位，甘茂以秦殉周。武王死，昭襄王即位，穰侯越
　　　　韓、魏而東攻齊，五年而秦不益一尺之地，乃成其陶邑之封。應侯
　　　　攻韓八年，成其汝南之封。自是以來，諸用秦者，皆應、穰之類也。
　　　　故戰勝則大臣尊，益地則私封立，主無術以知姦也。（〈定法篇〉）

秦雖立縣，但未徹底廢止封建，形成「戰勝則大臣尊，益地則私封立」現象。韓非即認爲「大臣尊」、「私封立」是秦不至帝王的原因，所以牟宗三先生說：

　　　　法家的工作主要在「廢封建，立郡縣」，將貴族的采地變爲郡縣，以
　　　　現代的話講就是變爲國家的客觀的政治單位。〔註3〕

可推知分封諸侯國乃國土的分配，必然形成統一政權的分裂。而且根據《漢書》記載漢諸侯王地位極高：

　　　　諸侯王……金璽盭綬，掌治其國。有太傅輔王，內史治國民，中尉
　　　　掌武職，丞相統眾官、群卿大夫，都官如漢朝。（〈百官公卿表〉）
　　　　時諸侯得自除御史大夫群卿以下眾官，如漢朝，漢獨爲置丞相。（〈高
　　　　五王傳〉贊）

又《後漢書》言：

〔註2〕　朱熹明白叔孫通爲漢訂朝儀目的在「尊君卑臣」，故曰：「叔孫通爲綿絕之儀
　　　　其效至於群臣震恐，無敢失禮者。比之三代燕京，群臣氣象，便大不同。蓋
　　　　只是秦人尊君卑臣之法。」（《朱子語類》卷135）
〔註3〕　參見牟宗三《中國哲學十九講》頁178。學生書局，民國75年出版。

漢初立諸王，因項羽所立諸王之制，地既廣大，且至千里。又其官職傅爲太傅，相爲丞相，又有御史大夫及諸卿，皆秩二千石，百官皆如朝廷，國家唯爲置丞相，其御史大夫以下皆自置之。(〈百官志五〉)

說明漢代諸侯國除丞相太傅由皇帝任命外，御史大夫以下，皆由諸侯王自行選之，王國內之行政、司法、財政、軍事大權，皆由諸侯王獨當一面，權勢之重，有擬於天子，誠所謂「宮室百官，同制京師。」(〈諸侯王表〉)實處於半獨立地位。即使所封爲同姓諸侯王，對中央集權的威脅亦未稍減，誠如錢穆先生所論：

當時宗法之觀念既衰，嫡庶之尊卑已微。故嫡長爲天子，支庶爲諸侯，而支庶亦各有覬覦帝位之心。諸侯之嫡長繼爲諸侯，而其支庶亦各有覬覦諸侯之心。有父母者同愛其子，不願專傳重於嫡子，而親視其支庶爲庶人。而諸庶亦平視其嫡，不自甘於天擇之利……漢之封建，亦終必分崩離析，極於不可恃而止。〔註4〕

況且諸侯王之轄區廣大，「(諸侯)大者，或五、六郡，連城數十，置百官、宮觀，僭於天子。」(《史記‧漢興以來諸侯王年表》序)對專制帝王形成嚴重威脅。然而，漢初必需施行郡國制，其原因揆之史書，可歸納如下：

(一)就異姓諸侯王言，劉邦遽握政權，開國元勛封爲異姓諸侯國凡十八國，所以漢初並未形成典型的中央集權統治。《漢書‧高惠高后文功臣表》所列諸侯原籍多出自卑微，〔註5〕張良言：「天下游士離親戚、棄墳墓、去故舊，從陛下者，徒欲日夜望呎尺之地。」(《漢書‧張良傳》)說明平民崛起冒險犯難的動機。韓信言：「今大王誠能反其道，任天下武勇，何所不誅；以天下城邑封功臣，何所不服。」(《史記‧淮陰侯列傳》)也說明平民崛起的心理。「有功者輒裂地而封爲王侯」(《史記‧高祖本紀》)是以分封功臣是「徼一時之權變」(《漢書‧韓彭英盧吳傳》)由形勢所逼，藉以穩定政權的必然措施。

(二)就同姓諸侯王言，漢高祖有鑑於秦孤立而亡，遂於平定異姓諸侯王叛亂之後，又在轄境內分封宗室子弟爲同姓諸侯王以羽翼朝廷。故《漢書》

〔註4〕錢穆《秦漢史》，頁234～235。東大圖書公司，民國76年出版。

〔註5〕據《漢書‧高惠高后之功臣表》列十八侯之原籍、出身。出身小官吏的十名，出身小手工業者或家貧之下層人民四人，明確標明社會地位較高者有二人，只占九分之一。參見林劍鳴《秦漢史》上冊，頁166至267。上海人民出版社，西元1993年出版。

記載高祖初立之時：

> 海內新定，同姓寡少，懲戒亡秦孤立之敗，於是剖裂疆土，立二等
> 之爵，功臣侯者，百有餘邑，尊王子弟，大啓九國。(〈諸侯王表〉)

徵諸史實，封劉賈爲荆王乃爲「塡江淮之間」(《史記・荊燕世家》太史公曰)
封劉濞爲吳王，乃因「上患吳會稽輕悍，無壯王以塡之，諸子少，乃立濞於
沛爲吳王。」(〈吳王濞列傳〉) 正如太史公所言：「天下初定，骨肉同姓少，
故廣疆庶孽以鎮輔四海，用承衛天子也。」(《史記・漢興以來諸侯王年表》)
所以徐復觀先生指出：劉邦封建之用心，與「周封五等」的「親親之義，褒
有德也」不同，乃爲完成大一統專制的一種手段。〔註6〕

由於分封諸侯王乃中央集權之障礙，賈誼言漢高祖時：

> 反者九起……幾無天下者五六……不能以是一歲爲安。(《新書・親
> 疏危亂》)

說明諸侯勢力膨脹，反漢活動接連不斷。異姓諸侯反叛一則因楚漢戰爭迫於
形勢助漢擊楚，對出身平民之劉邦稱帝未必心服，臧荼反叛即是。再則乃因
劉邦猜忌，即位後即捏造謀叛理由剪除諸侯王，斬韓信於未央宮即是。〔註7〕
是以至漢高祖十二年（西元前 195 年）除長沙王外，多已誅滅殆盡。誠如韓
非所言：「人臣之不可借權勢力。」(〈備內篇〉) 爲維護皇權，而誅功臣，流
於卑鄙，史家評其「有負于信」。(司馬光《資治通鑑》卷十二) 然學者從宏
觀立場認爲其「加強中央集權的結果，則是應當肯定的」。〔註8〕

至於同姓諸侯王因封地甚大，如班固所言：

> 懲戒亡秦孤立之敗，于是剖破疆土……矯枉過其正矣。(《漢書・諸
> 侯王表》序)

所謂「矯枉過其正矣」指封國權力過大，班固記載「尊王子弟，大啓九國。
自雁門以東，盡遼陽，爲燕、代。常山以南，太行左轉，度河、濟，漸於海，
爲齊、趙。谷、泗以往……諸侯比境，周匝三垂，外接胡越。」（同上）九個

〔註6〕參見徐復觀《兩漢思想史》卷一，頁 169。學生書局，西元 1976 年出版。
〔註7〕高帝五年（西元前 202 年）劉邦稱帝不久，臧荼首先叛漢，他原爲燕國大將，
　　　　後項羽封爲燕王，可推知對出身平民的劉邦未必心服。徐復觀已提出韓信被殺
　　　　原因，其曰：「劉邦即位後，即開始捏造謀叛理由以剪除異姓諸侯王，尤其對
　　　　韓信更覺得汲汲不可終日。」如將韓信由齊王改封楚王，又降封爲淮陰侯，於
　　　　漢十五年假手呂雉，斬韓信於未央宮，「夷信之族」說明對韓信之迫害。
〔註8〕同註5，頁 276。

諸侯王共占三十九郡之地，而「天子自有三河、東郡、潁川、南陽、自將陵以西至巴蜀，北自雲中至隴西，與京師內史凡十五郡。公主、列侯頗邑其中。而藩國大者跨州兼郡，連城數十。」（同上）誠如王夫之所感嘆「漢初封建，其提封之廣，蓋有倍蓰于古王畿。」（《讀通鑑論‧漢文帝》）至文景時期，諸侯勢力作大，相對則削弱皇權。史書記載：淮南厲王劉長「廢先帝法，不聽天子詔；居處無度，爲黃屋蓋擬天子。」（《漢書‧淮南厲王傳》）吳王劉濞長期裝病，不受漢詔，以爲「我已爲東帝，尙誰拜？」（《漢書‧吳王劉濞傳》）諸侯驕奢擅權爲逆無道。正如賈誼所言：

> 諸王雖名爲臣……慮亡不帝制而天子自爲者，擅爵人，赦死罪，甚者戴黃屋，漢法令非行也。（《漢書‧賈誼傳》）

後世學者分析諸侯王坐大原因有三：一是王國封地過大。二是諸侯王在其領土內，除享有經濟權並握有相當大之統制權，王國官吏除丞相外，其餘蓋由諸侯王任免。三是文帝以庶子弱藩入承大位，對原來地位與其相當之諸侯，不敢過份約束，而助長其野心。〔註9〕在此局勢下，正如韓非所言：「不知其臣之意行，而任之以國。故小之名卑地削，大之國亡身死。」（〈說疑篇〉）君臣多憂王綱之替，賈誼、晁錯、主父偃等遂建議削藩，提出一系列維護中央集權的主張，並爲中央採用。《漢書》記載：

> 諸侯原本以大，末流濫以致溢，小者淫荒越法，大者睽孤橫逆，以害身喪國。故文帝采賈生之議分齊、趙，景帝用晁錯之計削吳、楚。武帝施主父之冊，下推恩之令，使諸侯王得分戶邑以封子弟，不行黜陟，而藩國自析。（〈諸侯王表〉）

有關賈誼、晁錯及父主偃之削藩內容分述如下：

　　一是賈誼提出「治安策」：「治安策」的核心思想是「眾建諸侯而少其力」，企圖通過使大藩國分封爲若干子弟小藩國及縮小其疆域的方法，改變幹弱支強的局面。這是採取緩和方式，運用人主之權勢法制爲斤斧，使藩國自析。《漢書》本傳載賈誼治安策痛陳諸侯王之僭亂，強調諸王逆亂乃必然之勢。並考知王國所以得專橫興暴者，乃決於勢。〔註10〕所謂：

〔註 9〕 參見洪神皆〈兩漢前期的削藩政策及其對政治之影響〉一文，《食貨月刊》第七卷第 3 期。

〔註10〕 參見《賈誼晁錯政論思想比較研究》師範大學民國 77 年博士論文，頁 268 至309。

　　　　夫樹國固必相疑之勢，下數被其殃，上數爽其憂，甚非所以安上而
　　　　全下也。(《漢書・賈誼傳》)

顏師古注：「疑讀曰儗」，鄭玄注：「儗猶比也」。故「相疑之勢」即相比之勢，
謂勢相等。若建立藩國強弱與天子等齊，幹弱支強，則必爲亂。《新書》記載
王國「相疑之勢」說：

　　　　諸侯王所在之宮，衛織履蹲夷，以皇帝在所宮法論之。郎中謁者受謁
　　　　取告，以官皇帝之法予之。事諸王或不廉潔平端，以事皇帝之法罪
　　　　之……天子之相，號爲丞相，黃金之印；諸侯之相，號爲丞相，黃金
　　　　之印，而尊無異等……然則所謂主者安居？臣者安在？(〈等齊篇〉)

王國官司組織、號令、器具等同天子，是威職相諭，不統尊者，實難以爲治也。
是以諸侯王反與不反，繫乎「形勢大小」，不在「親疏遠近」。〈治安策〉曰：

　　　　臣竊跡前事，大抵彊者先反：淮陰王楚最彊，則最先反，韓信倚胡
　　　　則又反，貫高因趙資則又反，陳豨兵精則又反，彭越用梁則又反，
　　　　黥布用淮南則又反，盧綰最弱最後反。長沙乃在二萬五千戶耳，功
　　　　少而最完，勢疏而最忠。非獨性異人也，亦形勢然也。曩令樊、酈、
　　　　絳、灌據數十城而王，今雖以殘亡可也，令信、越之倫列爲徹侯而
　　　　居，雖至今存可也。然則天下之大計可知已。欲諸王之皆忠附，則
　　　　莫若令如長沙王，欲臣子之勿菹醢，則莫若令如樊、酈等；欲天下
　　　　之治安，莫若眾建諸侯而少其力。力少則易使以義，國小則亡邪心。
　　　　令海內之勢如身之使臂，臂之使指，莫不制從，諸侯之君不敢有異
　　　　心，幅湊並進而歸命天子。(《漢書・賈誼傳》)

所提出的具體方法是：「割地定制，令齊、趙、楚各爲若干國，使悼惠王、幽
王、元王之子孫畢以次各受祖之分地，地盡而止，及燕、梁它國皆然。其分
地眾而子孫少者，建以爲國，空而置之，須其子孫生者，舉使君之。諸侯之
地其削頗入漢者，爲徙其侯國及封其子孫也。所以數償之；一寸之地，一人
之眾，天子亡所利焉。」(同上)令王國各自封其子孫，其本代有子孫者，依
長幼次第，析王國以建新國，其子孫少者，預建新國以待子孫生。其次，受
封之新王若有罪見黜，貶爵爲侯，入地於中央，天子乃復還其地，令依做上
述眾建方法以封子孫。如此一來，宗室子孫人人樂得封土，絕無背叛之心，
而一國既析爲若干國，力量分散，足以個個擊破。

　　二是晁錯提出「削藩策」：削地方式是直接削除王國的支郡或縣。《漢書》

記載：「錯又言宜削諸侯事，乃法令可更定者，書凡三十篇。」（〈晁錯傳〉）於文帝朝即屢次上書倡議削藩，而不被採用，景帝繼立，上書請削諸侯，言甚肯切。《史記》記載：

> 昔高帝初定天下，昆弟少，諸子弱，大封同姓，故王孽子悼惠王、王齊七十餘城，庶弟元王、王楚四十餘城，兄子濞、王吳五十餘城：封三庶孽，分天下半。今吳王前有太子之隙，詐稱病不朝，於古法當誅，文帝弗忍，因賜几杖。德至厚，當改過自新。乃益驕溢，即山鑄錢，煮海水爲鹽，誘天下亡人，謀作亂。今削之亦反，不削之亦反。削之，其反亟，禍小；不削，反遲，禍大。（〈吳王濞列傳〉）

景帝支持晁錯政策，於景帝三年實施削地，吳王濞起兵反於廣陵，引發七國之亂，後命周亞夫以武力平定。〔註 11〕七國之亂平後，西漢政府對諸侯王行政權力多加以限制。學者根據《漢書》歸納爲兩點：〔註 12〕一是規定諸侯王不得親理國政，改由中央任命內史以統治人民。《漢書》記載：

> 諸侯王，高帝初置……有太傅輔王，內史治國民，中尉掌武職，丞相統百官，群卿大夫都官如漢朝。景帝中五年，令諸侯王不得復治國，天子爲置吏。（〈百官公卿表〉）

《後漢書·百官志五》及《文獻通考·封建考》亦有相同記載。〔註 13〕二是將諸侯王任官置吏的職權，逐漸壓縮至最小限度。諸侯國官吏本多與中央相同，如一小型中央政府。七國亂後剝奪其任官置吏之權。如《漢書》所載：「景帝中五年，令諸侯王不得復治國，天子爲置吏。改丞相曰相，省御史大夫、廷尉、少府、宗正、博士官……」（〈百官公卿表〉）相掌王國政事，內史治民，直接聽命於中央。又取消御史大夫、廷尉等王國高官。至此，王國雖存，權被架空，基本上諸侯王強大難治局面已結束。

〔註11〕 據《漢書·袁盎錯傳》記載，景帝見吳楚等七國盛，從袁盎計誅晁錯以求諸侯罷兵。然吳王有意謀反，不肯罷兵，乃決心討伐。

〔註12〕 參見註 5 及註 9。

〔註13〕 《後漢書·百官志》云：「漢初立諸王，因項羽所立諸王之制，地旣廣大，且至千里。又其官職傅爲太傅，相爲丞相，又有御史大夫及諸卿，皆秩二千石，百官皆如朝廷。國家唯爲置丞相，其御史大夫以下皆自置之。至景帝時，吳、楚七國恃其國大，遂以作亂，幾危漢室。及其誅滅，景帝懲之，遂令諸王不得治民，令內史主治民。」《文獻通考·封建考》云：「秦漢以來，所謂列諸侯者，非旦食其邑入而已，可以臣吏民，可以布政令，若關內侯，則惟以虛名受祿而已。西都景武而後，始令諸侯王不得治民，漢置內史治之。」

　　三是主父偃提出「推恩政策」。推恩方式乃「令諸侯以私恩自裂地，分其子弟，而漢為定制封號，輒別屬漢郡。」（《漢書‧中山靖王勝傳》）主父偃認為：

> 古者，諸侯不過百里，彊弱之形易制。今諸侯或連城數十，地方千里，緩則驕奢，易為淫亂，急則阻其彊而合從，以逆京師。今以法割削之，則逆節萌起。……今諸侯子弟或十數，而適嗣代立，餘雖骨肉，無尺寸地封，則上孝之道不宣。（《史記‧平津侯主父列傳》）

於是上言武帝：「令諸侯得推恩分子弟，以地侯之。」（同上）武帝從其建議，乃於元朔二年春正月，頒在所謂「推恩之令」准許諸侯王除以嫡嗣代立外，並可將土地分給其餘諸子，由中央給予封號，封號則大都為侯，所謂「支庶畢侯」。（《漢書‧王子侯表》）兩漢王朝「自此以來，齊分為七，趙分為六，梁分為五，淮南分為三。皇子始立者，大國不過十餘城。長沙、燕、代雖有舊名，皆亡南北邊矣。」（〈諸侯王表〉）

　　賈誼的眾建策收效雖不大，武帝時主父偃的推恩令卻收到實效，王夫之說：「……武帝承七國敗亡之餘，諸侯之氣已熸，偃單車臨齊而齊王自殺，則諸侯王救過不遑，而以分封子弟為安榮，偃之說乃以乘時而有功。因此知封建之必革而不可復也，勢已積而俟之一朝也。」（《讀通鑑論‧漢武帝》）

　　此後武帝平定衡山王、淮南王的叛亂，作左官之律，設附益之法（《漢書‧諸侯王表》），左官附益之具體法律條文已無可考，據《漢書》注言：

> 服虔曰：「仕於諸侯為左官，絕不得使仕於王侯也」……顏師古曰：「……漢時依上古法，朝廷之列以右為尊，故謂降秩為左遷，仕諸侯為左官也。」（〈諸侯王表〉）

換言之，人才仕於王國之後有許多限制，如《漢書》所載：

> 勝為郡吏，三舉孝廉，以王國人不得宿衛補吏，再為尉壹為丞。（〈龔勝傳〉）

> 吉坐昌邑王被刑後，戒子孫毋為王國吏。（〈王吉傳〉）

所以人才往往捨王國而趨中央，間接降低了諸侯王的政治地位。

　　從文帝起，他們所作的強幹弱枝的過程，《漢書》有簡括之敘述，「故文帝採賈誼之議，分齊趙。景帝用晁錯之計，削吳楚。武帝施主父之策，下推恩之令，使諸侯王得分戶邑以封子弟，不行黜陟而藩國自析……景遭七國之難，抑損諸侯，減黜其官。武有衡山淮南之謀，作左官之律，設附益之法。

諸侯惟得衣食稅租，不與政事。至於哀平之際，皆繼體苗裔，親屬疏遠；生於帷牆之中，不爲士民所尊，勢與富室亡異。」（〈諸侯王表〉）。又言：「景帝中五年，令諸侯王不得復置國，天子爲置吏。」（〈百官公卿表〉）「（元帝）初元三年春，令諸侯相位在郡守下。」（〈元帝紀〉）是西漢中葉以後，諸侯王地位已等同郡守，無復尊榮。

至於東漢時之諸侯王，從始封時起，對其領地就無政治統治權，只有食封之經濟權。明帝之後，又減少諸侯王食封收入，以增加朝廷財政收入。永平十五年，諸侯王所食之租稅復減少一半。〔註 14〕章帝時，諸侯王之租入雖有所增加，然食封已不如光武帝劉秀時之封賞。〔註 15〕

光武帝之後，諸侯食封多憑皇帝恩賜，反映皇權之強大，諸侯王已無法與中央分庭抗禮。此正是韓非所言的「主之所以尊者，權也。故明君操權而上重。」（〈心度篇〉）之意。也證明韓非反對「私封立」（〈定法篇〉），主張削弱或廢除封建是鞏固君權的重要措施。

是以史書記載「昔漢初興，多王子弟，至於太彊，輒爲不軌，上則幾危社稷，下者骨肉相殘，其後懲戒，以爲大諱。自光武以來，諸王有制，惟得自娛於宮內，不得臨民，干與政事，其與交通，皆有重禁。」（《三國志·吳書·吳主五子傳之孫奮傳》）建武二十四年，「詔有司申明舊制阿附蕃王法」（《後漢書·光武帝紀》）建武二十八年，「詔郡縣捕王侯賓客，坐死者數千人。」（同上）是諸侯王雖有封建之名，已無封建之實。

諸侯王之下，漢又分封宗室、功臣、外戚爲列侯。列侯有封國且得以「臣其所食吏民」（《後漢書·百官志五》劉昭補注），文景之時「流民既歸，戶口亦息，列侯大者至三四萬戶，小國自倍，富厚如之，子孫驕逸，忘其先祖之艱難，多陷法禁，隕命亡國。」（《漢書·高惠高后文功臣表》）武帝時制定《酎金律》，以削減列侯力量。「元鼎五年九月，列侯坐獻黃金酎祭宗廟不如法，奪爵者百六人。」（《漢書·武帝紀》）列侯並動輒以「過界」、「事國人過律」

〔註 14〕　《後漢書·皇后紀上》（明德馬皇后）記載，永平十五年（西元 72 年）「帝案地圖，將封皇子、悉半諸國。后見而言曰：『諸子裁食數縣，於制不已儉乎？』帝曰：『我子豈宜與先帝子等乎？歲給二千萬足矣』。」諸侯王所食之「租稅」，指封區人戶繳納之地稅，故其收入多少與所屬地區大小、土地肥脊有直接關係。「半諸國」則諸侯王收入減半，較前制以甚儉。

〔註 15〕　《後漢書·孝明八王列傳》記載：「建初五年……令諸國戶口皆等，租入歲各八千萬」。租稅較明帝增加四倍，然所封多小國，故不如光武時水準。

而免爲庶人。所以中央集權有其時代意義，韓非尊君學說影響漢代政治而削弱諸侯王，促進全國統一自有正面價值。仲長統談及此問題，亦持肯定態度。他說：

> 漢之初興，分王之弟，委以士民之命，假之以生殺之權，於是驕逸自恣，志意無厭，魚肉百姓以盈其欲，報蒸骨血以快其情，上有篡叛不軌之奸，下有暴亂殘賊之害，雖藉親屬之恩，蓋源流於形勢使之然也。……是故收其奕世之權，校其縱橫之勢，善者早登，否者早去，故下土無壅滯之士，國朝無專貴之人，此變之善，可遂行者也。（《後漢書‧仲長統傳》）

君權確立後，在位君主爲維護權威及利益，卻又不免獨斷獨行，甚至妒忌具有才智的諸侯。〔註16〕如史所記載：「自魏其武安之厚賓客，天子常切齒。」（《史記‧衛將軍驃騎列傳》）以及「淮南王安爲人好書、鼓琴……亦欲以行陰德拊循百姓，流名譽，招致賓客方術之士數千人……。」（《漢書‧淮南屬王傳》）遂遭冤獄。〔註17〕漢武帝此措施使得諸侯王、權貴不敢養士，士人只有聚集於中央政權下，專門爲皇權服務。由於「今諸侯貴戚，或有敕己慎行，德義無違，制節謹度，未嘗負債，身絜珪璧，志厲青雲。」（《潛夫論‧斷訟》）之人，但易遭猜忌。所以王侯中自然多尸位素餐之輩，王符說：

> 當今列侯，率皆襲先人之爵，因祖考之位，其身無功於漢，無德於民，專國南面，握食重祿，下殫百姓，富有國家，此素餐之甚者也。
> （《潛夫論‧三式》）

又史載濟南安王康「多殖財貨，大修宮室，奴婢至千四百人，廐馬千二百匹，私田八百頃，奢侈恣欲，游觀無節。」（《後漢書‧光武十王列傳》）中山簡王焉薨，「加賻錢一億，大爲修冢塋，開神道，平夷吏人冢墓以千數，作者萬餘人，發常山、鉅鹿、涿郡柏黃腸雜木，三郡不能備，復調餘州郡工徒及送致者數千人。」（同上）章帝時西平王羨等六王，「室第相望，久磐京邑、婚姻之盛，過於本朝、僕馬之眾，充塞城郭，驕奢僭擬，寵祿榮過」（《後漢書‧

〔註16〕　此觀點徐復觀已提出，同注6，頁181至190。

〔註17〕　據《漢書‧淮南屬王劉長傳》記載，獄事之起，乃劉安太子劉遷與其郎中雷被「比劍，誤中太子」。雷被怕太子由此生誤會，願赴長安，奮擊匈奴。然元朔五年，雷被至長安「上書自明」，遂「事下廷尉河南，河南治，逮淮南太子」。此外，還穿插淮南門客伍被供詞，陳述劉安蓄意謀反。劉安遂自殺，竟「坐死者數萬人」。可見專制者的陰私及對知識分子的摧殘。

宋均列傳附宋意傳》）凡此多由欺壓百姓而得。「封疆立國」之王侯，本應輔
佐天子，今反坐食奉祿，政治之惡質可想而知。誠如徐復觀先生所言：

> 附麗在專制皇帝的周圍，以反映專制皇帝神聖身份的諸侯王，只準
> 其壞，不準其好；『禽獸行』的罪惡，絕對輕於能束身自好而被人所
> 稱道的罪惡，這是專制政體中的一大特色。〔註18〕

此現象乃韓非提倡抑制臣權而始料未及者，可證明絕對權利使人腐化。

第二節　用人任職，推舉賢能

君主集權制度下，國君不可能獨攬所有事務。是以必需任人用才以濟君
主專制之窮。於是選官與取士是集權的君主專制政體維持政權的必要手段。
正是韓非所說的國君要因能授官，他說：「明主者，推功而爵祿，稱能而官事，
所舉者必有賢，所用者必有能。」（〈人主篇〉）

漢代國君因官僚機構的需要，而逐步建立選拔官吏的制度。以漢高祖為
例，因有感於外患內亂，十一年頒求賢詔書曰：

> 今吾以天之靈，賢士大夫定有天下，以為一家，欲其長久，世世奉
> 宗廟無絕也。賢人已與我共平之矣；而不與吾共安利之，可乎？賢
> 士大夫有肯從我游者，吾能尊顯之。布告天下，使明知朕意。御史
> 大夫昌下相國，相國酇侯下諸侯王，御史中執法下郡守，其有意稱
> 明德者，必身勸，為之駕，遣詣相國府，署行、義、年。有而弗言，
> 覺，免。年老癃病，勿遣。（《漢書·高帝紀》）

高祖徵召賢士大夫，提出選拔治國的賢士智人，必須由國家強制執行，並對
入選者的品行、儀表、年齡各方面，實行考核，可說是漢代察舉制的開端。
高祖下詔與天下賢士共安利，天下賢士盡得其所，則天下無事，政權得以安
定，可謂明於治術。漢天子為鞏固劉氏政權，對此點體認甚深。文帝時又下
求賢詔令，《漢書》記載：

> 二年，詔曰：乃十一月晦，日有食之。……唯二三執政猶吾股肱
> 也。……及舉賢良方正直言極諫者，以匡朕之不逮。
>
> 十五年，詔「諸侯王，公卿、郡守，舉賢良能極言直諫者。」（〈文
> 帝紀〉）

〔註18〕 同註6，頁182。

賢良方正之選，目的誠如安帝永初二年詔書所言：「間令公卿郡國舉賢良方正。遠求博選，開不諱之路，冀得至謀，以舉不逮。」不過，選舉範圍仍狹窄，未能滿足國家所需的統治人才。至武帝採納董仲舒建議，令郡國推舉人才，下詔書說：

> 至閭郡而不薦一人，是化不下究，而積行之君子雍於上聞也。（〈武帝紀〉）

賢良方正送至中央，由朝廷錄用爲官，即所謂察舉制。是以漢代人才之盛史無前例。班固評論武帝時期因人才輩出，「是以興造功業，制度遺文，後世莫及。」（《漢書‧公孫卜式兒寬傳》贊）

　　兩漢選官仕進之途徑很廣，除察舉之外，尚有徵辟、貲選、任子及軍功等方式達成。〔註19〕而馬端臨提出：「漢世諸科，雖以賢良方正爲至重，而得人之盛，則莫如孝廉。」（《文獻通考‧選舉考七》）說明察舉中之賢良方正及孝廉二科，應選者特盛，爲漢入仕重要途徑。其中舉賢良方正與韓非尊君學說的用人唯才有關。

　　根據王兆徵先生《兩漢察舉制度》曾羅列〈兩漢察舉賢良方正詔令表〉及〈兩漢察舉賢良方正頒詔原因分析表〉，歸納兩漢察舉賢良方正原因有四：

一、震於災異而詔舉賢良

漢代儒家始倡災異者爲董仲舒。趙翼云：

> 漢興，董仲舒治公羊春秋，始推陰陽爲儒者宗。……謂國家將有失道之敗，天乃先出災害，以譴告之。以此見天心之仁愛人君，欲止其亂也。谷永亦言災異者，天所以撒人氬過失，猶嚴父之明誡，改則禍消，不改則各罰，是皆援天道以證人事。（《廿二史劄記‧漢儒言災異》）

此後災異之說大興。這種天降賞罰的天命論，實際爲儒者企圖節制君權的辦

〔註19〕漢初用人之法，約有下列各途：一、軍功；二、吏道；三、任子；四、貲選；五、方伎；六、特徵；七、自薦；八、薦舉。在郡國察舉孝廉以前，上述八種用人的途徑已經存在，其中有沿襲秦代者，有漢代創制者。任子並非善制，宣帝時王吉曾建議廢除（《漢書‧王吉傳》），但未被採納。至帝時曾除任子之令（《漢書‧哀帝紀》），但東京任子如故。貲選與任子，同爲廠政，董仲舒早已洞察之，遂於第二次對策中言：「今之郡守縣令，民之師帥，所使承流而宣化也。……夫長吏多出郎中，中郎，吏二千石子弟。選郎吏又以富貲，未必賢也。」（《漢書‧董仲舒傳》）參見王兆徵《兩漢察舉制度》頁16至17，國立政治大學，民國五十二年出版。

法。文帝嘗謂：

> 天生民爲之置君，以養治人，人主不德，布政不均，則天示之災，
> 以戒不治。(《漢書・文帝紀》)

元帝永光二年的詔書曰：

> 朕戰戰栗栗，夙夜思過失，不敢荒寧。惟陰陽不調，未燭其咎……
> 氛邪歲增，侵犯太陽，……乃壬戌，日有蝕之，天見大異，以戒朕
> 躬，朕甚悼焉。(《漢書・元帝紀》)

光武詔曰：

> 吾德薄致災，譴見日月。(《後漢書・光武帝紀》)

明帝詔曰：

> 朕以無德，下貽人怨，上動三光，日食之變，其災尤大。(《後漢書・
> 顯宗孝明帝紀》)

可知當時警戒效果之鉅，因此「漢諸帝凡日食、地震、山崩、川竭、天地之
變，皆詔天下郡國舉賢良方正極言直諫之士，率以爲常。」(《後漢書・和帝
紀》) 下詔罪己，舉賢良求過失，以匡不逮。

二、瑞應出現而詔舉賢良

瑞應爲吉祥之兆，《漢書》載：「龍陽德，由小之大，故爲王者瑞應。」(〈谷
永傳〉) 讖緯書載：「天之將降嘉瑞應」(《易乾鑿度》)。漢代每於瑞應之後有
詔舉賢良之事例：文帝十五年「黃龍見於成紀」(《漢書・文帝紀》)，宣帝神
爵四年「鳳凰甘露降集京師，嘉瑞並見。」(《漢書・宣帝紀》) 成帝建始二年
春「皇天報應，神光并見。」(《漢書・成帝紀》) 均曾下令詔舉賢良。

三、爲廣開言路而詔舉賢良

文帝二年頒除誹謗罪，詔曰：

> 古之治天下，朝有進善之旌，誹謗之木，所以通治道而來諫者也。
> 今法有誹謗妖言之罪，是使眾臣不敢盡情，而上無由聞過失也。將
> 何以來遠方之賢良？其除之。(《漢書・文帝紀》)

此爲廣開言路之要端。兩漢察舉賢良詔令文中，言及召「能直言極諫者」之
次數甚多，可見人君求言之切。基本上，忠臣亦多能諫諍。《漢書》載：

> 廣德爲人溫雅有蘊藉，及爲三公，直言諫爭，始敗旬日間，上幸甘
> 泉，郊泰畤，禮畢，因留射獵。廣德上疏曰：「竊見關東困極，人民

流離，陛下日撞亡秦之鐘，聽鄭衛之樂，臣誠悼之……陛下不聽臣，

臣自剄，以血汙車輪……。」（〈薛廣德傳〉）

誠所謂有「取其忠言嘉謨足以佐國，崇論宏議足以康時。」（《文獻通考・選
舉七》）的作用。

四、求賢良圖治而詔舉賢良

漢代新君即位或親政多下求賢詔，武帝建元元年即位，即下求賢詔。安
帝建元元年鄧太后崩，帝親政即下詔舉有道之士。此外，宣帝地節三年詔曰：

鰥寡孤獨高年貧困之民，朕所憐也！前下詔假公田貸種食。其加鰥
寡孤獨高年帛，二千石嚴教吏，謹視遇，毋令失職。令內郡國舉賢
良方正可親民者。（《漢書・宣帝紀》）

神爵四年又下詔，「內郡國舉賢良可親民者各一人」（同上），這是爲勵精圖治
整飭吏治而發。

其中第三及第四項與韓非「程能而授事」（〈八說篇〉）相當，與「計功而
行賞，程能而授事，察端而觀失，有過者罪，有能者得，故愚不得任事。」（〈八
說篇〉）「因能而授祿，錄功而與官。」（〈外儲說左下〉）「賢材者，處厚祿，
任大官；功大者，有尊爵，受重賞。官賢者量其能，賦祿者稱其功。」（〈八
姦篇〉）的任賢主張契合。基本上，察舉制度有其優點：一是可增加政治人才
的新陳代謝。凡具有能力與聲譽者即可爲官，擴大政府的社會基礎。二是察
舉制度由地方長官，如郡太守等主持。在此制度下，無論黃河流域或邊遠地
區，皆需選人才至中央，也就是韓非所說的，舉凡「山林藪澤巖穴之間，或
在圄圜縲紲繩索之中，或在割烹芻牧飯牛之事，……以其爲能可以明法便國
利民，從而舉之。」（〈說疑篇〉）之意，使國無遺賢之憾。同時此作法可消除
中國各地之間的歧視，文化上一視同仁，可奠定統一規模，鞏固漢天子地理
基礎。

漢代除察舉之外，尚又貲選、任子等選官仕進之途徑。所謂貲選制度，
實承自始皇四年納粟拜爵而來。武帝時邊境用兵，凡入錢財、穀物、牲畜及
奴婢者，皆可爲官，而後歷朝多有之。例如：

一、成帝永始二年，詔入穀賑災者，「其百萬以上，加賜爵右更，欲爲吏，
　　補三百石。其吏也，遷二等，三十萬以上，賜爵五大夫，吏亦遷二等，
　　民補郎。」（《漢書・成帝紀》）

二、東漢安帝永初三年，朝廷復計金授官，「三公以國用不足，奏令吏人

入穀錢，得爲關內侯、虎賁羽林郎、五大夫、官府吏、緹騎營士各有
差。」（《後漢書・孝安帝紀》）

三、桓帝延熹四年，「占賣關內侯、虎賁、羽林、緹騎營士、五大夫，錢
各有差。」（《後漢書・桓帝紀》）

四、靈帝光和元年，不但「初開西邸賣官，自關內侯、虎賁、羽林，入
錢各有差。」且私令左右賣公卿，「公千萬，卿五百萬」（《後漢書・
靈帝紀》）所賣官爵愈來愈高，若有錢而不買官者，則多被強迫爲之。
故史書記載，「時拜三公者，皆輸東園禮錢千萬，令中史督之，名爲
左騶。」（《後漢書・羊續傳》）納粟拜爵破壞朝廷因能任職的標準，
朝政亦日益腐敗。

　　至於任子制，在兩漢選官制度中所占比例不大，學者根據《漢書・百官
公卿表》所記載的三公九卿共五百二十九人，統計出其中從「任子」入仕者
共十七人，約占三公九卿人數的百分之二點三。〔註20〕雖人數不多，但作用
影響不小。任子制的具體內容，根據哀帝綏和二年詔書曰：「除任子令及誹謗
欺詆欺法」（《漢書・哀帝紀》）顏師古注：

　　任子令者，漢儀注：吏二千石以上視事滿三年，得任同產若子一人
　　爲郎。（《漢書・哀帝紀》注）

換言之，乃爲權貴子弟之仕進授與特權。關於保任子弟的條件從史籍記載上
看，以保任自己子弟最多。〔註21〕其次則保任弟兄爲郎者，或保任其它親屬
者亦不少。〔註22〕權貴子弟得以透過任子制的庇蔭，出任郎官等職。達官權
貴亦藉此制將其權位世代承襲。例如：桓帝延熹中，「是時宦官方熾，任人及
子弟爲官，布滿天下，競爲貪淫，朝野嗟怨。」（《後漢書・楊震列傳附楊秉
傳》），又如梁冀專朝，「猶交結左右宦官，任其子弟、賓客爲州郡要職，欲以
自固恩寵。」（《資治通鑑・漢紀四十五》）任子制可不經過考試，不問才德如
何，而被任命爲官。這與韓非所說的「程能而授事」（〈八說篇〉）背馳，仕途
易爲權臣所把持，漸漸形成「積於私門，盡貨賂，而用重人之謁，退汗馬之

〔註20〕參見廖曉晴《兩漢任子問題之探討》一文，收入《遼寧大學學報》1983 年第
　　　　5 期。

〔註21〕如《漢書・公孫劉田王楊蔡陳鄭傳》：「子（陳）咸字子康，年十八，以萬年
　　　　任爲郎。」《漢書・趙充國、辛慶忌傳》：「辛慶忌少以父任爲右校丞。」《後
　　　　漢書・馬援列傳》：「（馬）廖字敬平，少以父任爲郎。」

〔註22〕同上註。

勞。」（〈五蠹篇〉）的不公平現象，使風氣日壞。

　　根據上述，可以了解漢代察舉制度基本上是公平的選舉方式，雖然也會衍生流弊，但此為人為運作的技術問題，並非制度本身的缺失，與貲選、任子制度本身即為腐化的用人制度不同。而由貲選、任子制的缺失，尤可證明韓非提出因能授官，落實「內舉不避親，外舉不避仇」（《韓非子·說疑篇》）用人態度的睿智及必需性。

　　有關漢代察舉制度在人為技術上的缺失說明如下。由於察舉目的本在強調因人任職，不可私門請謁，如韓非所言可避免「姦臣得乘信幸之勢，以毀譽進退群臣」（〈姦劫弒臣篇〉）的流弊。但察舉發展至末流只徒為形式，所取之士如非當道子孫，即為貴戚之親友，朝有世及之私，而下無寸進之路。可見其流弊甚大，與韓非強調不可私門請謁，又需因能任職之意背離。再加上察舉必採名譽，易導人於虛偽，徇名而喪實，東漢察舉之弊亦種因於此。當時易於得名之高節異行大盛，〔註23〕例如：

　　一、久喪，由於重孝東漢有行服二十餘年者。如《後漢書》載：「民有趙宣，葬親而不閉埏隧，因居其中，行服二十餘年，鄉邑稱孝，州郡數禮請之……。」（〈陳蕃傳〉）

　　二、讓爵，父有高爵長子應襲，然逃避不受以讓其弟。如《後漢書》載：「彪少勵志，修孝行，父卒，讓國與異母弟荊鳳，顯宗高其節，下詔許焉。後仕州郡，辟公府。」（〈鄧彪傳〉）

　　三、推財，兄弟異財分居，推多取少。如《後漢書》載：「（許）祖父武，太守第五倫舉為孝廉，武以二弟晏、普未顯，欲令成名……於是共割財產以為三分，武自取肥田廣宅，奴婢強者，二弟所得悉劣少。鄉人皆稱弟克讓，而鄙武貪鄙。晏等以此並得選舉。武乃會宗親，泣曰：『吾為兄不肖，盜聲竊位，二弟年長，未豫榮祿，所以求得分財，自取大譏，今理產所增三倍於前，悉以推二弟，一無所留』。於是郡翕然，遠近稱之。」（〈許荊傳〉）此外，如避聘、報恩、報仇、清節等盛行，可說是矯枉過正。

　　又地方察舉，權任太守，多無客觀標準，自易營私舞弊。誠如范曄所言：「州郡察孝廉秀才……榮路既廣，觖望難裁，自是竊名偽服，侵以流競，權門貴仕，請謁繁興。」（《後漢書·左雄傳》論曰）故權門貴仕之請託，門生故吏之報恩，致使門閥士族壟斷仕途，寒素之士無由上進。察舉制度已漸敗

〔註23〕王兆徵已提出東漢察舉之弊，本文參考其說而成。出處同註19，頁111至115。

壞，左雄論曰：

> 言善不稱德，論功不據實，虛誕者獲譽，拘檢者離毀，或因罪而引
> 高，或色斯以求名，州宰不覆，競其辟召，踴躍升騰，超等踰匹。(《後
> 漢書·左雄傳》)

王符也說：

> 郡僚取士者，或以頑魯應茂才，以桀逆應至孝，以貪饕應廉吏，以
> 狡猾應方正，以諛諂應直言，以輕薄應敦厚……名實不相副，求貢
> 不相稱，富者乘其財力，貴者阻其勢要，以錢多為賢，以剛強為上，
> 凡在位所以多非其人，而官聽所以數亂荒也。(《潛夫論·考績》)

但必須聲明的是，這並非韓非用人唯才所形成的缺點，而是漢代用人唯才制
度技術上的缺失。

第三節　制定考課，獎懲官吏

韓非認為有道的國君統御群臣的方法為「形名參同」。他說：

> 為人臣者陳而言，君以其言受之事，專以其事責其功。功當其事，
> 事當其言，則賞；功不當其事，事不當其言，則罰。(〈二柄篇〉)

易言之，「功當其事，事當其言」宜有賞，反之，則有罰。韓非曾指責當時名
實不符的現象說：

> 夫立名號所以為尊也，今有賤名輕實者，世謂之高。設爵位所以為賤
> 貴基也，而簡上不求見者，世謂之賢。威令所以行令也，而無利輕威
> 者，世謂之重。法令所以為治也，而不從法令，為私善者，世謂之忠，
> 官爵所以勸民也，而好名義，不進仕者，世謂之烈士。刑罰所以擅威
> 也，而輕法不避刑戮死亡之罪者，世謂之勇夫。(〈詭使篇〉)

社會上充斥著是非淆亂、名實不符現象。因此韓非強調形名參同應運用於政
治上，使虛有其表者或長袖善舞者失去憑藉。而有利於國家之能者及賢者，
則為國君所重用，可杜絕投機僥倖。

以形名參同的理念考核官吏，為中央集權國家一項重要措施。韓非言：

> 明主之國，遷官襲級，官爵受功。(〈八說篇〉)

> 任事者知不足以治職，則放官收璽。(〈八經篇〉)

臣下有功遷官襲級，可充分發揮官僚機構之統治效能，並且以考核、升遷任

免，可避免權臣犯上。是以考核合宜對於維護君主地位，有一定的穩定作用。由於該制度直接關係國君地位之尊隆，是以建全考課可說是尊君的表現。

官吏之考核古昔已有，《尚書》有「三載考績，三考黜陟幽明。」(〈舜典〉)之語。注曰：「九歲則能否幽明有別，黜退其幽者，升進其明者。」考課制度已具雛型。荀子言：

> 相者，論列百官之長，要百事之聽，以飾朝廷臣下百吏之分，度其功勞，論其慶賞，歲終奉其成功，以效於君。當則可，不當則廢。(《荀子·王霸篇》)

說明戰國時期，「相」負責百官之考課。至於秦代考課據史書所載亦可得其梗概。《史記》言：

> 秦御史監郡者與從事常辨之，何乃給泗水卒史事，第一（索隱：謂課最第一也）。秦御史欲入言徵何，何固請，得毋行。(〈蕭相國世家〉)
>
> 沛公至咸陽，……何獨先入收秦丞相、御史律令圖書藏之，……漢王所以具知天下扼塞、戶口多少、彊弱之處、民所疾苦者，以何具得秦圖書也。(同上)

據此，可知秦代考課基層官吏已有等級區分，並有計簿等施政報告。所以學者提出戰國至秦代的考課為漢代考課制度之基礎，並與韓非學說之考課理論不謀而合。〔註24〕

有關漢代考課官吏政績的方式，大抵以「案比」及「上計」為基礎。所謂「案比」，是朝廷為確保賦稅、繇役及兵役來源而實施的戶籍登記。史書記載：

> 仲秋之月，縣道皆案戶比民。(《後漢書·禮儀志中》劉昭補注)
>
> 方今八月案比之時，謂案驗戶口，次比之也。(《後漢書·安帝紀》注)
>
> 漢法，常用八月算人。(《後漢書·皇后紀》)

可知漢法於仲秋之月逐戶核驗戶口，並造冊登記。事實上，戶籍之登錄於西周初已有。日本學者池田溫曾說：

> 在康王二十五年的《小盂鼎》上，詳記著討伐鬼方，「隻（獲馘）四千八百□十二馘」，「孚（俘）人萬三千八十一人」等，乃列舉捕虜之數，而行告捷獻馘之禮。《逸周書》世俘解記述周武王討伐商紂滅殷，

〔註24〕參見錢劍夫〈漢代案比制度的淵源及其流演〉一文。收入《歷史研究》1988年第3期。

傳云「馘磨億有七萬七千七百七十有九，俘人三億萬有二百三十」。關於此處的磨，孫詒讓氏認為是與歷同聲的假借字，并解釋凡是計校名數的簿書，通教作歷，即所執的馘和俘的名籍；貝塚茂樹氏亦繼承此說，解釋磨等於歷，即指載人名冊而服力役的人民的身分。郭沫若與顧頡剛兩氏則認為磨是直接指丙（奴隸），人是指自由民和居官者，奴隸之人數與名必須登記於簿籍，以防逃亡而備稽查，故叫作歷。作為《逸周書》之磨的解釋。無論採取上述的哪一種說法，古代曾有十數萬乃至三十餘萬人這樣俘虜名籍的存在，是可以想定的。〔註25〕

戶籍登錄涉及朝廷財政收入及兵役力役來源，誠如《管子》所言：

常以秋歲末之時閱其民，案家人比地，定十五口數，別男女大小。其不為用者，輒免之；有錮病不可作者，疾之；可省作者，半事之。異行以定甲士當被兵之數，上其都。（〈度地篇〉）

是以戶籍登記倍受重視且日益發達。商鞅於變法時即十分著重戶籍之管理，《商君書》記載：

四境之內，丈夫女子，皆有名於上，生者著，死者削。（〈境內篇〉）

彊國知十三數，舉民眾口數，生者著，死者削。（〈去彊篇〉）

境內倉、口之數，壯男壯女之數，老弱之數，官士之數，以言說取食者之數，馬牛芻稿之數。欲強國不知十三數，地雖利，民雖眾，國愈弱至削。（同上）

商鞅著重戶籍之管理及整理，認為掌握十三項數目，則可彊國。〔註26〕

至漢代案比極詳實，《漢書》記載：

建武末年，與母歸鄉里，每至歲時，縣當案比，革以母老，不欲搖動，自在轅中輓車，不用牛馬，由是鄉里稱之曰「江巨孝」。（《後漢書·江革傳》）

可見百姓扶老攜幼前往縣府待官吏驗閱，所以其戶籍查核極嚴密。《漢書·地理志》據平帝時統計，除列當時郡國、縣道、彊土外，並計算出耕地有墾田八百二十七萬五百三十六頃，人口數有「民戶千二百二十三萬三千六十二，

〔註25〕轉引自徐富昌《睡虎地秦簡研究》一文，頁512。台大博士論文，民國81年6月出版。

〔註26〕同上註，頁512。以及錢劍夫〈漢代案比制度的淵源及其流演〉一文，頁99。收入《歷史研究》1988年第3期。

口五千九百五十九萬四千九百七十八。」可推測戶籍制已頗有規模。

　　「案比」之後則有「上計」，是下級向上級，地方向中央上報。所以上計是考核官吏的方式，亦是戶口統計、財政調查之途徑。西周時已有類似制度，例如文獻記載：

> 歲終，則令百官府各正其治，受其會。（《周禮・天官》）

> 受其會者，受其一歲功事財用之計。（《周官新義》）

> 三歲則大計群吏之治以知民之財，器械之數，以知田野夫家六畜之數，以知山林川澤之數，以逆（考核）群吏之徵令。（《周禮・天官》）

以上資料雖無上計之名，但已有上計制度之內容及作用。上計之名見於戰國時候，據《秦會要訂補》記載：

> 上計之制，六國亦有之。魏文侯時，東陽上計，錢布十倍。見《新序・雜事篇》。又西門豹為鄴令，期年上計，見《韓非子・外儲說左篇》。又趙襄子之時，以任登為中牟令上計，言於襄子云云，見《呂氏春秋・知度篇》。（〈職官上〉）

以下即據《秦會要訂補》所提出之資料，轉列於下：

> 西門豹為鄴令，……居期年，上計，君收其璽，豹自請曰：「臣昔者不知所以治鄴，今臣得矣，願請璽復以治鄴，不當，請伏斧鑕之罪。」文侯不忍而復與之。……期年上計，文侯迎而拜之，……遂納璽而去。《韓非子・外儲說》

> 李克治中山，苦陘令上計而入多。（〈難二篇〉）

> 田嬰相齊，人有說王者曰：「歲終之計，王不一以數日之間自聽之，則無以知吏之奸邪得失也。」王曰：「善」。田嬰聞之，則遽請於王而聽其計。……田嬰令官具押券斗石參升之計。……田嬰復謂王曰：「群臣所終歲日夜不敢偷怠之事也，王以一夕聽之，則群臣有為勸勉矣，吏盡揄刀削其押券升石之計。」（〈外儲說〉）

> 趙襄子之時，以任登為中牟令，上計，言於襄子曰：……（《呂氏春秋・知度篇》）

> 明年，東陽上計，錢布十倍，大夫畢賀，文侯曰：「今吾田地不加廣，士民不加眾，而錢十倍。」（《新序・雜事篇》）

以上所引有關上計之資料，葛劍雄先生認為：「都是以事寓言，並非正式史實

記載，……因此不能拘泥於所述的時間與範圍。但對照史實則可以肯定，在封建制度的建立過程中，國君對地方的直接任命和考察，對賦稅的逐漸集中逐漸成爲必要，上計制度也就應運而生。」〔註27〕

漢代上計制度，據《後漢書》記載：

> 凡郡國皆掌治民，進賢勸功，決訟檢姦。常以春行所主縣，勸民農桑，振救乏絕。秋冬遣無害吏案訊諸囚，平其罪法，論課殿最。歲盡遣吏上計。（〈百官志五〉）

而郡下之縣令、縣長，「皆掌之民，……秋冬集課，上計於所屬郡國。」（同上）由《後漢書‧百官志》記載，漢制縣道邑先「上計於所屬郡國」，再由郡上計於朝廷。

縣道上其集簿，由郡國予以考課，「秋冬歲盡，各計縣戶口、墾田、錢穀入出、盜賊多少，上其集簿。丞尉以下歲詣郡，課校其功。功多尤爲最者，於庭尉勞勉之，以勸其後。負多尤爲殿者，於後曹別責，以糾怠慢也。諸對辭窮尤困，收主者掾吏，關白太守，使取法丞尉縛責，以明下轉相督敕，爲民除害也。」（《後漢書‧百官志五》劉昭補注）。在郡國則稱計簿，「漢制，歲盡遣上計掾吏各一人，條上郡內眾事，謂之計偕簿。」（《通典‧職官十五‧郡太守》）朝廷之受計者，西漢時在中央則爲丞相、御史二府，東漢時則由司徒爲之，或由尚書主持。

藉上計考核官吏，其考課範圍甚廣。《漢書》記載：

> （兒寬爲左內史）後有軍發，左內史以負租課殿，當免。民聞當免，皆恐失之，……輸租繈屬不絕，課更以最。（《漢書‧兒寬傳》）
>
> （黃霸爲潁川太守）以外寬內明得吏民心，戶口歲增，治爲天下第一。（〈黃霸傳〉）
>
> 在東郡三歲，令行禁止，斷獄大減，爲天下最。（〈韓延壽傳〉）
>
> 天水太守陳立，勸民農桑，爲天下最。（〈西南夷傳〉）
>
> （補上黨郡中令）縣無逋事，舉第一。（〈義縱傳〉）

可知舉凡租稅收入、戶口增減、盜賊、治獄、農桑及災害賑濟等，多列入檢核。再根據考課評定之等第進行獎懲。使功與賞相當，官吏盡能爲國效勞。透過考核可達到韓非所說的「官職所以任賢也，爵祿所以賞功也。」（〈難二

〔註27〕參見葛劍雄《秦漢的上計和上計吏》，收入《中華文史論叢》1982年第二輯。

篇〉）的目的，及「賢者敕其材，君因而任之」（〈主道篇〉）的理想。

不過，由於考績關係官吏之仕進，故官吏作弊現象遂如影隨形般形成。雖漢代考課日趨完備，但官吏舞弊現象亦更爲純熟。故《漢書》記載：

> 上計簿，具文而已。務爲欺謾，以避其課。（〈宣帝紀〉）

> 郡國恐伏其誅，則揮使巧史書習於計簿，能欺上府者，以爲右職，……
> （故）欺謾而善書者尊于朝。（〈貢禹傳〉）

官吏舞弊，考課多有不公，故建昭年間，京房向元帝提出「考功課吏法」，其內容據《漢書》記載：

> 永光建昭間，……數召見問。房對曰：古帝王以功舉賢，則萬化
> 成；……末世以毀譽取人，故功業廢……。宜令百官各試其功……。
> 詔使房作其事。房奏考功課吏法。上令公卿朝臣與房會議溫室，皆
> 以房言煩碎，令上下相司，不可許。上意鄉之，……令房上弟子曉
> 知功課吏事者，欲試用之。房上中郎任良、姚平，「願以爲刺史，試
> 考功法，臣得通籍殿中，爲奏事，以防壅塞。……」石顯、五鹿充
> 宗皆疾房，欲遠之。建言，……以房爲魏郡太守，秩八百石居，居
> 得以考功法治郡。房自請，願無屬刺史，得除用它郡人，自第吏千
> 石以下，歲竟，乘傳奏事。天子許焉。（〈京房傳〉）

注引晉灼曰：

> 令丞尉治一縣，崇教化亡犯法者輒遷。有盜賊滿三日不覺者，則尉
> 事也，令覺之自除，二尉負其罪。率相準如此法。（同上）

這是針對當時社會官吏職分不明，欲整頓考課之法而提出者。京房雖努力求考功課吏法之推行，但因石顯、五鹿充宗等權貴之阻撓，京房以身殉法，考課之法亦未施行。

基本上，考課制度須賴強有力的中央集權，及各項政治制度的配合。在統治者日趨腐敗，以及朝政紊亂條件下，考課已無法正常實行。因此，如何杜絕考課舞弊，是急待解決的問題。

漢代考課制度承自戰國及秦代，而理念與韓非不謀而合。所以透過漢代考課制度，亦可檢視韓非學說中考核理論的可行性。考課制度有其正面價值，至於其流弊與考課的建全成正比，這與當時的歷史環境有關。根據嚴耕望先生分析指出：

> 漢制特重地方官吏，中央大員皆由此進，故地方官吏之遷昇在整個

行政組織之運用中佔重要地位。明乎此，則漢世治權寄付之允當，
官吏階品之簡妥，上下內外之脈貫，人才運用之靈活，與夫中央統
治之政策，地方官吏之優良，皆可即此推申，思過半矣。〔註28〕

換言之，「漢制特重地方官吏，中央大員皆由此進」。在此前提下，地方官吏
之考課成績影響其仕途甚巨，故無所不用其極的作弊，自屬難免。除上述之
特殊背景外，考課制度不能建全，與監察制度的敗壞亦有因果關係。因爲考
課之流弊本可透過監察制度來杜絕，二者應密切配合。可惜漢代除少數清明
時期外，監察權多爲外戚、宦官所把持，才助長考課流弊日益嚴重。

第四節　裁抑相權，尊隆尚書

韓非尊君學說中有「夫國之所以強者政也，主之所以尊者權也。」（《韓
非子・心度篇》）的論點。所以君主應掌握絕對權威，臣下完全聽命君主指揮，
「北面委質，無有二心」（〈有度篇〉）。認爲忠臣是：

人臣毋稱堯舜之賢，毋譽湯武之伐，毋言烈士之高，盡力守法，專
心於事主者爲忠臣。（〈忠孝篇〉）

君臣關係是：

以其主爲高天泰山之尊，而以其身爲壑谷鬴洧之卑。主有明名廣譽
於國，而身不難受壑谷鬴洧之卑。（〈說疑篇〉）

君主若高天泰山之尊，臣下則順從、竭力爲上，此理論對漢代官僚制度產生
極大影響。

漢代丞相權力甚廣，於眾多人才所組成的官制中，丞相爲臣權代表。論
其地位，《呂氏春秋》曾言：

相也者，百官之長也。（〈舉難篇〉）

《史記》言：

宰相者，上佐天子，理陰陽，順四時，下育萬物之宜，外鎮撫四夷
諸侯，內親附百姓，使卿大夫各得任其職焉。（〈陳丞相世家〉）

《漢書》言：

丞相者，朕之股肱，所與共承宗廟，統理海內，輔朕之不逮，以治

〔註28〕參見嚴耕望〈漢代地方行政制度〉一文，頁212。收入《中國地方行政制度史》
上編第一冊。中研院史語所印，民國50年出版。

天下者也。(〈孔光傳〉)

並稱「相國、丞相皆秦官，金印紫綬，掌承天子，助理萬機。」(《漢書·百官公卿表》)「掌承天子」是上承君主之命以總其事，「助理萬機」是輔佐天子處理國家政務，故史稱「丞相以德輔翼國家，典領百僚，協和萬國，爲職任莫重焉。」(《漢書·王商傳》)「協和萬國」就外交言，「典領百僚」就「輔國政、領計簿，知郡實，正國界。」(《漢書·匡衡傳》)而言。丞相爲三公之首，「王者侍以殊敬，在輿爲下，御座爲起，入則參對而議政事，出則監察而董是非，漢典舊事，丞相所請，靡有不聽。」(《後漢書·陳寵列傳附陳忠傳》)

　　由上所述，丞相的能力及權力在輔佐君主完成治理廣土眾民的大任。漢承襲秦制，設丞相或相國擔任中樞重職，輔佐人主「助理萬機」。另設太尉「掌武事」、御史大夫「掌圖籍祕書……受公卿奏事，舉劾按章。」(《漢書·百官公卿表》)與丞相合謂三公。丞相官職承襲秦制而來，自此以後循而不改。《漢書》說：

> 相國，丞相，皆秦官。……秦有左右。高帝即位，置一丞相。十一年，更名相國。……孝惠、高后置左右丞相。文帝二年，復置一丞相。(〈百官公卿表〉)

丞相的重要職務，歸納史書及學者研究成果，可分爲下列數點說明：〔註29〕

　　一、丞相領導百官，主持外朝，以決定國家大政方針。漢代官制有中朝及外朝之分，《漢書》記載：

> 中朝，內朝也。大司馬左右前後將軍、侍中、散騎、諸吏爲中朝。
> 丞相以下至六百石爲外朝。(〈劉輔傳〉注引孟康言)

外朝權力在決定國家大事，《後漢書》記載：

> 禮，司徒府中有百官朝會殿，天子與丞相決大事，是外朝之存者。(〈百官志一〉干寶注)
> 丞相舊位在長安時，府有四出門，隨時聽事。……國每有大事，天子車駕親幸其殿。(同上，應劭注)

領導百官主持外朝是丞相的重要權力。

　　二、總領百官奏事的權力。一切百官奏事，均需先經丞相核閱，再由丞相轉奏天子。衛宏曾說：

〔註29〕參見薩孟武〈西漢監察制度與韓非思想〉一文，收入《社會科學論叢》第五輯。

丞相初置員十五人，皆六百石，分爲東西曹。……西曹六人：其五人往來白事東廂，爲侍中，一人留府曰西曹，領百官奏事。(《漢舊儀》卷上)〔註30〕

其次，凡國有大事，皆由丞相領銜奏聞天子，如《漢書》記載：

（諸呂誅，漢大臣使人迎立代王）……（代王）入代邸，群臣從至，上議曰：「丞相臣平，太尉臣勃，大將軍臣武，御史大夫臣蒼，宗正臣郢，朱虛侯臣章，東牟侯興居，典客臣揭，再拜言……臣謹請陰安侯，頃王后，琅邪王，列侯吏二千石議，大王高皇帝子，宜爲嗣。」（〈文帝紀〉）

賀者，武帝孫……即位，行淫亂。（光）遂召丞相、御史、將軍、列侯、中二千石、大夫、博士會議未央宮……光與群臣連名奏王，尚書令讀奏曰：「丞相臣敞，大司馬大將軍臣光……昧死言皇太后陛下。」（〈霍光傳〉）

可見百官奏事需經由丞相轉奏，重大之事，亦由丞相領銜奏請。

三、丞相有封駁詔書的權力。天子有詔令，倘若丞相覺其不可，可由丞相封駁詔書。《漢書》記載：

（竇太后欲侯皇后兄王信），上曰：「請得與丞相計之」。亞夫曰：「高帝約：非劉氏不得王，非有功不得侯，不如約，天下共擊之」。今信雖皇后兄，無功，侯之，非約也」。上默然而沮。（〈周勃傳〉）

（哀帝）益封賢（董賢）二千戶，及賜孔鄉侯汝昌侯，陽新侯國，嘉封還詔書。（〈王嘉傳〉）

四、丞相有任免官吏的權力。《漢書》記載：

當是時（武帝時，蚡爲丞相），丞相入奏事，語移日，所言皆聽。薦人或起家至二千石，權移主上。（〈田蚡傳〉）

上（成帝）數欲用向爲九卿，輒不爲王氏居位者，及丞相御史所持，故終不遷，居列大夫官。（〈劉向傳〉）

可見丞相任免官吏權力之大。

五、丞相有總攬國家行政、考核百官，與論功行賞的權力。一國之內舉凡應興應革之事，多屬於丞相權力的範圍。故曰：「職事苟有便於民而請之，

〔註30〕《漢舊儀》衛宏撰，孫星衍校。叢書集成新編第二十八冊，新文豐出版社出版。

眞宰相事也。」(《漢書·蕭何傳》)丞相考核百官，論功行賞之事例，如《漢書》記載：

> （宣）爲左馮翊……姦軌絕息，辭訟者歷年不至丞相府……宣考績功課，簡在兩府，不敢過稱。(〈薛宣傳〉)

> 歲竟，丞相課其（百官）殿最，奉行賞罰。(〈丙吉傳〉)

由上所述，宰相權力範圍甚廣。尤其是其中的第三第四及第五項的宰相權力，正防礙到韓非所論的國君權力。基本上，在兩漢居「百官之長」的「三公」，自然成爲天子內心竊患。韓非曾言：

> 愛臣太親，必危其身。大臣太貴，必易主位。主妾無等，必危嫡子。兄弟不服，必危社稷。臣聞千乘之君無備，必有百乘之臣在其側，以徙其民而傾其國……是故諸侯之博大，天子之害也；群臣太富，君主之敗也……是故明君之蓄其臣也，盡之以法，質之以備。故不赦死，不宥刑。赦死宥刑是謂威淫，社稷將危，國家偏威。(〈愛臣篇〉)

> 在「人主之所以身危國亡者，大臣太貴，左右太威也。所謂貴者，無法而擅行，操國柄而便私者也；所謂威者，擅權勢而輕重者也。此二者，不可不察也。」(〈人主篇〉)

爲防微杜漸，以鞏固君權，漢天子對三公多有貶抑。〔註31〕有關兩漢削弱相權強化中央集權，反映於政治上的顯著現象，即尙書地位日趨尊隆。正如章

〔註31〕有關三公之貶抑，學者多有論及。參見徐復觀《兩漢思想史》及楊樹藩《兩漢中央政治制度與法儒思想》等書。漢代對太尉之貶抑，說明如下：就太尉言，本秦時官稱，職掌亦同，史稱：「太尉，秦官，金印紫綬，掌武事」(《漢書·百官公卿表上》)可知。既掌武事，是以凡遇危害國家之叛逆情事，天子輒遣太尉征討。若非以太尉身份出征，然建有功勞，天子多擢其爲太尉。地位誠屬重要。不過，因西漢中央政府又建「將軍」之官，職掌兵事，所謂「前後左右將軍……皆掌兵及四夷。」(《漢書·百官公卿表上》)與太尉職權重覆，文帝時便省置無常。《太平御覽》曰：「漢官典職曰：太尉，孝文三年置，七年省。武帝建元二年置，五年復省，更名大司馬。」(卷二〇七〈職官五〉)武帝將太尉更名爲大司馬之後，大司馬並非正官，只是加於將軍之上的兼加之官。而所遺太尉之司職，則予丞相。史稱：「（黃霸爲丞相，荐樂陵侯侍中史高可爲太尉）天子（宣帝）使尙書召問霸，太尉官罷久矣，丞相兼之，所以偃武興文也。如國家不虞，邊境有事，左右之臣，皆將率也。」(《漢書·黃霸傳》)據此推知太尉之廢，一則與將軍職權重覆，在則爲偃武興文政策。由於太尉之官，乃最高之武職，若太尊則天子受威脅，故廢之以免大臣假軍威而移國柄。

太炎所言：

> ……尚書、中書者，漢時贊作詔版之官。尚書猶主書；中書乃以宦
> 者爲之……自後漢以降，尚書漸重……亦見人主之狎近幸，而憎尊
> 望者之逼己也。（《檢論・官統上》）

尚書制度起於秦，乃屬少府之卑官，於「殿中主發書，故謂之尚書。」（《文獻
通考・職官五》）至武帝時漸被重用，因其接近天子，掌轉天子旨意，故權能、
組織日益擴大。尚書組織兩漢大致相同，有尚書令、尚書僕射、列曹尚書及丞、
郎、令史等。尚書令爲首領，僕射則副令。列曹尚書西漢分五曹，東漢分六曹，
各有任職。又置尚書丞，至東漢有左右丞各一人分掌事務。至於尚書郎，西漢
有四人，東漢增至三十六人，每曹六人，掌文書起草及更值。東漢每曹又置令
史三人，掌繕文書。工作繁重之曹復加三人，共二十一人。〔註32〕楊樹藩先生
指出：

> 西漢雖然分曹，但尚書郎尚未隸屬各曹，亦無令史之設，可見縱有
> 組織，並未具層層分隸之嚴正系統，東漢則不然，不僅曹名增加，
> 郎官膨脹，更設令史，且有分層隸屬之系統，此乃尚書事權發展之
> 表徵。〔註33〕

尚書之職掌雖原僅在於爲天子管理文書，轉達詔命，類似天子私人祕書。但

〔註32〕 《後漢書・百官志三》記載：「尚書令一人，千石。本注曰：承秦所置……掌
凡選署及奏下尚書曹文書眾事。」「尚書僕射一人，六百石。本注曰：署尚書
事，令不在，則奏下眾事。」《晉書・職官志》「列曹尚書……漢承秦署……成
帝建始四年……分爲四曹，通掌圖書祕記章奏之事，各有其任。其一曰常侍曹，
主丞相、御史、公卿事。其二曰二千石曹，主刺史郡國事。其三曰民曹，主吏
民上書事。其四曰主客曹，主外國夷狄事。後成帝又置三公曹，主斷獄，是爲
五曹。後漢光武以三公曹主歲盡考課諸州郡事。改常侍曹爲吏部曹，主選舉祠
祀事。民曹主繕修功作園池園苑事。客曹主護駕，羌胡朝賀事。二千石曹主辭
訟事。中都官曹主水火盜賊事。合爲六曹」。兩漢又置尚書丞，《晉書・職官志》
曰：「自武帝建史四年置尚書，而便置丞四人」。至東漢有左右丞各一人，《後
漢書・百官志》記載：「左右丞各一人，四百石本注曰：掌錄文書期會。左丞
主吏民章報及騎伯史，右丞假署印綬及紙筆墨諸財用庫藏」。
西漢尚書郎四人，《晉書・職官志》曰：「尚書郎西漢舊制四人，以分掌尚書。」
《後漢書・百官志三》記載：「尚書侍郎三十六人，四百石。本注曰：一曹有
六人，主作文書起草。」《漢官儀》「尚書郎，主作文書起草，夜更直。」東
漢又置令史三人，《後漢書・百官志》記載：「令史十八人，兩百石」參見楊
樹藩〈兩漢尚書制度之研究〉一文，《大陸雜誌》第二十三卷第3期。

〔註33〕 出處同註32。

自西漢武帝之後，天子對於尚書的委任日趨殷重。《玉海》記載：

> 秦至尚書禁中，有令丞，掌通章奏而已，事皆決丞相府，漢武宣後稍委任。（卷一二一注引《唐六典》）

《漢書》記載：

> 光與群臣連名奏王（昌邑王），尚書令讀奏。（〈霍光傳〉）

> 丞相王嘉上書薦故廷尉梁相等，尚書劾奏嘉言事恣意迷國，罔上不道。（〈龔勝傳〉）

上述引文，尚書或宣讀奏章或奏劾丞相，權力已日益膨脹，此外天子責問丞相，又請尚書受辭。例如《漢書》記載：

> 黃霸為丞相，薦樂陵侯史高可太尉，天子使尚書召問霸：大尉官罷久矣，丞相兼之，所以偃武興文也……將相之官，朕之任焉。侍中樂陵侯高帷幄近臣，朕之所自親，君何越職而舉之？尚書令受丞相對，霸免官謝罪。（〈黃霸傳〉）

選第中二千石，則使尚書定其高下。例如《漢書》記載：

> 馮野王遷為大鴻臚，數年，上使尚書選第中二千石，而野王行能第一。（〈馮野王傳〉）

吏追捕有功則上名尚書，而錄用之。例如《漢書》記載：

> 張敞為膠東相，明設購賞，開群盜令相捕斬除罪，吏追捕有功，上名尚書，調補縣令者數十人。（〈張敞傳〉）

由以上舉例可推測丞相原有之地位及職權，已遭到尚書分割。西漢之世尚書權任雖日益加重，然大體而言仍居於次要地位。至東漢則躍居於重要地位，故仲長統曾言：

> 光武皇帝慍數世之失權，忿強臣之竊命，矯枉過直，政不任下，雖置三公，事歸臺閣。自此以來，三公之職，備員而已。（《昌言·法誡篇》）

又《歷代職官表》言：

> 西京之世，為尚書者權任猶輕。自入東漢，天下之政總歸尚書，而三公具位，則權任之重，大異西京。（卷二引《漢制叢錄》）

東漢尚書的權力範圍，學者多有研究，本文考察史書並歸納學者研究成

果如下：〔註 34〕

一、東漢尚書有上章奏及審駁章奏詔令之權。在東漢凡中央官吏上奏章，皆上尚書以達於天子。〔註 35〕朝廷集議，其討論情形及結果，亦由尚書奏呈天子。〔註 36〕至於地方官吏如郡國守相，對朝廷奏事亦多直上尚書。〔註 37〕而且東漢之世，君主詔令之下達幾全由尚書經手。〔註 38〕東漢尚書不僅有如此龐大的上章奏詔令之權，隨此權力而來，乃是審裁章奏與檢駁詔命。例如《後漢書》記載：

> 間者奏多浮詞，自今若有過稱虛譽，尚書皆宜抑而不省，示不爲諂子蚩也。（〈明帝紀〉永平六年詔）

> 明帝性褊察，好以耳目隱發爲明，……朝廷莫不悚慄，爭爲嚴切，以避誅責，唯意（時爲尚書僕射）獨敢諫爭，數封還詔書，臣下過失輒救解之。（〈鍾離意傳〉）

二、東漢尚書有參議朝政建立制度及選舉之權。東漢尚書有參加朝廷集議或與諸大臣共決政事的機會。《後漢書》記載：

> 永和元年，災異數見，……詔召公卿中二千石尚書詣顯親殿問曰：「……北鄉侯親爲天子，而葬以王禮，故數有災異，宜加尊諡，列

〔註 34〕 參見周道濟〈兩漢尚書職位及其對相權之影響〉一文，收錄於《幼獅學報》第二卷第 2 期。

〔註 35〕 例如：〈無極山碑〉曰：「光和四年某月辛卯朔二十二日壬子、太常臣耽、丞敏，頓首上尚書，……臣耽愚憨，頓首頓首上尚書。制曰：「可」」。（《全後漢文》卷一百四）

〔註 36〕 《東漢會要》曰：「安帝延光二年亶誦言：常用甲寅元。梁豐言：常復用太初。下公卿評議。太尉愷等上侍中施延等議：甲寅元與天相應，可施行。博士黃廣，大行令壬僉議：如九道。河南尹祉等四十議：四分歷最得其正，不宜易。愷等八十四人議，宜從太初。尚書令忠上奏云云。上納其言，遂改歷事。」（〈職官四〉）

〔註 37〕 《全後漢文》記載樊毅上言復華山下民租田口算狀曰：「光和二年十二月庚午朔十三日壬午，弘農太守臣毅頓首頓首死罪上尚書，……臣毅誠惶誠恐頓首頓首死罪死罪上尚書」（卷八十二）不過，此情形郡國首相或將奏事副本抄呈宰相等有相關官員。例如：〈魯相史晨孔子廟碑〉言：「建寧二年三月癸卯朔七日己酉，魯相臣晨，長史臣謙，頓首死罪上尚書：臣晨頓首頓首死罪死罪。……臣晨誠誠惶誠恐頓首頓首，死罪上尚書。時副言太傅、太尉、司徒、司空、大司農府，治所部從事」（見楊愼《金石古文》卷四）

〔註 38〕 《歷代職官表》曰：「後漢群臣章奏，首云臣某奏疏尚書，……雖是不敢指斥而言，亦足見其居要地而秉重權矣。當時無事巨細，皆是尚書行下三公，或不經由三公逕下九卿」。（卷二）

于昭穆」。議者多謂宜如詔旨。（〈周舉傳〉）

而朝廷對於典章制度的建立，亦多以尚書任之。例如《後漢書》記載：

> 建武四年，光武徵霸與車騎會壽春，拜尚書令。時無故典，朝廷又
> 少舊臣，霸明習故事，收錄遺文，條奏前世善政法度有益于時者，
> 皆施行之。每春下寬大之詔，奉四時之令，皆霸所建也。（〈侯霸傳〉）

學者指出這與東漢尚書有權收藏天子的詔令及政治的典籍有密切關係。〔註 39〕
而且東漢選舉政策多由尚書擬定。《東漢會要》記載：

> 漢安元年，尚書令黃瓊以前左雄所上孝廉之選，專用儒學文史，於取
> 士之義猶偶所遺，乃奏增孝悌及能從政者爲四科。帝從之。（〈選舉上〉）

同時尚書復有彈劾宰相之權。〔註 40〕基本上，東漢尚書有權上章奏詔令、參
與朝議，建立制度，可見尚書權力之大。相權也因而受尚書的分割，薩孟武
先生指出：

> 尚書之官始於秦置，論其職掌，不過管理文書，傳達詔命。……西
> 漢中葉以後，尚書的職權已經增大。……光武中興，愾朝廷之失權，
> 忿強臣之竊命，于是出納王命的尚書，更漸次得到實權，變成政治
> 的樞機。……但是最初尚書不過預聞國政而已，尚未盡奪三公的
> 權。……不久之後，眾務悉歸尚書，三公但受成事而已。〔註 41〕

因此，李俊先生曾對我國相權之發展作一扼要說明。其言曰：

> 中國宰相制度，代不相同，然相因而變，有其趨勢，亦有其法則。
> 其趨勢維何？時代愈前，相權愈重，時代愈後，相權愈輕。法則維
> 何？君主近臣，代起執政，品位既高，退居閒曹是也。〔註 42〕

由於相權日絀導致權力下移，朝政董理紊亂則起自漢代。韓非反對權臣犯上，
而主張用人才。丞相的形成即由人才的刪選中產生，本有其公信力。但國君

〔註 39〕此說參見周道濟〈兩漢尚書職位及其對相權之影響〉一文，收錄於《幼獅學
　　　　報》第二卷第 2 期。東漢尚書收藏典籍之事例舉例如下：《後漢書》記載：「初
　　　　（順帝）廢爲濟陰王，乳母宋娥與黃門孫程等共議立帝，帝後以娥前有謀，
　　　　遂封爲三陽君，邑五千戶，……（尚書令）雄諫曰：『按尚書故事，無乳母爵
　　　　邑之制。……』」（〈左雄傳〉）

〔註 40〕《後漢書》記載：「（安帝）時，征西校尉任尚以姦利被徵抵罪，尚曾副大將
　　　　軍鄧騭，騭黨護之，而太尉馬英，司空李郃，承望騭旨，不復先請，即獨解
　　　　尚臧固，愷不肯與議。後尚書案其事，二府並受遣咎」（〈劉愷傳〉）

〔註 41〕同註 29。

〔註 42〕參見李峻《中國宰相制度》頁 239，商務印書館，民國 36 年出版。

唯恐權力受分割，又重用宦官，造成尚書勢力的膨大。重用宦官又多造成國家動盪的現象。換句話說，國君本身產生極大矛盾。一方面在抑制臣權（宰相），一方面又在培植臣權（宦官），並未能落實韓非用人學說。由此亦可反證，在君權時代，韓非用人理論有其正面價值。

第五節　控馭百官，嚴密監察

國君管理全國上下人事，一人之力實難勝任，自然要用人任職。因此人君要有一套監督臣下的御臣之術。韓非言御臣之術在人主「藏之於胸中，以偶眾端，而潛御群臣。」（〈難三篇〉）其方式就在眾端參驗，使「明主者，使天下不得不為己視，天下不得不為己聽，故身在深宮之中，而明照四海之內。」（〈姦劫弒臣篇〉）否則人主「身察百官，則日不足，力不給。」（〈有度篇〉）韓非認為人臣不得為非就端賴君主耳聰目明以糾察官邪。他說：

> 視聽不參，則誠不聞，聽有門戶，則臣壅塞。（〈七術篇〉）

> 人主以一國目視，故視莫明焉；以一國耳聽，故聽莫聰焉。（〈定法篇〉）

人主「盡人之智」（〈八經篇〉）自然不受壅塞，漢天子深明此道，建立一套嚴密監察體系，以方便督察群臣。〔註43〕以下分析漢代監察體系，以了解監察制度與韓非尊君學說相通之處。

漢代監察制的施行，可從兩方面得知：

一、就政策問題的監察而論，《韓非子‧七術篇》即曾明示謀事無人反對的危險，〔註44〕漢則有「廷議」以判斷政策的得失。根據《漢書》記載，漢天子對不同意見之取捨，或以多數人意見為標準。〔註45〕然而，若能言之成

〔註43〕 兩漢監察制度乃中國歷史上之優良制度，學者論之甚詳。如陳世材《兩漢監察制度研究》商務印書館，民國58年出版。以及楊樹藩《兩漢中央政治制度與法儒思想》商務印書館，民國56年出版。本文乃據前人研究而成。又薩孟武已提出漢代監察制度乃出於韓非學說的觀點。出處同註29。

〔註44〕 《韓非子‧七術》曰：「夫攻齊荊之事也誠利，一國盡以為利，是何智者之眾也。攻齊荊之事誠不利，一國盡以為利，何愚者之眾也。凡謀者疑也；疑也者誠疑，以為可者半，以為不可半。今一國盡以為可，是王亡半也」。

〔註45〕 例如《漢書‧郊祀志下》記載：「成帝初即位，丞相衡（匡衡）御史大夫譚（張譚）奏言……甘泉泰河東后土之祠宜可徙置長安……願與群臣議定，奏可。大司馬車騎將軍許嘉等八人以為……宜如故。右將軍王商博士師丹議郎翟方進等五十人以為……宜徙……於是衡譚奏議曰……今議者五十八人，其五十

理，持之有故者，並能予以采納。《漢書》記載：

> 中大夫主父偃盛言，朔方地肥饒，外阻河，蒙恬築城以逐匈奴，內
> 省轉輸戍漕廣，中國滅胡之本也。上覽其說，下公卿議，皆言不便。
> 公孫弘曰秦時嘗發三十萬眾築北河，終不可就，已而棄之。朱買臣
> 難詘弘，遂置朔方，本偃計也。（〈主父偃傳〉）

> 呼韓邪單于上書，願保塞……請罷邊備塞吏卒……天子令下有司
> 議，議者皆以爲便，郎中侯應習邊事，以爲不可許。上問狀，應曰
> 云云，對奏，天子有詔勿議罷邊塞事。（〈匈奴傳下〉）

薩孟武先生根據主父偃應之之事，認爲漢代廷議已能作到互相交換意見，不
受黨派拘束，不爲個人利害所束縛的態度。〔註 46〕參加廷議者並不固定，隨
事件之性質而改變人選，多數場合爲公卿、列侯、二千石、大夫及博士五種
官吏參與。〔註47〕其中應該特別注意的是大夫的參與，《漢書》言：

> 大夫掌論議，有太中大夫，中大夫，諫大夫，皆無員，多至數十人。
> 武帝元狩五年，初置諫大夫，秩比八百石。太初元年更名中大夫爲
> 光祿大夫，秩比二千石，太中大夫秩比千石，如故。（〈百官公卿表〉）

可知廷議常令大夫參與，且居是職者多擇博學行修之人。〔註 48〕透過大夫等
參加廷議以監察丞相的政策，用意與韓非所說的「明君之道，賤得議貴，下
必坐上，決誠以參，聽無門戶，故智者不得詐欺。」（〈八說篇〉）相當。然學
者認爲，其缺點是以少數賢明之士作爲判斷標準，將生活問題與眞理混爲一

人言當徙……八人……以爲不宜……宜於長安定南北郊……天子從之。」《漢
書‧趙充國傳》記載：「趙充國上屯田奏……奏每上，輒下公卿議臣（議），
初是充國計者什三，中什五，最後什八……上於是報充國曰……今聽將軍，
將軍計善」。

〔註46〕同註 29。
〔註47〕《西漢會要》卷 40 及卷 41。
〔註48〕薩孟武有〈西漢諫大夫表〉所列西漢諫大夫：劉向（卷三十六）、杜延年（卷
六十）、終軍（卷六十四下）、王襃（卷六十四下）、云敞（卷六十七）、薛
寶德（卷七十一）、王吉（卷七十二）、貢禹（卷七十二）、龔勝（卷七十二）、
鮑宣（卷七十二）、韋玄成（卷七十三）、魏相（卷七十四）、夏侯勝（卷七
十五）、冀奉（卷七十五）、韓延壽（卷七十六）、王尊（卷七十六）、王章
（卷七十六）、蓋寬饒（卷七十七）、劉輔（卷七十七）、孫寶（卷七十七）、
毋將隆（卷七十七）、蕭望之（卷七十八）、馮參（卷七十九）、何武（卷八
十六）、多博學兼修之人。

談。忽略政治問題乃生活問題，因而不見得能合乎人民需要。〔註49〕

二、就官吏枉法之監察而論，漢有御史審察百官與政令。《漢書》記載：

御史大夫秦官，位上卿，銀印青綬，掌副丞相。有兩丞，秩千石。

一曰中丞，在殿中蘭臺，掌圖籍秘書，外督部刺史，內領侍御史，

員十五人，受公卿奏事，舉劾按章。（〈百官公卿表〉）

又載：「御史大夫位次丞相，典正法度，以職相參，總領百官，上下相監臨。」
（〈朱博傳〉）可知所謂「副丞相」乃審察百官及政令是否合法，屬監察機構。
其組織以御史大夫為首，御史中丞副之，監察內官者有侍御史十五人，監察
外官者有部刺史十三人。御史大夫為求「典正法度」，作到「上下相監臨」，
不但對違背法度的百官有權監察，對職位在其上的丞相亦然。〔註50〕御史大
夫乃「掌副丞相」，可案劾丞相。此外，丞相如有缺位，御史大夫得代丞相職
務。《漢書》載：

（韓）安國為御史大夫，五年，丞相蚡（田蚡）薨，安國行丞相事。
（〈韓安國傳〉）

丞相缺位由御史大夫升任，故杜佑言：「凡為御史大夫，而丞相次也，其心冀
幸丞相物故，或乃陰私相毀害欲代之。」（《通典·職官六·御史大夫》）遂造
成丞相與御史大夫之間的利害衝突。丞相為保持其位，不使御史大夫乘隙進
劾，御史大夫則施其監察職能，嚴察丞相。二者多不敢違失，天子便收政清
治明之效。御史中丞職權亦重，一則督察州刺史，再則可糾察百僚。至東漢
因御史大夫轉為司空，監察事宜則由中丞掌理。侍御史之職權則主在「察舉
非法……有違失舉劾之。」（《後漢書·百官志》）甚至可彈劾大司馬大將軍。
〔註51〕基本上，御史本質重在舉非，而非舉善，並透過舉非而不敢為非，故

〔註49〕同註29。
〔註50〕丞相御史因為在分上有正副關係，所以御史大夫必須尊重丞相。如：「丞相有
　　　　疾，御史大夫三日一問起居。」（《漢官儀》）「朝奏事，會庭中，御史大夫差
　　　　居丞相後。」（《漢書·蕭望之傳》）然丞相如有過失，御史大夫承命得劾丞相。
　　　　如史載：「會人有盜發孝文園瘞錢，丞相（嚴）青翟朝與湯（御史大夫張湯）
　　　　約俱謝。至前，湯念獨丞相以四時行園，當謝。湯無與也，不謝。丞相謝，
　　　　上（武帝）使御史案其事湯欲致其文丞相見知。（張晏曰：見知故縱，以其罪
　　　　罪之也）丞相患之。」（《漢書·張湯傳》）
〔註51〕例如《漢書·嚴延年傳》記載：「嚴延年為侍御史，是時大將軍霍光廢昌邑王，
　　　　尊立宣帝。宣帝初即位，延年劾奏光擅廢立，亡人臣禮，不道。奏雖寢，然
　　　　朝廷肅焉敬憚」。

其監察頗有成效。此職責分明的官僚體系與韓非所說「群臣不得朋黨相爲」（〈二柄篇〉）之意相當。

漢代地方監察制度亦甚完備，武帝元封五年（西元前 106 年）置十三部刺史。〔註52〕刺史糾彈地方主管長官爲主要任務，史載：

> 漢刺史專察二千石長吏，而丞尉以下則二千石所察，刺史不察焉。
> 朱博傳，博爲冀州刺史，民遮道訴事，博下令曰，欲言縣丞尉者，
> 刺史不察黃綬，各自詣郡。……是漢刺史不察丞尉。（《陔餘叢考》
> 卷二十六〈監司官非刺史〉）

說明刺史專察郡國二千石之官（太守、都尉），不干涉縣令、縣長以下之官吏。漢代地方官制於郡下設縣，縣有縣令或縣長。令長之職守爲：

> 皆掌治民，顯善勸義，禁姦罰惡，理訟平賊，恤民時務，秋冬集課，
> 上計於所屬郡國。（《後漢書・百官志五》劉昭補注）

二千石以下之官由郡國守相考課。各郡國設有督郵，監督所屬縣之官吏。故《後漢書》載：

> （郡國）其監屬縣，有五部督郵，曹掾一人。（《後漢書・百官志五》）

督郵職責在監察所屬縣令、長，所以督郵爲郡守耳目。至於部刺史所得監察者又以詔書六條爲限：

> 刺史班宣，周行郡國，省察治狀，黜陟能否，斷治冤獄，以六條問
> 事，非條所問者，即不省。一條、強宗豪右，田宅踰制，以強凌弱，
> 以眾暴寡。二條、二千石不奉詔書，遵承典制，倍公向私，旁詔守
> 利，侵漁百姓，聚斂爲姦。三條、二千石不恤疑獄，風屬殺人，怒
> 則任刑，喜則淫賞，煩擾苛暴，剝截黎元，爲百姓所疾，山崩石裂，
> 妖祥訛言。四條、二千石選署不平，苟阿所愛，蔽賢寵頑。五條、
> 二千石子弟恃怙榮勢，請託所監。六條、二千石違公下比，阿附豪
> 強，通行賄賂，割損政令也。（《漢書・百官公卿表上》注）

是則部刺史所察之人乃如王鳴盛所言：「惟一條察強宗豪右，其五條皆察二千石」（《漢書補注・百官公卿表》）。所以上述六條大抵多與郡國守相之失職違法相關。反映了漢武帝設置刺史的目的在於監督郡守以上的高官及其子弟是否奉公守法。特別是嚴防郡守與地方勢力勾結，而破壞中央集權體制。刺史

〔註52〕漢初對地方監察，多由丞相不定期派使者至各地巡察，《漢書・百官公卿表上》
曰：「丞相遣使分刺州，不常置」，派使至各地巡察，只是一臨時措施。

的設置正發揮韓非所說的「有術而御之，身坐廟堂之上，有處女子之色，無害於治。」（〈外儲說左上篇〉）刺史所察出詔條之外者，則受嚴厲的處分，例如：

> 鮑宣爲豫州牧，歲餘，丞相司直郭欽奏宣舉錯煩苛，代兩千石署吏聽訟，所察過詔條……宣坐免歸家。（《漢書‧鮑宣傳》）

因此，顧炎武言：

> 漢時部刺史之職不過比六條察郡國而已，不當與守令事……鮑宣爲豫州牧以聽訟所察過詔條，被劾。而薛宣上疏言，吏多苛政，政教煩碎，大率各在部刺史，或不循守條職，舉錯各以其意，多與郡縣事。翟方進傳言，遷朔方刺史，居官不煩苛，所察應條輒舉。自刺史之職下侵，而守令始不可爲，天下事猶治絲而棼之矣。（《日知錄》卷九、六條之外不察）。

刺史之職不得越六條，正與韓非所說的「治不踰官」（〈定法篇〉）「不得越官而有功」（〈二柄篇〉）之意相當。

至於刺史雖以六百石之吏，亦得進見天子，面奏地方情況。誠如趙翼所言：

> 郡守不得面奏事，而刺史得面奏事。京房傳云，臣爲刺史，又當奏事，而議者不悅，乃以臣爲太守，所以隔絕臣，是也（《陔餘叢考》卷二十六〈監司官非刺史〉）。

所以郡國守相無不畏懼刺史，故王鳴盛曰：

> 刺史所統轄者，一州中郡國甚多，守相二千石皆其屬官，得舉劾……魏相傳，相爲揚州刺史，考察郡國守相，多所貶退。何武傳，武爲刺史，所舉奏二千石長吏，必先露章，服罪者虧除，免之，不服，極法奏之，抵罪或至死。（《漢書補注‧百官公卿表上》）

趙翼亦言：

> 刺史蓋取其官輕而權重，官輕則愛惜身家之念輕，而權重則整飭吏治之威重。（《陔餘叢考》卷二十六〈監司官非刺史〉）

事實上，刺史得監察守相，正是韓非所說的「明君之道，賤得議貴，下必坐上，決誠以參，聽無門戶，故智者不得詐欺。」（〈八說篇〉）的效果。部刺史秩六百石，不僅可監察二千石之郡國守相，且刺史原則上可晉升爲守相。《漢書》載：

> 故事，刺史居部九歲，舉爲守相，其有異材功效著者，輒登擢，秩卑而賞厚，咸勸功樂進。（〈朱博傳〉）

其所欲察之人即其欲代之職，且晉升守相之後前途光明，誠如《陸宣公文集》
言：

> 漢制，部刺史秩六百石，郡守秩二千石。刺史高第者即遷爲郡守，
> 郡守高第者即入爲九卿，從九卿即遷爲亞相（御史大夫）相國（丞
> 相），是乃從六百石吏而至台輔，其間所歷者三四轉耳。(〈論朝官闕
> 員及刺史等改轉倫序狀〉)

此乃漢監察制度發揮效用的原因。至於東漢時州刺史時行時止，但利多弊少，
和帝時張酺上書乃力主恢復。〔註53〕

　　又漢時之監察機關不限於御史，御史之外，尚有司直與司隸校尉，兩者
均設置於武帝時代。據王鳴盛所載：

> 武帝元狩五年初置司直，秩比二千石，掌佐丞相舉不法。(《漢書補
> 注·百官公卿表》)

> 司隸校尉周官，武帝征和四年初置，持節從中都官徒千二百人，捕
> 巫蠱，督大姦猾，後罷其兵，察三輔三河弘農，元帝初元四年去節。
> （同上）

司隸校尉爲獨立機關，「以督察公卿以下爲職」(《漢書·翟方進傳》)。縱是丞
相與御史大夫，司隸校尉亦得彈劾，〔註54〕其權任之重，可令公卿貴戚震懼。
〔註55〕至於司直則位於司隸之上，「司隸校尉位在司直下……翟方進爲司直，
旬歲間，免兩司隸，由是朝廷憚之。」(《漢書·翟方進傳》) 可知。司直既「掌
佐丞相舉不法」(《漢書·百官公卿表》)，所以又得監察內外群臣，其職似與
御史中丞相當。〔註56〕

〔註53〕《後漢書·百官志五》注記載：「州牧刺史入奏事，所以通下問知外事也。數
十年以來，重其道歸煩撓，故時止勿奏事。今因以爲故事。臣愚以爲刺史視
事滿歲，可令奏事如舊典，問州中風俗，恐好惡過所道，事所聞見，考課眾
職，下章所告，及所自舉有意者賞異之，其尤無狀，逆詔書，行罪法，冀救
戒其餘，今各敬所職，于州衰減貪邪便佞」。

〔註54〕如史載：「司隸校尉王尊劾奏衡（丞相匡衡）譚（御史大夫張譚）……阿諛曲
從，附下罔上，無大臣輔政之義。」(《漢書·匡衡傳》)「司隸校尉涓勳奏言……
丞相宣（薛宣）……甚誖逆順之理……專權作威。」(《漢書·翟方傳》)

〔註55〕如史載：「王章爲司隸校尉，大臣貴戚敬憚之。」(《漢書·王章傳》)「蓋寬饒
爲司隸校尉，刺舉無所回避……公卿貴戚及郡國吏縣使至長安，皆恐懼，莫
敢犯禁。」(《漢書·蓋寬饒傳》)

〔註56〕如史載：「鮑宣遷豫州牧，歲餘丞相司直郭欽奏舉錯煩苛，代二千石署吏聽訟，
所察過詔條……宣坐免歸家。」(《漢書·鮑宣傳》)

　　韓非主張以眾端參驗統御群臣，漢代潛用之，監察權不專由某一機關行使，所以能發揮互相監督之效。因此，皇帝位居皇宮，設置刺史、司隸校尉旨在代表皇帝巡視地方，以充耳目，使下情上達，加強皇權對官僚機構的了解，達到「明君無為於上，群臣竦懼乎下」（〈主道篇〉）的效果，為加強君權的有力措施。然而，史載章帝時，「刺史、守相不明真偽，茂才、孝廉歲以百數，既非能顯，而當授之政事，甚無謂也。」（《後漢書‧章帝紀》）和帝時，「二千石曾不承奉，恣心從好，司隸、刺史訖無糾察，……在位不以選舉為憂，督察不以發覺為負，非獨州郡也，是以庶官多非其人。」（《後漢書‧和帝紀》）殤帝時，「郡國欲獲豐壤虛飾之譽，遂覆蔽災害，多張墾田，不揣流亡，競爭戶口，掩匿盜賊，令姦惡無懲，署用非次，選舉乖宜，貪苛慘毒，延及平民，刺史垂頭塞耳，阿私下比。」（《後漢書‧殤帝紀》）是刺史不但不監督貪官污吏，反成為其幫凶。王符《潛夫論》中對身負糾舉不法的監察官吏，如刺史、督郵等，特予以譴責，其言曰：

> 州牧刺史，在宣聰明，……今則不然，令長守相，不思立功，貪殘專恣，不奉法令，侵冤小民，州司不治，今遠詣闕。上書訴訟。尚書不以責三公，三公不以讓州郡。州郡不以討縣邑。是以凶惡狡猾。易相冤也。（〈考績〉）

> 今者刺史守相，率多怠慢，違背法律，廢忽詔令，專情務利，不恤公事，細民冤結，無所控告，下土邊遠，能詣闕書，萬無數人，其得省治，不能百一，郡縣負其如此也，故至敢延期，民日往上書，此皆太寬之所致也。（〈三式〉）

東漢監察之官吏所以不恪盡職責，與「權移外戚之家，寵被近習之豎。」（〈仲長統傳〉）有關。因外戚宦官之子弟親黨，散布州郡，並得夤緣察舉，進身仕宦。外戚、宦官交相竊柄，國君又信任戚宦，正是韓非所說的「觀聽不參，則誠不聞；聽有門戶，則臣壅塞。」（〈內儲說上篇〉）的情形。朝廷政風由是衰敗，監察制度的美意，遂未能再見具體實效。

　　由韓非虛靜學說而衍生漢代監察制度，可藉此考課官吏，能有公平之升遷管道，避免官吏作姦犯科。但漢世未完全體現韓非學說，任由破壞宰相制度，重用宦官、外戚，官吏又多為宦官、外戚同黨，不能發揮監督本意，故與韓非之意背離。

第六節　立法出自國君，法令繁多

漢律承自李悝《法經》及秦律而成。《法經》原文早已失傳，《晉書》提到「悝撰次諸國法，著《法經》。以爲王者之政，莫急于盜賊，故其律始于〈盜〉、〈賊〉。盜賊須劾捕，故著〈网〉、〈捕〉二篇。其輕狡、越城、博戲、借假不廉、淫侈、踰制以爲〈雜律〉一篇，又以〈具律〉具其加減。是故所著六篇而已，然皆罪名之制也。商君受之以相秦。」（〈刑法志〉）。《法經》規定「王者之政，莫急于盜賊」，然而，在「凶年不免于死亡」（《孟子·梁惠王上》）背景下，人民起而爲盜的現象甚繁。學者據此認爲《法經》反映了統治者與人民關係的尖銳化。〔註57〕

秦律可從湖北雲夢城關睡虎地十一號秦墓發掘出土大量記載秦法律令的竹簡，窺其大略。〔註58〕至於漢律於唐時已佚，程樹德先生言：

> 漢蕭何作九章律，益以叔孫通傍章十八篇，及張湯越官律二十七篇、趙禹朝律六篇，合六十篇是爲漢律。後書安帝紀注謂漢律今亡。隋志亦云漢律久亡，是唐時已佚……太平御覽尚引廷尉決事，而宋史藝文志已不載，則至宋末已全佚。〔註59〕

是以只能從史籍的部分記載觀其梗概。然宋王應麟已開漢律考證先河，收集散見的漢律令二十餘條。清代則有薛允升《漢律輯存》、杜貴墀《漢律輯證》、張鵬一《漢律類纂》及沈家本《漢律摭遺》等書考證漢律內容。〔註60〕至程樹德先生則集歷代漢律考證之大成，按律名、刑名、律文、律令雜、沿革、春秋決獄及律家等七類編纂，廣泛收集漢律遺文，編爲《漢律考》八卷。本文即以《漢律考》爲重要資料。

法家最大缺點在立法權不能正本清源，即法之制定權在人君。漢代承之，故漢宣帝時，掌管刑獄之廷尉杜周曾言：

> 三尺安出哉？前主所是著爲律，後主所是疏爲令，當時爲是，何古之法乎？（《漢書·杜周傳》）

〔註57〕　參見蒲堅、趙昆坡《中國法制史簡明教程》頁48。北京大學出版社，西元1987年出版。

〔註58〕　參見〈睡虎地雲夢秦簡釋文〉，《文物》西元1976年第6、7、8期。

〔註59〕　參見程樹德《九朝律考》之〈漢律考序〉，商務印書館，民國54年出版。

〔註60〕　薛允升《漢律輯存》、杜貴墀《漢律輯證》、張鵬一《漢律類纂》及沈家本《漢律摭遺》等書，收入《中國法制史料》第二輯第一冊，鼎文書局，民國71年出版。

說明無論律或令多由君主裁定。換言之,「專制時代的『權原』在皇帝」,法只是人君統治人民的工具,人君操持法則具有崇高地位。此尊君方式於漢代律法上亦有此現象,說明如下。

一、立法權原自國君

漢代君主為鞏固權勢,所憑藉的就是賞罰。韓非說:

> 無慶賞之勸,刑罰之威,釋勢委法,堯舜之說而人辯之,不能治三家。(〈八經篇〉)

> 賞罰者,邦之利器也。在君則制臣,在臣則勝君。(〈喻老篇〉)

韓非認為「賞罰下共則威分」(〈八經篇〉),國君掌握法令才足以鞏固權威,此觀點體現在漢律上。有關漢律形成過程,據唐代房玄齡所著之《晉書》曾有如下記載:

> 漢承秦制,蕭何定律,除參夷連坐之罪,增部主見知之條,益事戶、興、廄三篇,合為九篇。叔孫通益律所不及,傍章十八篇。張湯越宮律二十七篇,趙禹朝律六篇,合六十篇。(〈刑法志〉)

以上說明了漢律形成的過程,至於律法的增加固然為因應客觀環境的需要,但更為重要的是,立法受國君的指示而增減。〔註61〕

(一)以漢高祖為例

漢高祖首開漢代立法之端,由於意識秦朝嚴刑峻法為促成人民起義的主因,是以初入關中即「與父老約法三章耳:殺人者死,傷人及盜抵罪,餘悉除去秦法。」(《史記·高祖本紀》)「秦大喜,爭持牛羊酒食,獻饗軍士。」(同上)然而,此乃權宜之策。漢王朝建立後,欲統治全國,「三章之法,不足以御奸」(《漢書·刑法志》),於是蕭何承秦法而作九章律。《漢書》記載:

> 初順民心作三章之約,天下既定,命蕭何次律令,韓信申軍法,張倉定章程,叔孫通制禮儀……。雖日不暇給,規摹宏遠矣。(〈高帝紀下〉)

此史料說明漢高祖立法活動之頻繁,不僅命蕭何制定九章律,韓信、張倉及叔孫通又分別制定軍法、章程及禮儀,為漢律奠定基礎。

〔註61〕討論兩漢立法狀況之著作甚多,如蒲堅、趙崑坡《中國法治史簡明教程》北京大學出版社,西元1987年出版。喬偉《中國法律制度史》上冊,吉林人民出版社,西元1982年出版。

（二）以文帝、景帝為例

文景時推行黃老之治，司馬遷記載：「孝文即位，有司議，欲定儀禮。孝文好道家之學，以為繁體飾貌，無益於治，躬化謂何耳，故罷去之。」（《史記·禮書》）可知當時「約法省禁」，並「懲惡亡秦之政，論議務在寬厚。」（《漢書·刑法志》）甚至有改革肉刑之舉措，其改革原由說明於下：

> （漢文帝）即位十三年，齊太倉令淳于公有罪當刑，詔獄逮繫長安。淳于公無男，有五女，……其少女緹縈，……上書曰：「妾父為吏，齊中皆稱其廉平，今坐法當刑。妾傷夫死者不可復生，刑者不可復屬，雖後欲改過自新，其道亡繇也。妾願沒入為官婢，以贖父刑罪，使得自新」。書奏天子，天子憐悲其意，遂下令曰：「制詔御史：蓋聞有虞氏之時，畫衣冠異章服以為戮，而民弗犯，何治之至也！今法有肉刑三，而奸不止，其咎安在？非乃朕德之薄，而教不明與！吾甚自愧。……今人有過，教未施而刑已加焉，或欲改行為善，而道亡繇至。……其除肉刑，有以易之，及令罪人各以輕重，不亡逃，有年而免。具為令。」（《漢書·刑法志》）

按史料分析，文帝十三年（西元前 167 年）因淳于意應受肉刑，緹縈上書痛陳肉刑有絕人改過自新的弊害，而後文帝詔張蒼及馮敬共議修改刑法，修正後的刑法是：

> 諸當完者，完為城旦舂；當黥者，髡鉗為城旦舂；當劓者，笞三百；當斬左止者，笞五百；當斬右止者，及殺人先自告，及吏坐受賕枉法，守縣官財物而即盜之，已論命復有笞罪者，皆棄市……。（同上）

分別以徒刑、笞刑及死刑取代黥刑、劓刑及刖刑。文帝廢除肉刑，本意在寬緩刑罰。然而，斬右趾者改為棄市，實則已加重刑罰。至於斬左趾者改為笞五百，劓刑改為笞三百，笞數過多，受刑人多喪命。因此，班固評其：「外有輕刑之名，內實殺人」。崔實亦言：「文帝雖除肉刑，當劓者笞三百，當斬左趾者，笞五百，當斬右趾者棄市。右趾者既殞其命，笞撻者往往至死。雖有輕刑之名，其實殺也。……以此言之，文帝乃重刑，非輕之也。」（《後漢書·崔實傳》引《政論》之言）

景帝遂在文帝廢除肉刑的基礎上進一步改革，於景帝元年（西元前 156 年）及中元六年（西元前 144 年）二次下詔。據《漢書·刑法志》的記載，其具體內容如下：

1. 減輕笞刑，第一次減輕刑罰將笞五百改為笞三百，笞三百改為笞二百。第二次將笞三百改為笞二百，笞二百改為笞一百。

2. 制定箠令，按箠令規定，笞刑所用之箠長五尺，本大一寸，以足竹作成，末薄半寸，並削平竹節。執行笞刑時，只許笞打臀部，由一人行刑，中途不得換人。〔註62〕

景帝的改革使文帝廢除肉刑的刑制臻於完善，班固亦言：「自是笞者得全。」（《漢書・刑法志》）可見改革肉刑的意義甚大。

（三）以武帝為例

武帝時「外事四夷之功，內盛耳目之好，征發煩數，百姓貧耗，窮民犯法，酷吏擊斷，奸軌不勝。」（同上）由於對百姓的剝削與鎮壓，而棄文景時期的省刑措施，往往促使人民挺而走險。為鞏固政權進而修改法令，據《漢書》記載：

> 于是招進張湯、趙禹之屬，條定法令，作見知故縱、監臨部主之法，緩深故之罪，急縱出之誅。（〈刑法志〉）

> 武帝時，禹以刀筆吏積勞，遷為御史。上以為能，至中大夫與張湯論定律令，作見知，吏傳相監司以法，盡自此始。（〈酷吏傳〉）

武帝對漢律之修改，《魏書》亦有記載，其曰：「孝武世以姦宄滋甚，增律五十餘篇。」（〈刑罰志〉）主持者為張湯、趙禹。張湯制定〈越官律〉二十七篇，趙禹作〈朝律〉六篇。武帝修改律令後的現象，據《漢書》記載：

> 律令凡三百五十九章，大辟四百九條，千八百八十二事，死罪決事比萬三千四百七十二事。文書盈於几閣，典者不能遍睹。是以郡國承用者駁，或罪同而論異。奸吏因緣為市，所欲活則傅生議，所欲陷則予死比，議者咸冤傷之。（〈刑法志〉）

漢律經此修改後，條目更加增多，內容亦更加龐雜。迄於成帝，漢律已發展為「大辟之刑千有餘條，律令煩多，百有餘萬言，奇請它比，日益以滋，自明習者不知所由。」（同上）成帝遂「與中二千石、二千石、博士及明習律令者議減死刑及可蠲除約省者。」（同上）然大臣多守舊，只「徒鉤摭微細，毛舉數事，以塞詔而已。」（同上）迄至西漢末，漢律未作大幅度修改。

〔註62〕《漢書・刑法志》記載：「笞者，箠長五尺，其本大一寸。其竹也，末薄半寸，皆平其節。當笞者，笞臀，毋得更人，畢一罪，乃更人。」

（四）以光武帝為例

「光武長於民間，頗達情偽，見稼穡艱難，百姓病害。至天下已定，務用安靜，解王莽之繁密，還漢世之輕法。」（《後漢書・循吏傳》）劉秀廢止王莽之新律，實行西漢舊律，然《後漢書》認爲西漢之法爲「輕法」，此說法頗引人質疑。舉第五倫之言爲例，他說：

> 光武承王莽之餘，頗以嚴猛爲政，後代因之，遂成風化。（《後漢書・
> 第五倫傳》）

可見以漢法爲輕法的不當。基本上，光武帝廢去王莽新法後，「後漢二百年間，律章無大增減。」（《魏書・刑罰志》）唯章帝與獻帝朝，曾二度修改律令。章帝采納廷尉陳寵建議：「宜隆先王之道，蕩滌煩苛之法。」（《後漢書・陳寵傳》）「遂詔有司絕鈷鑽諸慘酷之科，解妖惡之禁，除交致之請讞五十餘事，定著于令。」（同上）其後，陳寵統計律令法條，指出：「今律令死刑六百一十，耐罪千六百九十八，贖罪以下二千六百八十一，溢於甫刑者千九百八十九，其四百一十大辟，千五百耐罪，七十九贖罪。」（同上）遂再次建議朝廷「宜令三公，廷尉平定律令，應經合義者，可使大辟二百，而耐罪、贖罪二千八百，并爲三千，悉刪除其餘令。」（同上）惜陳寵去職，其建議並未施行。至於先前雖曾刪除部分的煩苛律條，但未變動光武帝所立的西漢律令。

至獻帝時遭董卓之亂，「典憲焚燎，靡有孑遺」（《後漢書・應劭傳》）。應劭遂「刪定律令爲漢儀」，「撰具律本章句、尚書舊事、廷尉板令、決事比例、司徒都目、五曹詔書及春秋斷獄凡二百五十篇。蠲去復重，爲之節文。又集駁議三十篇，以類相從，凡八十二事。」（同上）事實上，若非董卓之亂漢律化爲灰燼，獻帝未必允許應劭修改律令。且史書載應劭「慨然嘆息，乃綴集所聞，著漢官禮儀故事。」（同上）從「慨然嘆息」看來，其修漢律乃不得已，且所立多漢官故事，仍不脫西漢舊規。

根據上述，由約法三章至九章律的完成，高祖對律令要求由簡而繁乃最爲關鍵。至於文景帝免除或減輕犯罪刑罰，固然可標榜其仁政，事實上更顯示國君對刑罰律令的控制。而武帝令張湯、趙禹修法，以及光武帝廢王莽新法，用漢舊法，說明國君指導立法以加強中央集權統治的現象。此正是體現韓非所說的「賞罰下共則威分」（〈八經篇〉）的觀念，所以法成爲「王之本也。」（〈心度篇〉）

二、律令嚴密繁多

韓非主張嚴刑峻罰，他說：

> 且夫重刑者，非爲罪人也，明主之法揆也。……故曰重一姦之罪而
> 止境內之邪，此所以爲治也。重罰者，盜賊也，而悼懼者，良民也，
> 欲治者奚疑於重刑！若夫厚賞者，非獨賞功也，又勸一國，……欲
> 治者何疑於厚賞。（〈六反篇〉）

由上述引言，說明韓非重罰的目的在以刑去刑。所以他又曾比喻說：「十仞之城，樓季弗能踰者，峭也。千仞之山，跛牂易牧者，夷也。故明主峭其法而嚴其刑也。」（〈五蠹篇〉）漢興綱紀初定，律法多承襲秦制，是間接受韓非影響而刑重繁多。《漢書》言「漢興，高祖初入關，約法三章……其後四夷未附，兵革未息，三章之法不足以御奸。於是蕭何攈摭秦法，取其宜於時者，作律九章。」（〈刑法志〉）即說明作爲漢律基礎的是具有秦法色彩的九章律，而非高祖初入關的三章之法。故梁玉繩曰：

> 《漢書·刑法志》曰：漢興，約法三章，網漏吞舟之魚，然其大辟，
> 尚有夷三族之令。又考惠帝四年，始除挾書律。呂后元年，始除三
> 族罪、妖言令。文帝元年，始除收拏諸相坐律令。二年，始除誹謗
> 律。十三年，除肉刑。然則秦法未嘗悉除，三章徒爲虛語，《續古今
> 考》所謂一時姑爲大言以慰民也。蓋三章不足禁姦，蕭何爲相，采
> 攈秦法，作律九章，疑此等皆在九章之內。（《史記志疑》卷六）

漢律法因秦法而立，故惠帝四年（西元前 191 年）才「省法令妨吏民者，除挾書律。」（《漢書·惠帝紀》）文帝十三年（西元前 167 年）又「除肉刑」（〈形法志〉），而且實際是「外有輕刑之名，內實殺人。」（同上）

至於漢初行黃老之治，正如韓愈所言：「火于秦，黃老于漢，佛于晉、魏、梁、隋之間。」（《韓昌黎文集》第一卷〈原道〉）扼要說明了黃老思想於漢初受重視的情形。王鳴盛對於漢初天子公卿多尊奉黃老之學，曾說：「漢初，黃老之學極盛。君如文、景，宮闈如竇太后；宗室如劉德；將相如曹參、陳平；名臣如張良、汲黯、鄭當時、直不疑；處士如蓋公、鄧章、王生、黃子……等皆宗之。」（《十七史商榷》卷六〈司馬遷父子異同條〉）史家對此段歷史亦多有評論，說：

> 孝惠皇帝、高后之時，黎民得離戰國之苦，君臣俱欲休息乎無爲，
> 故惠帝垂拱，高后女主稱制，政不出房戶，天下晏然，刑罰罕用，

罪人是希。民務稼穡，衣食滋殖。（《史記·呂太后本紀》）

（文帝時）百姓無內外之繇，得息肩於田畝，天下殷富，粟至十餘錢，鳴雞吠狗，煙火萬里，可謂和樂者乎？（《史記·律書》）

（漢初）至武帝之初七十年間，國家亡事，非遇水旱，則民人給家足……人人自愛而重犯法，先行誼而黜媿辱焉。（《漢書·食貨志上》）

周秦之敝，罔密文峻，而姦軌不勝。漢興，掃除煩苛，與民休息。

至於孝文，加之以恭儉，孝景遵業，五六十載之間，至於移風易俗，

黎民醇厚。周云成康，漢言文景，美矣！（《漢書·景帝紀》）

史家所謂黃老之治「刑罰罕用」及「人人自愛而重犯法」，其實是刑法太重。從學者由《黃老帛書》的內容探討黃老之清靜無爲與承秦法治二者的關係可推知。〔註63〕

《黃老帛書》於西元1973年12月，長沙馬王堆三號漢墓出土。其中《老子》乙卷本前有〈經法〉、〈十大經〉、〈稱〉、〈道原〉四篇古佚書。〔註64〕唐蘭先生認爲是《漢書·藝文志》道家類之《黃帝四經》。〔註65〕其它學者亦有不同說法。〔註66〕《黃老帛書》主要表達道、法結合的思想。〔註67〕至於在《老子》思想基礎上，如何吸收法家思想，從而改造《老子》思想，形成一獨具特色學說？其關鍵在「道生法」觀念，將《老子》無爲轉化成法家的無爲。〔註68〕《黃老帛書》記載：

道生法。法者，引得失以繩，而明曲直者也。故執道者生法而弗敢犯也，法立而弗敢廢……故執道者之觀於天下也，無執也，無處也，無爲也，無私也。（〈經法〉）

此段言論說明法由道而來，替法家之「法」尋得「道」的根據。至於《黃老帛書》記載「法」的內涵爲何？除前述論及「法」爲「引得失以繩，而明曲

〔註63〕參見王曉波〈漢初的黃老之治與法家思想〉一文，收於《食貨月刊》第十一卷第10期。民國71年出版。林聰舜〈漢初黃老思想中的法家傾向〉一文，收於《漢學研究》第八卷第2期，民國79年出版。

〔註64〕參見唐蘭〈馬王堆出土老子乙本卷前古佚書的研究〉一文，收入《考古學報》1975年第1期。

〔註65〕參見唐蘭〈皇帝四經初探〉一文，收入《文物》1974年第1期。

〔註66〕如董英哲有〈經法等佚書是田騈的遺著〉一文，收入《人文雜誌》1982年第1期。

〔註67〕參見林聰舜〈漢初黃老思想中的法家傾向〉一文，出處同註63。

〔註68〕林聰舜已提出，出處同註63。

直者」外，又說：

> 稱以權衡，參以天當，天下有事，必有巧驗。事如直木，多如倉粟。
> 斗石已具，尺寸已陳，則無所逃其神。故曰：度量已具，則治而制
> 之矣。（同上）

以度量衡作為法的標準性及客觀性，強調法為唯一標準，主張法律必須使人民能明白易知，其曰：

> 是故王公慎令，民知所由。天道恆日，民自則之，爽則損命，還自
> 服之，天之道也。（〈十大經〉）

所謂「民知所由」即要求法之明文公布，與孔子所言的「民可使由之，不可使知之」（《論語·泰伯篇》）態度相反。《黃老帛書》又言：

> 世恆不可釋法而用我。用我不可，是以生禍。（〈稱〉）

一再強調「是非有分，以法斷之。虛靜謹聽，以法所符」（〈經法〉）及「執道者，生法而弗敢犯也，法立而弗敢廢也。」（同上）其以法治為至上標準，與《老子》所謂「法令滋彰，盜賊多有」不同。其要求執道者遵循法而無為，是轉化老子之無為，完成法家式的無為。所以，漢初黃老之治的清靜無為與秦法二者之間並無矛盾。

因此，《漢書》論及文帝「掃除煩苛，與民休息」，並稱贊「孝景遵業」（〈景帝紀〉）形成文景之治。然而，文景時期亦有嚴苛的一面。﹝註69﹞如《史記·張釋之馮唐列傳》記載文帝乘輿，有人犯蹕，張釋之依法罰金，文帝則以為罪輕。《史記·孝文本紀》並載文帝論及「法」的言論說：「法者，治之正也，所以禁暴而率善人也。」可看出文帝重視「法」的一面。至於景帝，《史記·酷吏列傳》記載其重用酷吏郅都、寧成之屬，人人惴恐。於第五章亦曾言及其重用學申商刑名之術的晁錯，釀成七國之亂，後由周亞夫平定。又據《史記·袁盎晁錯列傳》知景帝殺晁錯，以杜塞諸侯。於〈絳侯周勃世家〉載景帝則以「縱不反地上，即欲反地下。」之罪名罪周亞夫，令其絕食嘔血而死。是文景之治的實際政治運作仍有嚴刑峻罰的現象。及至武帝「內多欲而外施仁義」（《漢書·汲黯傳》），以及昭宣之世行「霸、王道雜之」（〈元帝紀〉）的治國方針，多可見法家思想對漢律令的影響。

以下就程樹德《九朝律考》中之〈漢律考〉說明律令嚴密繁多的現象。

﹝註69﹞林聰舜已提出，出處同註63。

〔註70〕

（一）就漢律之形式而言

1. 律

律是漢代法律之主要形式，漢以律命名之綜合性法典，有下列幾部：

《九章律》，共有九篇：盜律、賊律、囚律、捕律、雜律、具律、興律、廄律、戶律。爲蕭何受劉邦之命，「捃摭秦法，取其宜於時者，作律九章。」可知受李悝《法經》影響。

《傍章律》叔孫通制定，共十八篇。《晉書》言：「叔孫通益律所不及，傍章十八篇。」（〈刑法志〉）其篇目名稱已不可考，據《漢書》記載：「今叔孫通所撰禮儀與律令同錄，臧於理官，……今學者不能昭見……故君臣長幼交接之道浸以不章，而後得其說。蓋與律令同錄。故謂之傍章。」（〈禮樂志〉）這是有關禮儀制度的儀法。〔註71〕

《越宮律》由張湯制定，共二十七篇（《晉書·刑法志》），篇目名稱已無從考查。據沈家本考證，有「闌入宮殿門」、「闌入甘泉上林」、「無引籍入宮司馬殿門」以及「犯蹕」等法條，〔註72〕乃有關宮廷護衛的法律。

《朝律》由趙禹制定，共六篇（《晉書·刑法志》），篇目已無存。此外，見於文獻者又有以律命名之單行法規，如〈尉律〉、〈酎金律〉、〈上計律〉、〈錢律〉、〈左官律〉、〈大樂律〉、〈田律〉、〈田租稅律〉、〈尚方律〉、〈挾書律〉。

2. 令

史書載：「天子詔所增損，不再律上者爲令。」（《漢書·宣帝紀》）又曰：

〔註70〕 有關漢律之形式，大陸學者已作相關之研究。參見薛梅卿、葉峰《中國法制史稿》第四章，高等教育出版社，1990 年出版。

〔註71〕 漢律有禮與法不分的現象，程樹德曾說：「漢時去古未遠，合禮與律爲一，禮樂志謂叔孫通所撰禮儀與律同錄藏於理官，應劭傳亦言刪定律令爲漢儀，此漢以禮入律之證，是朝覲享廟之儀，吉凶喪祭之典，後人以之入禮者，而漢時多屬於律也。」參閱程樹德《九朝律考》之〈漢律律名考〉，頁11。又陶希聖提及漢律，禮與律不分時曾說：「禮既是身份等級的規範，刑祇是擔保此種規範的執行的手段。漢代的禮刑已漸從對立變爲相輔。蕭何九章之律固然是刑的規定，叔孫通傍章十八篇大約是朝儀，也算是律的一部。張湯越宮律二十七篇，趙禹朝律六篇，都是禮儀，也以刑罰作擔保，而爲律的一部。」參見《中國政治思想史》第二冊，頁151，食貨出版社，民國 61 年出版。

〔註72〕 參見註 60。

「前主所是著爲律，後主所是疏爲令。」是令爲律的補充，乃國君更改法律的重要法寶。令所涉及的範圍廣泛，今所知的篇目有〈令甲〉、〈令乙〉、〈令丙〉、〈功令〉、〈金布令〉、〈宮衛令〉、〈秩祿令〉、〈品令〉、〈祠令〉、〈祀令〉、〈齋令〉、〈公令〉、〈獄令〉、〈箠令〉、〈小令〉、〈田令〉、〈馬復令〉、〈胎養令〉、〈養老令〉、〈任子令〉、〈緡錢令〉、〈廷尉挈令〉、〈光祿挈令〉、〈樂浪挈令〉，數量亦多。成帝時律令繁多已達百萬餘言（《漢書‧成帝紀》），令甲以下即有三百餘篇。（《晉書‧刑法志》）

3. 科

據顏師古《後漢書》注說明「科謂事條」（〈桓譚傳上〉）及《釋名》記載「科，課也。課其不如法者，罪責之也」。科有依法論罪科刑之意，數量繁多，故曰：「憲令稍增，科條無限。」（《後漢書‧陳寵傳》）

4. 比

據《周禮》注疏言：「今律有斷事皆依舊事斷之，其無，條取比類以決之，故云決事比。」（〈秋官大司寇〉）說明此乃經朝廷批准，具有法律效力之斷案成例。《漢書》言，武帝時「死罪決事比萬三千四百七十二事」（〈刑法志〉），衍然已成爲制度。

（二）就漢律刑名而言

1. 死 刑

漢死刑有三：梟首（《漢書‧高帝紀》）、要斬（〈趙廣漢傳〉）及棄市（〈田廣明傳〉）

2. 肉 刑

漢法肉刑有四：黥、劓、刖、宮刑（《漢書‧刑法志》）

3. 徒 刑

髡刑（髡鉗城旦春）（《漢書‧陳萬年傳》注）

完刑（完城旦春）（〈惠帝紀〉注）

作刑（鬼薪白粲、司寇作、罰作、復作）（〈宣帝紀〉注）

此外，尚有贖刑、罰金、奪爵、除名、夷三族、徙邊、督刑、禁錮等刑名，頗爲嚴密，是以班固曾感慨的說：「今郡國被刑而死者歲以萬數，天下獄之千餘所。」（《漢書‧刑法志》）人民受刑法之威脅可想而知。這正是體現韓非所說的「誅莫如重，使民畏之。毀莫如惡，使民恥之。」（〈八經篇〉）及「欲治

者，奚疑於重刑」（〈六反篇〉）的嚴刑峻法主張。

根據韓非對「法」所下的定義及界說，法具有公平性、強制性及普遍性，其形式為成文及公布法。可見只要求守法，而不論身份高低，具備「刑過不避大臣，賞善不遺匹夫」的性質。韓非對法的立意具正面價值。但韓非又主張人君有勢，乃可趨使臣下，遂以「抱法處勢」為任法的前提。因任勢必先集權，而最能表現君主權威者，則為賞罰之行使。因此形成法治中的最高權威並非法律，而是人君。換言之，法之賞罰既出自人君，人君往往以法的權威性制民，而流於嚴刑峻法。

漢代法治觀念承襲韓非學說，根據上述可知其落實的現象是：受治者為民，專制者為君，君權無限，所有個人多隸屬於國君。誠如胡樸安先生所言：

> 國家對於人民，有無上之權威，所以務在嚴刑以臨民。……特是國家與君主不分，刑罰太峻，君權必尊。極其流弊，法律將失效力，此君主之意思，強使人民之必從，造成君主專制之政治。（《商君書解詁》序）

換言之，形成「尚法而無法」（《荀子·非十二子篇》）的現象。漢代法治與尊君意識的結合，法律並非保障個人權利與自由，反而成為殘酷工具摧殘人民。這可說是韓非主張「抱法處勢」的缺點。

第七節　藉儒術緣飾吏事，強化中央集權專政

班彪說：「漢承秦制，改立郡縣，主有專己之威，臣無百年之柄。」（《資治通鑑》卷四十一）此現象尤以武帝為最。武帝一朝有「腹誹、沉命之法，並時遣直指繡衣使者，使督察貴戚近臣踰侈者，又使張湯、趙禹之屬，條定法令，作見知故縱，監臨部主之法。」（《資治通鑑·武帝紀》）因此，司馬光以為武帝「使百姓疲敝，起為盜賊，其所以異於秦始皇者無幾矣！」（同上）然而，武帝又獨尊儒術，奉儒術為正統。基本上，當時已無儒法分明的禮法之爭。所謂「禮之所去，刑之所取；失禮入刑，相為表裏。」（《後漢書·陳寵傳》）儒法雖已合流，但並不妨礙尊君思想的發展，君主反藉儒法合流的機會，以律法鞏固皇權。說明如下：

一、三綱禮教與律法之結合

漢武帝獨尊儒術，「術」的涵義爲何呢？晁錯曾言：「人主之所以尊顯功名，揚於萬世之後者，以知術數也。」（《漢書・晁錯傳》）依顏師古注，此術數之意爲：「法制治國之術」。公孫弘則曰：「擅殺生之柄，通壅塞之塗，權輕重之數，論得失之道，使遠近情僞必見於上，謂之術。」（《漢書・公孫弘列傳》）因此，學者據此認爲所謂儒術，指儒家學說中尊君御下的方法，並未涵蓋所有的儒家學說。〔註73〕是以，熊十力先生認爲兩漢所尊之儒術絕非眞孔學。他說：

> 孔門群籍，雖自漢興，多獻於朝，而漢朝固任其廢棄，莫肯護惜。
> 所以然者，漢武與董仲舒定孔子爲一尊，實則其所尊者非眞孔學，
> 乃以祿利誘一世之儒生，盡力發揚封建思想與擁護君主統治之邪
> 說，而托於孔子，以便號召。故漢儒所弘宣之六藝經傳，實非孔門
> 眞本。〔註74〕

> 漢人尊孔，乃以竄亂之經書及其僞說，假藉孔子，以達其擁護皇帝
> 之私圖，自是僞儒學興，而孔門相傳之眞儒學，不可睹矣。〔註75〕

所以司馬談及班固論及儒學優點曾強調：「儒者⋯⋯序君臣父子之禮，列夫婦長幼之別⋯⋯以爲人主，天下之儀表也，主倡而臣和，王先而臣隨。」（《史記・太史公自序》）「儒家者流，蓋出於司徒之官，助人君、順陰陽、明教化者也。」（《漢書・藝文志》）正是法家「正君臣上下之分」（《史記・太史公自序》）的觀念。

根據上述，可推知在專制君主政體下，其措施莫不爲鞏固君主個人的權位，獨尊儒術一則禁止異端學說，所謂「天下無異意，則安寧之術也。」（《史記・秦始皇本紀》）再則無非欲藉儒術教化，由勸導著手，使民知尊君爲獨一無二的義務，百姓對權威發自內心信服，而可長治久安，誠如蔡元培先生所言：

> 專制時代（兼立憲而含專制性質者言之）教育家循政府之方針，以
> 定標準，常爲純粹之隸屬政治者。〔註76〕

而教化之所以發生作用，乃因人賦有模仿本能。〔註77〕如史書記載：「夫改政移風，必有其本。傳曰：『吳王好劍客，百姓多創瘢；楚王好細腰，宮中多惡

〔註73〕 參見曾俊岳〈兩漢教化與獨尊儒術之闡析〉頁 24，《新竹師專學報》第 5 期。
〔註74〕 熊十力《原儒》頁 20，明倫書局，民國 60 年出版。
〔註75〕 同上註，頁 34。
〔註76〕 參見蔡元培〈教育部總長蔡元培對於新教育之意見〉，收入《東方雜誌》第八卷第 10 期。
〔註77〕 出處同註 73。

死』。長安語曰：『城中好高髻，四方高一尺；城中好廣眉，四方且半額；城中好大袖，四方全匹帛』。斯言如戲，有切事實。」(《後漢書・馬廖列傳》)因此，人臣對國君之行爲會產生模仿，所謂「君父之所爲，臣子必習而效之，猶形聲之於影響也。」(《資治通鑑》卷一百六) 獨尊儒術乃透過教化使民著重尊卑長幼之序。至於董仲舒「三綱」之說，與尊儒之確立有密切關係。董仲舒並未明確說出三綱是「君爲臣綱，父爲子綱，夫爲妻綱」之言論。「三綱」之具體條文首見於西漢末年成書之《禮緯》，其曰：

> 禮者，履也。三綱謂君爲臣綱，父爲子綱，夫爲妻綱。(〈含文嘉〉)

董仲舒雖未正式提出三綱之條文，但三綱之名實由董仲舒所鼓吹，並按天人感應之陽尊陰卑模式而定君臣、父子、夫婦之尊卑關係，故曰：「王道之三綱可求於天。」(《春秋繁露・基義》)(詳參第六章之論述)

　　值得注意者，董仲舒將君臣一綱提至首位，與孟子以「父子有親」爲首之五倫次序有所不同，代表董仲舒對君臣一倫之重視，〔註78〕於《春秋繁露》中尤多見其尊君抑臣之說。所以董仲舒三綱說與先秦儒家「君使臣以禮，臣事君以忠」(《論語・八佾篇》)觀念已有距離，與《韓非子》之「臣事君，子事父，妻事夫，三者順則天下治，三者逆則天下亂，此天下之常道也。」(〈忠孝篇〉)則相應，韓非強調對君、父、夫之順從，可說是三綱說之先聲。〔註79〕尊君卑臣本是法家所強調者，至《韓非子》理論發展更爲完備。漢儒拋開孟子之「君輕論」，而代之法家的「陽尊陰卑」，並連帶將父子、夫婦納入尊卑範疇中，既滿足了專制帝王的優越感，同時藉儒術得以掩飾。甚至成爲維護專制政體的護符。所以范曄曰：

> 然所談者仁義，所傳者聖法也，故人識君臣、父子之綱，家知違邪歸正之路。自桓靈之間，君道秕僻，朝綱日陵，國隙屢啓，自中智以下靡不審其崩離，而權彊之臣，息其闚盜之謀，豪俊之夫，屈於鄙生之議者，人誦先王言也，下畏逆順勢也。……暨乎剝橈自極，人神數盡，然後群英乘其運，世德宗其祚。跡衰敝之所由致，而能多歷年所者，斯豈非學之效乎？故先師垂典文，褒勵學者之功，篤矣切矣。不循春秋，至乃比於殺逆，其將有意乎？(《後漢書・儒林傳》)

是認爲三綱之說對漢祚的延長大有助益。基本上，漢之獨尊儒術目的與法家

〔註78〕林聰舜已提出此觀念，出處同註63。
〔註79〕參見余英時《歷史與思想》頁40。聯經出版社，民國79年出版。

尊君卑臣相謀合，並強化三綱理念，將其納入漢律中，使民有所懼而謹守之。〔註80〕有關漢律維護三綱禮教的條文舉例說明如下：

（一）就維護皇權而言

漢代除在思想上宣揚「君權神授」，進而透過教化鞏固皇權外，並在律法上對皇權加以肯定。

1. 確立國君之人身安全：例如漢律有「無引籍而入宮司馬殿門」一條，依《周禮》記載，司馬殿門乃漢宮殿門。〔註81〕「漢法言引籍者，有門籍及引人乃得出入也。」（《周禮・天官・宮正》注）所謂籍，指簿籍，係被批准出入宮殿司馬門之人名冊。〔註82〕應劭曾說：「無符籍妄入宮曰闌」（《漢書・成帝紀》注），其罪責至於死刑，可見保障國君安全極為嚴格。又如犯蹕，是衝犯皇帝出行之儀杖。《漢書・張釋之傳》曾載文帝欲嚴懲犯蹕者的例子，說明皇帝人身安全的不可忽視。

2. 確立國君的權威：漢律有「矯詔大害要斬」一條。矯詔罪又分「矯詔害」及「矯詔不害」兩種情形。矯詔大害要斬或棄市，矯詔不害刑責從輕。

3. 確立國君尊嚴：漢律中有「不敬」、「大不敬」、「不道」條，所謂「不敬」，乃「虧禮廢節，謂之不敬。」（《晉書・刑法志》）舉凡觸諱、議論死去國君、擅入御花園以及上書言事言語切直等，〔註83〕都屬於對國君不敬的規範內。這類法律條文不外是強調國君的神聖權力。

（二）就維護父權而言

為表彰孝道及建立尊卑長幼之序，漢律減輕為報父母之仇而殺人之刑事

〔註80〕 參見註 70。

〔註81〕 《周禮・天官・官正》注曰：「司馬殿門者，漢宮殿門。每門皆使司馬一人守門，比千石，皆號司馬殿門。」

〔註82〕 《漢書・元帝紀》應劭注曰：「籍者，為二尺竹牒，記其年紀、名字、物色，懸之宮門，按省相應，乃得入也。」

〔註83〕 《漢書・宣帝紀》記載：「今百姓多上書觸諱以犯罪者，朕甚憐之」。《漢書・韋玄成傳》記載：「高后時，患臣下妄非議先帝宗廟寢園宮，故定著令，敢有擅議者棄市。」《漢書・咸宣傳》記載：咸宣「為右扶風，坐怒其吏成信，信亡藏上林中，宣使郿令將令卒，闌入上林中蠶室門攻亭格殺信，射中苑門，宣下吏，為大逆當族，自殺。」《漢書・蕭望之傳》記載：宣帝時「有司復奏望之前之所坐明白，無譖訴者，而教子上書，稱引亡辜之詩，失大臣體，不敬，請逮捕。」以上事例說明：凡觸諱、論議死去國君、擅入御花園以及言語切直等，多為不敬。

責任。《後漢書》記載：「建初中，有人侮辱人父者，而其子殺之，肅宗貰其死刑而降宥之，自後因以爲比，遂定其議，以爲輕侮法。」（〈張敏傳〉）朝廷以此案爲標準，議定「輕侮法」。此外，《漢書》記載武帝時，衡山王劉賜之「太子爽坐告王父，不孝，棄市。」（〈衡山王劉賜傳〉）以「不孝」爲大罪，處以死刑。至於對殺害父母、毆打父母之行爲，亦嚴懲不貸，例如《通典》引漢律曰：「殺母，以大逆論。」（一百六十六引律）即是。

（三）就維護夫權而言

爲維護夫權，訂定「七出三不去」之原則。所謂「七出三不去」，據《大戴禮記》曰：「婦有七去，不順父母去、無子去、淫去、妒去、有惡疾去、多言去、竊盜去、不順父母去，爲其逆德也。……婦有三不去，有所取無所歸不去、與更三年喪不去、前貧賤後富貴不去。」（〈本命篇〉）程樹德先生指出：

> 七出者，依令疑漢當亦同是。七棄三不去之文皆載於漢令，今不可考矣。近人李慈銘《越縵堂日記》論之曰：「七出之條自漢律至今沿之不改，其六者無論矣。至於無子非人所自主也，以此而出，則狂且蕩色者，將無所不爲」。〔註84〕

可知漢律中已有「七出三不去」法條，妻子於家庭中只居於從屬地位。

由上所述，兩漢所尊之儒已背離孔孟眞精神，且影響深遠。正如熊十力先生所說：

> 方漢室肇興，當亡秦絕學之餘，搜求經籍，振起儒學。自是二千年來，中國思想界一統於儒家。於是論者以爲儒學獨盛矣！其實儒學絕於秦，至漢而終不可振，則論者所不察也。……光武父子因新莽篡統，而欲崇儒以導節義，則其動機爲擁護君統，已雜乎私，而不純爲學術起見矣！自是而後，歷唐宋明三代，諸英君賢相之所以崇尚經術而鼓舞儒生者，無非踵光武之故智，及科舉興，而牢寵之策，與錮人智慧之術，彌下彌毒，則又光武父子之所不忍爲，且不屑爲者。二千餘年來，帝者以其私意，籠制天下士大夫，使其思想無或踰越於君主之意向。因郡縣之世，民智蔽塞。而帝者益乘之以易售其奸。故自漢代迄於清世。天下學術號爲一出於儒，而實則上下相

〔註84〕同註59，頁141。

習，皆以尊孔之名，而行誣孔之實，以窮經之力，而蹈侮聖言之罪，儒學之亡也久矣哉。〔註85〕

二、引經斷獄，儒學化法律形式之完成

漢律之儒法合流現象，除表現三綱禮教成爲律法內容外，並有「春秋決獄」律法儒學化斷獄方式的形成，直接引用《春秋》之觀點作爲定罪量刑的根據。王充曰：「表《春秋》之義，稽合于律，無乖異者。」（《論衡·程材篇》）即解釋法律使符合儒家經義。春秋決獄之倡導者董仲舒不僅提出獨尊儒術建議，同時以儒家思想指導斷獄，認爲可達到「統紀可一，而法度可明，民知所從矣。」（《漢書·董仲舒傳》）的境界，其言：

步舒至長史，持節使決淮南獄，于諸侯擅專斷，不報，以《春秋》之義正之，天子弟（漢武帝）皆以爲是。（《史記·儒林列傳》）

故膠西相董仲舒老病致仕，朝廷每有政議，數遣廷尉張湯親至陋巷，問其得失，於是作《春秋決獄》二百三十二事，動以經對，言之詳矣。（《後漢書·應劭傳》）

至於執政者提倡「引經決獄」的原因，與鞏固中央集權有密切關係。

（一）標榜仁政，緩和上下差等矛盾

引經決獄形成之儒學化法律觀點有「君親無將，將而誅焉」、「親親得相首匿」、「惡惡止其身」、「以功覆過」、「原心定罪」五項。〔註86〕除「原心定罪」一項爲董仲舒春秋決獄的原則，其它四項，可就其重點的不同分析作二類。

1. 就體現仁政而言

（1）惡惡止其身

「惡惡止其身」一語出自《春秋公羊傳》。《春秋》昭公二十年記載：「曹公孫會自鄸出奔宋」。《公羊傳》注曰：「畔也，曷爲不言畔？爲公子喜時之后諱也。《春秋》爲賢者諱也。何賢乎公子喜時？讓國也。君子善善也長，惡惡也短，惡惡止其身，善善及子孫。賢者子孫，故君子爲之諱」。「引經決獄」引伸爲罪止其身，不宜懲罰受牽連的無辜者。其斷獄事例如下：

〔註85〕熊十力《讀經示要》頁62至63。廣文書局，民國49年出版。
〔註86〕參見高恆〈論引經決獄〉一文，收入《秦漢法制論考》頁178至209。廈門大學出版社，西元1994年出版。

建初元年，大旱穀貴，終以爲廣陵、楚、淮陽、濟南之獄，徙者數萬，又遠屯絕域，吏民怨曠，乃上疏曰：臣聞，善善及子孫，惡惡止其身。百王常典，不易之道也。……帝從之，聽還徙者，悉罷邊屯。(《後漢書·楊終傳》)

依惡惡止其身說決獄，即只懲罰犯罪者本人，不誅連無辜者。此與秦時商鞅連坐法不同，一則可標榜仁政；再者可促進社會穩定。《鹽鐵論》曾載：「今以子誅父，以弟誅兄，親戚相坐，什伍相連，……如此，則以有罪反誅無罪，無罪者寡矣。」(〈周秦篇〉) 即說明誅連無罪影響社會安定。

（2）以功覆過

《春秋》記載：「夏，滅項」(〈僖公十七年〉)。《公羊傳》注曰：「齊滅之也。不言齊，爲桓公諱也。桓公嘗有計絕存亡之功，故君子爲之諱。」引經決獄以此爲據，強調有功於國者犯罪，宜免受法律追究。其事例如下：

丞相議奏，延年主守盜三千萬，不道。霍將軍召問延年，……。御史大夫田廣明謂：太僕杜延年，春秋之義以功覆過，當廢昌邑王時，非田子賓之言，大事不成，今縣出三千萬自乞之，何哉？願以愚言白大將軍。(《漢書·田延年傳》)

田延年因主盜三千萬被劾，御史大夫田廣明提出田延年廢昌邑王有功。以《春秋》之義，以功覆過，請求赦免田延年之罪。有功勳者犯罪得減免刑罰，與商君之壹刑主張有出入。一則在某些局面上表現執政者赦免刑罰之小恩小惠，再者說明春秋決獄無公平性，統治者可拋開法律，依主觀意識引經典決定刑罰輕重。

2. 就維護上下之等差而言

（1）親親得相首匿

「親親得相首匿」由《論語》：「父爲子隱，子爲父隱，直在其中矣。」(〈子路篇〉) 演變而來。孔子以爲父子之間相互隱瞞犯罪爲正直品德。董仲舒據此以爲父子間阻瞞犯罪，不應受法律制裁。其事例如下：

時有疑獄曰：甲無子，拾道旁棄兒乙養之，以爲子。及乙長，有罪殺人。以狀語甲。甲當何論？仲舒曰：甲無子，振活養乙，雖非所生，誰與易之。《詩》云：「螟蛉有子，蜾蠃負之」。《春秋》之義，父爲子隱。甲宜匿乙，不當坐。(《通典》卷六十九東晉成帝咸和五年散騎侍郎喬賀妻于氏上表引)

此觀點宣帝時定爲法律，〔註87〕且影響後代深遠，例如唐代即將「親親相隱」原則明文規定於法典中，並擴大其範圍。《唐律》曰：「諸同居，若大功以上親，及外祖父母、外孫，若孫之婦，夫之兄弟及兄弟妻，有罪相爲隱。」（〈名例篇〉）甚至規定「諸告祖父母、父母者，絞。」（〈鬥訟篇〉）子匿父，父子關係不可違反，進而推知臣尊君，君臣關係之不可踰越。是親親觀念之建立在維護尊尊地位，有助於「君親無將，將而必誅」觀念之確立。

（2）君親無將，將而誅焉

係出自《春秋》莊公三十二年及《公羊傳》昭公元年，「將」有叛逆之意。〔註88〕《唐律疏律》解釋謀反罪時，曾說：「案《公羊傳》云：君親無將，將而誅焉，謂將有逆心而害于君父者，則必誅之。……爲子爲臣，唯忠唯孝，乃敢包藏凶匿，將起逆心，規反天常，悖逆人理，故曰謀反。」（〈名例〉）說明君對臣，子對父不允許有犯上作亂思想，或將有此意而未形諸於外，亦爲大逆不道。其事例說明如下：

> 廣陵王荊有罪，帝以至親悼傷之，詔鯈與羽林監南陽任隗雜理其獄。事竟，奏請誅荊。引見宣明殿，帝怒曰：諸卿以我弟故，欲誅之，即我子，卿等敢爾耶！鯈仰而對曰：天下高帝天下，非陛下之天下也。春秋之義，君親無將，將而誅焉。……如今陛下子，臣等專誅而已。（《後漢書‧樊鯈傳》）

任何侵犯皇權，損害國君尊嚴者，應受制裁。故《唐律》言：「諸謀反及大逆者皆斬。」（〈賊盜篇〉）《唐律疏議》說：即使「始興狂計，其事未行，將而必誅，即同眞反。」可見藉律法鞏固中央集權之意極爲明白。

（二）藉法律儒學化緣飾律法之嚴苛，穩定統治者地位

法家學說符合專制政體需要，但又鑒於「秦離戰國而王天下，其道不易，其政不改，是其所以取之守之者無異也。」（《史記‧秦始皇本紀》）由秦導致滅亡的歷史教訓，所以不標舉法治的治國原則。而春秋決獄的律法儒學化，是藉儒學緣飾律法，可避免人民抗爭。

春秋決獄的斷獄原則爲「原心定罪」，董仲舒曰：「春秋之聽獄也，必本

〔註87〕《漢書‧宣帝紀》記載：宣帝四年詔曰：「自令子首匿父母、妻匿夫、孫匿大父母，皆勿坐。其父母匿子、夫匿妻、大父母匿孫，罪殊死，皆上請廷尉以聞。」

〔註88〕據《漢書》顏師古注解，曾曰：「以公子牙將爲殺逆而誅之，故云然也。親謂父母也。」（〈王莽傳下〉注）可知「將」有叛逆之意思。

其事，而原其心，志邪者不待成，首惡者位特重，本直者其論輕。」（《春秋繁露‧精華篇》）其中「必本其事，而原其心」為主要論點。至於「事」之意，指犯罪事實；「原」為犯罪原因。換言之，全句之意說明斷獄必先根據犯罪事實，判斷犯罪動機，其目的為「志善而違于法者免，志惡而合於法者誅。」（《鹽鐵論‧刑德篇》）就具體事例說明如下：

> 哀帝方即位，博士申咸……毀宣不供養，行喪服，薄於骨肉。前以不忠孝免，不宜復列封侯在朝省。宣子況為右曹侍郎，數聞其語，賕客楊明，欲令創咸面目，使不居位。……遂令明遮斫咸宮門外，斷鼻唇，身八創。事下有司，御史中丞等奏……大不敬，明當以重論，及況皆棄市。廷尉直以為……春秋之義，原心定罪。原況以父見謗，發忿怒，無他大惡。……明當以賊傷人不直，況與謀者皆爵減完為城旦。（《漢書‧薛宣傳》）

此案例說明犯罪者的動機若為善，即使犯重罪也可以減輕刑罰，反之，即使犯小過亦應加重處理。故其訂定罪刑有極大彈性，誠如《鹽鐵論》所言：

> 春秋之治獄，論心定罪，志善而違于法者，免；志惡而合於法者，誅。故其治獄，時有出於律之外者。（〈刑德篇〉）

此現象對外儒內法的執政者大開方便之門。雖然春秋決獄之初曾發揮改良法令嚴苛的作用，如《漢書》載春秋決獄之前「奸滑巧法，轉相比況，禁網寖密。……文書盈於几閣，典者不能遍睹。」（〈刑法志〉）董仲舒採用春秋決獄，實已救活一些觸犯律法之人。然而，由於經典文字簡約，非規範性文字，直接引用往往斷章取義，甚至執政者可拋開法律，根據主觀意識決定刑罰，並無固定標準。加以執行者多「習文法吏事」者，是以推行春秋決獄的目的與董仲舒減輕刑罰的立意大相逕庭。尤其值得注意的，是其透過儒學掩飾，使人不易察覺。所以章炳麟曾評論說：

> 董仲舒為春秋決獄，引經附法……上者得以重祕其術，使民難窺……悲夫！經之蟘蠹，法之秕稗也。（《檢論‧原法篇》）

劉師培亦言：

> 援公羊以傅今律，名曰引經決獄，實則便于酷吏之舞文。時公孫弘亦治春秋，所為之策尚德緩刑，約符仲舒之旨，然諳習文法吏事，緣飾儒術，外寬內深，睚眥必報。此則外避法吏之名，內行法吏之

實，以儒術輔法吏，自此始矣。〔註89〕

總上所述，漢武帝實施霸黜百家獨尊儒術的政策，儒家的君爲臣綱、父爲子綱、夫爲妻綱的三綱學說，成爲漢律的指導原則。將不敬及大不敬定爲犯罪，以維護王權；以不孝爲重罪，以維護父權；賦予丈夫休妻權，以維護夫權。律法與儒術結合，說明二點事實：

1. 漢代統治者已認識光靠律法不足以鎮壓百姓，遂將禮儀教化與律法結合。

2. 由漢代律法現象，律法與儒術之結合，重點不在減輕刑罰。

所以「引經決獄」的原因不過是標榜仁政，緩和上下矛盾，藉法律儒學化緣飾律法的嚴苛，穩定統治者地位。由漢律令中維護皇權的律令比例甚大，可推知漢代是藉儒術緣飾吏事。藉儒術之三綱理念，鞏固律法中有關皇權、父權及夫權的律令，以達到尊君的目的。韓非法治觀雖無此觀念，但間接受韓非尊君學說的影響，則可以無疑。

〔註89〕劉師培《儒學法學分歧論》，收入《劉申叔先生遺書》，華世出版社，民國 64 年出版。

第六章 從韓非尊君學說考察漢代學術上之現象

前述韓非尊君學說中有「以法爲教箝制學術思想發展」的要項，這是以「法」作爲規範社會唯一標準，所以有「無書簡之文，以法爲教；無先王之語，以吏爲師。」（〈五蠹篇〉）的言論。於〈五蠹篇〉甚至禁止文智，尤其對儒家多方抨擊，實欲箝制人民思想而以法爲教。秦禁書即承此理念發展而成，李斯言：

> 異時諸侯并爭，厚招游學，今天下已定，法令出一，百姓當家則力農工，士則學習法令辟禁，今諸生不師今而學古，以非當世，惑亂黔首。（《史記·秦始皇本紀》）

> 臣請史官非秦記皆燒之，非博士官所職，天下敢有藏詩、書、百家語者，悉詣守、尉雜燒之。有敢偶語詩書者棄市，以古非今者族。吏見知不舉者與同罪。令下三十日不燒，黥爲城旦。所不去者，醫藥、卜筮、種樹之書。若欲有學法令，以吏爲師。（同上）

以爲秦一統輿論亦須一統，亂發議論則會降低專制君主的權威。於是通過禁書、禁學將士人統一於專制政權之下。由於商鞅廢詩書禮樂，反對議政在先，蘇軾即說：「至於偶語詩書者棄市，以古非今者族，其端皆自鞅發之。」（《古史·商君列傳》）可得知焚書成爲法家一貫主張。至漢武帝「獨尊儒術」與秦始皇「焚書坑儒」看似南轅北轍，但事實則不然。所以近代學者對於獨尊儒術有二種看法。

一、持正面看法的，如柳詒徵先生指出：

> 惡得以董仲舒衛綰之言，遽謂武帝罷黜百家乎。武帝以後，學者猶

> 兼治諸子百家之學。……漢以經書立學官，亦沿古者官學之法。如
> 王制所謂樂正崇四術立四教，春秋教以禮樂，冬夏教以詩書，非漢
> 人之創制也。〔註1〕

以爲武帝立經書於學官，乃沿古制。而且學者同時亦兼治諸子百家之學。

　　二、持負面看法的，如杜正勝先生說：

> 始皇焚書坑儒，用暴力遂行思想統一；武帝獨尊儒術，以祿利獎勵
> 儒學。手段不同，動機互異。但是藉著政治力量對學術進行操控，……
> 造就爲道術爲一的企圖。〔註2〕

也就是儒術表面上地位顯嚇，實則已喪失思想獨立性。論者又言「儒家尊君，
武帝得資以專權施暴，故武帝排黜法家，獨尊儒道，考選取士，亦獨考儒家
之書，其它書籍，嚴被停廢，其用心專暴何異於始皇之焚書。……自孫文領
導革命，廢除帝制，人民始有言論出書之自由。……自美國大創民主以來，
人民更得評論國政，更可提議抗爭，以保民利，幸乎哉！」〔註3〕

　　上述學者關於獨尊儒術論點迥然不同，可推測獨尊儒術的內涵並不單
純。若後者說法可成立，則獨尊儒術除以儒術學說爲重心外，同時也受韓非
尊君學說影響。嘗試說明如下。

第一節　獨尊儒術與思想統一

　　漢武帝之前，思想文化與政治大體是平行發展形勢。尤其戰國時代是游
說馳騖之世，知識份子去留甚至影響諸侯國的強弱興衰，正如王充所言：「六
國之時，賢才之臣，入楚楚重，出齊齊輕，爲趙趙完，畔魏魏傷。」（《論衡‧
效力篇》）而「獨尊儒術」是董仲舒提出，並爲武帝實行。又董仲舒學說倍受
武帝重視，《漢書》載：「朝廷如有大議，使使者及延屬張湯就其家而問之，
其對皆有明法。」（〈董仲舒傳〉）是以董仲舒提倡的儒學內涵，應先加以了解。

一、董仲舒新儒學肯定專制政體

　　景帝時董仲舒爲《春秋》博士，就《漢書‧董仲舒傳》及其著作可知學

〔註1〕　參見柳詒徵《中國文化史》頁402。正中書局，民國76年出版。
〔註2〕　參見杜正勝主編《中國文化史》，三民書局，民國84年出版。
〔註3〕　參見李勉評《史記七十篇列傳評注》頁1330。國立編譯館主編，民國85年出
　　　　版。

識、人品極崇高，而〈士不遇賦〉則表現其不同流俗的志趣。《漢書‧藝文志》記其有《公羊董仲舒治獄》十六篇，《隋書‧經籍志》有《春秋決事》十卷、《春秋繁露》十七卷。今存世者有《春秋繁露》一書，另有《漢書》本傳所記武帝時之對策。〔註 4〕班固評曰：「仲舒遭漢承秦滅學之後，六經離析，下帷發憤，潛心大業，令後學有所統一，爲群儒首。」（《漢書‧董仲舒傳》贊）可知董仲舒實爲漢儒的代表。

研究者或稱董仲舒之學爲新儒學，以凸顯其與先秦儒學的殊異。〔註 5〕大抵其說以陰陽五行爲思想基礎，正如班固所言：「漢興，承秦滅學之後，景武之世，董仲舒治公羊春秋，始推陰陽，爲儒者宗。」（《漢書‧五行志》）事實上，漢儒受陰陽學說影響，並以此解經之風氣已盛，〔註 6〕董仲舒乃順此趨勢建構思想體系。

在其所著《春秋繁露》一書，對公羊傳所述孔子作春秋的大義及褒貶多有發揮。學說特色在通過公羊傳建立當時已成熟的大一統專制的理論根據。並以公羊傳完成其天人哲學。〔註 7〕以下則試從董仲舒的天人哲學考察其對專制體制的態度。

董仲舒學說中天之構造是以氣爲基本因素，所謂：「天地之氣，合而爲一，分爲陰陽；判爲四時，列爲五行。」（〈五行相生〉）說明天之作用通過陰陽及五行之氣而表現。所謂陰陽之氣，其有析論曰：

〔註 4〕　本文所據乃四部叢刊本，商務印書館，民國 68 年出版。

〔註 5〕　黃朴民《董仲舒與新儒學》，西元 1988 年山東大學博士論文，文津出版社，民國 81 年出版。

〔註 6〕　漢儒中說易而特重陰陽災變者，實爲孟喜至京房一系。《漢書‧儒林傳》云：「孟喜，字長卿，東海蘭陵人也。父號孟卿。……孟卿以禮經多，春秋煩雜；乃使喜從田王孫受易。喜好自稱譽，得易家侯陰陽災變書，詐言師田生且死時，枕喜膝，獨傳喜。諸儒以此耀之。」孟喜解易實受陰陽災異學說影響。受陰陽五行說影響，固不獨於易經爲然。解書經及春秋者，益皆受此種思想之影響。夏侯勝及夏侯建皆喜據書經以言災異。《漢書‧儒林傳》云：「勝少孤，好學，從史昌受尚書及洪範五行傳，說災異，後事簡卿……。會昭帝崩，昌邑于嗣立，數出，勝當乘輿前諫曰：天久陰不雨，臣下有謀上者，陛下出欲何之？王怒，謂勝爲妖言，縛以屬吏。吏白大將軍霍光，光不舉法。是時，光與車騎張安世謀，欲廢昌邑王。光讓安世，以爲泄語。安世實不言。迺召問勝。勝對言在洪範傳曰：『皇之不極，厥罰常陰。』時則下人有伐上者；故云臣下有謀。光安世大驚，以此益重經術。」夏侯勝據洪範以預言政治方面之變化；亦是以陰陽災異解尚書之例。

〔註 7〕　參見徐復觀《兩漢思想史》卷二，頁 329，學生書局，民國 78 年出版。

> 天地之間，有陰陽之氣，常漸人者，若水常漸魚也。所以異於水者，
> 可見與不可見耳，其淡淡也。然則人之居天地之間，其猶魚之離水，
> 一也。其無間，若氣而淖於水。水之比於氣也，若泥之比於水也。
> 是天地之間若虛而實。（同上）

說明陰陽之氣目不可見，而實充滿於天地之間。關於五行之氣有論述說：

> 天有五行，一曰木，二曰火，三曰土，四曰金，五曰水。木，五行
> 之始也；水，五行之終也；土，五行之中也。此其天次之序也。（〈五
> 行之義〉）

五行各主一方位，當陰陽之氣運行至某一方位時，就與主持此方位的某一行
合力，形成某一季節。故曰：「如金、木、水、火，各奉其所主，以從陰陽，
相與一力而並功。其實非獨陰陽也，然而陰陽因之以起助其所主。故少陽因
木所起助，春之生也；太陽因火而起助，下之養也。少陰因金而起助，秋之
成也；太陰因水而起助，冬之藏也。」（〈天辨在人〉）五行有五而四時有四，
董仲舒遂言：「土者，天之股肱也。其德茂美，不可名以一時之事。故五行而
四時者，土兼之也。」（〈五行之義〉）是土以配天，不限於某一時。

　　四時變化他認為主要是由陽氣的盛衰決定，所以秋冬來臨與其說是陰氣
盛，不如說是陽氣衰。所謂「至春，少陽東出就木，與之俱生；至夏，太陽
南出就火，與之俱暖。此非各就其類而與之相起與？」「至於秋時，少陰興而
不得以秋從金，從金而傷火功。雖不得以從金，亦以秋出於東方，俛其處而
適其事，以成歲功，此非權與？」（〈陰陽終始〉）換言之，秋季屬金，方位在
西。秋季陰盛，然陰氣方位反在東，陽氣則在西。董仲舒解釋此現象說：「天
之道有倫，有經，有權。」（同上）此即天之道「權」的表現。換言之，「天
以陰為權，以陽為經……陽常居實位而行於盛，陰常居空位而行於末。」（〈陽
尊陰卑〉）「陽常居大夏而以生長養育為事。陰常居大冬而積於空虛不用之處。」
（《漢書・董仲舒傳》）陽氣起生長養育萬物作用，即居於實位。冬季陽氣已
衰，萬物不能生長養育，陰氣實際未發生太大作用，故居於空虛之位。陽居
實而陰居虛為其重要思想。

　　自然界陽氣運行居主導地位，因此將其進一步比附，以自然界的陰陽理
論作為社會倫理「三綱」的根據。所謂「王道之三綱，可求於天。」（〈基義〉）
認為社會生活中陽的勢力也位居統治地位。他說：

> 丈夫雖賤，皆為陽；婦人雖貴，皆為陰……諸在上者皆為其下陽，

諸在下者各爲其上陰。（〈陽尊陰卑〉）

既然自界中陽氣使萬物生長，陰氣使萬物收藏，於社會、政治中，君父夫自然居主導地位。馮友蘭先生認爲此「陽貴而陰賤，天之制也。」（〈天辨在人〉）的觀念，目的在於論證君父的神聖而不可侵犯。〔註8〕又曰：

> 凡物必有合。合，必有上必有下……陰者陽之合，妻者夫之合，子者父之合，臣者君之合。物莫無合，而合各有陰陽。陽兼於陰，陰兼於陽；夫兼於妻，妻兼於夫；父兼於子，子兼於父；君兼於臣，臣兼於君。君、臣、父、子、夫婦之義，皆取諸陰陽之道。君爲陽，臣爲陰；父爲陽，子爲陰；夫爲陽，婦爲陰。陰道無所獨行，其始也不得專起，其終也不得分功，有所兼之義。（〈基義〉）

所謂「合」，其義爲配合，而與其配合者則居次要的附屬地位。「兼」之義，按其上下文可知陰對於陽的「兼」，乃被包括之義；陽對於陰之「兼」，則爲包括之義。此理論運用於社會則君父夫永遠統治臣婦子，發展爲社會的綱常禮教。

此外，五行變化亦比附於社會綱常，而有「五行相勝」及「五行相生」之說。所謂「五行相勝」，董仲舒說：

> 木者司農也。司農爲奸，朋黨比周，以蔽主明……橫恣絕理。司徒誅之……故曰金勝木。（〈五行相勝〉）
>
> 金者司徒也。司徒爲賊……專權擅勢，誅殺無罪，侵伐暴虐，攻戰妄取，令不行，禁不止……令君有恥，則司馬誅之……故曰火勝金。
>
> （同上）

至於「五行相生」則說：

> 南方者火也，本朝。司馬尚智……至忠厚仁，輔翼其君，周公是也。成王幼弱，周公相，誅管叔、蔡叔以定天下。天下既寧以安君……故曰火生土。（〈五行相生〉）

「五行相勝」是對中央公卿大臣而言，對其違法亂紀則嚴懲不怠。「五行相生」則針對地方諸侯而言，對其陰謀叛變則格殺不論。董仲舒以天人同類爲立論前提，故以自然界陰陽比作人倫的尊卑，突出了國君獨尊的地位。不過，董仲舒又從天人同類談論天人感應，他先從人身構造及情感意識言天人同類。他說：

〔註8〕參見馮友蘭《中國哲學史新編》冊三，頁 67。藍燈文化事業公司，民國 80年出版。

天地之符，陰陽之副，常設於身。身猶天也……天以終歲之數成人之身，故小節三百六十六，副日數也。大節十二分，副月數也。內有五臟，副五行數也。外有四肢，副四時數也。乍視乍瞑，副晝夜也。乍剛乍柔，副冬夏也。乍哀乍樂，副陰陽也……於其可數也，副數；不可數者，副類。皆當同而副天，一也（〈人副天數〉）

人之形體，化天數而成。人之血氣，化天志而仁。人之德行，化天理而義。人好惡，化天之之暖清。人之喜怒，化天之寒暑。人之受命，化天之四時。人生有喜怒哀樂之答，春夏秋冬之類也……天之副在乎人，人之性情有由天矣。（〈爲人者天〉）

並進而認爲同類可互相感應，所謂「美事召美類，惡事召惡類。類之相應而起也，如馬鳴則馬應之，牛鳴則牛應之……物故以類相召也。」（〈同類相動〉）既然天人同類，則人和天亦可互相感應。他說：

天有陰陽，人亦有陰陽。天地之陰氣起，而人之陰氣應之而起；人之陰氣起，而天之陰氣亦宜應之而起，其道一也。（同上）

在此前提下，人君應法天道與天地參，否則不僅人君喜怒賞罰不當而世亂，且感應四時以至運行不當而歲凶。與天地參的責任在國君，他說：

古之造文者，三畫而連其中，謂之王。三畫者，天地人也。而連其中者，其道也。取天地與人之中以爲貫而參通之，非王者孰能當是？故王者惟天之施。施其時而成之，法其命而循之諸人，法其數而以起事，治其道而以出法，治其志而歸之於仁。（〈王道通三〉）

君主是替天行道，受命統治人間，所謂「國以君爲主」（〈通國身〉），而天命喜仁惡惡，伐有罪討不義，是以君主應行仁政，奉「三本」治理國家。〔註9〕反之，逆天之行「不義則世亂」（〈王道通三〉），且將引發自然變化。他說：

世治而民和，志平而氣正，則天地之化精，而萬物之美起。世亂而民乖，志僻而氣逆，則天地之化傷，氣生災害起。（〈天地陰陽〉）

因天人同類，所以人的意識和行爲，可以引起自然界非常之變化；好的政治，可使寒暑得時，風調雨順；不好的政治，可以使寒暑不時，形成自然災害。

〔註9〕《春秋繁露·立元神》曰：「明主賢君，必于其信，是故肅慎三本：郊祀致敬，共事祖彌，舉顯孝悌，表彰孝行，所以奉天本也；秉耒躬耕，采桑親蠶，墾草殖穀，開闢以足衣食，所以奉地本也；立辟雍庠序，修孝悌敬讓，明以教化，感以禮樂，所以奉人本也。」

誠如其所言：

> 刑罰不中則生邪氣。邪氣基於下，怨惡蓄於上。上下不和，則陰陽
> 繆戾而妖孽生矣，此災異所緣而起也。（《漢書・董仲舒傳》）

此即所謂「天降災異」的觀點，代表人間君主若品德惡劣，其邪惡行徑必然感應至天，導致異常的自然現象以警戒統治者。若人君尚無法領受天降災異的教訓，使政治導向合理途徑，則天有權力奪取君王的權位。董仲舒又言：

> 天之生民，非爲王也，而天立王，以爲民也，故其德足以安民樂民
> 者天予之，其惡足以賊害民者，天奪之。（〈堯舜不擅移湯武不專殺〉）

是要求人主知天法天，將人主行爲納入與天道相配合之中，〔註10〕故曰：

> 夫王者不可不知天。……天意難見也，其道難理；故明陽陰入出實
> 虛之處，所以觀天之志。辨五行之本末順逆小大廣狹，所以觀天道
> 也。天志入，其道也義。爲人主者，予奪生殺，各當其義，若四時。
> 列官置吏，必以其能，若五行。好仁惡戾，任德遠刑，若陰陽；此
> 之謂配天。（〈如天之爲〉）

此段可以說是人主法天的總綱領，董仲舒實欲國君尊循天志的仁意，在實際政治活動的領域裏行仁政，以天意爲政治指導最高原則。基本上，董仲舒學說理論以自然界的陰陽比作人倫的尊卑，突出了國君獨立地位。又言天人感應欲國君法天，奉仁心以行愛民之實。但結果專制政治只能爲專制而專制，也就無視其「屈君而申天」之主張，而重視其「屈民而申君」的言論，並利用君權神授觀念強化大一統專制。是以徐復觀先生批評：董仲舒「自身在客觀上也成了助長專制政治的歷史中的罪人。」〔註11〕

　　上述董仲舒欲國君法天，是將道德根源歸之於天，與先秦儒家主張內心自覺已有歧異。此現象主要源自陰陽家學說，並且以自然界的陰陽附會人倫的尊卑，有助於發展尊君的觀念。董仲舒除受陰陽學說影響外，由緒論的探討中，董仲舒論君臣的絕對關係，受韓非尊君學說影響更大。然而，一般思想家都將其歸於儒家或說他受陰陽家的影響。但事實上，其學說中有濃厚的法家成分，這可從他對君臣關係的看法上得知。他說：「君爲陽，臣爲陰；父爲陽，子爲陰；夫爲陽，婦爲陰。」陽是主，陰是從，陰陽有主從關係，《白虎通德論》的三綱觀念就是承董仲舒君臣觀念而來。這種君臣、父子、夫婦絕對關係與儒家君臣

〔註10〕徐復觀已提出此觀念，出處同註7，頁415。
〔註11〕同註7，頁298。

相對關係不同，顯然董仲舒的君臣關係已是儒家學說的歧出或逆轉。武帝獨尊儒術看準的也是這一點，所以董仲舒的儒術有助於鞏固君權而尊君。因此，此處所謂儒術也就不成其儒術了，而有法家性格。就董仲舒心理狀況而言，他爲使武帝重視其學說，故不得不迎合國君而尊君，是其學說本身的困結。又就時代背景而言，自戰國末期以來，已有學術大一統的趨勢，例如雜家的出現，所以董仲舒很難不受環境影響，而有法家成分。由董仲舒學說，可推知儒家主張「列君臣父子之禮，序夫婦長幼之別。」（《史記‧太史公自序》）引司馬談〈論六家要旨〉與法家「尊主卑臣」實有相通處，遂爲統治者所利用。武帝獨尊儒術就是採用了董仲舒建議，其內涵應如梁啓超先生所言：

> 墨氏主平等，大不利於專制；老氏主放任，亦不利於干涉，與霸者所持之術，固已異矣。惟孔學則嚴等差，貴秩序，而措而施之者，歸結於君權……於帝王馭民最爲合適，故霸者竊取而利用之，以宰制天下。〔註12〕

二、獨尊儒術完成思想統一

董仲舒是漢代最具影響力的思想家，其將儒家政治與天人感應及陰陽五行的理論結合，提出大一統觀點，使儒學更加適宜專制政治的需要。此儒術已非原始儒學，是君臣絕對關係的儒學，所以尊儒就是尊君，由思想上鞏固尊君。

回溯漢獨尊儒術過程，首見於漢武帝建元元年（西元前 140 年），即即位後第二年，發生選拔人才的需要，《漢書》曾詳載此史實：

> 詔丞相、御史、列侯、中二千石、二千石、諸侯相舉賢良方正直言極諫之士。丞相綰奏：「所舉賢良，或治申、商、韓非、蘇秦、張儀之言，亂國政，請皆罷」。奏可。（〈武帝紀〉）

當時除衛綰之外，舉凡田蚡、竇嬰、趙綰、王臧等人多重儒學，〔註13〕但只言罷黜申商等雜家，尚未膽敢明言罷黃老。因以太皇太后攝政的竇太后篤信黃老之學，〔註14〕若對黃老稍有非議將遭受懲罰，景帝時轅固生就因此險遭

〔註12〕 參見梁啓超〈論中國學術思想變遷之大勢〉一文，收入《飲冰室文集類編》頁 50。華正書局，民國 63 年出版。

〔註13〕 《史記‧魏其武安侯列傳》曰：「……太后好黃老之言，而魏其、武安、趙綰、王臧等，務隆推儒術，貶道家言。是以竇太后滋不說魏其等。」

〔註14〕 文景二朝君主，尚黃老刑名，竇太后亦倡之，儒者不能被重用。《史記‧儒林列傳》記載：「然孝文帝本好刑名之言。及至孝景，不任儒者，而竇太后又好

竇太后處死。〔註 15〕不過，而後董仲舒獨尊儒術、罷黜百家，可能即受衛綰影響。至建元五年漢王朝正式設置五經博士，〔註 16〕又建元六年竇太后過世，儒學始得以代替黃老之學的地位，〔註 17〕於是有丞相田蚡罷百家之言。司馬遷記載此次史實過程：

> 及竇太后崩，武安侯田蚡爲丞相，絀黃老、刑名百家之言，延文學儒者數百人，而公孫弘以春秋白衣爲天子三公，封以平津侯。天下之學士靡然鄉風矣。(《史記‧儒林列傳》)

所罷者爲黃老刑名之學，但在舉賢良的特定事件下推行，不適長久使用所以影響較小。

　　董仲舒對策的確切年代《史記》及《漢書》均未明言。〔註 18〕其內容則以儒家學說爲基礎，廣採《易》、《書》、《詩》、《春秋》之義理，〔註 19〕而宗旨則在更化。其言曰：

> 琴瑟不調，甚者必解而更張之，乃可鼓也；爲政而不行，甚者必變而更化之，乃可理也。當更張而不更張，雖有良工不能善調也；當更化而不更化，雖有大賢不能善治也。故漢得天下以來，常欲善治，

黃老之術，故諸博士具官待問，未有進者。」《漢書‧儒林傳》記載略同。

〔註 15〕　《史記‧儒林列傳》記載：「竇太后好老子書，召轅固生問老子書。固曰：『此是家人言耳！』太后怒曰：『安得司空城旦書乎？』乃使固入圈刺豕。……(景帝) 乃假固利兵。」

〔註 16〕　《漢書‧武帝紀》記載：「建元五年……置五經博士。」

〔註 17〕　《漢書‧孝武本紀》記載：「後六年 (建元六年) 竇太后崩。其明年 (元光元年) 上徵文學之士公孫弘等。」

〔註 18〕　參見戴靜山〈漢武帝抑黜百家非發自董仲舒考〉，收入《梅園論學集》頁 338 至 339。其曰：「在漢武帝元光紀年一段時間，凡有三次詔賢良。一次在元年，詔策載成帝紀，一次在五年，詔策載公孫弘傳，還有一次，即在董仲舒傳裏，這回共有三次策問。從元年至五年，三次詔策，不但長短不同，內容亦不同。……董仲舒所受之策，和元光元年之詔策不同……所以我們可以下結論，董仲舒對策，不在元光元年。……但董仲舒所對之策，也不是元光五年，和公孫弘一起的。因爲兩傳所載策文不同。可是也不會在元光五年之後，此因元光五年之後，漢興近八十載，和對策中「今臨政而願治七十餘歲矣」一語不甚切合。……所以我們可以再進一步下個結論，董仲舒對策，在元光二年至四年之間，卻無法斷定是那一年。」

〔註 19〕　徐復觀《中國經學史的基礎》考證，天人三策明白引《春秋》有九次，《尚書》兩次，《詩經》五次，《論語》十三次，《周易》一次，《曾子》一次，唯獨用《孟子》爲明標。所以雖然累數千言，但其中所用的經典相當可觀。頁 217，學生書局，民國 72 年出版。

而至今不可善治者，失之於當更化而不更化也。(《漢書‧董仲舒傳》)呼籲統治者應將現行政治思想及政策作一改弦更張，以儒家的德教作爲治國之道。賢良對策累數千言，有關儒學者有舉賢良、興太學及罷黜百家表章六經三項目，正如班固所言：「及仲舒對冊，推明孔氏，抑黜百家。立學校之官，州郡舉茂材孝廉，皆自仲舒發之。」(《漢書‧董仲舒》) 說明如下：

（一）就舉俊茂而言

董仲舒說：

> 「臣愚以爲使諸列侯、郡守、二千石各擇其吏民之賢者，歲貢各二人以給宿衛，且以觀大臣之能；所貢賢者有賞，所貢不肖者有罰。夫如是，諸侯、吏二千石皆盡心於求賢，天下之士可得而官使也。」⋯⋯州郡舉茂才孝廉⋯⋯皆自仲舒發之。(《漢書‧董仲舒傳》)

事實上，元光元年已舉孝廉，建議舉秀才異等則是從元朔五年（西元前 124 年）公孫弘開始。《史記》記載公孫弘因武帝制意，與太常孔臧、博士平等議，提出：

> 太常擇民年十八以上，儀狀端正者，補博士弟子。郡國縣道邑有好文學，敬長上，肅政教⋯⋯令相長丞上屬所二千石，二千石謹察可者，當與計偕，詣太常，得受業如弟子。一歲皆輒試，能通一藝以上，補文學掌故缺⋯⋯即有秀才異等，輒以名聞。⋯⋯請著功令。(《史記‧儒林列傳》)

公孫弘等提出此一方案，而董仲舒並無具體措施。所謂「州郡舉茂才孝廉，自仲舒發之。」是班固個人意見，與史實有出入，[註20] 較合理說法應是董仲舒對舉秀才賢良有啓發作用。

（二）就興太學而言

董仲舒說：

> 「故養士之大者，莫大乎太學；太學者，賢士之所關也，教化之本原也。今以一郡一國之眾，對亡應書者，是王道往往而絕也。臣願陛下興太學，置明師，以養天下之士。」⋯⋯立學校之官⋯⋯自仲舒發之。(《漢書‧董仲舒傳》)

興太學以養天下之士，是爲統治者設計了求賢的具體方法，也說明教化爲實

〔註20〕程師元敏「中國經學史」講義已提出此觀點。

踐儒學的動力。故曰：「是故古之王者莫不以教化爲大務，立大學以教於國，設庠序以化於邑。」(《漢書·禮樂志》)

（三）就罷黜百家而言

培養選拔人才，關鍵在統一思想，所以對策的結論指出：

> 春秋大一統者，天地之常經，古今之通誼也。今師異道，人異論，百家殊方，指意不同。是以上亡以持一統，法制數變，下不知所守。臣愚以爲諸不在六藝之科、孔子之術者，皆絕其道，勿使並進。邪辟之說滅息，然後統紀可一，而法度可明，民知所從矣。(《漢書·董仲舒傳》)

這是關於罷黜百家、獨尊儒術最明確的建議，其說具有深刻歷史意義。不過，俞啓定先生對漢武帝獨尊儒術曾提出質疑。〔註 21〕他認爲崇儒有名無實。例如武帝重用「習文法吏事，緣飾以儒術」的公孫弘即是(《漢書·公孫弘傳》)。所謂文法乃相對於刑名而言，可知武帝重視法治。又《漢書》記載直臣汲黯質問武帝說：「陛下內多欲而外施仁義，奈何欲效唐虞之治乎！」(〈汲黯傳〉)王夫之認爲這是汲黯「責武帝之崇儒以虛名而無實。」(《讀通鑑論·漢武帝》)

此質疑說明漢武帝獨尊儒術有陽儒陰法現象，由於董仲舒於對策中提議建立太學，作爲選拔官吏的機構，並將經學立爲官學，以五經作爲教科書，以確立儒學正宗地位。所以從此意義上立說，漢武帝獨尊儒術的影響主要體現在教育上。〔註 22〕以下即試從此角度，進一步說明漢武帝獨尊儒術的眞象。

1. 太學以經學爲教課書：經書有三綱五常觀念，董氏以忠孝觀念作爲士人自覺遵守的行爲準則。忠孝核心爲服從，實際上是對自我價值之否定。士人對忠孝的追求，容易轉化爲奴性的順從。降低自己身份地位，同時也貶低本身的作用，成爲約束士人的利器。是以帝王往往下詔表揚義行，如武帝元朔元年下詔：

> 夫本仁祖義，襃德祿賢，勸善刑暴，五帝三王所由昌也。朕夙興夜寐，嘉與宇內之士臻於斯路。(《漢書·武帝紀》)

元狩六年又下詔：

〔註21〕 俞啓定《先秦兩漢儒家教育》，頁 52 至 53。齊魯書社，西元 1987 年出版。趙克堯〈罷黜百家獨尊儒術辨〉，收入《漢唐史論集》頁 98 至 105，復旦大學出版社，西元 1993 年出版。二學者已提出此說法。

〔註22〕 同上註。

夫仁行而從善，義立則俗易，意奉憲者所以導之未明與？（同上）

昭帝時亦褒獎行義之人，元鳳元年詔曰：

賜郡國所選有行義者涿郡韓福等五人帛，人五十匹，遣歸。（《漢書・昭帝紀》）

宣帝並以行義為選拔官吏的條件，地節三年十一月下詔：

其令郡國舉孝弟、有行義聞于鄉里者各一人。（《漢書・宣帝紀》）

所以忠孝等義行成為士人自覺要求的行為標準，也成為統治者籠絡、規範士人的手段。朱自清先生曾說：「在專制時代種種社會條件之下……在朝的要做忠臣……有時因此犧牲性命，或是表現在不做新朝的官，甚至以身殉國上。」〔註23〕因尊儒加強士人對專制政權的忠貞不貳，君臣間之勢判若雲泥，社會之尊卑、貴賤、上下的「差序格局」日趨嚴明。〔註24〕遂具有濃厚的法家尊君特色。

2. 太學為選拔官吏的機構：董仲舒曾指出：

臣願陛下興太學、置明師，以養天下之士，數考問以盡其材，則英俊宜可得矣。今之郡守、縣令，民之師帥，所使承流而宣化也。故師帥不賢，則主德不宣，恩澤不流。（《漢書・董仲舒傳》）

官吏由太學中選拔，本身已受儒學薰陶，為官應以教化百姓為主。董仲舒即強調郡守、縣令應發揮「民之師帥」的教化功能，而將執行法令的功能置於次要地位。〔註25〕然而，事實上卻不然。余英時先生曾據《漢書》記載，提出尊儒後官吏仍未發揮「民之師帥」的教化功能，〔註26〕如薛宣曾言：

吏道以法令為師，可問而知。及能與不能，自有資材，何可學也。（《漢書・薛宣傳》）

文中「吏道以法令為師」一語，最能反映漢代吏職仍限於執行法令的角色。成帝時琅邪太守朱博亦曰：

〔註23〕參見朱自清〈論氣節〉一文，收入《朱自清全集》頁112，台南新世紀出版社，民國63年出版。

〔註24〕費孝通《鄉土中國》一書中，曾說過中西社會存在「差序格局」與「團體格局」的差異性。中國社會的關係如同石子投入水中，水紋波浪向外擴張，形成一輪輪的差序格局。社會價值標準重倫理，不能超脫差序的人倫而存在。而西洋社會組織重團體，著重權利觀念。作者自印本，頁25至37。

〔註25〕參見余英時〈漢代循吏與文化傳播〉一文，頁218。收入余英時《中國思想傳統的現代詮釋》，聯經出版社，民國76年出版。

〔註26〕同註25，頁216至223。

> 博尤不愛諸生，所至郡輒罷去議曹，曰：「豈可復置謀曹邪！」文學
> 儒吏時有奏記稱說云云，博見謂曰：「如太守漢吏，奉三尺律令以從
> 事耳，亡奈生所言聖人道，何也！且持此道歸，堯、舜君出，爲陳
> 說之。」其折逆人如此。(《漢書・朱博傳》)

朱博拒絕聽取聖人之道，與薛宣「吏道以法令爲師」之意相當。吏治以法令
爲主，說明統治者的教化政策與實際從政運作是分離的，這代表統治者以儒
術緣飾吏事，實際上仍是以法爲教。其中可能的原因是儒生所學不適合時代
需要，而且政治運作本來就是法家專長。所以余英時先生指出：

> 禮樂教化如果是出於朝廷的旨意，則朱博何敢如此理直氣壯地拒斥
> 「聖人之道」？……這時儒教表面上定於一尊已超過了一個世紀，
> 然而像朱博這樣一個鄙薄儒教的人竟能一帆風順地攀登至官僚系統
> 的頂峰。這一事實也逼使我們不能不重新思考漢廷和儒教之間的微
> 妙關係。〔註27〕

此外，根據《鹽鐵論》爭議，更可見漢代吏職的現象。文學曰：

> 法能刑人，而不能使人廉；能殺人，而不能使人仁。……所貴良吏
> 者，貴其絕惡於未萌，使之不爲非，非貴其拘之囹圄而刑殺之也。
> 今之所謂良吏者，文察則以禍其民，強力則以屬其下；不本法之所
> 由生，而專己之殘心，文誅假法以陷不辜、累無罪，以子及父，以
> 弟及兄，一人有罪，州里驚駭，十家奔亡。(〈申韓篇〉)

文中賢良文學列舉兩種不同之吏，一是「絕惡於未萌，使之不爲非」，藉教化
使民不爲非的良吏。另一種是「文察以禍其民，強力以屬其下」的「今之所
謂良吏」，亦即朝廷所欣賞之酷吏。由賢良文學的陳述，說明朝廷雖尊儒，但
其觀點仍認爲吏的主要功能是奉行法令，並非以禮樂教化作爲治民根本。根
據上述討論可進而推論漢代陽儒而陰法，儒術是完成思想統一，爲政治服務
的。

第二節　政治主導下興辦學校教育

　　漢代獨尊儒術，儒術已非傳統儒學而是三綱五常，此與法家君臣關係有
相通之處。漢獨尊儒術是希望在思想上透過尊儒而尊君，所以由中央主導學

〔註27〕同註25，頁220至221。

術。就此一理路而言，漢代統一學術思想的作法也有法家性格。而漢代尊儒主要表現在教育，尤其是太學的興建上〔註28〕。司馬遷說：

> 漢興，然後諸儒始得修其經藝，講習大射鄉飲之禮。叔孫通作漢禮儀，因爲太常，諸生弟子共定者，咸爲選首。於是喟然歎興於學，然尚有干戈，平定四海，孝惠、呂后時，亦未暇遑庠序之事也。公卿皆武力有功之臣。孝文時頗徵用，然孝文本好刑名之言。及至孝景，不任儒者，而竇太后又好黃好之術，故諸博士具官待問，未有進者。（《史記‧儒林列傳》）

說明在刑名、黃老之術背景下，學校教育仍難有建樹，此現象直至尊儒之後方有所改進。漢代官方教育的正式成立是以漢武帝元朔五年（西元前 124 年）爲博士置弟子員開始。《漢書》記載：

> （元朔五年）六月詔曰：「蓋聞導民以禮，風之以樂。今禮壞樂崩，朕甚閔焉！……太常其議予博士弟子，崇鄉黨之化，以屬賢材焉。」丞相（公孫）弘請爲博士置弟子員，學者益廣。（〈武帝紀〉）

公孫弘因武帝制意，與太常孔臧、博士平等議，其上議奏曰：

> 聞三代之道，鄉里有教，夏曰校，殷曰序，周曰庠……故教化之行也，建首善自京師始，由內及外……請因舊官而興焉。爲博士官置弟子五十人，復其身。太常擇民年十八巳上，儀狀端正者，補博士弟子。郡國縣道邑有好文學，敬長上，肅政教，順鄉里，出入不悖所聞者，令相長丞上屬所二千石，二千石謹察可者，當與計偕，詣太常，得受業如弟子。一歲皆輒試，能通一藝以上，補文學掌故缺；其高弟可以爲郎中者，太常籍奏。即有秀才異等，輒以名聞……請著功令。佗如律令。制曰：「可」。自此以來，則公卿大夫士吏斌斌多文學之士矣。（《史記‧儒林列傳》）

這是建立官方教育的重要文獻，公孫弘等舉出具體辦法，說明興學目的在推廣教育，其步驟是「建首善自京師始，由內及外」，即在京城建中央官學。師資是「因舊官而興焉」，以現成的五經博士爲師。博士弟子一經十人，免其兵役、徭役及賦稅。選拔方式有二，或由太常選拔或由地方政府推舉。考核方式是一年通一藝者補文學掌故缺，若下才不事學者則罷之。有關招生、考核

〔註28〕至於舉其俊茂一項，董仲舒對策應是具有啓發作用，而非直接影響。（參見第二節所述）故本節以興學校爲論述重點。

及任用方式等措施大抵完整，故馬端臨說：「元朔五年置博士弟子員。前此博士雖各以經授徒，而無考察試用之法，至是，官始為置弟子員，即武帝所謂興太學也。」（《文獻通考・學校考一》）

武帝置博士弟子員為漢代太學的開始，而後太學規模逐漸擴大，如元帝時弟子員擴為千人，成帝末增加至三千人，東漢時太學生人數甚至已達萬人之多〔註29〕。誠如翟酺所言：「諸生橫巷，為海內所集。」（《後漢書・翟酺傳》）趙翼亦言：

> 自武帝向用儒學，立五經博士，為之置弟子員。宣帝因之，續有增置……士之向學者，必以京師為歸……蓋其時郡國雖已立學，……然經義之專門名家，惟太學為盛，故士無有不游於太學者。（《陔餘叢考》卷十六〈兩漢時受學者皆赴京師〉）

漢代太學並不排斥官員子弟入學，〔註30〕但多以民間子弟為教育對象。由於公卿子弟可通過「任子」途徑為官，遂無須養於太學以謀進身之階。所謂任子指：「吏二千石以上，視事滿三歲，得任同產若子一人為郎。」（《文獻通考・任子》）從史籍上考察保任的子弟以自己兒子居多，次為保任兄弟亦有保任其它親屬者。〔註31〕根據《漢書・百官公卿表》作一統計，西漢時所記載之三公九卿共五百二十九人，以任子入仕者為十七人，比例並不高。〔註32〕不過，公卿子弟得父兄餘蔭為官，或失於腐敗無能，多引學者非議。正如王吉所言：「率多驕驚，不通古今。」（《漢書・王吉傳》）仲長統亦言王侯子弟：「生長於驕溢之處，自恣於聲樂之中，不聞典籍之法言，不因師傅之良教。」（《昌言》）

董仲舒於《賢良對策》中主張「興太學，置明師，以養天下之士。」（《漢書・董仲舒傳》）是漢代教育以養士為要務。至於太學生出路是從政作官，故

〔註29〕如《漢書・儒林傳》所載：「……數年（永光三年），以用度不足，更為設員千人，郡國置五經百石卒史」所謂「更為設員千人」即一千人，比前朝為多。且正式給地方學校立學官。武帝時，文翁雖已有增置（立學官），但只限於蜀地，並未普及全國。又記載曰：「成帝末，或言孔子布衣養徒三千人，今天下太學弟子少，於是增弟子員三千人。歲餘，復如故。」又《三輔黃圖》曰：「五經博士領弟子員三百六十，六經三十博士，弟子萬八百人。主事高弟恃講各二十四人。」太學生已多達萬八百人。

〔註30〕如《漢書・儒林傳》記載：「平帝時，王莽秉政，增元士之子得受業如弟子，勿以為員。」元士之子即貴族之子，可受業補官，視同博士弟子。

〔註31〕參見廖曉晴〈兩漢任子問題之探討〉頁 59，收入《遼寧大學學報》西元 1983 年第 5 期。

〔註32〕同上註，頁 60。

馬端臨說：「按漢制，郡國舉士，其目大要有三：曰賢良方正也，孝廉也，博士弟子也。」（《文獻通考・選舉考一》）其考核方式是每年考試一次，能通一藝者即可爲官，後因官位有限則有限制。如王莽時「歲課甲科四十人爲郎中，乙科二十人爲太子舍人，丙科四十人補文學掌故。」（《漢書・儒林傳》）正式確定了選拔官吏的名額。至桓帝時又有新課試法，「通二經者補文學掌故……能通三經者，擢其高第爲太子舍人……能通四經者，推其高第爲郎中……能通五經者，推其高第補吏。」（《文獻通考・學校考一》）須通過五經方可補吏爲官，升級更爲困難，滯留太學者亦愈多，所謂「結童入學，白首空歸。」（《後漢書・孝獻帝紀》）者不乏其人。

　　太學老師爲博士，所謂博士「秦官，掌通古今。秩比六百石，員多至數十人。」（《漢書・百官公卿表》）凡具有專門知識或一技之長者可充任博士。文帝時博士不限於一家，如賈誼「頗通諸家之書，文帝召以爲博士。」（《漢書・賈誼傳》）即是。漢武帝建元五年（西元前 136 年）置五經博士，博士一職才逐漸爲儒家經師所獨占，故王充言：「博士之官，儒生所由興也。」（《論衡・別通》）至宣帝、元帝時見存的今文博士有十五家，根據《漢書》記載：

> 易……訖於宣、元，有施、孟、梁丘、京氏列於學官。……書……訖孝宣氏，有歐陽、大小夏侯氏立於學官。……詩（魯、齊、韓）三家皆列於學官。……禮……訖孝宣世，后倉最明，戴德、戴聖、慶普皆其弟子，三家立於學官。……春秋……四家之中，公羊、穀梁立於學官。（〈藝文志〉）

皮錫瑞言西漢有十四博士，是漏掉京房易經博士。〔註 33〕十五博士中，一宗師分作幾個宗派，可說是專家之學興起，乃經學分立時代。

　　博士的選拔，據成帝陽朔二年（西元前 23 年）舉博士詔書：

> 古之立太學，將以傳先王之業，流化於天下也。儒林之官，四海淵原，宜皆明於古今，溫故知新，通達國體，故謂之博士。否則學者無述焉，爲下所輕，非所以尊道德也。（《漢書・成帝紀》）

明確指出對博士官的道德、學術要求。其後博士選拔更爲周延，杜祐曾言漢代擔任博士的條件：「生事愛敬，喪沒如禮。理《易》、《尚書》、《孝經》、《論語》。兼崇載籍，窮微闡奧。師事某官，經明受謝，見授門徒尚五十人以上。正席謝坐，三郡二人。隱居樂道，不求問達。身無金痍痼疾，三十六屬。不

〔註33〕程師元敏於中國經學史講義中已提出此論點。

與妖惡交通，王侯賞賜。行應四科，經任博士。」（《通典》卷二十七）凡道德、學識、健康及師承淵源、教學經驗等多爲考核要件。

　　太學之外，又有地方官學。最早興辦地方教育事業者爲景帝時蜀郡太守文翁。《漢書》記載：

> 文翁……景帝末爲蜀郡守，仁愛好教化……選郡縣小吏開敏有材者張叔等十餘人親自飭屬，遣詣京師，受業博士。……數歲，蜀生皆成就還歸，文翁以爲右職。……又修起學官於成都市中，招下縣子弟以爲學官弟子，爲除更繇，高者以補郡縣吏，次爲孝弟力田。……蜀地學於京師者比齊魯焉。至武帝時，乃令天下郡國皆立學校官，自文翁爲之始云。（〈循吏傳〉）

文翁以地方長官地位興辦教育，以物遺博士作爲代替學費的作法，提供財力支持，並對學成者予以重用。至武帝時，乃令天下郡國皆立學校官，可能只是一種原則，實際上欲郡國皆立學校有實行上的困難。〔註34〕地方官學的教師，元帝時有「郡國置五經百石卒史」（《漢書・儒林傳》）此官爲地方上的五經博士。而平帝元始三年立學官：

> 郡國曰學，縣、道、邑、侯國曰校，校、學置經師一人。鄉曰庠，聚曰序，序、庠置《孝經》師一人。（《漢書・平帝紀》）

從郡國至縣皆立學校，且依學區大小、人民多寡，命名曰學、校、庠、序。較武帝、元帝時邁進一步，又稱《孝經》師，教師地位已提高。地方學官教育的興起，擴大儒學教育的範圍，不過其成效則遠比不上太學。

　　而私學因經學學派的形成而滋衍發展。前述已知宣帝、元帝時已爲經學分立時代，各派經師爲擴大其影響爭取政治地位，多在私家傳授上下功夫。至東漢以後私學教育規模日益擴大，正如范曄所說：

> 自光武中年以後，干戈稍戢，專事經學，自是其風世篤焉。其服儒衣，稱先王，遊庠序，聚橫塾者，蓋布之於邦域矣。若乃經生所處，不遠萬里之路；精廬暫建，贏糧動有千百。其耆名高義開門受徒者，編牒不下萬人，皆專相傳祖，莫或訛雜。（《後漢書・儒林傳》）

且史載當時馬融、蔡玄、樓望、張興等之弟子有數千或且至萬人之多。〔註35〕

〔註34〕同註21，俞啓定《先秦兩漢儒家教育》頁149。
〔註35〕如《後漢書・馬融傳上》記載：馬融「才高博洽，爲世通儒，教養諸生，常有千數。」又《後漢書・儒林傳》記載：蔡玄「學通五經，門徒常千人，

可看出無論是官學或私學，儒學已居於絕對優勢。

總上所述，漢代尊儒興學的現象是：

（一）博士弟子既是官方教育制度，又是選士制度之一。無論貧富貴賤都可通過選士獲得利祿前提下，士人遂窮畢生埋頭於經書之中。馬宗霍先生曾說：

> ……觀此，可知當時上以官祿而勸經，下爲利祿而習經，故經之官學，遂爲梯榮致顯之捷徑。凡儒生之爲肄經者，莫不游學京師，受經博士。武帝時，爲博士官置弟子五十人，昭帝時增滿百人，宣帝末增倍之，元帝更爲設員千人，成帝末，增弟子員三千人，其由是而出者，行雖不備，猶得補官，非是者，雖經明行修，名亦不顯，故終西漢之世，惟官學大昌，而位愈高者，則徒眾亦愈盛，以爲可藉以相援也。〔註36〕

皮錫瑞先生也說：

> 《漢書·儒林傳贊》曰：「自武帝立五經博士，開弟子員，設科射策，勸以官祿，訖於元始，百有餘年。傳業者寢盛，支葉繁滋。一經說至百餘萬言，大師眾至千餘人，蓋利祿之路然也。」案孟堅一語道破。在上者欲持一術以聳動天下，未有不導以祿利而翕然從之者。
>
> 〔註37〕

說明武帝至哀帝博士繁多，弟子更盛，不但分經亦且分家，支派繁衍，一經說至百餘萬言。士人爲追求利祿亦入太學，皓首窮經以獲官位。

（二）太學、地方官學及私學老師多爲經學博士，儒經成爲唯一教科書，所以士人必讀經書。此外，經學亦成爲帝王必備的素養。〔註38〕昭帝時，竇憲上疏：「孝昭皇帝八歲即位，大臣輔政，亦選名儒韋賢、蔡義、夏侯勝等入授於前，平成聖德。」（《後漢書·桓榮傳》）又霍光立宣帝的奏議說：「孝武皇帝曾孫病已，有詔掖廷養視，至今年十八，師受《詩》、《論語》、《孝經》，操行節儉，慈仁愛人，可以嗣孝昭皇帝後。」（《漢書·宣帝紀》）宣帝飽讀詩

其著錄者萬六千人。」又載樓堅「教授不倦，世稱儒宗，諸生著錄九千餘人。」（同上）又載張興「聲稱著聞，弟子自願至者，著錄且萬人。」（同上）
〔註36〕 參見馬宗霍《中國經學史》頁51至52。商務印書館，民國75年出版。
〔註37〕 參見皮錫瑞《經學歷史》頁113。鳴宇出版社，民國69年出版。
〔註38〕 俞啓定《先秦兩漢儒家教育》頁86至87，已提出此論點。同註21。

書可知。元帝時，蕭望之爲太子少傅，「以《論語》、《禮服》授皇太子（元帝）。」（〈蕭望之傳〉）成帝時，「博士鄭寬中以《尙書》受太子，薦言禹善《論語》，詔令禹授太子《論語》。」（〈張禹傳〉）至東漢時設侍講爲皇帝或太子講經更爲定制，如桓榮、桓郁、桓焉祖孫三代，先後爲光武帝、明帝、章帝、和帝、安帝、順帝講授《尙書》。漢代諸帝頗重經術，除習經書外，史載光武帝建武五年興太學，光武帝親自至太學與諸儒論難；漢明帝親自至光武帝所建之三雍行禮，禮畢並與諸儒論難經義。〔註39〕又爲功臣子弟建立校舍，校聲達於四裔。〔註40〕明帝且親傳《五家要說章句》，爲我國第一位爲經書作注解之皇帝。〔註41〕因此，趙翼曾有評論：

> 西漢開國功臣，多出於亡命無賴。至東漢中興，則諸將帥皆有儒者氣象，亦一時風會不同也。光武少時，往長安受尚書，通大義。及爲帝，每朝罷，數引公卿郎將講論經理……是帝本好學問，非同漢高之儒冠置溺也。而諸將之應運而興者，亦皆多近於儒：如鄧禹……寇珣……馮異……賈復……耿弇及父況……蔡遵……李忠……皆少時游學長安。……是光武諸功臣，大半多習儒術，與光武意氣相孚合。蓋一時之興，其君與臣本皆一氣所鍾，故性情嗜好之相近，有不期然而然者。（《二十二史箚記》卷四〈東漢功臣多近儒〉）

爲保持儒學獨尊地位，漢儒亦大力推崇儒經，如王充所說「無經術之本，有筆墨之末；大道未足，而小技過多。」（《論衡・量知》）爲可悲之事；張衡亦曾言：「通經釋義，其事優大，文武之道，所宜從之。乃若小能小善，雖有可觀，孔子以爲致遠恐泥，君子當致其大者遠者也。」（《通典》卷十六）但基本上，已形成「儒者，學之所爲也。儒者，學學儒也。」（《論衡・定賢》）的現象。儒與學融爲一體，壓倒其它學術而壟斷教育，士人讀儒家經籍，以儒

〔註39〕如《後漢書・儒林傳》記載：「建武五年，乃修起太學，稽式古典，籩豆干戚之容，備之於列，服方領習矩步者，委它乎其中。中元元年，初建三雍。明帝即位，親行其禮。天子始冠通天，衣日月，備法物之駕，盛清道之儀，坐明堂而朝群后，登雲臺以望雲物，袒割辟雍之上，尊養三老五更。饗射禮畢，帝正坐自講，諸儒執經問難於前，冠帶縉紳之人，圜橋門而觀聽者蓋億萬計。其後復爲功臣子孫、四姓末屬別立校舍，搜選高能以受其業，自期門羽林之士，悉令通孝經章句，匈奴亦遣子入學，濟濟乎，洋洋乎，盛於永平矣。」

〔註40〕同上註。

〔註41〕如《後漢書・桓郁傳》記載：「（明）帝自制五家要說章句，令（桓）郁校定宣明殿……。」

家倫理爲立身準則，耳濡目染中儒家思想已成爲時人的思考模式。所以應可說漢代國君藉儒學塑造知識份子，以控制社會的精神生活，維護其獨尊地位。

（三）獨尊儒學後，政府將興學視爲一項重要事務，中央官學與地方官學相繼成立。中央官學由皇帝下詔興建，郡縣學由地方主管負責興建。此現象反映了教育的重要，也說明官學是置於國家政權之下。〔註42〕且太學博士爲官職，又太學生根據政府名額招生，入學後即免除徭役賦稅，給予生活上種種優待，實際上已視爲國家機構的一部分，爲中央集權的現象之一。

第三節　欽定經義學術會議之舉行

漢代帝王對學術思想的控制，又表現於天子「稱制臨決」的學術會議上。皇帝常將儒學發展的分歧加以裁定，充當最高經師角色。而「論於上前」（《漢書‧儒林傳》）的淵源，可上朔至景帝中元元年（西元前147年）轅固生與黃生關於湯武革命或弒君的爭論。〔註43〕這場爭論焦點在轅固生主張湯武革命，黃生則言：「冠雖敝必加於首，履雖新必貫於足。」黃生爲魯學，轅固生乃齊學，〔註44〕此爲天子前爭論經義高下的較早資料。至於漢代最爲重要的御前學術會議，一是漢宣帝甘露三年（西元前51年）所召開的「石渠閣」會議，一是東漢章帝建初四年（西元79年）所召開的「白虎觀」會議。兩會議相隔一百三十一年，但形式上有一相同點，是討論儒家五經同異問題。漢武帝「罷黜百家，獨尊儒術」後，儒家五經已成爲漢代學術的宏謨要典。由於五經詮釋有不同師法家法，範圍廣泛。爲配合政治社會需要，五經大義有調合必要，石渠閣及白虎觀會議，便在此情況下召開。〔註45〕

〔註42〕俞啓定《先秦兩漢儒家教育》頁226，已提出此論點。同註21。

〔註43〕《史記‧儒林列傳》記載此次論爭曰：「黃生曰：『湯武非受命，乃弒也』。轅固生曰：『不然。夫桀紂虐亂，天下之心皆歸湯武。湯武與天下之心而誅桀紂，桀紂之民不爲之使而歸湯武，湯武不得已而立，非受命爲何？』黃生曰：『冠雖敝，必加於首，履雖新，必關於足，何者？上下之分也。今桀紂雖失道，然君上也。湯武雖聖，臣下也。夫主有失行，臣下不能正言匡過以尊天子，反因過而誅之，代立踐南面，非弒而何也？』轅固生曰：『必若所云，是高帝代秦即天子位，非邪？』於是景帝曰：『食肉不食馬肝，不爲不知味，言學者無言湯武受命，不爲愚。』遂罷。」

〔註44〕參見王孟鷗〈漢學與孔孟思想的聯繫〉一文，收入《孔孟學報》第1期，頁64。

〔註45〕參見張永雋〈白虎觀通德論之思想體係及其倫理價值觀〉一文，收入《漢代

一、石渠閣會議

　　石渠閣位於未央宮，爲當時皇家藏書處。史書載：「石渠閣，蕭何所造，其下龍石爲渠以導水，因爲閣名，所藏入閣所得秦之圖籍。」(《西漢會要》卷三十一引〈三輔黃圖〉)此次會議史書雖有所記載，但不詳盡。《漢書》曰：

　　詔諸儒講五經同異，太子太傅蕭望之等平奏其議，上親稱制臨決焉。

　　乃立梁丘《易》，大小夏侯《尚書》，穀梁《春秋》博士。(〈宣帝紀〉)

《漢書》記載春秋穀梁學的流傳時，對石渠會議曾作敘述，其言曰：

　　宣帝即位，聞衛太子好穀梁春秋，以問丞相韋賢、長信少府夏侯勝及侍中樂陵侯史高，皆魯人也，言穀梁子本魯學。公羊氏乃齊學也，宜興穀梁。時千秋爲郎，召見，與公羊家並説，上善穀梁説，擢千秋爲諫大夫給事中，後有過，左遷平陵令。復求能爲穀梁者，莫及千秋。上愍其學且絕，乃以春秋爲郎中户將，選郎十人從受。汝南尹更始翁君本自事千秋，能説矣，會千秋病死。徵江公孫爲博士。劉向以故諫大夫通達待詔，受穀梁，欲令助之。江博士復死，乃徵周慶、丁姓待詔保宮，使卒授十人。自元康中始講，至甘露元年，積十餘歲，皆明習。乃召五經名儒太子太傅蕭望之等大議殿中，平公羊穀梁同異，各以經處是非。時公羊博士嚴彭祖、侍郎申輓、伊推、宋顯，穀梁議郎尹更始、待詔劉向、周慶、丁姓並論。公羊家多不見從，願請内侍郎許廣，使者亦並内穀梁家中郎王亥，各五人，議三十餘事。望之等十一人各以經誼對，多從穀梁。由是穀梁之學大盛。(〈儒林傳〉)

可知石渠閣經學討論主要因公羊、穀梁對春秋解釋不同而引起。〔註46〕石渠閣會議主要也就是公羊、穀梁之爭。事實上，早在武帝時即有瑕丘江公因治穀梁，而與公羊之董仲舒論辯。結果江公不敵，而丞相公孫弘亦治公羊，遂尊公羊而用董仲舒之見，公羊大盛。〔註47〕而公羊、穀梁之爭，源於齊學、

　　　文學與思想學術研討會論文集》頁 71 至 87。國立政治大學中文研究所主編，文史哲出版社，民國 80 年出版。

〔註46〕錢穆《秦漢史》頁 204，已提出此說。東大圖書公司，民國 76 年出版。

〔註47〕據《漢書・儒林傳》記載：「瑕丘江公受穀梁春秋及詩於魯申公，傳子至孫，爲博士。武帝時，江公與董仲舒並。仲舒通五經，能持論，善屬文，江公吶於口。上使與仲舒議，不如仲舒。而丞相公孫弘本爲公羊學，比輯其議，卒用董生。」

魯學之異而來。梁啓超先生曾以歷史地理環境分別二學派的差異：

> 魯是孔子所居的地方，從地理方面看，泰山以內，壤地褊小，風俗
> 謹嚴。從歷史方面看，自周公以來，素稱守禮之國。又有孔子誕生，
> 門弟子極多，魯派家法，嚴正呆板狹小，有他的長處，同時亦有他
> 的短處。齊與魯接壤，蔚爲大國，臨海富庶，氣象發皇，海國人民，
> 思想異常活潑。直接隸屬孔門的時候，齊魯學風尚無大別，以後愈
> 離愈遠，兩派迥不相同了。〔註48〕

是以錢穆先生亦言：「是齊學恢奇駁雜，與魯學純謹不同。」〔註49〕學風不同，
經學家傳經雖同屬一經，所師不同，亦衍生諸多派別。如西漢經學《易》有施、
孟、梁丘、京房四家，《書》有歐陽、大小夏侯，《詩》有魯、齊、韓三家等。
師法、家法繁盛，學者歸納其流弊有三：〔註50〕一是黨同門、妒道眞。〔註51〕
二是同門師友互相援引，賢者與不肖者並進。〔註52〕三是影響說經之繁盛，一
經說至百餘萬言。由於在師法爲取榮階梯的前提下，經師各派乃至各執己見不
能相通。爲平各家之異，尤其是公穀之異，所以於石渠閣召開經學大會。

　　石渠會議與會之五經諸儒，得二十四人，悉爲今文家。〔註53〕易家：
博士施讎、黃門郎梁丘臨。書家：博士歐陽地餘、博士林尊、譯官令周堪、
博士張山拊、謁者假倉。詩家：淮陽中尉韋玄成、博士張長安、博士薛廣德。
禮家：博士戴聖、太子舍人聞人通漢。公羊家：博士嚴彭祖、侍郎申輓、伊
推、宋顯、許廣。穀梁家：議郎尹更始、待詔劉向、周慶、丁姓、中郎王亥。

　　梁丘臨掌管問難，蕭望之、韋玄成條奏其對。結果太傅蕭望之等各以經
誼對，多從穀梁，由是穀梁學大盛。並「立梁丘易、大小夏侯尚書、穀梁春

〔註48〕　參見梁啓超《儒家哲學》頁 27。台灣中華書局，民國 45 年出版。
〔註49〕　參見錢穆《秦漢史》頁 207，出處同註46。
〔註50〕　參考程師元敏「中國經學史」講義歸納而成。
〔註51〕　據《後漢書・儒林傳上》論所載：「自光武中年以後，干戈稍戢，專事經學。……
其者名高義，開門受徒者，編牒不下萬人。皆專相傳祖，莫或訛雜。至有分
爭王庭，樹朋私里，繁其章條，穿求崖穴，以合一家之說。故揚雄曰：『今之
學者，非獨爲之華藻，又從而繡其鞶帨』。夫書理無二，義歸有宗，而碩學之
徒，莫之或徙，故通人鄙其固焉。」
〔註52〕　如王充《論衡・正說篇》所言：「儒者說五經，多失其實。前儒不見本末空生
虛說，後儒信前師之言，隨舊述故。滑習辭語，苟名一師之學，趨爲師教授。
及時蚤仕，汲汲競進，不暇留精用心，考實根核，故虛說傳而不絕，實事沒
而不見，五經並失其實。」
〔註53〕　參考程師元敏「中國經學史」講義歸納而成。

秋博士。」（《漢書‧宣帝紀》）石渠議奏之記錄見於《漢書‧藝文志》的有書類議奏四十二篇、禮類議奏三十八篇、《春秋》議奏三十九篇、《論語》議奏十八篇、總類五經雜議十八篇。惜其資料散失，無法得知詳細內容。石渠議奏中有五部書，但是並無《周易》及《詩經》。錢穆先生認爲當時會議之周易專家只有施讎一派，詩學家亦只有魯詩專家，所以未引發大爭議。〔註54〕

　　石渠閣會議之立意，主要因其時以說經爲利祿之途，說經者日眾，經之異說亦日歧，不得不謀整齊以歸一。然石渠閣會諸儒論五經異同，一經分爲數家，各立博士，亦不能歸於整齊。不過，所立之經學博士，其意實欲永爲定制，勿在生歧。〔註55〕基本上，此次會議暗示天子「稱制臨決」的權威式教育制度的形成。由於宣帝並未僵硬執守武帝所置的五經博士，對衍生的經學流派，如大小夏侯、施、孟、梁丘易及穀梁春秋等，多予以承認而立於學官，態度有其合理性，因而亦間接認可家法的存在。所以對劉歆〈移太常博士書〉要求立古文經博士，乃至展開經學史上的今古文之爭有啓示作用。

二、白虎觀會議

　　石渠閣經議所討論的是西漢今文學，至哀、平王莽掌政時，劉歆倡議古文，形成今古文之爭。白虎觀會議的舉行，乃因光武帝立十四博士後，〔註56〕各經博士以家法教授，以致五經章句繁多，破壞大體。爲簡省章句，古今文各派遂「共正經義」統一見解。白虎觀會議的過程，據《後漢書》所記：

　　　　（建初四年）十一月壬戌，詔曰：「蓋三代導人，教學爲本。漢承暴
　　　　秦，褒顯儒術，建立五經，爲置博士，其後學者精進，雖曰承師，
　　　　亦別名家。孝宣皇帝以爲去聖久遠，學不厭博，故遂立大、小夏侯
　　　　尚書，後又立京氏易。至建武中，復置顧氏、嚴氏春秋、大小戴禮
　　　　博士，此皆所以扶進微學，尊廣道藝也。」中元元年詔書，五經章

〔註54〕同註46，頁194至195。
〔註55〕同註46，頁203。
〔註56〕光武帝所立十四博士，據《後漢書‧儒林傳上》記載，可知本末是「光武中
　　　　興，愛好經術，未及下車，而先訪儒雅，採求闕文，補綴漏逸。先是四方學
　　　　士多懷協圖書，遁逃林藪。自是莫不抱負墳策，雲會京師，范升、鄭興、杜
　　　　林、衛宏、劉昆、桓榮之徒，繼踵而集。於是立五經博士，各以家法教授，
　　　　易有施、孟、梁丘、京氏，尚書歐陽、大小夏侯，詩齊魯韓，禮大小戴，春
　　　　秋嚴、顏，凡十四博士，太常差次總領焉。」

句煩多，議欲減省。至永平元年，長水校尉（樊）儵奏言：「先帝大業當以時施行，欲使諸儒共正經義」……於是下太常，將、大夫、博士、議郎、郎官及諸生、諸儒會白虎觀，講議五經同異，使五官中郎將魏應承制問，侍中淳于恭奏，帝親稱制臨決，如孝宣甘露石渠故事，作白虎議奏。（〈章帝紀〉）

可知章帝建初四年（西元 79 年）於北宮白虎觀集合諸儒，舉行會議討論五經經義，而在白虎觀會議前二十年，即明帝永平元年（西元 58 年），樊儵已建議應舉行此會。樊儵以爲今文家註解五經經義繁雜，一經動輒百萬言，遂建議舉行學術會議，刪除今文經書的章句浮文。除樊儵之外，楊終建議最爲關鍵，《後漢書》載：「（建初元年）終又言：『宣帝博徵群儒，論定五經於石渠閣。方今天下少事，學者得成其業，而章句之徒，破壞大體。宜如石渠故事，永爲後世則』。於是詔諸儒於白虎觀論考同異焉。」（〈楊終傳〉）可知。

參加白虎觀會議者甚多，除由漢章帝「稱制臨決」，五官中郎對魏應「承制問」，侍中淳于恭上奏外，學者考證參議人士有：〔註57〕

今文學派——書家：丁鴻、桓郁、張酺
　　　　　　詩家：魏應、魯恭、班固、召馴
　　　　　　公羊家：樊儵、樓望、李育
　　　　　　學科不明者：淳于恭、趙博
今古文派不確者——五經併治者：劉羨
　　　　　　　　　學科不明者：成封
古文學派——春秋左氏學：漢章帝、楊終、賈逵

會議決議由班固撰集其事，作《白虎通德論》十二卷，又稱《白虎通義》，《隋書·經籍志》稱之爲《白虎通》。〔註58〕《後漢書》即曰：「建初中，大會諸儒於白虎觀，考詳同異，連月乃罷。肅宗親臨稱制，如石渠故事。顧命史臣，著爲通義。」（〈儒林傳〉）

學者曾將《白虎通》文句與散逸於各書中之讖緯文句對照，幾乎各篇內

〔註57〕由程師元敏「中國經學史」講義歸納而成。
〔註58〕《白虎通義》書名有《白虎議奏》（見《後漢書·章帝紀》）、《白虎通德論》（〈班固傳〉）、《通議》（爲《白虎通義》之略）、《白虎通》（見《隋書·經籍志》）、《白虎通義》（見《新唐書·藝文志》）。

容百分之九十出於讖緯。〔註59〕基本上，參加白虎觀會議之人物多迷信讖緯。
以賈逵爲例：其曰：

> 昔武王終父之業，鸞鸞在岐，宣帝威懷戎狄，神雀仍集，此胡降之
> 徵也……五經家皆無以證圖讖，明劉氏爲堯後者，而左氏獨有明
> 文……左氏以爲少昊代黃帝，即圖讖所謂帝宣也。如令堯不得爲火，
> 則漢不得爲赤。其所發明，補益實多。陛下通天然之明，建大聖之
> 本，改元正歷，垂萬世則，是以麟鳳百數，嘉瑞雜遝。（《後漢書・
> 賈逵傳》）

即大倡讖緯之言，又楊終也是多引圖讖（〈楊終傳〉）。《四庫全書總目提要》
說：「讖者，詭爲隱語，預決吉凶。」「緯者，經之支流，衍及旁義。」〔註60〕
可知讖緯是依附經書之後預決吉凶之用的。根據陳槃先生〈戰國秦漢間方士
考驗〉一文，〔註61〕可知讖緯書爲秦漢間方士所創作，充滿神學迷信。至兩
漢三國爲讖緯極盛時代，〔註62〕多用增飾依託，假之爲干祿取榮工具。中國
第一部確切可考的讖緯書是《綠圖》，見《史記・秦始皇本紀》記載，即有占
文「亡秦者胡」。〔註63〕

　　漢代君主藉讖緯立王位，如《後漢書》記載光武帝藉讖緯記「劉秀發兵
捕不道，卯金修德爲天子。」（〈光武帝紀上〉）的讖緯郊祭告天，正式繼皇帝
位，假天意以擁有絕對權力。雖然「上有所好，下必有甚焉」，然亦不乏有識
之士，如桓譚、鄭興、尹敏、王充、張衡等學者有反讖之說。〔註64〕不過其
命運是終身沉滯或僅以身免。讖緯的滋演又與董仲舒「天人感應」說有關，
近代統治者權力的限制求之於憲法，而董仲舒求之於天。徐復觀先生指出：

〔註59〕　參見侯外廬《中國思想通史》第二卷〈兩漢思想〉頁229。中國史學社印行，
　　　　西元1957年出版。
〔註60〕　《四庫全書總目提要》第一冊經部卷六。商務印書館，民國72年出版。
〔註61〕　陳槃〈戰國秦漢間方士考驗〉一文說：「方士之思想、性行，綜而論之，特異
　　　　之點厥有五端：一者，雜學；二者，以儒學文飾；三者，遊「方」與「阿諛
　　　　苟合」；四者，侈言實驗不離怪迂；五者，詐僞是也。讖緯者，則方氏詐僞成
　　　　績之大結集也」。《中央研究院史語所集刊》十七本。
〔註62〕　陳槃〈論早期讖緯及其與鄒衍書說之關係〉一文，對讖緯學演進有詳細論述。
　　　　《中央研究院史語所集刊》二十本上。
〔註63〕　如《史記・秦始皇本紀》記載：「燕人盧生使入海還，以鬼神事，因奏《錄圖
　　　　書》，曰：『亡秦者胡也』。始皇乃使將軍蒙恬發兵三十萬人，北擊胡。」
〔註64〕　參見《後漢書・桓譚傳上》、〈鄭興傳〉、〈張衡傳〉、〈儒林傳〉，以及王充《論
　　　　衡・實知篇》。

專制之主的權源過大，又政治方向尙刑不尙德。所以董仲舒試圖用天對君主制約。〔註65〕其言曰：

> 國家將有失道之敗，而天乃先出災害以譴告之，不知自省，又出怪異，以警懼之。（《漢書・董仲舒傳》）

本是藉天以警戒君主，結果統治者「以君隨天」（同上），反彰顯君主地位乃由天所賜。就《白虎通》而言，繼承和發展了董仲舒天人感應的世界觀，直接引用或轉化讖緯文字作爲立論根據，使讖緯具有國家法典地位，也進而使經學神學化。《白虎通》對董仲舒學說多有發揮，其宇宙論曰：

> 天地者元氣之所生，萬物之主也。（〈釋天地之名〉）
>
> 天之爲言鎮也……地者易也，萬物懷任，交易變化。（同上）
>
> 始起先有太初，然後有太始。形兆既成，名曰太素。混沌相連，視之不見，聽之不聞，然後判。清濁既分，精曜出布，庶物施生。精者爲三光，爲五行。五行生情性，情性生汁中，汁中生神明，神明生道德，道德生文章。（〈論天地之始〉）

由氣的開始爲太初，發展至太素階段仍是混沌狀態，混沌之後生成日月星三光及金木水火土五行，以五行爲天所支配而運行。《白虎通》並闡釋五行相生相克的理由，〔註66〕對董仲舒觀點有具體發揮。董仲舒「君權神授」的觀點於《白虎通》亦有說明，提出帝王受命於天的說法。其言曰：

> 故〈援神契〉曰：天復地載，謂之天子，上法斗極。〈鉤命決〉
>
> 曰：天子爵稱也……帝王之德有優劣，所以俱稱天子者，以其俱命於天。（〈義爵篇〉）

《白虎通》文中又引〈稽耀嘉〉、〈元命苞〉、〈乾鑿度〉等緯書之文，強調應天順德之重要，於社會倫理方面亦繼承董仲舒思想，強調「三綱」的意義。其言曰：

> 三綱者，何謂也？謂君臣、父子、夫婦也。六紀者，謂諸父、兄弟、族人、諸舅、師長、朋友也。故〈含文嘉〉曰：「君爲臣綱，父爲子綱，夫爲妻綱」……何謂綱紀？綱者張也，紀者理也。大者爲綱，小者爲紀，所以張理上下，整齊人道也。……君臣、父子、夫婦，六人也。所以稱三綱何？一陰一陽謂之道，陽得陰而成，陰得陽而

〔註65〕同註7，頁297。

〔註66〕參見《白虎通・五行篇》。

序，剛柔相配，故六人爲三綱。(〈三綱六紀〉)

將倫理綱常明確規定爲「三綱六紀」，並從字面上論證說：「君，群也。下之所歸心。臣者，堅也，屬志自堅固。」「父者矩也，以法度教子。子者孳孳無已也。」「夫者扶也，以道扶接也。婦者服也，以禮屈服。」(同上)同時亦對師徒關係解釋爲：「師弟子之道有三：《論語》曰：『有朋自遠方來』朋友之道也；又曰：『回也視予猶父也』父子之道，以君臣之義教之，君臣之道也。」(〈辟雍〉)將師徒關係提昇爲君臣、父子關係，強化師徒之隸屬關係，對後世倫理觀念影響頗大。

石渠閣會議是針對儒學的歧異作一統一工作，而白虎觀會議提出三綱五常，確定君臣、父子、夫婦的絕對服從關係。與儒家君臣的相對關係不同，有法家性格取向。所以表面上是儒學，但實際上又逆反到法家思想。所以得出一簡單結論，白虎觀會議表面上消除經義的歧出，但實際上是法家性格。基本上，兩次欽定學術會議之舉行，已代表學術附屬於政治，學術爲政治服務的現象。至於白虎觀以讖緯解說五經，應與大一統觀念的肯定有關。兩次學術會議可說是漢武帝「獨尊儒術」國策的繼續和發展。

根據上述，漢代統治者獨尊儒術的出發點是利用儒家「列君臣父子之禮，序夫婦長幼之別。」(《史記‧太史公自序》)的學術特點鞏固君權。可推知統治者獨尊儒術的主要目的，不外是藉統一人民思想穩定君權。與韓非「以法爲教，以吏爲師」鞏固君權的本質一致。至於漢末尊法而尊儒，由賈誼、陸賈言論，可知統治者已注意秦滅亡的歷史教訓。不過，其藉儒術而尊君，畢竟與韓非尊法不同。是以因尊儒而衍生的種種現象或措施，與韓非學說產生不同的差異性。說明如下：

(一)漢代因尊儒而重視教育、興辦學校，然而韓非則因「以法爲教，以吏爲師」而愚民：韓非認爲「法」是規範社會的唯一標準，而有以法爲教之理論。其言曰：

故明主之國，無書簡之文，以法爲教；無先王之語，以吏爲師。(《韓非子‧五蠹篇》)

是以法爲學習對象，禁絕其它書籍及先之語。事實上，詩書禮樂具有人文化育的意涵，《春秋左氏傳》記載：

狐偃曰：「楚始得曹而新昏於衛，若伐曹衛，楚必救之。則齊宋免矣？」
於是乎蒐于被廬，作三軍，謀元帥。趙衰曰：「郤縠可，臣亟聞其言

矣。說禮樂而教詩書。詩書，義之府也；禮樂，德之則也；德義，
利之本也。夏書曰：『賦納以言，明試以功，車服以庸。』君其試之。」
　　（〈僖公二十七年〉）

所以徐復觀先生指出：「詩書是義之府，禮樂是德之則，詩書禮樂已與現實生
活連結在一起，發揮著教戒的作用。」〔註67〕此外，《國語》也說：

莊王使士亹傅太子箴。……問於申叔時，叔時曰：「教之春秋，而為
之聳善而抑惡焉，以戒勸其心，……教之詩，而為之導廣顯德，以
耀明其志；教之禮，使知上下之則；教之樂，以疏其穢而鎮其浮。」
　　（〈楚語上〉）

據此，詩書禮樂的教化作用更加明白。由於韓非排斥詩書禮樂是否決了教化，
甚至是陷民於無文化教養中，在此情況下，其結果誠如唐慶增先生所言：「借
法令力量，以從事於愚民，主張不免過偏。……其結果足以絕民智，養成椎
魯之風。」〔註68〕至於漢代獨尊儒學後，政府將興學視為一項重要事務，中
央官學與地方官學相繼成立。中央官學由皇帝下詔興建，郡縣學由地方主管
負責興建。此現象反映了對教育的重視。而且，太學、地方官學及私學老師
多為經學專士，儒經成為唯一教科書。

　　漢代尊儒缺點是士人視儒經為獲取官位的利祿工具。皮錫瑞曾說：「《漢
書·儒林傳贊》曰：『自武帝立五經博士，開弟子員，設科射策，勸以官祿，
訖於元始，百有餘年。傳業者寖盛，支葉繁滋。一經說至百餘萬言，大師眾
至千餘人，蓋利祿之路然也。』案孟堅一語道破。在上者卻持一術以聳動天
下，未有不導以祿利而翕然從之者。」〔註69〕所以儒學壓倒其它學術而壟斷
教育。漢代統治者以儒學選官，士人讀儒家經籍，耳濡耳染中儒家思想已成
為時人之思考模式。所以應可說漢代國君藉儒學塑造知識份子，以控制社會
之精神生活，維護其獨尊地位。然而，因尊儒學使民以儒家倫理為立身準則，
不致流於椎魯，其價值實非韓非所能及。

　　（二）漢代尊儒而重視倫常，然而韓非「以法為教，以吏為師」，忽略道
德倫常的重要性和必需性。韓非認為人性自利，以父母重男輕女為例，其言
曰：

〔註67〕參見徐復觀《中國經學史的基礎》頁3。學生書局，民國71年出版。
〔註68〕參見唐慶增《中國經濟思想史》頁279。商務印書館，民國25年出版。
〔註69〕參見注37。

　　父母之於子也，產男則相賀，產女則殺之。(《韓非子‧六反篇》)

依此類推，社會上的人際關係多建立在自利基礎上，並以此批判儒家仁義之說不可行，進而歸結出法的必需性。至於漢代尊儒，執政者雖是利用忠孝觀念的服從性，轉化爲奴性的順從，成爲約束士人的利器。但因儒學本身符合社會需要，諸如興辦學校、重視倫理觀念等，亦因漢代尊儒而獲得重視與提倡。是以漢代因尊君而尊儒仍有其意義。

第七章　從韓非尊君學說考察漢代經濟上之現象

前述韓非尊君學說中有「趨本務而外末作」的要項，是認為君主最大利益為富國強兵，在經濟上的要求便為富國政策。韓非富國的方式就在重農抑商。至於兩漢經濟極為複雜，影響兩漢經濟發展的原因也很多。韓非尊君而重農抑商的學說，對兩漢應有一定程度的影響，但不及韓非對漢代政治、學術上影響的深廣。以下是分析韓非重農抑商的觀點與兩漢經濟的相通處。

第一節　漢代實行重農抑商政策之原因

西漢承秦，中央集權專制政體仍待繼續加強。經濟方面除採取正面獎勵發展農業的措施外，並積極推行輕商政策。因隨經濟實力的發展，商人於政治上的要求亦隨之加強。衣絲乘車的商人，大有人在。基本上，商人的利益與當時的國君權利形成矛盾。〔註1〕說明如下：

一、就商人屯積居奇、抬高物價而言。表面上看來僅是商業上之謀利行為，然而實質上卻可能導致人民生活困難，加深政府的財政危機。

二、就擴充私有土地及奴婢而言。武帝時期因算緡錢而沒收商人財產時，其中有大量土地，達到「大縣數百頃，小縣百餘頃」（《漢書·食貨志下》）現象。因算緡錢而沒收之奴婢，則多到「以千萬數」。漢代社會畜奴風氣普遍，國君曾有限制畜奴的詔令。梁啟超先生統計漢代解放官奴的詔令就多達五

〔註1〕 此觀點大陸學者高敏已提出，參見〈論漢代抑商政策的實質〉一文，鄭州大學學報第 3 期。

次，解放私奴多達六次之多。〔註2〕基本上，畜奴可擴充個人實力，對國家並無實質利益。而商人擁有奴隸數量更多，《史記》曾記載商人擁有大批奴婢的情形，其曰：

> 秦破趙，遷卓氏，……致之臨邛，……即鐵山鼓鑄，運籌策，富至僮千人，田池射獵之樂，擬於人君。……。齊俗賤奴虜，而刁間獨愛貴之。桀黠奴，人之所惡也，唯刁間收取，使之逐魚鹽商賈之利，或連車騎，交守相，然愈益任之，終得其力，起富數千萬，故曰：寧爵毋刁，言其能致使豪奴自饒而盡其力也。（〈貨殖列傳〉）

擁有大批奴婢可能形成的流弊，誠如桓寬所記：

> 大夫曰：……往者豪強大家，得管山海之利。采鐵石、鼓鑄、煮鹽，一家聚眾，或至千餘人，大抵盡收放流人民也，……聚深山窮澤之中，成奸偽之業，遂朋黨之權。（《鹽鐵論・復古篇》）

國君爲掌握全國的土地以及人力，避免富商聚眾結黨營私，圖謀個人利益，對富商擴充私人土地及奴婢，自然形成隱憂而欲去之。

三、就地方封建諸侯王與富人結合謀反而言。例如《漢書》記載吳王劉濞，曾「招致天下亡命者，盜鑄錢，東煮海水爲鹽，以故無賦國用饒足。」（〈吳王濞傳〉）。《太平御覽》又載：

> 南兗州地，有鹽亭百二十三所，縣人以魚鹽爲業，略不耕種，擅利巨海，用致饒沃，公私商運，充實四遠，舳艫千計，吳王所以富國強兵而抗漢室也。（卷一六九〈州郡部楚州〉引〈南兗州記〉）

換言之，吳王所以抗漢室與鹽鐵商人有關。至於吳王所以禮遇鹽鐵商人，可能是商人的經營經驗有助於鞏固其私人權力，以反對西漢政權。根據上述，可知工商業與王者埒富，正如韓非說商人「上有天子諸侯之勢尊」「下有猗頓、陶朱、卜祝之富。」（〈解老篇〉）而漢代國君欲抑商以鞏固政權的現象也頗明白。

漢代國君欲抑商以鞏固政權的觀念與韓非有相通處。法家較早鼓勵農民盡地力者爲李悝。《漢書》記載：

> 李悝爲魏文侯作盡地力之教。以爲地方百里，提封九萬頃，除山澤邑居參分去一，爲田六百萬畝。治田勤謹則畝益三升，不勤則損亦如之。（〈食貨志〉）

〔註2〕參見梁啓超〈中國奴隸制度〉一文。收於《清華學報》第二卷第2期。

以「益三升」策略增加生產，並以「平糴法」穩定生產。所謂「平糴法」，即是：「糴甚貴傷民，甚賤傷農。民傷則離散，農傷則國貧。故甚貴與甚賤，其傷一也。善爲國者，使民毋傷而農益勤……善平糴者，……大熟則上糴三而舍一，中熟則糴二，下熟則糴一，使民適足，賈平則止。小饑則發小熟之所歛，大饑則發大熟之所歛而糴之。故雖遇饑饉水旱，糴不貴而民不散，取有餘而補不足也。」（同上）一方面可禁止人民乘穀賤囤積居奇，一方面於饑饉時則以糴入之穀調劑民食。其平價方法雖未有抑商之言，至商鞅、韓非則發展成重農抑商理論。《晉書》言：「李悝撰次諸國法，著法經六篇，商鞅受之以相秦。」（〈刑法志〉）商鞅一民於農，雖不盡守李悝之《法經》，然商鞅既親讀之，並見盡地力的成效，必然不能無動於衷。其所採者乃崇本抑末之策，凡「耕織致粟帛多者，復其身；事末利及怠而貧者，舉以爲收孥。」（《史記‧商君列傳》），以賞罰方法鼓勵人民務農。韓非與商鞅相同，亦極端重農。其曰：

> 不事力而衣食，則謂之能；不戰攻而尊，則謂之賢。賢能之行成，而兵弱而地荒矣。人主說賢能之行，而忘兵弱地荒之禍，則私行立而公利滅矣。（〈五蠹〉）

又〈外儲說左上篇〉及〈八說篇〉強調除耕戰之外，一切多無益於國。〔註3〕此外，韓非又以鼓勵競爭生產及賞農功斥末作等方式推動農業生產。（參見第四章）獎農功有其正面價值，正如章炳麟所言：

> 功堅其心，糾其民於農牧，使鄉之游惰無所業者，轉而傅井畝。是故蓋臧有餘，而賦稅亦不至於缺乏。其使也觳，其終也交足。異乎其屬民以鞭箠，而務充君之左臧也。（《訄書‧商鞅》）

雖是贊美商鞅之言，韓非學說亦當有如是成效。韓非重農並對商賈加以限制，認爲「商工之民，修治苦窳之器，聚弗靡之財，蓄積待時，而侔農夫之利。」（《韓非子‧五蠹篇》）重商將導致「耕戰之士困，末作之民利。」（〈亡徵篇〉）的現象。凡此均足以導致一國的滅亡，因此認爲唯有「困末作而利本事」（〈姦劫弒臣篇〉），方能使一國之民「趣本務而外末作」。

〔註3〕〈外儲說左上篇〉曰：「夫好顯巖穴之士而朝之，則戰士怠於行陣；上尊學者，下居朝廟，則農夫怠於田。戰士怠於行陣者，則兵弱也，農夫怠於田者，則國貧也。兵弱於敵，國貧於內，而不亡者，未之有也」〈八說篇〉曰：「博習辯智如孔墨，孔墨不耕耨，則國何得焉？修孝寡欲如曾史，曾史不戰攻，則國何利焉？」

漢代國君亦有藉抑商以鞏固政權的跡象，許倬雲先生提出西漢帝王有裁抑豪富之舉，例如抑商措施，乃至武帝的行告緡令等，其動機並非爲小農利益設想，乃因帝王與豪富利益有所對立衝突。〔註4〕

第二節　重農抑商政策之重要內容

法家提出重農抑商政策，至於儒家亦言重農，孔子曾言：「足食、足兵，民信之矣。」（《論語・顏淵篇》）足食自然不能不重農業。但是儒法家重農的態度則不同，梁啓超先生說：

> 法家特注重生產問題，儒家特注重分配問題。〔註5〕

孔子所謂「不患寡而患不均」（《論語・季氏篇》）即重分配，只是孔孟多消極承認農業生產的必要性，未曾如商韓積極使用種種策略以達成重農目的。所以孔子曾說：

> 樊遲請學稼，子曰：吾不如老農，請學爲圃。曰：吾不如老圃。樊
> 遲出。子曰：小人哉，樊須也。上好禮，則民莫敢不敬；上好義，
> 則民莫敢不服；上好信，則民莫敢不用情。夫如是，則四方之民，
> 襁負其子而至矣，焉用稼。（《論語・子路篇》）

孔子以耕稼乃小人之事，知識分子應以治國平天下爲職志。此與商韓以農戰實事爲尚，視文學、辯慧、言談爲虛妄的態度不同。又孟子對商業行爲也並不反對，曾說：

> 今王發政施仁……耕者皆欲耕於王之野，商賈皆欲藏於王之市。（《孟
> 子・梁惠王上》）
> 關市譏而不征，澤梁無禁，罪人不孥。（同上）

不過，儒家對農業商業並未提出積極有效的政策，反觀商韓的經濟政策特點則在重農抑商，韓非說：「使商工游食之民少而名卑，以趨本務而寡末作。」（〈五蠹篇〉）即以抑商爲重農手段。漢代爲鞏固政權，亦實行重農抑商政策，其內容說明如下：〔註6〕

〔註4〕　參見許倬雲〈西漢政權與社會勢力的交互作用〉一文，頁267至273。收入《求古編》，聯經出版社，民國78年出版。

〔註5〕　參見梁啓超《先秦政治思想史》第二十章生計問題，頁193，東大圖書公司，民國76年出版。

〔註6〕　此觀點孫會文〈商韓之經濟思想與前漢之重農抑商政策〉一文已提出收錄於

一、施行貴粟輕金政策

漢代實行晁錯、賈誼的貴粟輕金政策，其用意與商鞅「重粟輕金」之意相當。商鞅說：

> 食賤者錢重，食賤則農貧，錢重則商富，末事不禁，則技巧之人利，而游食者眾之謂也。（《商君書·外內篇》）

> 金生而粟死，粟死而金生，本物賤，事者眾，買者少，農困而姦生……金一兩生於竟（境）內，粟十二石死於竟外。粟十二石生於竟內，金一兩死於竟外。國好生金於竟內，則金粟兩生，倉府兩虛，國弱；國好生粟於竟內，則金粟兩生，倉府兩實，國強。（〈去彊篇〉）

換言之，唯有生粟於境內，則金粟兩生，倉府兩實。而國好生金，則金粟兩死，倉府兩虛。其意為重農可富國，重商則國貧。

漢代貴粟政策的實行與商業蓬勃發展有關，孝惠高后時實行「弛商賈之律」。又文景時期實施休養生息的放任政策。此政治態度對經濟的影響則如司馬遷所言：

> 故待農而食之，虞而出之，工而成之，商而通之，此寧有政教發徵期會哉？人各任其能，竭其力以得所欲。故物賤之徵貴，貴之徵賤，各勸其業，樂其事，若水之趨下，日夜無休時。不召而自來，不求而民出之。豈非道之所符，而自然之驗耶。（《史記·貨殖列傳》）

在此前，楚漢連年戰爭，生產停滯。如《漢書》所言：

> 漢興，接秦之敝，諸侯並起，民失作業而大饑饉。凡米石五千，人相食，死者過半。高祖乃令民得賣子，就食蜀漢。天下既定，民亡蓋臧，自天子不能具醇駟，而將相或乘牛車。（〈食貨志上〉）

由「米石五千」的物價記錄，「人相食，死者過半」的悲慘境遇，以及為政者「自天子不能具醇駟，而將相或乘牛車」的事實，可得知當時上下交困的嚴重情形。故文景時期實行放任政策，放任結果使生產增加，財富豐厚，誠如《史記》所謂「漢興七十餘年之間，國家無事，非遇水旱之災，民則人給家足，都鄙廩庾皆滿，而府庫餘貨財，京師之錢累巨萬，貫朽而不可校。太倉之粟，陳陳相因，充溢露積於外，至腐敗不可食。眾庶街巷有馬，阡陌之間成群。而乘字牝者，擯而不得聚會。守閭閻者食粱肉，為吏者長子孫，居官

《中國歷史學會史學集刊》第 1 期。本文寫作內容多參考其文而成。

者以爲姓號。」（〈平準書〉）所以從開國之初「天子不能具醇駟，而將相或乘牛馬。」至此爲「眾庶街巷有馬，阡陌之間成群。而乘字牝者，擯而不得聚會。」繁榮之象可見。但自由競爭結果，漸至貧富相懸，富者驕奢無度。故司馬遷又言：「當此之時，網疏而民富，役財驕溢，或至兼并。豪強之徒，以武斷於鄉曲。宗室有土，公卿大夫以下，爭于奢侈。室廬輿服，僭于上，無限度。物勝而衰，固其變也。」（同上）在「用貧求富，農不如工，工不如商。」（《史記·貨殖列傳》）的事實之下，商賈已嚴重影響農業生計。誠如晁錯所言：

> 今農夫五口之家，其服役者不下二人，其能耕者不能百畝，百畝之收，不過百石，春耕、夏耘、秋穫、冬藏、伐薪樵、治官府、給繇役。春不得避風塵，夏不得避暑熱，秋不得避陰雨，冬不得避寒凍，四時之間亡日休息……勤苦如此，尚復被水旱之災，急政暴虐，賦斂不時，朝令而暮改，當具有者，半賈而賣，亡者收倍稱之息，有賣田宅鬻子孫以償責者矣。而商賈大者積儲倍息，小者坐列販賣。操其奇贏，日游都市，乘上之急，所賣必倍。故其男不耕耘，女不蠶織，衣必文采，食必梁肉，亡農夫之苦，有阡陌之得，因其富厚，交通王侯，力過吏執，以吏相傾，千里游敖，冠蓋相望，乘堅策肥，履絲曳縞，此商人所以兼并農人，農人所以流亡者也。今法律賤商人，商人已富貴矣，尊農夫，農夫已貧賤矣。（《漢書·食貨志上》引晁錯之言）

因而晁錯提出「貴粟」政策，基本上，其說受法家影響，[註7]晁錯早年「學申商刑名於軹張恢生所」（《漢書·晁錯傳》）爲官所論亦多爲法術之言，例如《漢書》記載：

> 人主所以尊顯，功名揚於萬世之後者，以知術數也。故人主知所以臨制臣下而制其眾，則群臣畏服矣……竊觀上世之君，不能奉其宗廟而劫殺其臣者，皆不知術數者也。（〈晁錯傳〉）
>
> 皇太子所讀書多矣，而未深知術數者也，不問書也。夫多誦而不知其說，所謂勞苦而不爲功。臣竊觀皇太子材智高奇，馭射伎藝過人絕遠，然於術數未有所守者，以陛下爲心也，竊願陛下幸擇聖人之術可用今世者，以賜皇太子，因時使太子陳明於前。願陛下裁察。（同

〔註 7〕孫會文已有此說，此處參見註6。

上）

其貴粟主張受商鞅影響的可能性更大爲增加。檢視其貴粟理由在「地有遺利，民有餘力，生穀之土未盡墾，山澤之利未盡出也，游食之民未盡歸農也。民貧則奸邪生，貧生於不足，不足生於不農，不農則不地著，不地著則離鄉轉家，民如鳥獸，雖有高城深池，嚴法重刑猶不能禁。……夫珠玉金銀飢不可食，寒不可衣，然而眾貴之者，以上用之故也。其爲物輕微，易臧在於把握，可以周海內而亡飢寒之患，此令臣輕背其主，而民易去其鄉，盜賊有所勸亡，逃者得輕資也。粟米布帛，生於地，長於時，聚於力，非可一日成也，數石之重，中人弗勝，不爲姦邪所利，一日弗得而飢寒，至是故明君貴五穀而賤金玉。」（《漢書·食貨志上》）貴粟則地利開墾，安土重遷，國君可有效控制臣民。至於貴粟方法爲：

> 欲民務農，在於貴粟，貴粟之道，在於使民以粟爲賞罰，今募天下
> 入粟縣官，得以拜爵，得以除罪，如此富人有爵，農民有錢，粟有
> 所渫，未能入粟以受爵，皆有餘者也，取於有餘，以供上用，則貧
> 之賦可損，所謂損有餘補不足，令出而民利者也。（《漢書·食貨志
> 上》）

其貴粟是以糧食作爲「拜爵」及「除罪」的本錢，以達使民務農的目的。《商君書·靳令篇》、〈農戰篇〉及《韓非子·五蠹篇》有入粟即可拜爵的說法。其曰：

> 民有餘糧，使民以粟出官爵，官爵必以其力，則農不怠。（《商君書·
> 靳令篇》）

> 凡人主之所以勸民者，官爵也；國之所以興者，農戰也。今民求官
> 爵，皆不以農戰，而以巧言虛道，所謂勞民……善爲國者，其教民
> 也，皆作壹而得官爵，是故不官無爵。（〈農戰篇〉）

> 夫明王治國之政，使其商工游食之民少……趣本務而趨末作，今世
> 近習之請行，則官爵可買，官爵可買，則商工不卑也矣。（《韓非子·
> 五蠹篇》）

說明入粟即可拜爵，不過商人亦可買爵，則官爵多爲商人所得，所以韓非反對的目的在抑商。由於晁錯入粟拜爵所利者爲農民，可能是參考韓非說法後而修正此制度的弊端而成者。

文帝用其策，開納粟拜爵之門。不過，學者分析：耕作百畝之小農與佃

農，除一家糧食所資之粟外，所餘出售以供他項用途者無幾，斷無入粟拜爵的能力。有此能力者，非富商即大地主。〔註8〕晁錯的貴粟政策，實際上有利於大地主及富商，貴粟主張乃抬高富商大賈的政治地位及獲得免役的經濟特權而已。因此，荀悅批評：

> 古者什一而稅，以爲天下之中正也。今漢民或百一而稅，可謂鮮矣！
> 然豪強富人占田逾侈，輸其賦太半，官收百一之稅，民收太半之賦，
> 官家之稅優於三代，豪強之暴酷於亡秦，是上惠不通，威福分豪強
> 也。今不正其本，而務除租稅，適足以資富強。（《前漢記・孝文皇
> 帝紀下》卷第八）〔註9〕

又王夫之批評：

> 入粟六百石而拜爵上造，一家之主伯亞旅，力耕而得六百之贏餘者
> 幾何？無強豪挾利以多占，役人以佃而收其半也，無亦富商大賈以
> 金錢籠致而得者也。如是則重農而農益輕，貴粟而金亦貴。（《讀通
> 鑑論》上卷二）

所以漢初文帝時期行晁錯重農抑商政策的結果是「受惠者則褊於地主也。貴粟而拜爵贖罪，無非誘取地主加緊於榨取佃人而已。僅有賤商，亦無補於佃人。蓋不謀於田制間有所更革，不得其本，而謀其末，果與佃農無與。無怪夫景帝元年詔，猶言『民多乏食，夭絕天年矣』。」〔註10〕

自此以後，賣官鬻爵成爲財政收入的特殊項目。武帝元封元年桑弘羊即「請令民得入粟彌吏及罪以贖」（《漢書・食貨志下》），〈平準書〉甚至記載武帝出售各級爵位收入共計值奉餘萬金，極易蛻化爲營私肥己的惡劣方法。

至於賈誼提出「重農輕金」政策，其學術背景據《漢書》記載：

> 河南守吳公，聞其秀材，召置門下，甚幸愛。文帝初立，聞河南守
> 吳公治平爲天下第一，故與李斯同邑，而嘗學事焉，徵以爲廷尉。（《漢
> 書・賈誼傳》）

吳公既曾學事李斯，漢又徵之爲主法之官，賈誼曾爲吳公門下，當嘗受其影響，也可推知其重粟輕金理論受法家影響。賈誼認爲農業爲民生根本，曾說：

〔註8〕 參見李劍農《先秦兩漢經濟史稿》頁285，華世出版社，民國76年出版。
〔註9〕 四部叢刊本，頁3～4。
〔註10〕 參見陳伯瀛《中國田制叢考》卷之〈王田前後考〉，商務印書館，民國24年
　　　　 出版。

　　積貯者，天下之大命也，茍粟多而財有餘，何爲而不成？以攻則取，
　　以守則固，以戰則勝，懷敵附遠，何招而不至？（《漢書·食貨志上》）
如何才有積貯呢？無非「歸之農，皆著於本，使天下各食其力，末技游食之
民轉而緣南畝。」（同上）所以文帝五年頒布「除盜錢令，使民放鑄」的詔令，
將使人民力棄農事而赴山採銅，則認爲是不可行。其曰：

　　今農事棄捐，而採銅日蕃，釋其耒耨，冶鎔炊炭，姦錢日多，五穀
　　不爲多。（《漢書·食貨志下》）

人民冶鎔鼓鑄惡幣日多，又釋其耒耜影響農業生產，因而反對人民棄農而逐
金錢，有「上收銅勿令布……銅畢歸於上」（同上）之說。惜文帝不用其說，
至武帝元鼎四年以後，始用賈誼之策，貨幣發行權歸於政府而鑄造五銖錢。
元狩六年六月下詔令：

　　日者有司以幣輕多姦，農傷而末眾，又禁以兼并之塗，故改幣以約
　　之（五銖錢）（《漢書·武帝紀》）

證明政府採銅鑄錢，有使民歸農之意，符合法家「重粟輕金」主張。

　　賈誼主張政府採銅鑄錢的看法，影響後世深遠。例如昭帝元鳳二年及六
年下詔「三輔太常郡得以叔粟當賦」（《漢書·昭帝紀》），以生產品繳納賦稅，
而不以錢幣，可達貴粟利農目的。不過，此應是偶爾之舉，影響性有限。而
元帝時貢禹承之，有廢貨幣而代以布帛、穀物的主張。其曰：

　　疾其末者，絕其本，宜罷採珠玉金銀鑄錢之官，亡復以爲幣，市井
　　勿得販賣，除其租銖之律。租稅祿賜皆以布帛及穀，使百姓壹歸於
　　農，復古道便。（《漢書·貢禹傳》）

放棄「採珠玉金銀」之官，完全廢止貨幣制度，租稅祿賜不以錢幣而以布帛
及穀，企圖藉此以驅民歸農。其說開時代倒車，時人以「交易待錢，布帛不
可尺寸分裂。」（《漢書·食貨志》）爲由加以抵制。其極端重農抑末主張未被
採用，故影響有限。

二、承襲法家「平糴」政策

　　先秦法家李悝、商鞅多曾提出平糴法以重農抑商，韓非雖無具體言論，
然其重農立場與商鞅一致。所謂「平糴」是農產品供給量超過需要量時，政
府以合理價格購存，使供需關係均衡，以維持合理價格。農民不至因產品下
跌而蒙受損失，且以政府之力收購餘糧，並可避免商人囤積居奇。待飢歲之

時，政府以所儲存的糧食供給市場，物價不至騰貴，商人亦無暴利可圖。班固言：「故管氏之輕重，李悝之平糴，弘羊均輸，壽昌常平，亦有從徠。」（《漢書・食貨志下》）。說明武帝提出桑弘羊的平準均輸（平準均輸乃一體之兩面）、宣帝時行耿壽昌之常平倉制乃承襲先秦法家平糴法而來。

桑弘羊於武帝元鼎二年（西元前 115 年）設置平準均輸，《漢書》記載：「桑弘羊爲大農中丞，管諸會計事，稍稍置均輸，以通貨物。」（同上）可見當時爲試辦性質。至元封元年（西元前 110 年）桑弘羊拔擢爲治粟都尉，並領大司農，平準均輸始爲經濟樞紐。均輸、平準之內容《史記》、《漢書》有如下之說明：

> 弘羊「以諸官各自市相爭，物故以騰躍，而天下賦輸或不償其僦費。乃請置大農部丞數十人，分部主郡國。各往往置均輸鹽鐵官。令遠方各以其物如異時，商賈所轉販者爲賦，而相灌輸，置平準於京師，都受天下委輸。召工官治車諸器，皆仰給大農。大農諸官，盡籠天下之貨物，貴即賣之，賤則買之。如此，富商大賈亡所牟大利，則反本。而萬物不得騰躍。故抑天下之物，名曰平準。」天子以爲然，而許之。（（《漢書・食貨志下》））（《史記・平準書》記載多相同）

根據上述記載，均輸、平準乃一體兩面，其具體內容是：各郡國應繳納的貢品，除京師所需照舊運京外，其他貢輸之物，不但多苦惡，耗費又大，得不償失。所以一律改爲當地出產豐饒而廉價的物產輸官，由輸官轉運至缺乏此物產的區域販賣，可避免輸送貢物的煩雜，國家並可獲得利潤，全國經濟獲得改善。《漢書》言：「大農以均輸調鹽鐵助賦，故能澹之……於是天下北至朔方，東封泰山，巡海上，旁北邊以歸。所過賞賜，用帛百餘萬匹，錢金以鉅萬計，皆取足大農……諸均輸帛五百萬匹，民不益賦，而天下用饒。」（〈食貨志下〉）即說明其成效之大。昭帝始元六年（西元前 81 年），桑弘羊與賢良文學於鹽鐵專賣等問題展開空前論戰。賢良文學批評均輸平準說：

> 國有沃野之饒而民不足於食者，工商盛而本業荒也。有山海之貨而民不足於財者，不務民用而淫巧眾也。故川源不能實漏卮，山海不能贍溪壑。是以盤庚率苦，舜藏黃金，高帝禁商賈不得仕宦，所以遏貪鄙之俗，而醇至誠之風也。排困市井，防塞利門，而民猶爲非也，況上之爲利乎？傳曰：「諸侯好利則大夫鄙，大夫鄙則士貪，士

貪則庶人盜。」是開利孔爲民罪梯也。(《鹽鐵論・本議篇》)

桑弘羊答辯指出：

> 往者郡國諸侯各以其物貢輸，往來煩雜，物多苦惡，或不償其費。
> 故郡置輸官以相給運，而便遠方之貢，改曰均輸。開委府於京，以
> 籠貨物。賤即買，貴則賣。是以縣官不失實，商賈無所貿利，故曰
> 平準。(同上)

說明均輸是郡設輸官統一運輸，可節省運費，又可改善品質。平準則爲國營
商業，藉以平仰物價，國家則可取得富商大賈所得的商業利潤，又可抵制大
企業家獲致暴利。然而賢良文學仍從姦吏上下其手而評論說：「古者之賦稅於
民也，因其所工，不求所拙。農人納其穫，女工效其功。今釋其所有，責其
所無。百姓賤賣貨物以便上求。間者郡國或令民作布絮，吏恣留難，與之爲
市。吏之所入，非獨齊阿之縑，蜀漢之布也，亦民間之所爲耳！行姦賣平，
農民重苦，女工再稅，未見均之輸也！縣官猥發，闔門擅市，則萬物並收；
萬物並收，則物騰躍；騰躍，則商賈侔利。自市，則吏容姦豪；而富商積貨
儲物以待其急，輕賈姦吏收賤以取貴，未見準之平也！蓋古之均輸，所以齊
勞逸而便貢輸，非所以爲利而賈萬物也。」(同上) 賢良文學深知民間疾苦，
所言多爲實情，然此非制度上的流弊，而爲執行上的問題。〔註11〕

至於王莽的五均市經濟政策中亦有平準業務。據《漢書》記載其平準業
務：「萬物昂貴過平一錢，則以平價賣與民；其賈低賤減平者，聽民自相與市，
以防貴庾者。」(〈食貨志下〉) 此一措施與桑弘羊不同者，是重在防止物價上
漲，但不干涉物價下跌。基本上，多有其正面價值。

有關常平倉制乃宣帝時耿壽昌所提出，《漢書》記載：

> 宣帝即位，用吏多選賢良，百姓安土，歲數豐穰，穀至石五錢，農
> 人少利。大司農中丞耿壽昌以善爲算，能商功利，得幸於上。五鳳
> 中奏言：「故事，歲漕關東穀四百萬斛，以給京師，用卒六萬人，宜
> 糴三輔、弘農、河東、上黨、太原郡穀，足供京師，可以省關東漕
> 卒過半。」又白增海租三倍。天子皆從其計。(〈食貨志上〉)

五鳳四年又建議在西北各郡設常平倉，作爲調劑穀價之用。《漢書》記載：

> 壽昌遂白令邊郡皆築倉，以穀賤時，增其賈而糴，以利農，穀貴時
> 減賈而糶，名曰常平倉。民便之，上乃下詔賜壽昌爵關內侯。(同上)

〔註11〕 參見韓復智《兩漢經濟思想》頁95，商務印書館，民國58年出版。

耿壽昌政策目的在平穩物價，其政策實有下列利益：〔註12〕

（一）減少漕卒節省消費：以往京師所用食糧歲曰四百萬斛，用卒六萬人，所費用高。其建議糴三輔弘農河東上黨太原郡穀，以供京師，可以省關東漕卒過半。

（二）調劑穀價，以謀農民利益：所謂「以穀賤時，增其賈而糴，以利農，穀貴時減賈而糶，名曰常平倉。」說明其目的在使供給與需求均衡以平穩物價，避免農民受損害。

不過蕭望之曾極力反對，其理由為：

> 御史大夫蕭望之奏言：故御史屬徐宮，家在東萊，言：「往年加海租，
> 魚不出，長老皆言武帝時，縣官嘗自漁海，魚不出，後復予民，魚
> 乃出。」夫陰陽之感，物類相應，萬事盡然。今壽昌欲近糴漕關內
> 之穀，築倉治船費直兩萬萬餘，有動眾之功，恐生旱氣，民被其災。
> 壽昌習於商功分銖之事，其深計遠慮，誠未足任，宜且如故。(《漢
> 書·食貨志上》)

可知耿壽昌主張增加漁業租稅，蕭望之反對加海租，因而牽涉糴關內穀及置倉之事。不過，至東漢明帝時此制度已流弊叢生，正如劉般所言：

> 常平倉外有利民之名，而內實侵刻百姓，豪右因緣為姦，小民不能
> 得其平。(《後漢書·劉般傳》)

基本上，此應為執行官吏不法所造成。元帝即位後，在位儒生多言「鹽鐵官及北假田官、常平倉可罷。」(《漢書·食貨志上》) 元帝從之，常平倉制遂未再設置。

三、加重徵收工商業租稅

重徵工商業租稅，雖未必為商韓所首倡，但商鞅確曾具體提出重租稅為抑商手段之一（參見第三章第三節）。漢代國君在尊君前提下，為排除異己鞏固政權，對於「不軌逐利之民，蓄積餘業，以稽市物，物踴騰糶。」(《史記·平準書》) 必深戒之。此態度與法家尊君立場無異，所以從漢高祖開始即推行抑商政策。〔註13〕高祖抑商方法為重其租稅，《史記》記載：

〔註12〕參見韓復智《兩漢的經濟思想》頁 102（出處同上）及胡寄窗、談敏《中國財
　　　　政思想史》頁 224～225 已有類似分析。中國財政經濟出版社，1989 年出版。
〔註13〕學者研究高祖有法家傾向。如《漢書·酈食其傳》云「沛公不喜儒，諸客冠

天下已平，高祖乃令賈人不得衣絲、乘車、重租稅以困辱之。(〈平
準書〉)

《漢書‧食貨志》有相同記載。由於秦滅六國至楚漢相爭連年戰亂，耕地荒蕪，
人民傷亡慘重，正如司馬遷所言：「秦始皇之時，十五年彗星四見，久者八十日，
長或竟天，其後秦遂以兵滅六王，并中國，外攘四夷，死人如亂麻，因以張楚
並起，三十年之間，兵相駢藉，不可勝數。自蚩尤以來，未嘗若斯也。」(《史
記‧天官書》) 全國滿目瘡痍，生活貧困可知。且根據《漢書》記載：

漢興……天下既定，民亡蓋藏，自天子不能具醇駟，而將相或乘牛
車。上于是約法省禁，輕田租什五而稅一，量吏祿，度官用，以賦
於民。(〈食貨志上〉)

可見漢初已到「天子不能具醇駟，而將相或乘牛車」的程度。自然下令「賈
人毋得衣錦繡綺縠絺紵，操兵，乘騎馬。」(《漢書‧高帝紀下》) 且「**重租稅
以困辱之**」。武帝時又增加工商業者的稅收。〔註14〕《漢書》記載：

諸賈人未作貰貸賣買，居邑儲積諸物，及商以取利者，雖無市籍，
各以其物自占，率緡錢二千而一算。諸作有租及鑄，率緡錢四千一
算。非吏比者、三老、北邊騎士，軺車以一算，商賈人軺車二算，
船五丈以上一算。匿不自占，占不悉，戍邊一歲，沒入緡錢。有能
告者，以其半畀之。賈人有市籍者及其家屬，皆無得籍名田，以便
農。敢犯令，沒入田僮。(〈食貨志下〉)

據上述得知武帝時增加兩種稅收，商人多加倍徵收。一是舟車稅：據《漢書‧
武帝紀》舟車稅實行於武帝元光六年。民有軺車(小車)納一算，商賈有軺
車納二算，稅收已加倍。二是算緡錢的徵收：所謂算緡錢，即「謂有儲積錢
者，計算緡貫而稅之。」(《漢書‧武帝紀》)。是對現錢積蓄的課徵。凡商人
緡錢二千出一算，稅率爲百分之六；手工業者緡錢四千出一算，稅率百分之

儒冠來者，沛公輒解其冠溺其中，與人言常大罵未可以儒生說」。《漢書‧外
戚傳上》言「太子爲人仁弱，高祖以爲不類己，常欲廢之，而立如意，如意
類我」。可知其性情傾向。而所重之臣如蕭何，制定漢法以秦法爲基礎，如《漢
書‧刑法志》言：「漢興，高祖初入關，約法三章曰：殺人者死，傷人及盜抵
罪。躪削煩苛，兆民大說(悅)。其後四夷未附，兵革未息，三章之法不足以
禦姦，於是相國蕭何攈摭秦法，取其宜於時者，作律九章」。以此推測，高祖
於法家學說，必然熟悉。

〔註14〕 參考孫會文說法，出處同註6。

三。〔註15〕為防止商人將資產向土地財產轉移，違犯命令者沒收田產及僮僕。商人營利所得多，由其負擔較多稅收，與商鞅「農之用力最苦，而贏利少，不如商賈技巧之人……不農之徵必多，市利之租必重。」（《商君書·外內篇》）及韓非「論其稅賦，以均貧富」（《韓非子·六反篇》）立意相當。

此外，上引文中又指出「匿不自占，占不悉，戍邊一歲，沒入緡錢。有能告者，以其半畀之」，是指申報不實或匿而不報者，罰戍邊一年，財產沒收。而能檢舉者，即所謂「告緡」（據《漢書·食貨志下》記載告緡行於元狩六年（西元前 117 年），由楊可主持），可得沒收財產的一半，是以行之數年「治郡國緡錢，得民財產以億計，奴婢以千萬數，田大縣數百頃，小縣百餘頃，宅亦如之。于是商賈中家以上大率破，民偷甘食好衣，不事畜藏之業，而縣官有鹽鐵緡錢之故，用少饒矣。」（《漢書·食貨志下》）可見武帝時商賈遭到強力抑制。

此外，在政治上亦貶低商人之地位。例如：

（一）禁止商人入仕：《史記》記載：「孝惠、高后時，……復弛商賈之律。然市井之子孫，亦不得仕官為吏。」（〈平準書〉）換言之，高祖時商禁甚嚴，惠帝及呂后時期有所放寬，但商人之子孫仍不能作官。

（二）禁止商人衣絲乘車：《史記》記載：「天下已平，高祖乃命賈人不得衣絲乘車，重租稅以困辱之。」（〈平準書〉）《漢書》亦言：「賈人毋得衣錦繡綺縠絺紵罽，操兵乘騎馬。」（〈高祖紀〉）。限制商人的生活享受，為困辱商人地位的方式之一。

（三）徵發商人戍邊。武帝天漢四年（西元 97 年），曾徵發「七科謫」出征朔方。張晏指出七科謫為七種有罪之人，〔註16〕包括有罪之官吏、犯罪而逃亡者、贅婿、現行賈人、曾有市籍之人、父母有市籍以及大父母有市籍者。（《漢書·武帝紀》張晏注文）七種有罪之人的名單，與商人有關者即有四種之多，商人倍受壓抑可想而知。

根據上述，漢代抑商政策，已非純粹將商人置於次要地位，而是從經濟上、政治上給予商人重大打擊。

〔註15〕一算是一百二十文錢，《漢書·高帝紀上》注載：「民年十五以上至五十六出賦錢，人百二十為一算，為治庫兵車馬。」可知。

〔註16〕《漢書·武帝紀》張晏注曰：「吏有罪一，亡（人）（命）二，贅婿三，賈人四，故有市籍五，父母有市籍六，大父母有市籍七，凡七科也。」

第三節　重農抑商政策終歸失敗的原因

漢代實行重農抑商政策，但是其它生業，收益多優於小農。尤其是商賈「亡農夫之苦，有仟伯之得。」（《漢書・食貨志上》）農商差異懸殊。正如《淮南子》所論：

> 富人則車輿衣纂錦，馬飾傅旄象，帷幕茵席，綺繡絛組，青黃相錯，不可爲象。貧人則夏被褐帶索，含菽飲水以充腸，以支暑熱。冬則羊裘解札，短褐不掩形，而煬灶口。故其爲編戶齊民無以異，然貧富之相去也，猶人君與僕虜，不足以論之。夫乘奇技僞邪施者，自足乎一世之間。守正修理不苟得者，不免乎飢寒之患。而欲民之去末反本，是由發其原而壅其流也。（〈齊俗訓〉）

所以昭宣之際，「富人臧錢滿室，猶無厭足，民心動搖，棄本逐末。」（《漢書・食貨志下》）可見統治者雖重農，但未能達到預期的效果，其中原因與客觀環境有利於商業發展有關。根據司馬遷言：

> 漢興，海內爲一，開關梁，弛山澤之禁，是以富商大賈，周流天下，交易之物，莫不通，得其所欲。（《史記・貨殖列傳》）

說明漢代商賈不受關津之阻滯，已可「周流天下」。換言之，爲政者雖在主觀上抑商重農，但客觀環境卻有利於商業發展。其中原因說明如下：

一、客觀環境有利於商業發展

根據《漢書》記載統治者的詔書以及時人的言論，當時人民有舍本逐末的趨勢。例如：

> 農，天下之大本也，民所恃以生也。而民或不務本而事末。（文帝三年九月詔）（〈文帝紀〉）

> 間者數年比不登，……夫度田非益寡，而計民末加益，以口量地，其於古猶有餘，而食之甚不足者，……無乃百姓之從事於末以害農者繁？（文帝後元年詔）（同上）

> 農，天下之本也，……間歲或不登，意爲末者眾，農民寡也。（景帝後三年春正月詔）（〈景帝紀〉）

> 日者有司以幣輕多姦，農傷而末眾。（武帝元狩六年六月詔）（〈武帝紀〉）

時天下侈靡趨末，百姓多離農畝。(〈東方朔傳〉)

自五銖錢起已來七十餘年，……商賈求利，東西南北，各用智巧，好衣美食，歲有十二之利，而不出租稅，……故民棄本逐末，耕者不能半，貧者雖賜之田，猶賤賣以賈。(〈貢禹傳〉)

東漢商業有退化現象但舍本逐末趨勢並未改變，文獻有下列的記述：

今舉俗舍本農，趨商賈，牛馬車輿，填塞道路，游手爲巧，充盈都邑，務本者少，浮食者眾。(《潛夫論‧浮侈篇》)

今富商大賈，多放錢貨，中家子弟爲之保役，趨走與臣僕等勤，收稅與封君比入。是以眾人慕效，不耕而食，至乃多通侈靡，以淫耳目。(《後漢書‧桓譚傳》)

關於漢代客觀環境如何有利於商業發展？可從當時商業都會的發達、對外貿易的萌芽以及商業資本家的形成三點考察。而且，在了解客觀環境如何有利於商業發展的同時，漢代商業蓬勃發展的程度亦可得知。

（一）商業都會之發達

學者曾根據《史記‧貨殖列傳》所載，將漢初之都市作一分類，可歸納爲五個區域。〔註17〕

1. 關中區域——長安。
2. 三河區域——河東之楊、平陽、陳，河內之溫、軹，河南之洛陽、穎川、宛。
3. 燕趙區域——鄲鄲、燕。
4. 齊魯梁宋區域——臨淄、睢陽。
5. 楚越區域——江陵、陳、吳、壽春、合肥、番禺。

就關中區域而言：是以長安爲中心都會，其南控巴蜀區，西北控天水、隴西、北地、上郡等區。司馬遷記載：

關中自汧雍以東至河華，膏壤沃野千里，……秦文、孝、繆居雍，隙、隴、蜀之貨物而多賈。獻、孝公徙櫟邑，櫟邑北卻戎翟，東通三晉，亦多大賈。武、昭治咸陽，因以漢都，長安諸陵，四方輻輳，並至而會，地小人眾，故其民益玩巧而事末也。(《史記‧貨殖列傳》)

〔註17〕參見李劍農《先秦兩漢經濟史稿》頁211至214。及馬非百〈秦漢經濟史資料二——商業〉頁8。

就河東地區而言：是以楊及平陽爲都會。司馬遷記載：

> 楊、平陽、陳西賈秦、翟、北賈種代，種代，石北也，地邊胡，……
> 師旅亟往，中國委輸，時有奇羨，……故楊、平楊、陳掾其間得所
> 欲。（同上）

就河內地區而言：以溫、軹爲都會。司馬遷記載：

> 溫、軹，西賈上黨，北賈趙中山；中山地薄人眾，……民俗懁急，
> 仰機利而食。（同上）

就河南地區而言：以洛陽爲中心都會，並控齊、魯、梁、宋、楚、越等地。
司馬遷說：

> 洛陽，東賈齊魯，南賈梁楚。（同上）

就燕趙地區而言：以邯鄲、燕爲都會。司馬遷記載：

> 邯鄲亦漳河之間一都會也，北通燕、涿，南有鄭、衛。……夫燕亦
> 勃、碣之間，一都會也，南通齊、趙，東北邊胡，上谷至遼東，地
> 踔遠，……而民雕捍少慮，有魚、鹽、棗、粟之饒，北鄰烏桓，夫
> 餘，東綰穢貉、朝鮮眞番之利。（同上）

就齊魯地區而言：以齊之故都臨淄爲都會。司馬遷記載：

> 故泰山之陽則魯，其陰則齊。齊帶山海，膏壤千里，宜桑麻，人民
> 多文采布帛魚鹽。臨淄亦海岱間之一都會也。……其中具五民。而
> 鄒魯濱洙泗，……其民齪齪，頗有桑麻之業，無林澤之饒，地小人
> 眾，儉嗇，畏罪遠邪。及其衰，好賈趨利，甚於周人。（同上）

就梁宋地區而言：以陶、睢陽爲都會。司馬遷記載：

> 自鴻溝以東，芒碭以北，屬巨野，此梁宋也。陶、睢陽亦一都會也。……
> 好稼穡，雖無山川之饒，能惡衣食致其蓄藏。（同上）

就三楚地區而言：江陵及陳爲西楚之都會，吳爲東楚之都會，壽春、合肥爲
南楚之都會。司馬遷記載：

> 自淮北、沛、陳、汝南、南郡，此西楚也。……江陵故郢都，西通巫
> 巴，東有雲夢之饒。陳在楚夏之交，通魚鹽之貨，其民多賈。（同上）

> 彭城以東，東海、吳、廣陵，此東楚也。……夫吳自闔廬、春申、
> 王濞三人，招致天下之喜游子弟，東有海鹽之饒，章山之銅，三江
> 五湖之利，亦江東一都會也。（同上）

> 衡山、九江、江南、豫章、長沙，是南楚也。其俗大類西楚。郢之

後徙壽春，亦一都會也，而合肥受南北潮，皮革、鮑、木、輸會也。
（同上）

就南越地區而言：以番禺爲都會。司馬遷記載：

九疑、蒼梧、至儋耳，與江南大同俗，而楊越多焉。番禺亦一都會
也，珠璣犀瑇瑁果布之湊。（同上）

就潁川南陽地區而言：

潁川南陽夏人之居也。……秦末世，遷不軌之民於南陽。南陽西通
武關、隕關，東南受漢、江、淮。宛，亦一都會也。俗雜，好事業，
多賈。其任俠交通潁川，故至今謂之夏人。（同上）

根據上述，可知當時都會有重要商業機能，商賈雲集。尤其是關中地區爲當
時商賈活動中心，由於長安爲秦漢二代政治首都，財富集中人口繁密，成爲
全國重要的消費都會。

至漢宣帝時，商業都會又與上述略有不同。據桓寬《鹽鐵論》所言，當
時的重要都會如下：

燕之涿薊、趙之邯鄲、魏之溫軹、韓之滎陽，齊之臨淄、楚之宛邱、
鄭之陽翟、周之三川，富冠海內，皆爲天下名都。（〈通有篇〉）

至王莽時，以長安爲中心都會外，又有五都會。《漢書》記載：

今開賒貸，張五均，設諸幹者，所以濟眾庶，抑兼并也。遂於長安
及五都立五均官。更名長安東西市令及洛陽、邯鄲、臨淄、宛、成
都市長，皆爲五均司市，稱師。東市（長安之東市）稱京，西市（長
安之西市）稱畿，洛陽稱中，餘四部（邯鄲、臨淄、宛、成都）各
用東西南北之稱。皆置交易丞五人，錢府丞一人。（〈食貨志下〉）

所謂五都會包括洛陽、邯鄲、臨淄、宛、成都，其中除成都於前述未言及外，
其餘著名的都會並無大變化。基本上，當時都市除具有政治、軍事功能外，
多有經濟機能。

除重要都會外，一般性的都市亦有商業市場存在。如淮陰市、淮南市、
吳郡市、平陽市、蓮白市、東平寧陽市、涅陽市、洛陽市等。〔註18〕政府可

─────────

〔註18〕《史記·淮陰侯列傳》載：淮陰少年曾辱韓信，令其出褲下，「一市之人皆笑」
是淮陰有市。《史記·黥布列傳》載：「使何等二十人伏鑕淮南市中」是淮南有
市。《漢書·梅福傳》載：有人見福於會稽者，「變名姓爲吳市門卒」是吳郡有
市。《漢書·尹翁歸傳》載：「翁歸爲平陽市吏，莫敢犯者，公廉不受餽，百賈
畏之」是平陽有市。《漢書·張禹傳》載：「至禹父徙家蓮白，禹爲兒，數隨家

向市場收取市租，如主父偃說：

> 臨淄十萬戶，市租千金，人眾殷富，鉅于長安。(《漢書·高五王傳》)

市租之多達於千金，商業之繁盛可見一般。至於市中所販賣的貨物種類繁多，《史記》記載：

> 通都大邑：酤一歲千釀，醯醬千瓨，漿千甔，屠牛羊彘千皮，販穀糶千鍾，薪稿千車，船長千丈，木千章，竹竿萬個。其軺車百乘，牛車千輛，木器髤者千枚，銅器千鈞，素木鐵器若卮茜千石，馬蹄躈千，牛千足，羊彘千雙，僮手指千，筋角丹沙千金。其帛絮細布千鈞，文采千匹，榻布皮革千石，漆千斗，麴鹽豉千荅，鮐鮆千斤，鮿千石，鮑千鈞，棗栗千石者三之。狐裘千皮，羔羊裘千石，旃席千具，佗果菜千鍾，子貸金錢千貫。節馹會，貪賈三之，廉賈五之，此亦比千乘之家，其大率也。(〈貨殖列傳〉)

上述商品包括果菜、乾糧食品、皮革、編織品、運輸、礦物、鐵、鹽、銅器、漆器、木製品及牲畜等包羅萬象。基本上，各種物產多有其地域性，誠如司馬遷所言：

> 山西饒材竹穀纑旄玉石，山東多魚鹽漆絲聲色，江南出柟梓、薑桂、金錫連、丹砂、犀、瑇瑁、珠璣、齒革，龍門碣石北多馬牛羊旃裘筋角，銅鐵則千里往往山出棊置。(《史記·貨殖列傳》)

> 巴蜀亦沃野，地饒卮、薑、丹砂石、銅、鐵、竹、木之器，……齊帶山海，膏壤千里，宜桑麻，人民多文綵布帛魚鹽，……鄒魯……頗有桑麻之業，……吳……東有海鹽之饒，章山之銅。……豫江出黃金，長沙出連錫，……番禹……珠璣、犀、瑇瑁果布之湊，……沂泗水以北，宜五穀桑麻。(同上)

據此，可知物產多有地域性，而市場販賣之物包羅萬象，可推測當時商業繁榮，商人已販運四方。

(二) 對外貿易之萌芽

大抵中國與外族的商業關係，自武帝開發西域及西南夷之後，始漸次發

至市，喜觀於卜相者前」是蓮白有市。《漢書·文苑傳之劉梁傳》載：「梁東平寧陽人少孤貧，賣書於市以自給」是寧陽有市。《漢書·黨錮傳》載：夏馥以黨事株連隱逆姓名，後馥弟靜「追之於涅陽市中」是涅陽有市。《漢書·王充傳》載：「充家貧無書，嘗游洛陽市肆閱所賣書，一見則能誦憶」是洛陽有市。

展。〔註 19〕外商之入中國，中國商人之出境，亦自武帝以後漸多。學者指出武帝開通西域及西南夷，並非以經商為目地，但卻促進商業的發展。〔註 20〕例如《漢書》記載：

> 自騫開外國道以尊貴，……吏士爭上書言外國奇怪利害，求使。天子為其絕遠，非人所樂，聽其言，予節，募吏民。……為具備人眾遣之，以廣其道。來還不能無侵盜幣物，……使端無窮而輕犯法……，故妄言無行之徒，皆爭相效。其使皆私縣官齎物，欲賤市以私其利。(〈張騫傳〉)

文中指出西域及西南夷等民族尊貴漢代財物，漢人遂假使者之名，利用公家財幣如絲織品及黃金之類，賤市於外人以獲私利，因此引起內外商人的來往。所以《後漢書》記載：

> 立屯田於膏腴之野，列郵置於要害之路。馳命走驛，不絕於時月，商胡販客日款於塞下。(〈西域傳〉)

不過，當時對外貿易有種種限制：〔註21〕

1. 以對外貿易作為與外族談判的籌碼。由於外族重視中國財物，極欲與中國互市，中國即以互市作為牽制外族的方法。如史書記載：

> 武帝時，…匈奴絕和親，攻當路塞，往往入盜於漢邊，不可勝數。然匈奴貪，尚樂關市，嗜漢財物，漢亦以尚關市不絕以中之。自馬邑軍後，五年之秋，漢使四將軍各萬騎擊胡關市下。(《史記·匈奴列傳》)

> (罽賓嘗殺漢使，孝元時絕之。) 成帝時，復遣使獻，謝罪。漢欲遣使者報送其使，杜欽說大將軍王鳳曰：「(罽賓) 前親逆節，惡暴西域，故絕而不通。今悔過來，而無親屬貴人，奉獻者皆行賈賤人，欲通貨市買，以獻為名。」於是鳳白從欽言。罽賓實利賞賜賈市，其使數年而一至云。(《漢書·西域傳上》之罽賓傳)

> 成帝時康居遣子侍漢，貢獻。然自以絕遠，(嘗侮漢使者) 都護郭舜數上言：「……宜歸其侍子，絕勿復使以章漢家不通無禮之國。……」

〔註19〕 馬非百〈秦漢經濟史資料二──商業〉已提出此觀念，《食貨半月刊》，第二卷第 1 期。

〔註20〕 參見註 19，李劍農《先秦兩漢經濟史稿》頁 233。

〔註21〕 以下為參考李劍農《先秦兩漢經濟史稿》頁 233 至 237 歸納而成。

漢爲其新通，重致遠人，終羈縻而未絕。（〈西域傳上〉之康居傳）

以上即西漢時代以互市牽制西域諸國的文獻記載。至東漢情形亦然，史書記載：

> 建武二十八年北匈奴復遣使……乞和親，……班彪奏曰：「……今北匈奴見南單于來附，懼謀其國，故數乞和親，又遠驅牛馬，與漢合市。」（《後漢書·南匈奴傳》）

> 元和元年，武威太守孟雲上言北單于復願與吏人合市，詔書聽雲遣譯使迎呼慰納之。北單于乃遣其大且渠伊莫訾王等，驅牛馬萬餘頭來與漢賈客交易。（同上）

除以互市牽制匈奴外，對鮮卑亦如是。如史載：

> 鮮卑……天性貪暴，不拘信義，故數犯障塞，且無寧歲。唯至互市，乃來靡服。苟欲中國珍貨，非爲畏威懷德，計獲事足，旋踵爲害。……往者……武威太守趙沖亦率鮮卑征討叛羌，……多爲不法，……得賞既多，不肯去，復欲以物買鐵，邊將不聽，便取縑帛聚欲燒之。邊將恐怖，畏其復叛，……無敢拒違。（《後漢書·應劭傳》）

2. 限制對外貿易的自由輸出。漢武帝開疆擴邊所以能獲致成功，是由於中國出產鐵製的兵器，此爲西北蠻族所缺者。〔註22〕《漢書》記載：

> 夫胡兵五而當漢兵一，何者？兵刃朴鈍，弓弩不利，今聞頗得漢巧，然猶三而當一。（〈陳湯傳〉）

> 今反虜無慮三萬人，法當倍用六萬人，然羌戎弓矛之兵耳，器不犀利，可用四萬人，一月足以決。（〈馮奉世傳〉）

說明漢代得以戰勝蠻夷的原因在兵器之利。因此，爲恐商民以兵器售與蠻族，統治者遂絕禁兵器的輸出，鐵亦禁止出口。對外貿易有嚴格控制，如史載：

> （匈奴渾邪王率眾來降），……及渾邪至，賈人與市者，坐當死者五百餘人。……曰……愚民安知，市買長安中物而文吏繩之爲闌出財物于邊關乎。（《史記·汲鄭列傳》）

凡貨物出境須先得許可，否則即犯「闌出財物」之罪。

3. 對外貿易有一定地點及時間的限制。每值交易日期，或驅牛羊牲畜或載縑帛之物進行交易。例如史載：

〔註22〕同上註，頁 234。

（竇融據河西時，奮爲姑臧長），時天下擾亂，惟河西獨安。而姑臧
稱爲富邑，通貨羌胡，市日四合。（《後漢書‧孔奮傳》）

說明竇融與羌胡互市之地在姑臧，一日四合，時間地點固定。又如：

（光武帝從班彪言），復置（烏桓）校尉於上谷寧城，……並領鮮卑，
賞賜質子，歲時互市焉。（《後漢書‧烏桓傳》）

漢與烏桓、鮮卑交易之地在上谷寧城，並「歲時互市」，互市有一定時間。又如：

安帝永初中，鮮卑大人燕荔陽詣闕朝賀，……令止烏桓校尉所居寧
城下，通胡市。（《後漢書‧鮮卑傳》）

安帝時與鮮卑的交易地點局限在寧城。

由以上所述，可知當時對外貿易有種種限制，遠不如國內商業的發展。
不過，據《漢書》記載：

騫曰，臣在大夏時，見邛竹杖、蜀布，問安得此？大夏國人曰，吾
賈人往市之身毒國（印度），身毒國在大夏東南可數千里。（〈張騫傳〉）

可知印度不僅已與我國貿易，且商品輸出至西域各國。此外，我國亦有自廣
東海岸與黃支國貿易之事，如《漢書》所言：

自日南障塞、徐聞、合浦，船行可五月有都元國，又船行可四月，
有邑盧沒國，又……有夫甘都盧國，自夫甘都盧國船行可二月餘，
有黃支國……自武帝以來，皆獻見，有譯長，……蠻夷賈船，轉送
致之。（〈地理志下〉）

又和帝時安息包攬中國與羅馬的貿易，如《後漢書》所言：

其王（羅馬）常欲通使於漢，而安息欲以漢繒綵與之交市，故遮閡
不得自達。（〈西域傳〉）

安息在當時中國與羅馬的貿易上占重要地位。以上所述，可推測我國商品輸
出之遠，國際貿易的萌芽是漢代商業發達的現象之一。

（三）商業資本家之形成

漢代商業勢力已大，如晁錯所言：「今法律賤商人，商人已富貴矣；尊農
夫，農夫已貧賤矣。」（《漢書‧食貨志上》）又如司馬遷所言：

若至力農畜工虞商賈，爲權利以成富，大者傾郡，中者傾縣，下者
傾鄉里者，不可勝數。（《史記‧貨殖列傳》）

換言之，資本家的勢力可比一都之郡，而其投資的對象包括農畜工虞商，或
投資於漁鹽或投資於冶鐵或投資於利貸或投資於畜牧等，其結果多能獲利巨

萬。有關漢代顯名的富商勢力如何？根據《史記・貨殖列傳》及《漢書・貨殖傳》所記，西漢武帝之前的重要資本家如下：

1. 鹽鐵商，如：

（1）蜀卓氏——「蜀卓氏之先，趙人也。用鐵冶富。秦破趙，遷卓氏，卓氏見虜略，獨夫妻推輦行，詣遷處。諸遷虜少有餘財，爭與吏求近處，處葭萌。唯卓氏曰，此地狹薄，吾聞汶山之下，沃野，下有蹲鴟，至死不飢，民工於市，易賈，乃求遠遷，致之臨邛，大喜，傾滇蜀之民，即鐵山鼓鑄，運籌策，富至僮千人，田池射獵之樂，擬於人君。」

（2）程鄭——「程鄭，山東遷虜也。亦冶鑄，賈椎髻之民，富埒卓氏，俱居臨邛。」

（3）宛孔氏——「宛孔氏之先，梁人也。用鐵冶為業，秦伐魏，遷孔氏南陽。大鼓鑄，規陂池，連車騎，游諸侯，因通商賈之利，有游閑公子之賜與名。家致富數千金，然其贏得過當，愈于纖嗇。故南陽行賈，盡法孔氏之雍容。」

（4）曹邴氏——「魯人俗儉嗇，而曹邴氏尤甚。以鐵冶起，富至巨萬。然家自父兄子孫約，俯有拾，仰有取，貰貸行賈遍郡國。鄒魯以其故多去文學而趨利者，以曹邴氏也。」

（5）刁間——「齊俗賤奴虜，而刁間獨愛貴之，……唯刁間收取，使之逐漁鹽商賈之利。……起富數千萬。」

富商如卓氏以鐵冶富，程鄭以鐵冶富，宛孔氏以鐵冶富，曹邴氏以鐵冶富，刁間以漁鹽富，可見鹽鐵商容易累積致富。

2. 囤積商，如：

宣曲任氏——「宣曲任氏之先，為督道倉吏。秦之敗也，豪傑皆爭取金玉，而任氏獨窖倉粟。楚漢相距滎陽也，民不得耕種，米石至萬，而豪傑金玉盡歸任氏。任氏以此起富。」

是囤積居奇而致富者。

3. 高利貸商，如：

（1）無鹽氏——「吳楚七國兵起時，長安中列侯封君，行從軍旅，齎貸子錢，子錢家以為侯邑國在關東，關東成敗未決，莫肯與，唯無鹽氏出捐千金貸，其息什之，三月吳楚平，一歲之中，則無鹽氏之息

什倍，用此富埒關中。」

（2）成都羅裦——「程卓既衰，至成哀間，成都羅裦，訾至鉅萬。初，賈京師，隨身數十百萬，為平陵石氏持錢。其人彊力，石氏訾次如、苴，親信，厚資遣之，令往來巴蜀。數年間，致千餘萬。裦舉其半，賂遺曲陽定陵侯，依其權力，賒貸郡國，人莫敢負，擅鹽井之利，期年所得自倍，遂殖其貨。」

無鹽氏為有名的高利貸商，擅鹽井之利之羅裦，亦以持錢舉債致富。當然《史記》《漢書》〈貨殖傳〉所記的資本家不止此數，尚有臨淄姓偉、雒陽張長叔、薛子仲、京師樊嘉等（《漢書・食貨志下》），但不知其從事何業。

至於《後漢書》無〈貨殖列傳〉，學者認為與當時商業較衰微有關。不過，整理各列傳亦發現仍有少數資本家存在，〔註23〕如：

李通，……南陽宛人也，世以貨殖著姓。……居家富逸，為閭里雄。以此不樂為吏。（《後漢書・李通傳》）

樊宏，……南陽湖陽人。……為鄉里著姓，父重……，世善農稼，好貨殖。……訾至鉅萬。（〈樊宏傳〉）

夏馥，……陳留圉人也，……同縣高氏蔡氏並皆富殖，郡人畏而事之。（〈黨錮傳之夏馥傳〉）

宛有富賈張汎者，桓帝美人之外親。善巧雕鏤玩好之物，頗以賂遺中官，以此並得顯位。（〈黨錮傳之泠旺傳〉）

杜篤子碩，豪俠，以貨殖聞。（〈文苑傳之杜篤傳〉）

當時資本家有與官吏之家相結托，以及官吏權勢之家亦多有求賈利的現象，〔註24〕可見販商營利之厚。基本上，由商業資本家的形成以及其財力的雄厚，可見漢代商業之盛。

〔註23〕同註21。

〔註24〕資本家與官吏之交結，例如《漢書・司馬相如傳》記載：「相如素與臨邛令王吉相善，……卓王孫……程鄭……相謂曰：令有貴客，為具召之，並召令。……（其後天子）拜相如中郎將，建節往使，……馳四乘之傳，……至蜀，太守以下郊迎，……於是卓王孫因門下獻牛酒以交驩，……喟然而嘆，自以得使女尚司馬長卿晚，而厚分與其女財與男等」。即描寫商賈與官吏結托之現象。官吏亦求賈史，例如《漢書・張安世傳》記載：「安世身為公侯，食邑萬戶，……內治產業，累積纖細，是以能殖其富。」又如〈胡建傳〉記載：「監軍御史為奸，穿北軍壘垣，以為賈區」。建斬之，上奏曰：「監軍御史公穿軍垣以求賈利，私買賣以與士市。」可知監軍御史私設軍市。

二、客觀環境不利於農業發展

崔實在《四民月令》一書中，記錄農家生活已使用佃工及奴隸從事生產，並兼營商賈逐取厚利。學者考察此種富裕的生活情態，應少數富農所享有。〔註25〕而且根據晁錯所言：

> 今（文帝初年）農夫五口之家，其服役者不下二人，其能耕者不過百畝，百畝之收不過百石。春耕夏耘，秋收冬藏，伐薪樵，治官府，給繇役；春不得避風塵，夏不得避暑熱，秋不得避陰雨，冬不得避寒凍，四時之間亡日休息；又私自送往迎來，弔死問疾，養孤長幼在其中。勤苦如此，尚復被水旱之災，急政暴賦，賦斂不時，朝令而暮改。當具有者半賈而賣，亡者取倍稱之息，於是有賣田宅鬻子孫以償責者矣。而商賈大者積貯倍息，小者坐列販賣，操其奇贏，日游都市，乘上之急，所賣必倍。故其男不耕耘，女不蠶織，衣必文采，食必粱肉；亡農夫之苦，有仟佰之得。因其富厚，交通王侯，力過吏勢，以利相傾；千里游教，冠蓋相望，乘堅策肥，履絲曳縞，此商人所以兼併農人，農人所以流亡者也。（《漢書・食貨志上》引〈貴粟論〉）

統治者雖重視農業，對農業的提倡也不遺餘力，但農民生活貧困的情形仍無法改善。關於漢代所致力的農業建設說明如下：

（一）重視水利灌溉：

漢初水利承鄭國渠及蜀渠的開鑿，更加致力於水利灌溉事業。〔註26〕例如《文獻通考》記載：

> 子為盧州從事，始以事至舒城，觀所謂七門三堰者，問于居人，其田溉幾何？曰：凡二萬頃。考于圖書，則漢羹頡侯信始基，而魏揚州刺史劉馥實修其廢。昔先王之典，有功及民，則祀之。若信者，可謂有功矣。然吾恨史策之有遺，而憐舒人之不忘其思也。（引《公

〔註25〕參見王文發〈西漢重農政策的理論與實際〉一文，收入《師大歷史學報》第6期。

〔註26〕鄭國渠及蜀渠之開鑿，據《史記・河渠書》記載：「韓欲疲秦人，使毋東伐，乃使水工鄭國間說秦，令開涇水自中山西抵瓠口為渠，並北山東注洛三百餘里，欲以溉田。中作而覺，秦欲殺國，國曰：始臣為間，然渠成，亦秦之利也。乃使卒就渠，渠成，用溉注填閼之水，溉舄鹵之地，四萬餘頃，收皆畝一鍾，於是關中為沃野，無凶年，秦以富強，名曰鄭國渠。」又言：「漢平天下，以李冰為蜀守，冰壅江水作朋，穿二江成都中，雙過郡下，以通舟船，因以灌溉諸郡，於是蜀沃野千里，號為陸海。」

非集》劉氏〈七門廟記〉）

馬貴與於前述引文後加案語：「此漢初之事，史所不載，然溉田二萬頃，則其功豈下於李冰文翁耶？」漢初劉信修建「七門三堰」，溉田二萬頃，而後歷朝多有重視水利灌溉者。例如漢文帝時以文翁爲蜀郡太守，煎溲口溉灌繁田千七百頃，人獲其饒。李劍農歸納《史記・河渠書》及《漢書・溝洫志》所記載的水利工程，得知武帝時曾引渭水、汾水、洛水、涇水、汶水等各水渠以及陂山通道不可勝言。〔註27〕此外，根據史書的記載，歷朝官吏亦重視水利建設。例如：

召信臣，……遷南陽太守，……爲人勤力，有方略，好爲民興利，務在富之，躬勸耕農，出入阡陌，止舍離鄉亭，稀有安居，時行視郡中水泉，開通溝瀆，起水門提關凡數十處，以廣灌溉，歲歲增加，多至三萬頃，民得其利，畜積有餘。（《漢書・循吏傳》）

汝南舊有鴻郤陂。成帝時，丞相翟方進奏毀敗之。建武中，太守鄧晨欲修復其功，聞（許）楊曉水脈，召與議之，……因署楊爲都水掾，使典其事。楊因高下形勢，起塘四百餘里，數年乃立，百姓得其便，累歲大稔。（《後漢書・許楊傳》）

章和元年（稜）遷廣陵太守，時穀貴民飢，奏罷鹽官以利百姓。賑貧羸，薄賦稅，興復陂湖，溉田二萬餘頃，吏民刻石頌之。（《後漢書・馬援傳》）

（鮑昱）……拜汝南太守，郡多陂池，歲歲決壞，年費常三千餘萬，昱乃上作方梁石洫，水常饒足，溉田倍多，人以殷富。（《後漢書・鮑永傳》）

（永元時何敞）……遷汝南太守，……修理南陽舊渠，百姓賴其利，墾田增三萬餘頃。（《後漢書・何敞傳》）

元和三年遷下邳相。徐縣北界有蒲陽坡，傍多良田，而煙廢莫修。禹爲開水門，通引灌溉，遂成熟田數百頃。勸率吏民，假與種糧，

〔註27〕漢代大興水利灌溉事業情形，李劍農曾分別歸納《史記・河渠書》及《漢書・溝洫志》之水利工程，得知武帝時曾引渭水、涇水、汶水等及水渠、陂山通道不可勝言。參見李劍農《先秦兩漢經濟史稿》頁157至160。又整理散見於《後漢書》列傳及帝紀之記載，東漢君臣對水利灌溉亦頗有修復治理之功。同上書，頁159至164。華世出版社，民國70年出版。

親自勉勞，遂大數穀實，鄰郡貧者歸之千餘戶，室廬相屬，其下成
市。後歲至墾千餘頃，民用溫給。(《後漢書‧張禹傳》)

由此可知兩漢重視水利灌溉事業，至於執政者及各地郡守是否關心民瘼亦為
關鍵。而且水利工程非人民私人財力所能勝任，一旦毀損，再由政府修建也
非易事。如明帝詔曰：

自汴渠決敗，六十餘歲，加頃年以來，雨水不時，汴流東侵，日月
益甚。水門故處，皆在河中，滌瀁廣溢，莫測圻岸，蕩蕩極望，不
知綱紀。今兗豫之人，多被水患，乃云，縣官不先人急，好興它役。
又或以為河流入汴，幽、冀蒙利，故曰左堤彊，則右堤傷。左右俱
彊，則下方傷。宜任水勢所之，使人隨高而處。公家息壅塞之費，
百姓無陷溺之患。議者不同，南北異論，朕不知所從，久而不決。
今既築堤理渠，絕水立門，河汴分流，復其舊跡。陶丘之北，漸就
壞墳，……濱渠下田，賦與貧人，無令豪右得固其利。(《後漢書‧
明帝紀》)

可知修建汴渠之前，已長久廢壞。不過，由汴渠修復工程的浩大，兩漢對水
利的推廣及維護亦可考知。

(二) 農器及農藝之改良：

根據西元 1972 年山東考古發現，漢代已大量使用鐵製農具，〔註28〕可印
證《鹽鐵論》所說的：「鐵器者，農夫之死士也。死士用則仇讎滅。仇讎滅則
田野辟，田野辟則五穀熟。」(〈禁耕篇〉) 及「鐵器，民之大用也。」(〈水旱
篇〉) 鐵製農具已成為漢代主要生產工具。又據考古學者研究，漢代鐵製農具
中，鐵犁已廣泛使用和改革，鐵犁之使用代表牛耕已相當普遍，〔註29〕誠如
《漢書》所言：

武帝始開三邊，徙民屯田，皆與犁牛。(〈昭帝紀〉)

牛耕的普及可節省許多勞力。此外，武帝時趙過對犁的製作又加以改進。據

〔註28〕有關農具之進步，根據 1972 年 9 月，山東萊蕪縣西南約二十五公里處外，
　　　　牛泉公社發現一批漢代鐵製農具，其中有鏟、鋤、鐮、犁等遺物出土。可
　　　　得之漢代農具之進步普遍。參見〈山東省萊蕪縣西漢農具鐵範〉一文，收
　　　　入《文物》1977 年第 7 期。此外，牛耕已普遍使用，應劭曰：「武帝始開三
　　　　邊，徙民屯田，皆與犁牛。」(《漢書‧昭帝紀》)，可知漢武帝時牛耕已相
　　　　當普遍。
〔註29〕同上註。

班固言：

> 趙過為搜粟都尉。……其耕耘、下種、田器皆有便巧，……用耦犂，
> 二牛三人。

崔實亦言：

> 武帝以過為搜粟都尉，教民耕殖。其法三犂共一牛，一人將之，下種
> 挽耬，皆取備焉，日種一頃，至今三輔猶賴其利。今遼東耕犂，轅長
> 四尺，迴轉相妨。既用兩牛，兩人牽之，一人將耕，一人下種，二人
> 挽耬，凡用兩牛六人，一日才種二十五畝，其懸絕如此。（《政論》）

趙過改作之耕犂，是專任發土之器。以二牛各挽一犂，故曰「耦犂」。崔實所
言則為趙過所發明下種的三犂，名曰三犂，實僅一犂之具有三犂鑱者。一腳
為發土較大的犂鑱，其二腳則為外圓中空之二小犂鑱，腳尖有竅，上有納種
入腳之斗。所以僅須一牛挽之，一人犂牛。〔註30〕

　　有關耕作上的改革則有趙過「代田法」及氾勝「區田法」的推行。「代田
法」為趙過總結前人經驗而推廣的耕作法。《漢書》記載：

> 過能為代田，一畝三甽，歲代處，故曰代田，古法也。后稷始田，
> 以二耜為耦，廣尺深尺，曰甽。長終畝。一畝三甽，一夫三百甽而
> 播種於甽中。苗生葉以上，稍耨隴草，因隤其土，以附苗根。……
> 比盛暑，隴盡而根深，能風與旱。……（〈食貨志上〉）

一畝田中開出三條深一尺、寬一尺之溝，作物播種至溝中，幼苗生長後進行
中耕。除鋤草外，並將壟上之土漸次鋤下以培苗根。第二年則作壟之處為溝，
互換位置以休養地力。

　　成帝時氾勝創立區田法，氾勝說：

> 湯有旱災，伊尹作為區田，教民糞種，負水澆稼。區田以糞氣為美，
> 非必需良田也。諸山陵近邑，危高傾阪及丘城上皆可為區田。區田
> 不耕旁地，庶盡地力。……上農夫區種法，區方深各六寸，間相去
> 九寸，一畝三千七百區，一日作千區，區種粟二十粒，美糞一升，
> 合土和之，畝用種二升，秋收，區別三升粟，畝收百斛。丁男長女
> 治十畝，十畝收千石，歲食三十六石，支二十年。（《齊民要術》）

「區田法」首先整好土地，深挖作區。區與區間之距離因所栽培作物不同，
以及土地肥瘠程度不同而異。一般而言，長寬及區深多在六寸，區間距離九

───────────────

〔註30〕同註8，頁165至166。

寸。深挖作區時，結合增施美糞調和土壤。每個方區點播作物種子二十粒。其特色在深挖重肥，點種密植。

根據上述，諸如水利灌溉、使用鐵器、牛耕及糞土施肥，農業水準多有提高。但農民赤貧化趨勢未有改善，「鄉本者少，趨末者眾。」（《漢書‧成帝紀》）從事其他行業者多有人在。有關農民窮困現象，史書多有記載，例如：

> 元狩四年，冬，有司言「關東貧民徙隴西、北地、西河、上郡、會稽，凡七十二萬五千口。」（〈武帝紀〉）

> 始元二年三月，遣使者賑貸貧民無種食者。（〈昭帝紀〉）

> 地節元年，假郡國貧民田。（〈宣帝紀〉）

> 初元四年詔曰：「……其赦天下所貸貧民勿收責」（〈元帝紀〉）

> 永始元年詔曰：「關東比歲不登，吏民以義收食貧民，入穀物助縣官振贍者，已賜直。」（〈成帝紀〉）

此種現象東漢尤甚，史書亦有記載：

> 永元五年詔曰，去年秋麥入少，恐民食不足，其上尤貧不能自給者戶口人數。（《後漢書‧和帝紀》）

> 六年遣謁者分行稟貸三河、兗、冀、青州貧民。（同上）

> 十一年遣使循行郡國，稟貸被災害不能自存者，令得漁采山林池澤，不收假稅。（同上）

> 十二年詔稟被災諸郡民種糧。賜下貧、鰥、寡、孤、獨、不能自存者及郡國流民，聽入陂池漁采，以助蔬食。（同上）

> 十四年賑貸張掖、居延、敦煌、五原、漢陽、會稽流民下貧穀，各有差。（同上）

> 十五年詔稟貸潁川、汝南、陳留、江夏、梁國、敦煌貧民。（同上）

> 十六年詔貧民有田業而已匱乏不能自農者，貸耕糧。（同上）

> 永初元年稟司隸、兗、豫、徐、冀并州貧民，……以廣成游獵地及被災郡國公田假與貧民。（〈安帝紀〉）

> 二年稟河南、下邳、東萊、河內貧民。（同上）

> 二月，遣光祿大夫樊準、呂倉分行冀兗二州，稟貸貧民。（同上）

> 三年以鴻池假與貧民。（同上）

七年九月調零陵、桂陽、丹陽、豫章、會稽租米，賑給南陽、廣陵、下邳、彭城、山陽、廬江、九江飢民。(同上)

陽嘉元年詔稟甘陵貧人大小口各有差。(〈順帝紀〉)

建和元年二月，荊揚二州人多餓死，遣四府掾分行賑給。(〈桓帝紀〉)

統治者重農抑商，但不能改善農民生活，其中原因說明如下：

(一) 天 災

農業生產多受天災的威脅，李劍農曾據《漢書》及《後漢書》之〈本紀〉、〈天文志〉、〈列傳〉以及注疏中，有確切年歲記錄漢代天災者，歸納整理出兩漢的天災次數繁多。西漢二百一十四年中，有災之年三十二，無災之年一百八十二，其有災之三十二年中，水災七，旱災十三，蝗螟之災七，旱蝗並作之災三，霜雪非時之災二。……西漢河決之嚴重者凡七次。東漢一百九十五年中，有災之年一百一十九，無災之年僅七十六。其有災之一百一十九年中，水災五十五，風雹之災二十五，旱災五十七，蝗螟之災三十七，三災並起之年六，二災並起之年三十一，單行之災八十二。〔註31〕

此外，又有牛疫的發生，西漢是否有牛疫的發生，文獻中尚未考見。至東漢牛疫見於史書者有數次，〔註32〕如：

建武十六年，四方牛大疫，臨淮獨不，鄰郡人多牽牛入界。(《後漢書‧朱暉傳》注引《東觀紀》)

(明帝永平十年)，……又以郡國牛疫，通使區種增耕，而吏下檢結，多失其實。(〈劉般傳〉)

永平十八年，牛疫死。(〈五行志四〉)

(永平十八年)，是歲牛疫，京師及三州大旱。……建初元年正月……詔曰：「比年牛多疾疫，墾田減少。穀價頗貴，人以流亡。」(〈章帝紀〉)

建初四年冬，京都牛大疫。(〈五行志四〉)

(和帝初立)，恭上諫曰：「……三輔、并、涼少雨，麥根枯焦，牛死日甚。」(〈魯恭傳〉)

〔註31〕同註8，頁172至173。
〔註32〕參見李劍農《先秦兩漢經濟史稿》頁171至172。及馬非百〈秦漢經濟史資料三——農業〉頁12至13。《食貨半月刊》，第三卷第1期。

根據上述，東漢光武帝、明帝、章帝及和帝時曾發生牛疫。牛在農業生產上占極重要的地位，牛疫的發生勢將減少墾田，加上天災影響農業收成有限。

（二）土地兼并

統治者實行重農抑商政策，農民生活並未因此獲得改善，主要原因之一是土地集中在少數人手中，所以「天即豐年，能豐之於田之所在，不能豐之於田之所不在。君即薄徵，能薄之於驗之所及，而不能薄之於驗之所不及。」〔註33〕當時人多有土地即財富的觀念，〔註34〕司馬遷說：

> 本富爲上，末富次之，姦富最下……夫用貧求富，農不如工，工不如商，刺繡文不如倚市門，此言末業貧者之資也……去就與時，俯仰獲其贏利，以末致財，用本守之。（《史記·貨殖列傳》）

所謂本富是以農致富，末富即以工商致富，奸富即以弄法犯姦致富。司馬遷是提倡自由經濟者，農工商地位一視同仁。〔註35〕然而有本富末富奸富之別，應是反映時人觀念。並言「用貧求富，農不如工，工不如商，刺繡文不如倚市門，此言末業貧者之資也。」說明工商業爲用貧求富最容易的方法。然「去就與時，俯仰獲其贏利，以末致財，用本守之。」則說明了保持長久富力，仍以土地爲本。

時人取得土地的欲望極大，所以漢高祖戡定天下，即有「復故爵田宅」（《漢書·高帝紀下》）的詔書。其曰：

> ……今天下已定，令各歸其縣，復故爵田宅，吏以文法教訓辨告，勿笞辱……又曰：七大夫公乘以上，皆高爵也。諸侯子及從軍歸者，甚多高爵，吾數詔吏，先與田宅，及所當求於吏者，亟與。……且法以有功勞，行田宅……其令諸吏善遇高爵，稱吾意。（《漢書·高

〔註33〕 陳伯瀛《中國田制叢考》卷三〈王田前後考·名田裁限論者董仲舒〉，民國24年，商務印書館，頁60。

〔註34〕 《史記·貨殖列傳》曰：「陸地，牧馬二百蹄，牛蹄角千，千足羊；澤中，千足彘；水居，千石魚陂；山居，千章之材；安邑，千樹棗；燕秦千樹栗；蜀漢、江陵千樹橘；淮北常山以南，河濟之間千樹萩；陳夏千畝漆；齊魯千畝桑麻；渭川千畝竹及名國萬家之城，帶郭千畝，畝鍾之田，若千畝梔茜，千畦薑韭，此其人皆與千戶侯等。然是富給之資也，不窺市井，不行異邑，坐而待收，身有處士之義而取給焉。」廣土千畝或陸地、或藪澤、或山居、或水居依其土宜，經營牧畜、池魚、林業、果園、穀粟及蔬圃，可坐而待收，說明土地爲財富之根本。

〔註35〕 同註11，頁64～75。

帝紀下》）

私人原有的土地，因兵亂而致荒廢，故「復故爵田宅」農民返回原籍以安撫百姓。而有軍功的將士，則分別賜予田宅作爲獎勵，時人對於土地的重視可以想見。因此，凡富商大賈及官吏，一旦取後財富多購置土地。若購買不得，則以非法手段奪取。高祖時相國蕭何藉政治勢力以賤價強買民田數千萬，足見土地兼併的現象。〔註36〕李劍農先生曾檢視史書，由《史記‧陸賈傳》、〈司馬相如傳〉、〈魏其武安侯傳〉、〈淮南衡山王傳〉、〈貨殖傳〉及《漢書‧霍光傳》、〈張禹傳〉、〈匡衡傳〉、〈李廣傳〉、〈孫寶傳〉、〈疏廣傳〉以及《後漢書‧樊宏傳》、〈廉范傳〉、〈陰識傳〉、〈光武十王濟南王康傳〉、〈馬援傳〉等資料中展現兩漢土地兼併的惡質面貌。〔註37〕司馬遷曾描述說：

> 網疏而民富，役財驕溢，或至兼并，豪黨之徒以武斷於鄉曲，宗室有土，公卿大夫以下爭于奢侈，宗廬輿服僭于上無限度，物盛而衰，固其變也。（《史記‧平準書》）

可知凡公卿士人一旦獵取高位，無不廣置田產，窮奢極欲，〔註38〕班固亦言：

> 方今世俗，奢僭罔極，靡有厭足，公卿列侯……務廣第宅，治園池，多畜奴婢，被服綺縠，設鐘鼓，備女樂，車服嫁娶，葬埋過制，吏民慕效，寖以成俗。（《漢書‧成帝紀》）

土地兼并情形嚴重，不過昭宣元帝在位時，有賦田予農民的舉措。《漢書‧昭帝紀》元鳳三年，有罷中牟苑以濟貧民的記載；宣帝於地節元年及三年，以土地配予平民（〈宣帝紀〉）；元帝則納貢禹之言，廢宜春苑予貧民，於初元元年、二年及永光元年並配土地予貧民（〈元帝紀〉）。自表面觀察多表現君主的恩澤，實則反映土地不均，貧民無田可耕。

〔註36〕 蕭何爲避免高祖疑忌，而買田地自污。因京師附近無餘田，故向人民強買。參見《史記‧蕭相國世家》益說明土地兼併之現象。

〔註37〕 同註8，頁243～249。

〔註38〕 哀帝時諫大夫鮑宣曾言：孝成皇帝時，外親持權，人人牽引所私，以充塞朝廷，妨賢人路，濁亂天下，奢望亡度，窮困百姓。……今奈何反覆據於前乎？……群小日進，國家空虛，用度不足，民流亡，去城郭，盜賊並起，吏爲殘賊，歲增於前。……群臣幸得居尊官，食重祿……志但在營私家，稱賓客，爲姦利而已。以苟容曲從爲賢，以供默尸祿爲智。……今貧民菜食不厭，衣又穿空，父子夫婦不能相保，誠可爲酸鼻。（《漢書‧鮑宣傳》）哀帝對於當時社會與經濟的危機也不諱言道：「諸侯王、列侯、公主、吏二千石，及豪富民多畜奴婢，田宅無限，與民爭利，百姓失職，重困不足。」（《漢書‧哀帝紀》）

　　加上人口數目增加，自然已墾之地不敷使用。有關人口增加現象根據《史記・高祖功臣侯者年表》可得知。其曰：

　　　　天下初定，故大城名都散亡，戶口可得而數者十二三。是以大侯不
　　　　過萬家，小侯五六百戶。後數世，民咸歸鄉里，戶益息。蕭曹絳灌
　　　　之屬，或至四萬，小侯自倍。

說明漢初戶口少，數世之後而倍增。此外，《史記・高祖功臣侯者年表》注有各侯初封戶數及國除時之戶數，李劍農先生根據此資料作一統計表，以觀察漢初人口增加的實況。按其統計十九封邑中，有十八邑人口成長二倍以上，人口增加的實際情形可知。〔註 39〕至武帝時征伐四夷，連年用兵，戶口又復減少，經昭宣時期休養戶數復增。東漢光武帝時，人口因戰亂而自然減少，仲長統說：

　　　　漢二百年而遭王莽之亂，計其殘夷滅亡之數，又復倍乎秦、項矣。(《後
　　　　漢書・仲長統傳》)

按注言：「人戶一千二百二十三萬三千六十二，口五千九百五十九萬四千九百七十八。此漢家極盛之時，遭王莽之亂，暨光武中興，海內人戶，准之於前，十裁二三，邊方蕭條，略無孑遺。」(《後漢書・仲長統傳》注) 土地分配暫時不成為問題，但經過休養後，土地問題又現。至桓靈之世，人口增加土地不敷使用情形日趨嚴重，甚至君主亦治民田為苑囿，〔註40〕土地問題無法獲得解決。

　　武帝時，董仲舒目睹社會貧富不均現象，見豪族所釀成的社會問題，乃有限民名田的建議以杜塞兼併。其曰：

　　　　古井田法雖難卒行，宜少近古，限民名田，以澹不足，塞并兼之路，
　　　　鹽鐵皆歸於民，去奴婢，除專殺之威，薄賦歛，省繇役，以寬民力，
　　　　然後可善治也。(《漢書・食貨志上》)

此理論觀點與其天道論相關，其曰：「夫天亦有所分予，予之齒者去其角，傅其翼者兩其足，是所受大者不得取小也。古之所予祿者，不食於力，不動於末，是亦受大者不得取小，與天同意者也。夫已受大又取小，天不能足，而況人乎？此民之所以囂囂苦不足也。身寵而載高位，家溫而食厚祿，因乘

───────────────

〔註39〕 同註 8，頁 250～251。
〔註40〕 《後漢書・楊賜傳》云：(靈帝廣治苑囿)，「賜復上疏諫曰：竊聞使者並出，
　　　　　規度城南人田，欲以為苑。……壞沃衍，廢田園，驅居人，畜禽獸，殊非所
　　　　　謂若保赤子之義。」可知君主與民爭地。

富貴之資力，以與民爭利於下，民安能如之哉！」（《漢書‧董仲舒傳》）認為食祿之家借政治勢力與民爭利，以至「富者奢侈羨溢，貧者窮急愁苦。」（同上）是已受大又取小，乃不合天理。然其說並未被採納，學者分析其因有二：〔註41〕一是董仲舒對於當時社會貧富不均與豪傑兼并土地的現象極為不滿，因正值武帝全力外攘四夷、開疆拓土，極需地主支持並開闢財源以籌措戰費，遂未能採其建議。其次，是君主個人也以兼并土地為是。武帝曾買得上林苑，作為個人遊獵之用。東方朔的進諫：「今陛下累臺，恐其不高也，弋獵之處，恐其不廣也。……則三輔之地盡可以為苑……而取民膏腴之地，上乏國家之用，下奪農桑之業……。」（《漢書‧東方朔傳》）司馬相如所奏遊獵之賦，結尾亦有言：「地方不過千里，而囿居九百，是草木不得墾闢，而民無所食也。」（《漢書‧司馬相如傳上》）是藉賦諷刺君主苑囿之大而與民爭利的事實。又成帝時私置田產，谷永曾諫曰：「今陛下棄萬乘之至貴，樂家人之賤事……置私田於民間，畜私奴車馬於北宮……諸侯夢得土田，為失國祥，而況王者畜私田財物，為庶人之事乎？」（《漢書‧五行志》）。由於國君亦兼并土地，以供遊獵之用，限民名田遂不得施行。不過，其企圖消除貧富不均的態度是可以肯定的。

成哀之際，全國上下奢侈成俗，土地兼并日趨激烈，哀帝時師丹針對此現象提出「限田」的解決辦法，此限田制於綏和二年六月實施，但哀帝詔賜倖臣董賢良田二千餘頃，限田令又復名存實亡。（參見《漢書‧食貨志上》）王莽掌控政權後，衣食問題仍為大多數貧民所關切。於始建國元年（西元 9 年）發布王田令。其改革重點是土地國有，私人不得買賣。發布後班固言：「坐賣買田宅奴婢……自諸侯卿大夫至於庶民，抵罪者不可勝數。」（《漢書‧王莽傳》）。嚴格執行的情形可見一般。不過，自然引起地方豪強反抗，土地國有制遂不得貫徹。是以漢代雖重農抑商，然土地兼并現象無法改善，農民難以獲得實質利益，重農也無法達到預期的富國效果。

（三）賦稅繁重

漢代賦稅徭役的名目繁多，其中與農桑有關影響農民耕作者，分述如下：

1. 田租及槁稅：漢初全國滿目瘡痍，人民生活貧困。漢高祖一改秦「收泰半之賦」（《漢書‧食貨志上》）的苛征暴斂，將田租減至「什五而稅一」。

〔註41〕同註 11，頁 62 至 64。

且凡戰亂流亡之民多規勸返國原籍,「復故爵田宅」,奴隸則「免爲庶人」(〈高帝紀下〉)。惠帝即位亦採取什五稅一的舊制,元年「減田租,復十五稅一」(〈惠帝紀〉)即是。孝文二年詔賜民今年田租之半,所謂「賜民田租之半」即減「十五稅一」爲「三十稅一」。《漢書》言:「上(文帝)復從其(晁錯)言,乃下詔賜民十二年租稅之半,明年,遂除民田之租稅,後十三歲,孝景二年,令民半出田租,三十而稅一也。」(《漢書・食貨志上》)可知景帝時採用三十而稅一的稅率,且直至東漢亦如是,故光武帝建武六年十二月詔:「頃者師旅未解,用度不足,故行什一之稅。今軍士屯田,糧儲差積,其令郡國收見田租三十稅一如舊制」。(《後漢書・光武帝紀下》)光武帝時,因軍旅所需,田租曾增加爲什一,至屯田收入增加,又減免田租爲三十稅一之制。漢田租稅率大抵如是。桓帝延熹八年,「初令郡國有田者畝斂稅錢」(〈桓帝紀〉),李賢注曰:「畝十錢也」。靈帝中平二年,「稅天下田,畝十錢」。由李賢注可知其用途爲「修宮室」(〈靈帝紀〉)此附加稅出自東漢末期,雖非常制,但農民負擔已較以前爲重。田租之外,農民又需繳交禾桿、草料實物之稅,正如貢禹所說:「農夫父子,暴露於中野,不避寒暑,捽屮杷土,手足胼胝。已奉穀租,又出稿稅,鄉部私求,不可勝供。」(《漢書・貢禹傳》)加重了農民負擔。

2. 算賦及口錢:二者爲人頭稅。算賦其意爲「民年十五以上至五十六出賦錢,人百二十爲一算,爲治庫兵車馬。」(《漢書・高帝紀上》注)另有未成年的口錢,據《西漢會要》記載;民年七至十四歲,出口賦錢,人二十三。二十錢以供天子,三錢者,武帝加口錢以補車騎馬費。口錢二十三遂爲定制,東漢承襲而不改。東漢末,又有從一歲起徵口錢之例。

3. 更賦:即代役錢,「更有三品」(《漢書・昭帝紀》注),服徭役、兵役者,或爲「卒更」,即成年男子「月爲更卒」,須親自服役,每年一月。或爲「踐更」,即應服「卒更」一月之役而不欲前往者,可以二千錢雇人代服之。或爲「過更」,成年男子,每人每年應戍邊三日,因路途遠而不克前往,故每人每年則出錢三百給予官府。「踐更」與「過更」之別,在前者並非法定賦稅,雇錢每月二千乃由雇者直接付予受雇者,後者爲準定賦稅,人人必出,以每年三百錢交予官府,即所謂「更賦」。(參見《漢書・昭帝紀》注)

4. 假稅:官府將「公田」租借農民耕作,農民須向官府繳交田畝收穫物一半之稅,此與耕種私人地主的佃農所須繳交的地租相同。

5. 牲口稅:官府得向百姓私養馬牛羊者收稅,所謂「牛馬羊頭數出稅算,

千輸二十也。」（《漢書‧翟方進傳》張晏注）農民亦無例外。

除此之外，統治者亦向商工收關稅、鹽鐵稅、酒稅、車船稅、市租及海租等，雖非直接取之於農民，但商賈可透過買賣經營，將稅負加諸商品中轉嫁給農民。〔註42〕東漢賦稅亦延襲西漢舊制。

至於農民生產所得，據晁錯所言「今（文帝初年）農夫五口之家，其服役者不下二人，其能耕者不過百畝，百畝之收不過百石。」（《漢書‧食貨志上》）。薩孟武先生據《漢書‧地理志》記載，指出：

> 平帝朝為西漢戶口極盛時期，當時民戶一千二百二十三萬三千零六十二，墾田數計八百二十七萬零五百三十六頃，平均每戶擁有耕地約八十四畝。〔註43〕

考證平均農人每戶擁有耕地約八十四畝。學者進一步解釋指出民戶非完全屬自耕農，因此除去其中為人佃耕傭作者，小農實際上擁有之田數為百畝之數。〔註44〕百畝收入所得，晁錯所言為「百畝之收不過百石」。不過，據戰國時李悝所言，農民一歲收入為粟百五十石。然仍入不敷出，其曰：

> 一夫挾五口，治田百畝，歲收畝一石半，為粟百五十石，除十一之稅十五石，餘百三十五石。食，人月一石半，五人終歲為粟九十石，餘有四十五石。石三十，為錢千三百五十，除社閭嘗新春秋之祠，用錢三百，餘千五十。衣，人率用錢三百，五人終歲用千五百，不足四百五十。不幸疾病死喪之費，及上賦斂，又未與此。此農夫所以常困，有不勸耕之心，而令糴至於甚貴者也。（《漢書‧食貨志上》）

加上漢代徭役頻繁，更是農民生計的致命傷。漢徭役包括正卒及戌邊兵役二項。除每年一月的「更役」外，另須服超逾一月以上遠離本土的「外徭」，依法被罰的「貲徭」及變相的「居役」等。徭役多形成「外事四夷，內興功作，役費並興，而民去本」（《漢書‧食貨志上》）的現象。由上所述，可知漢代為何重農抑商，而始終仍無法達到預期成效的原因所在。

總上所述，可進而了解韓非尊君學說在經濟方面實行重農抑商政策的缺點：

〔註42〕 參見劉師文起《王符潛夫論所反映之東漢情勢》頁116。文史哲出版社，民國84年出版。
〔註43〕 參見薩孟武《中國社會政治史（一）》頁217。三民書局，民國64年出版。
〔註44〕 同註27。

1. 韓非完全以國家立場的角度決定經濟問題，以經濟作為維護統治者地位的工具。所以擔心商人財富及勢力的擴大，因而灌輸商業是不事生產的投機行業，靠剝削農人以致富的寄生蟲。因而使人們意識形態上忽略商業發展的必然性及必須性。

2. 韓非忽略及抹視經濟發展的必然性，由此觀點可斷言韓非提出的進化歷史觀有極大的侷限性。韓非為實行法治，認為人君不宜默守成規，應與時推移，而提出變古甚至反古的理論基礎。此種進化歷史觀應可詮釋於日趨繁盛的經濟發展現象，然而韓非卻反其道而行，而提倡重農抑商。換言之，其進化歷史觀只限於法治，是一不完全的進化歷史觀。

3. 至於漢代實行韓非重農抑商的缺點，很明顯的是引發嚴重的土地兼并現象。一則由於韓非學說本身具有可能發展為土地兼并的言論，因韓非曾說：「今夫人與人相若也，無豐年旁入之利，而獨以完給者，非力則儉也。與人相若也，無飢饉疾疚禍罪之殃，獨以貧窮者，非侈則墮也。侈而墮者貧，而力而儉者富。今上徵斂於富人，以布施於貧家，是奪力儉而與侈墮也，而欲索民之疾作而節用，不可得也。」（〈顯學篇〉）認為富者是力而儉者，貧者是侈而墮者，已為貧富存在作一合理解釋。不過，韓非未料想到在重農抑商前提下，掌握多數財金資源者仍是商人，並非努力耕作的農人。再則，由於重農抑商，商人社會地位低，所以將其蓄積之財富轉而購買土地，並非從事商業投資發展。造成其封地日益擴大，人民則無田可耕，甚至形成流民，成為政府嚴重的財政負擔。所以重農抑商其目的本在富國，然而卻因抑商導致人民無田可耕，反成為拖垮國家財政及統治權的一大原因，其惡質現象可見一般。

第八章　從韓非尊君學說考察漢代軍事上之現象

　　在演進歷史觀前提下，韓非明揭「富國以農，距敵恃卒」（〈五蠹篇〉）的論點。並以歷史經驗說明儒家仁義適於古而不當用於今，而屢言耕戰的切要。為謀國富兵強，以免臣服於其它國家，甚至強調不惜犧牲以求戰必得勝，故謂「甲兵折挫，士卒死傷，而賀戰勝得地者，出其小害，計其大利也。」（〈八說篇〉）為使人民勇於作戰，又建立一套信賞必罰的管理原則，以賞罰鼓勵人民努力作戰建立功業。

　　韓非此種「急耕力戰」的理論思想，對漢代軍事形成一定影響。漢代的軍事問題在邊防，漢時中國境內人口，漢族占百分之九十六強，少數民族占百分之三強，而地理分布則前者占百分之四十，後者占百分之五十九。人與地不相稱的分布，乃邊疆問題的關鍵所在。[註1] 至於漢代統治者對付邊患的政策，以漢武帝最為關鍵。武帝一變前朝消極作風，轉而主動攻擊，對付邊患方式由和親改為撻伐，並實行屯田制度。[註2] 基本上，以武力抵抗異族侵略乃愛國心趨使的必然現象。然而，漢武帝對外政策由消極轉為積極，與韓非力戰理論有密切關係。本文嘗試探討韓非尊君學說對漢代軍事的影響，說明如下。

〔註1〕　管東貴〈漢代的邊疆問題〉一文，根據民國37年《中華年鑑》（頁93至94）的統計提出此說。收錄於《史學通訊》第4期。

〔註2〕　管東貴〈漢代的屯田與開邊〉一文指出：「武帝即位後，對屯田運作作了重大改變，他把軍屯與民屯配合，……因而造成光輝燦爛的成功。」《中央研究歷史語言研究所集刊》四十五卷第1期，頁32。

第一節　軍功獎懲，嚴格執行

　　爲使人民致力耕戰，務使「賞隨功，罰隨罪」（〈禁使篇〉），是法家的必然總歸趨。賞罰目的一在獎善一在抑惡，由「賞」信、罰「必」取信於人，以發揮最高效果。

一、就軍功獎賞而言

　　商鞅說：「令有軍功者，各以率受上爵，明尊卑爵秩等級，各以差次；名田宅臣妾衣服，以家次。」（《史記・商君列傳》）所以韓非說：「商君之法曰：斬一首者爵一級，欲爲官者，爲五十石之官；斬二首者爵二級，欲爲官者，爲百石之官。官爵之遷，與斬首之功相稱也。」（〈定法篇〉）此即所謂「利祿官爵專出於兵，無有異施」（《商君書・賞刑篇》）的「壹賞」措施。商鞅斬敵首而進爵的主張，韓非批評說是「不當其能」（〈定法篇〉）。但是韓非亦主張：「斬敵者受賞」（〈五蠹篇〉），又說：

　　　　夫陳善田利宅者，所以利戰士也。（〈詭使篇〉）

　　　　夫上陳良田大宅，設爵祿，所以易民死命也。（〈顯學篇〉）

受賞仍著重戰功貢獻。商鞅對於軍功獎賞的規定，曾說：

　　　　能得爵（甲）首一者，賞爵一級，益田一頃，益宅九畝，一除庶子
　　　　一人，乃得入兵官之吏。（《商君書・境內篇》）

其意說明士兵作戰殺死一甲士，可得賞爵一級，得田宅，役使庶子，並取得在軍隊中作官的資格。至於統率軍隊的各級軍官，秦法亦有具體的獎勵規定：

　　　　能攻城圍邑，斬首八千以上，則盈論；野戰，戰首二千，則盈論。
　　　　吏自操及校以上大將盡賞。行間之吏也，故爵公士也，就爲上造也。
　　　　故爵上造，就爲簪裊，故爵簪裊，就爲不更。故爵不更，就爲大夫。
　　　　爵吏而爲縣尉，則賜虜六，加五千六百。爵大夫而爲國尉，就爲官
　　　　大夫。故爵官大夫，就爲公大夫。故爵公大夫，就爲公乘。故爵公
　　　　乘，就爲五大夫，則稅邑三百家。故爵五大夫，就爲庶長；故爵庶
　　　　長，就爲左更；故爵三更也，就爲大良造。皆有賜邑三百家，有賜
　　　　稅三百家。爵五大夫有賜邑六百家者，受客。大將御參，皆賜爵三
　　　　級。故客卿相盈論，就正卿。（《商君書・境內篇》）

至秦始皇當政後，賞賜軍功的法令仍繼續執行。例如《史記》記載：

九年，繆毐作亂而覺，……王知之，令相國昌平君、昌大君發卒攻毐。戰咸陽，斬首數百，畢拜爵，及宦者皆在戰中，亦拜爵一級。(〈秦始皇本紀〉)

由昌平君、昌文君及宦者因平嫪毐有功，拜爵一級，可知軍功獎賞仍實行。因軍功而得獎賞，相對的「宗室非有軍功，論不得爲屬籍。……有功者顯榮，無功者雖富無所芬華。」(《史記‧商君列傳》) 對世襲貴族形成威脅，也有助於中央專制集權的推展。

安作璋先生曾指出漢代軍功賞賜與秦相同，是以「尙首功」，即以殺死或捕獲敵人的數目字爲依據。其所據資料有三：〔註3〕

（一）根據敦煌出土的〈擊匈奴降者賞令〉記載：

□者眾八千人以上封列侯邑二千石賜黃金五百（D38：4）

二百戶五百騎以上賜爵少上造黃金五十斤食邑百戶百騎（D38：7A）

二百戶五百騎以上賜爵少上造黃金五十斤食邑五百冊八冊八
（D38：7B）〔註4〕

其內容說明依捕獲匈奴的戶數、騎數作爲賞賜爵位、食邑及黃金的標準。

（二）根據七十年代出土的清海大通上孫家寨漢簡的記載：

軍吏六百以上，兵車御右及把摩干、鼓正鍼者，拜爵賜論，爵比士吏（339）

各二級，爵毋過左庶長。斬首捕虜，拜爵各一級。車□□□□□斬捕首虜二級，拜爵各一級；斬捕五級，拜爵各二級；斬捕八級，拜爵各三級。不滿數，賜錢級千。〔註5〕

能斬捕君長有邑人者，及比二千石以上，賜爵各四級；其毋邑人，吏皆千石以下至六百石，賜（380，358）

說明漢軍功賞賜以首功爲依據，若斬捕敵方的首領，則根據敵方首領的級別進行賞賜。此賞賜較捕獲敵方一般士兵的賞賜優渥。如上文所引「斬捕八級，拜爵三級」，而捕殺敵方君長，則拜爵四級可知。至於「不滿數，賜錢級千。」即斬捕敵首數目不到賜爵的標準，則斬捕一個敵人賜錢一千。

（三）根據〈斬捕匈奴虜、反羌賜償科別〉記載：

〔註 3〕 參見安作璋《秦漢官吏法研究》頁 194 至 197。齊魯書社，西元 1993 年出版。
〔註 4〕 參見《漢簡研究文集》頁 7。
〔註 5〕 〈大通上孫家寨漢簡釋文〉收入《文物》1981 年第 2 期。

其生捕得酋豪、王侯、君長、將率一人，吏增秩二等，從奴與賜如此。

其斬匈奴將率者，將百人以上一人，賜錢十萬，吏增秩二等，不欲為□

有能生捕得匈奴間侯一人，吏增秩二等，民與賜錢十□人命者除其罪。〔註6〕

〈斬捕匈奴虜、反羌賜償科別〉與前述〈擊匈奴降者賞令〉的辦法有別。〈擊匈奴降者賞令〉是以賜爵與賜錢並行，而〈斬捕匈奴虜、反羌賜償科別〉未列入賜爵的規定，賜錢對象亦限於普通士兵，對官吏軍功賞賜主要為「增秩」。安氏指出，這是因為：

西漢政府不斷推行賜吏爵及賜民爵的政策，因此使秦及漢初的二十等爵制逐漸失去了賞賜軍功的意義。……對軍功的賞賜相應地由其它方式代替，由此也相應地產生了一些與此有關的法律規定。〔註7〕

二、就軍紀懲罰而言

按程樹德先生〈漢律考〉所記，漢代違犯軍律的法令主要有「擅發兵」、「擅棄兵」、「從軍逃亡」、「失期當斬」、「亡夫士卒多當斬」以及「盜增鹵獲」等項目。說明如下：

（一）擅發兵及擅棄兵

韓非說：「賞罰者，利器也。君操之以制臣，臣得之以壅主。」（〈內儲說下篇〉）認為一切國家法令賞罰大權，應掌握於國君手中，人臣只有執行法令的職權。所以漢代立「擅發兵罪」，即國君掌握軍隊統帥權。漢時軍隊調遣須有國君之虎符。譬如：文帝二年「初與郡國守相為銅虎符。」（《史記・孝文本紀》）又誅呂之亂時，魏勃曾言：「王欲發兵，非有漢虎符驗也。」（《史記・齊悼惠王世家》）可知。損益法令，即無虎符而發兵者，則構成擅發兵罪。舉例如下：

例一：漢將弓高侯頹當遺王書曰：「奉詔誅不義，降者赦，除其罪，復故，不降者滅之。王何處？須以從事。」王肉袒叩頭漢軍壁，謁曰：「臣印奉法不

〔註6〕 參見《居延新簡釋粹》頁68。

〔註7〕 參見安作璋《秦漢官吏法研究》頁196，出處同註3。漢代因賜民爵政策，失去賞賜軍功之意義，於是軍功由其他方式代替。學者歸納其方式有：（一）益封食邑（二）晉升職位（三）增秩三種。出處同註3。

謹，驚駭百姓，乃苦將軍遠道至於窮國，敢請俎醢之罪。」弓高侯執金鼓見之，曰：「王苦軍事，願聞王發兵狀。」王頓首膝行對曰：「今者，朝錯天子用事臣，變更高皇帝法令，侵奪諸侯地。卬等以爲不義，恐其敗亂天下，七國發兵，且比誅錯。今聞錯已誅，卬等謹已罷兵歸。」將軍曰：「王苟以錯爲不善，何不以聞？及未有詔虎符，擅發兵擊義國。以此觀之，意非徒欲誅錯也。」乃出詔書爲王讀之，曰：「王其自圖之。」王曰：「如卬等死有餘罪。」遂自殺。（《漢書·吳王濞傳》）

例二：和帝即位，竇太后臨朝，后兄車騎將軍憲北擊匈奴，……竇憲既出，而弟衛尉篤、執金吾景各專威權，公於京師使客遮道奪人財物。景又擅使乘驛施檄緣邊諸郡，發突騎及善騎射有才力者，漁陽、鴈門、上谷三郡各遣吏將送詣景第。有司畏憚，莫敢言者。安乃劾景擅發邊兵，驚惑吏人，二千石不待符信而輒承景檄，當伏顯誅。（《後漢書·袁安傳》）

（二）從軍逃亡及亡失士卒

從征之士卒逃離軍隊，漢律稱之爲「逃亡」。「失亡」則指戰爭中指揮不力而造成兵力損失。二者漢律多有嚴格懲罰，舉例如下：

例一：章年二十，有氣力，忿劉氏不得職。嘗入待燕飲，高后令章爲酒吏。章自請曰：「臣，將種也，請得以軍法行酒。」高后曰：「可」酒酣，……頃之，諸呂有一人醉，亡酒，章追，拔劍斬之，而還報曰：「有亡酒一人，臣謹行軍法斬之。」太后左右大驚。業已許其軍法，亡以罪也。因罷酒。（《漢書·高五王傳》）

例二：廣以衛尉爲將軍，出雁門擊匈奴。匈奴兵多，破廣軍，生得廣。單于素聞廣賢，令曰：「得李廣必生致之。」胡騎得廣，廣時傷，置兩馬間，絡而盛臥。行十餘里……廣行取兒弓射殺追騎，以故得脫。於是至漢，漢下廣吏。吏當廣亡失多，爲虜所生得，當斬，贖爲庶人。（《漢書·李廣傳》）

例三：公孫敖……爲騎將軍，出代，亡卒七千人，當斬，贖爲庶人。（《漢書·公孫敖傳》）

例四：平蠻將軍馮茂擊句町，士卒疾疫，死者什六七，賦斂民財什取五，益州虛耗而不克，徵還下獄死。（《漢書·王莽傳》）

例五：（靈帝熹平）六年，鮮卑寇三邊。……遂遣夏育出高柳，田晏出雲中，匈奴中郎將臧旻率南單于出鴈門，各將萬騎，三道出塞二千餘里。……育等大敗，……各將數十騎奔還，死者十七八。三將檻車徵下獄，贖爲庶人。

（《後漢書・烏桓鮮卑列傳》）

例六：東漢末年甚至有「重士亡法，罪及妻子」的酷刑。（《三國志・魏志・盧毓傳》）

（三）失　期

因過失或其它原因而耽誤作戰期限，未按軍令規定期限到達指定地點，漢律稱爲「失期」。若出於故意則爲逗留不進，漢律多規定嚴格刑罰，舉例如下：

例一：大將軍青出塞，捕虜知單于所居，乃自以精兵走之，而令廣并於右將軍軍，出東道。東道少回遠，大軍行，水草少，其勢不屯行。廣辭曰：「臣部爲前將軍，今大將軍乃徙臣出東道，且臣結髮而與匈奴戰，乃今一得當單于，臣願居前，先死單于。」大將軍陰受上指，以爲李廣數奇，毋令當單于，恐不得所欲。是時公孫敖新失侯，爲中將軍，大將軍亦欲使敖與俱當單于，故徙廣。廣知之，固辭。大將軍弗聽，令長史封書與廣之莫府曰：「急詣部，如書。」廣不謝大將軍而起行，意象慍怒而就部，引兵與右將軍食其合軍出東道。惑失道，後大將軍。……遂引刀自剄。百姓聞之，知與不知，老壯皆爲垂泣。而右將軍獨下吏，當死，贖爲庶人。（《漢書・李廣傳》）

例二：（公孫敖）以將軍出北地，后票騎，失期當斬，贖爲庶人。（《漢書・公孫敖傳》）

例三：騫以校尉從大將軍擊匈奴，知水草處，軍得以不乏，乃封騫爲博望侯。是歲元朔六年也。後二年，騫爲衛尉，與李廣俱出右北平擊匈奴。匈奴圍李將軍，軍失亡多，而騫後期當斬，贖爲庶人。（《漢書・張騫傳》）

例四：漢伏兵車騎材官三十餘萬，匿馬邑旁谷中。衛尉李廣爲驍騎將軍，太僕公孫賀爲輕車將軍，大行王恢爲將屯將軍，太中大夫李息爲材官將軍。御史大夫安國爲護軍將軍，諸將皆屬。約單于入馬邑縱兵。王恢、李息別從代主擊輜重。於是單于入塞，末至馬邑百餘里，覺之，還去。語在匈奴傳。塞下傳言單于已去，漢兵追至塞，度弗及，王恢等皆罷兵。上怒恢不出擊單于輜重也，恢曰：「始約爲入馬邑城，兵與單于接，而臣擊其輜重，可得利。今單于不至而還，臣以三萬人眾不敵，祇取辱。固知還而斬，然完陛下士三萬人。」於是下恢廷尉。廷尉當恢逗橈，當斬。（《漢書・韓安國傳》）

例五：遼東鮮卑反，太守祭參不追虜，徵下獄誅。（《後漢書・天文志》）

例六：龐參以失期軍敗抵罪。（《後漢書・西羌傳》）

例七：（質帝本初元年）廣陵太守王喜坐討賊逗留，下獄死。（《後漢書·質帝本紀》）

（四）盜增鹵獲

盜增鹵獲大抵指虜獲不實以爭功冒賞的行爲。漢律有嚴格的懲罰，符合韓非形名參同的原則，舉例如下：

例一：宜冠侯高不識，坐擊匈奴，增首不以實，當斬，贖罪，免。（《漢書·景武昭宣元成功臣表》）

例二：雲中守尙坐上功首虜差六級，陛下下之吏，削其爵，罰作之。（《漢書·馮唐傳》）

例三：（車千秋）子順嗣侯，官至雲中太守，宣帝時以虎牙將軍擊匈奴，坐盜增鹵獲自殺，國除。（《漢書·車千秋傳》）

（五）乏軍興罪

凡戰時不能完成既定的任務多可稱之爲乏軍興罪。其刑罰嚴重，所謂「軍興而致闕乏，當死刑也」可知（《後漢書·章帝紀》注），舉例如下：

例一：蘇賢爲騎士，屯霸上，不詣屯所，乏軍興。（《漢書·趙廣漢傳》）

例二：黃霸守京兆尹，發騎士詣北軍，馬不適士，劾乏軍興，連貶秩。（《漢書·黃霸傳》）

例三：（韓延年）行大行令事，留外國書一月，乏興，入谷贖，完爲城旦。（《漢書·景武昭宣元成功臣表》）

例四：（章帝建初七年詔）天下繫囚減死一等，勿笞，詣邊戍，妻子自隨，占著所在，父母同產欲相從者，恣聽之，有不到者，皆以乏軍興論。（《後漢書·章帝紀》）

以上案例在實行信賞必罰、刑無等級，即「壹刑」主張。不僅公平，且符合「爵祿生於功，誅罰生於罪」（〈外儲說右下篇〉）的形名原則。有助於達到「百官不敢侵職，群臣不敢失禮。上設其法，而無姦詐之心。」（〈難一篇〉）的目的。

第二節　移民屯墾，守邊備塞

漢代屯田構想出自晁錯，王先謙曰：「錯曰守邊備塞勸農力本當世急務二

事。」〔註8〕此觀念的形成實具有法家傾向。法家尚力而主耕戰，是以多重視墾地，認爲「爲國之數，務在墾草」（《商君書‧算地篇》）。龔自珍曾說：

> 墅野修竹欲連天，苦費西鄰買筍錢。此是商鞅墾土令，不同鑿空誤開邊。（〈乙亥雜詩〉，《龔自珍全集》卷九）

即對商鞅墾地心悅誠服。〔註9〕韓非也說：「今世之學世語治者，多曰：『與貧民地，以實無資』。今夫人與人相若也，無豐年旁入之利，而獨以完給者，非力則儉也。與人相若也，無飢饉疾疾禍罪之殃，獨以貧窮者，非侈則墮也。侈而墮者貧，而力而儉者富。今上徵歛於富人，以布施於貧家，是奪力儉而與侈墮也，而欲索民之疾作而節用，不可得也。」（〈顯學篇〉）反對給予貧民土地，其用意是要貧墮者開墾耕作以提高生產率，所以對貧民不費力而獲得分配的土地持否定態度。

漢代軍事上有吸收韓非開墾耕地的主張，而體現在移民屯墾、守邊備塞方面。文帝十一年，晁錯曾上守邊備塞疏：

> 胡人衣食之業，不著於地，其勢易以擾亂邊竟，何以明之？胡人食肉飲酪，衣皮毛，非有城郭田宅之歸居，如飛鳥走獸於廣野，美草甘水則止，草盡水竭則移。以是觀之，往來轉徙，時至時去，此胡人之生業，而中國之所以離南畝也。今便胡人數處轉牧行獵於塞下，或當燕代，或當上郡、北地、隴西，以候備塞之卒。卒少則入，陛下不救，則邊民絕望，而有降敵之心。救之，少發則不足，多發，遠縣才至，則胡又已去。聚而不罷，爲費甚大，罷之，則胡復入。

〔註8〕 《漢書補注》頁516。藝文印書館出版。

〔註9〕 龔自珍亦有移民墾地建議，主要見於〈西域置行省議〉，文中著重開發西北地利。他說：「西北不臨海，……今西極及至烏罕而止，北極及至烏梁海總管治而止，若乾路，若水路，若大山小山、大川小川，若平地皆非盛京、山東、閩、粵版圖盡外即海比。」（《龔自珍全集》卷三）龔自珍主張墾地移民之動機，主要是「今中國生齒日益繁，氣象日益隘，黃河日益爲患……而不外乎開捐例、加賦、加鹽價之議。譬如割臀以肥腦，自啖自肉……與其爲內地無產之民，孰若爲西邊有產之民，以耕以牧，得長其子孫哉？」（〈西域置行省議〉，《龔自珍全集》卷三）。針對清季人口日繁，飲食物用不足情況，認爲斧底抽薪方法是從增加耕地面積，鼓勵人民墾荒從事農務著手。至於生計困頓，政府以增加各類捐稅爲解決之道，反導致民生煩擾。因此，認爲賦稅法應予減化，減少徵收項目。換言之，賦稅徵收採減輕寬緩措施，予人民賑濟。可知其立場以養民、減少人民消費支出爲出發點，有爲民求富之胸襟，與商鞅富國不在富民的觀點迥異。

如此連年，則中國貧苦而民不安矣。陛下幸憂邊境，遣將吏發卒以
治塞，甚大惠也。然令遠方之卒守塞，一歲而更，不知胡人之能，
不如選常居者，家室田作，且以備之……此與東方之戍卒不習地勢
而心畏胡者，功相萬也。（《漢書‧晁錯傳》）

說明屯田動機在加強北方邊防，以對付匈奴侵擾。按晁錯建議移民實邊方式
要點：一是徙民應募而去，出於自願。其曰：「先爲室屋，具田器，乃募罪
人及免徒、復作，令居之。不足，募以丁奴婢贖罪及輸奴婢欲以拜爵者。不
足，乃募民之欲往者。」（《漢書‧晁錯傳》）可知。二是鼓勵攜眷而行，便
能在邊疆生根。遇有寇敵，方能發揮邑里互助、親戚相保的作用。其曰：「其
亡夫若妻者，縣官買予之，人情非有匹敵不能安其處……其民如是，則邑里
相救助，赴胡不避死。非以德上也，欲全親戚而利其財也。」（《漢書‧晁錯
傳》）可知。

實際上，欲達到邑里互助應有一套辦法，於是又上疏，此即爲歷史上有
名之〈募民相徙以實塞下疏〉。〔註10〕根據以上二疏分析其屯墾計畫如下：

（一）政府對移民地點的選擇已有計畫

所謂「其陰陽之和，嘗其水泉之味，審其土地之宜，觀其草木之饒，然
後營邑立城，製里割宅。通田作之道，正阡陌之界。」即是。

（二）對徙邊者生活的安排與獎勵

〔註10〕　〈募民相徙以實塞下疏〉曰：「陛下幸募民相徙，以實塞下，使屯戍之事益
　　　　寡，輸將之費益寡，甚大惠也。下吏誠能稱厚惠、奉明法，存恤所徙之老
　　　　弱，善遇其壯士，和輯其心而勿侵刻，使先至者安樂而不思故鄉，則貧民
　　　　相募而勸往矣。臣聞古之徙遠方以實廣虛也，相其陰陽之和，嘗其水泉之
　　　　味，審其土地之宜，觀其草木之饒，然後營邑立城，製里割宅。通田作之
　　　　道，正阡陌之界。先爲築室，家有一堂二內，門戶之閉，置器物焉。民至
　　　　有所居，作有所用，此民之所以輕去故鄉而勸之新邑也。爲置醫巫，以救
　　　　疾病，以脩祭祀，男女有昏，生死相卹，墳墓相從，種樹畜長，室屋完安，
　　　　此所以使民樂其處而有長居之心也。臣又聞，古之制邊縣以備敵也，使五
　　　　家爲伍，伍有長；十長一里，里有假士；四里一連，連有假五百；十連一
　　　　邑，邑有假候，皆擇其邑之賢材有護，習地形知民心者。居則習民於射法，
　　　　出則教民於應敵。故卒伍成於內，則軍正定於外。服習以成，勿令遷徙。
　　　　幼則同游，長則共事。夜夜聲相知，則足以相救；晝戰目相見，則足以相
　　　　識；驩愛之心，足以相死。如此而勸以厚賞，威以重罰，則前死不還踵矣。
　　　　所徙之民非壯有材力，但費衣糧，不可用也；雖有材力，不得良吏，猶亡
　　　　功也。陛下絕匈奴，不與和親，臣竊意其冬來南也。……愚臣亡識，唯陛
　　　　下財察。」（《漢書‧晁錯傳》）

1. 爲徙邊者築室，具田器，置器物。
2. 爲置醫巫，以救疾病，以脩祭祀。
3. 對初至者，稟以衣食，至能自給爲止。
4. 對亡夫若妻者，縣官買予之，男女有昏，則民有久居之心。
5. 對民之欲徙者，皆賜高爵復其家。
6. 胡人入驅，邊民能止其所驅者，以其半予之。
7. 奴婢徙邊，可以拜爵。

（三）設置防禦設施

所謂「爲高城深塹，具藺石，布渠答，復爲一城，其內城間五十步，要害之處，通川之道，調立城邑，毋下千家，爲中周虎落」即是。

（四）組織邊民，訓練邊民

所謂「使五家爲伍，伍有長；十長一里，里有假士；四里一連，連有假五百；十連一邑，邑有假侯。皆則其賢材有護，習地形之民心者，居則習民射法，出則教民應敵，故卒伍成於內，則軍正定於外。服習以成，勿令遷徙」即是。

（五）重視邊吏之選擇

所謂「吏誠能稱厚惠奉明法，存卹所徙之老弱，善遇其壯士，和輯其心，而勿侵刻，使先至者安樂而不思故鄉，則貧民相募而勸往矣」以及「邑有假侯，皆擇其邑之賢材有護，習地形知民心者」即是。

（六）徙邊者之來源

1. 募罪人及免徒者。
2. 第一類不足時，則募丁奴婢贖罪及輸奴婢欲以拜爵者。
3. 又不足迺募民之欲往者。

由於初至者，國家稟予衣食，至能自足爲止。因此，晁錯勸農力本疏中，提出三年爲期，鼓勵人民輸粟於邊塞，按多寡授予爵位或贖罪的建議。其曰：

> 神農之教曰：有石城十仞，湯池百步，帶甲百萬，而亡粟，弗能守也。以是觀之，粟者，王者大用，政之本務。令民入粟受爵至五士大夫以上，乃復一人耳。此其與騎馬之功相去遠矣。爵者，上之所擅，出於口而亡窮；粟者，民之所種，生於地而不乏。夫得高爵與免罪，人之所甚欲也。使天下入粟於邊，以受爵、免罪，不過三歲，

塞下之粟必多矣。(《漢書‧食貨志》)

文帝「從錯之言，令民入粟邊」(同上)，其輸粟於邊的建議對初行屯田的事業大有幫助。

　　根據《漢書‧晁錯傳》記載文帝「從其言，募民徙塞下」，至於屯田細節因文獻並無記載，遂不得而知。不過，「武帝元朔二年伐匈奴，取河南地後，我們發現屯田突然隨著邊疆的軍事發展而大規模進行。這情行很可能像烽火臺放煙火訊號一樣，在被人看見以前，煙火早已在爐裏燒好了。所以武帝朔二年以前之不見關於屯田的記載，與其因此而懷疑屯田的存在，則毋寧認為河套之戰的勝利使長期默默耕耘的屯田事業得到了揭揚的機會。」〔註11〕所以晁錯意見在文帝時已付諸實行的可能性極高。

　　晁錯屯田動機在加強北方邊防，而後歷朝擴大採用，成為解決邊疆問題的辦法。有關漢代屯田的發展，舉其要者說明如下：

（一）朔方之屯田

　　元光二年（西元前133年）漢軍設伏馬邑後，「匈奴絕和親，攻當路塞，往往入盜於漢邊，不可勝數。」(《史記‧匈奴列傳》)元朔二年（西元前127年）漢遂發動河套之戰，《史記》記載：

> 其明年，衛青復出雲中以西至隴西，擊胡之樓煩白羊王於河南，得胡首虜數千，牛羊百餘萬。於是漢遂取河南地，築朔方，復繕故秦時蒙恬所為塞，因河為固。漢亦棄上谷之什辟縣造陽地以予胡。是歲漢之元朔二年也。(《史記‧匈奴列傳》)

漢軍獲勝得河南之地，遂築朔方作為據點。至於提供此次計畫者為主父偃。據《史記》記載：

> 偃盛言：「朔方地肥饒，外阻河，蒙恬城之，以逐匈奴，內省轉輸戍漕，廣中國，滅胡之本也」。上覽其說，下公卿議，皆言不便。公孫弘曰：「秦時常發三十萬眾築北河，終不可就，已而棄之。主父偃盛言其便，上竟用主父計，立朔方郡。」(〈平津侯主父列傳〉)

主父偃提供計畫目的在使河套就地生產，減少由內地輸糧的費用。武帝元朔二年即「募民徙朔方十萬口」(《漢書‧武帝紀》)，進行大規模屯田。〔註12〕

〔註11〕參見管東貴〈漢代的屯田與開邊〉一文，出處同註2。
〔註12〕桑弘羊用了「屯田」一名稱，主父偃之時尚未有屯田之名。學者指出這一次移民所以為屯田，可從東漢順帝時常書僕射虞詡勸順帝以屯田法對付羌族

（二）武威、酒泉、張掖、敦煌四郡之屯田

元狩二年（西元前 121 年）漢對河西發動大規模的攻擊。《史記》記載：

> 春，漢使驃騎將軍去病，將萬騎出隴西，過焉文山千餘里，擊匈奴。
> 得胡首虜騎萬八千餘級，破得休屠王祭天金人。其夏，驃騎將軍復
> 與合騎侯數萬騎出隴西、北地二千里擊匈奴，過居延，攻祈連山，
> 得胡首虜三萬餘人……（〈匈奴列傳〉）

匈奴大敗死傷甚重。元狩四年漢復對匈奴發動攻擊，「漢軍得胡首擄凡七萬餘
級，驃騎封於狼居胥山，禪姑衍，臨翰海而還。是後，匈奴遠遁，而幕南無
王庭。」（同上）此役後匈奴威脅大減，漢即積極推動河西的開發。《史記》
記載：

> 漢渡河，自朔方以西至令居，往往通渠，置田官吏卒五六萬人，稍
> 蠶食，地接匈奴以北。（〈匈奴列傳〉）

逐漸將屯田事業向北推展，直至漢朝邊境與匈奴接攘。而且根據《漢書》記
載元鼎六年：「遣浮沮將軍公孫賀出九原，匈河將軍趙破奴出令居，皆二千餘
里，不見虜而還。乃分武威、酒泉地置張掖、敦煌郡，徙民以實之。」（〈武
帝紀〉）得知當時於河西地建立武威、酒泉、張掖、敦煌四郡。〔註13〕

（三）輪臺及渠犁之屯田（武帝時期）

《史記‧大宛列傳》記載武帝欲得大宛天馬被拒，且攻殺漢使。武帝於
太初元年（西元前 104 年）遣李廣利征大宛，然遠征失敗。〔註14〕於太初三

時，舉此例說明得知。其曰：「北阻山河，乘阨據險，因渠以漑，水舂河漕，
用功省少而軍糧饒足。故孝武皇帝及光武，築朔方，開河西，置上郡，皆爲
此也。」（《後漢書‧西羌傳》）

〔註13〕漢河西四郡之設置年代，《漢書‧武帝紀》及〈地理志〉記載不一致。〈武帝
紀〉記載元鼎六年（西元前 111 年）分武威、酒泉地，置張掖、武煌郡。〈地
理志〉記載太初元年置武威、酒泉地，太初四年置武威郡。參見施之勉〈河
西四郡建置考〉一文，《大陸雜誌》第三卷 5 期。

〔註14〕《史記‧大宛列傳》記載此次失敗過程曰：「拜李廣利爲貳師將軍發屬國六千
騎，及郡國惡少年數萬人以往伐宛。期至貳師城取善馬，故號貳師將軍。趙
始成爲軍正，故浩侯王恢使導軍，而李哆爲校尉，制軍事。是歲太初元年也。
而關東蝗大起，蜚西至敦煌。貳師將軍軍既西過鹽水，當道小國恐，各堅城
守，不肯給食。攻之不能下。下者得食，不下者數日則去。比至郁成，士至
者不過數千，皆饑罷。攻郁成，郁成大破之，所殺傷甚眾。貳師將軍與哆、
始成計。至郁成尚不能舉，況至其王都乎？引兵而還，往來二歲。還至敦煌，
士不過什一二。使使上書言，道遠，多乏食，且士卒不患戰，患饑，然少不
足以拔宛，願且罷兵，益發而復往。天子聞之，大怒，而使使遮玉門，曰：「軍

年遂又發動全國力量，再次遠征。《史記》記載：

> 公卿及議者皆願罷擊宛軍，專力攻胡。天子已業誅宛，宛小國而不
> 能下，則大夏之屬輕漢，而宛善馬絕不來，烏孫、侖頭易苦漢使矣，
> 爲外國笑。乃案言伐宛尤不便者鄧光等。赦囚徒材官，益發惡少年
> 及邊騎，歲餘而出敦煌者六萬人，負私從者不與。牛十萬，馬三萬
> 餘匹，驢、騾、橐駝以萬數。多齎糧，兵弩甚設，天下騷動，傳相
> 奉。伐宛，凡五十餘校尉。宛王城中無井，皆汲城外流水，於是乃
> 遣水工徙其城下水空，以空其城。益發戍甲卒十八萬酒泉、張掖北，
> 置居延、休屠以衛酒泉，而發天下七科適及載糒給貳師，轉車人徒
> 相連屬至敦煌，而拜習馬者二人爲執驅校尉，備破宛擇取其善馬云。
> （〈大宛列傳〉）

此次獲得勝利，破大宛得善馬。漢因而欲在輪臺實行屯田。《漢書》記載：

> 自貳師將軍伐大宛之後，西域震懼，多遣使來貢獻。漢使西域者益
> 得職。於是自敦煌西至鹽澤，往往起亭，而輪臺、渠犁皆有田卒數
> 百人，置使者校尉領護，以給使外國者。（〈西域傳〉）

當時輪臺一帶的屯田規模不大，田卒人數不多。屯田目的只是在「給使外國
者」，此點《史記》亦有記載：「漢已伐宛⋯⋯而敦煌至酒泉都尉，西至鹽水
往往有亭。而侖頭有田卒數百人，因置使者，護田積粟，以給使外國者。」（〈大
宛列傳〉）侖頭《漢書》作輪臺，屯田乃欲積穀以供給漢奉使西域者。

（四）輪臺屯田（昭帝時期）

　　征和四年漢又發動對匈奴的攻擊。《漢書》記載其經過：「征和四年，遣
重合侯馬通將四萬騎擊匈奴，道過車師北，復遣開陵侯將樓蘭、尉犁、危須
凡六國兵別擊車師，勿令得庶重合侯。諸國兵共圍車師，車師王降服，臣屬
漢。」（〈西域傳〉車師後城長國傳）。由西域諸國出兵助漢情形，證明漢在西
域已具影響力。桑弘羊即藉機強調移民屯墾以加強對西域的控制。此即歷史
上有名的〈輪臺屯田奏〉。《漢書》記載：

> 自武帝初通西域，置校尉屯田渠犁。是時軍旅連出，師行三十二年，
> 海內虛耗。征和中，貳師將軍李廣利以軍降匈奴。上既悔遠征伐，
> 而搜粟都尉桑弘羊與丞相、御史奏言：「故輪臺以東，捷枝、渠犁皆

有敢入者輒斬之！」貳師將軍恐，因留敦煌。

故國，地廣，饒水草有溉田五千頃以上，處溫和，田美，可益通溝
渠，種五穀，與中國同時熟。其旁國少錐刀，貴黃金、采贈，可以
易穀食，直給足不可乏。臣愚以爲可遣屯田卒詣故輪臺以東，置校
尉三人分護，各舉圖地形，通利溝渠，務使以時益種五穀。張掖、
酒泉遣騎假司馬爲斥候，屬校尉，事有便宜，因騎置以聞。田一歲，
有積穀，募民壯健有累重敢徙者詣田所，就畜積爲本業，益墾溉田，
稍築列亭，連城而西，以威西國，輔烏孫爲便。臣謹遣徵事臣昌分
部行邊，嚴敕太守、都尉明烽火，選士馬，謹斥候，畜茭草，願陛
下遣使使西國，以安其意，臣昧死請。」（〈西域傳〉）

按其意爲先派軍隊至輪臺以東開墾，一年後收穫供消耗仍有積穀後，再招募
勇壯而有家室者前往，繼續開墾新田及灌溉系統。並逐漸向連城以西構築亭
障，以控制西域各國。當時武帝並未採其建議，昭帝時乃採桑弘羊建議，屯
田輪臺。

（五）依循屯田

昭帝元鳳四年（西元前 77 年），漢遣傅介子誘殺樓蘭王，並護送降漢的
前王之弟尉屠耆歸爲王，更其國名爲鄯善。《漢書》記載尉屠耆臨行前的奏章：

身在漢久，今歸單弱，而前王有子在，恐爲所殺。國中有伊循城，
其地肥美，願漢遣一將，屯田積穀，令臣得依其威重。於是漢遣司
馬一人，吏士四十人，田伊循以鎮撫之。其後更置都尉，伊循官置
始此矣。（〈西域傳〉）

據此可知伊循屯田已完成。

（六）車師屯田

昭帝時匈奴模仿漢人辦法，以數千騎之眾於車師屯田。〔註15〕地節二年
及三年間，漢匈之間發生奪車師的戰爭。〔註16〕至宣帝神爵二年，〔註17〕匈

〔註15〕《漢書・西域傳下》記載：「昭帝時，匈奴復使四千騎田車師。」又言：「昭
帝時，公主上書言：『匈奴發騎田車師，車師與匈奴爲一，共侵烏孫，唯天子
幸救之！』……。」

〔註16〕《漢書・西域傳下》記載：「地節二年，漢遣侍郎鄭吉、校尉司馬憙，將免刑
罪人田渠犁，積穀欲以攻車師。」又載：「（至秋收穀），吉、憙發城郭諸國兵
萬餘人，自與所將田士千五百人，共擊車師，攻交河城，破之。王尚在其北
石城中，未得，會軍食盡，吉等且罷兵歸渠犁田。秋收畢，復發兵攻車師王
於石城。王聞漢兵且至，北走匈奴求救，匈奴未爲發兵。王來還，與貴人蘇

奴內亂，日逐王降漢，漢置西域都護，車師及西域乃爲漢所掌握，《漢書》記載：

> 神爵中，匈奴乘亂，日逐王先賢撣欲降漢，使人與吉相聞，吉發渠犂、龜茲諸國五萬人迎日逐王口萬二千人……遂將詣京師。漢封日逐王，爲歸德侯。吉既破車師、降日逐，威震西域，遂并護車師以西道，故號都護，都護之置自古始焉。上嘉其功效……吉於是中西域而立莫府，治烏壘城，鎮撫諸國，誅伐懷集之。漢之號令班西域矣。始自張騫，而成於鄭吉。（〈鄭吉傳〉）

至元帝初元元年（西元前 48 年），又置戊己校尉，屯田車師前王庭。是以「自宣、元後，單于稱藩臣，西域服從。」（《漢書·西域傳》）漢代邊疆經屯田經營，日益繁榮，《漢書》記載：

> 自武威以西，本匈奴昆邪王休屠王地，武帝時攘之，初置四郡，以通西域，鬲絕南羌、匈奴。其民或以關東下貧，或以報怨過當，或以讇逆亡道，家屬徙焉。習俗頗殊，地廣民稀。水草宜畜牧，古涼州之畜爲天下饒。保邊塞，二千石治之，咸以兵馬爲務，酒禮之會，上下通焉，吏民相親，是以其俗，風雨時節，穀糴常賤。少盜賊，有和氣之應，賢於內郡。此政寬厚，吏不苛刻之所致也。（〈地理志〉）

說明邊疆屯田已達到自給自足境界。但至宣帝以後，屯田事業日益衰微。歸納其原因有四：〔註 18〕一是在位君主不及從前，二是大臣認爲屯田多浪費資源，三是東漢羌禍興起，有人遂言放棄西域，四是羌胡內徙，利用羌胡守邊，以省屯戍之勞及轉輸之費。因此，自東漢以後，邊民內徙者日眾。

第三節　厲行征戰，平定邊患

漢代邊患有匈奴、烏桓、鮮卑、羌亂等，其中以西漢的匈奴與東漢的西羌最爲凶暴。揚雄言：匈奴「眞中國之堅敵也。」（《漢書·匈奴傳》）范曄言：「羌雖外患，實深內疾……寇敵略定矣，而漢祚亦衰焉。」（《後漢書·西羌

猶議，欲降漢，恐不見信，蘇猶教王擊匈奴邊國小蒲類，斬首，略其人民，以降吉。」

〔註17〕《漢書·西域傳上》記載鄭吉爲西域都護在神爵三年。王先謙補注引齊召南曰：「案宣紀是神爵二年事，此三字訛，通鑑考異已辨之。」

〔註18〕參見孫會文〈前漢在西北的移民與屯田〉一文，《文史哲學報》第 19 期。

傳》）二者爲患之烈可知。

　　漢代對匈奴、南越、東越、朝鮮、西南夷以及西羌的侵犯都曾採行積極政策。其中對匈奴的撻伐最早，又因戰爭規模大，時間、財力消耗多，因此其中支持征戰的思想，其影響亦最具關鍵性。成爲對付邊患的基本態度，並爲東漢對抗羌亂的模本。

一、厲行征戰與韓非學說關係

　　漢代至武帝對外政策由消極轉爲積極，改變與匈奴的劣勢關係，以武力替代和親。武帝撻伐匈奴政策與法家學說關係密切。〔註 19〕法家學說尚力，商鞅言：「國之所以重，主之所以尊者，力也。」（《商君書・愼法篇》）商鞅貫徹了「國之所興者，農戰也。」（《商君書・農戰篇》）的耕戰論點，秦國實行商君學說，在一定時期取得了富國強兵的顯著效果。韓非對這段歷史經驗深有體會，曾言：

　　　　楚不用吳起而削亂，秦行商君法而富強。（〈和氏篇〉）

形成他適應形勢，體系完整的崇尚武力論點。認爲處於「多事之時」（〈八說篇〉），歷史眞象就是：

　　　　力多則人朝，力寡則朝於人，故明君務力。（《韓非子・顯學篇》）

因此認爲「不亡之術」（〈五蠹篇〉）在耕戰，若能崇尚耕戰，則能：

　　　　天下得其地則其利少，攻其國則其傷大，萬乘之國莫敢自頓於堅城
　　　　下，而使強敵裁其弊也。（〈五蠹篇〉）

他並抨擊了儒家學說，認爲「國平則養儒俠，難至則用介士，所養非所用，所用非所養。」（〈顯學篇〉）的結果，將造成人民多不願打仗、耕種。認爲不改變「百人事智而一人用力」（〈五蠹篇〉）現象，欲「索國之富強，不可得也。」（〈六反篇〉）

　　至於如何使民致力戰爭呢？商鞅有「壹賞」的方式，韓非貫徹了「壹賞」原則。雖然韓非反對「官爵之遷與斬首之功相稱」，認爲「以勇力之所加而治智能之官」不適當（〈定法篇〉）。但強調：「斬敵者受賞」（〈五蠹篇〉），受賞仍以耕戰貢獻爲標準。因此，主張以耕戰貢獻的大小，決定獎勵的有無及大小。他說：

〔註 19〕參見孫會文〈法家思想與前漢之撻伐匈奴政策〉一文，收入《中華文化復興月刊》第二卷第 5 期。

　　　　耕之用力也勞，而民爲之者，曰：可以富也；戰之爲事也危，而民
　　　　爲之者，曰：可以貴也。(〈五蠹篇〉)

透過獎勵激勵舉國人民「動作者歸之於功，爲勇者盡之於軍。」(〈五蠹篇〉)
此外，韓非甚至形成務戰勝而不惜民力的觀念。他說：「甲兵折挫，士卒死傷，
而賀戰勝得地者，出其小害，計其大利也。」(〈八說篇〉)即是此意。

　　至於儒家對外敵的侵犯，不主張以武力征服。孔子曾言：

　　　　故遠人不服，則修文德以來之。(《論語・季氏篇》)

孟子認爲若有利於民，則對外族讓步亦不爲恥，其言曰：

　　　　昔者大王居邠，狄人侵之。事之以皮幣，不得免焉；事之以犬馬，
　　　　不得免焉，事之以珠玉，不得免焉。乃屬其耆老而告之曰：狄人所
　　　　欲者，吾土地也。吾聞之也，君之不以其所以養人者害人。二王子
　　　　何患乎無君，我將去之。去邠。踰梁山，邑於歧山之下居焉。邠人
　　　　曰：仁人也，不可失。從之者如歸市。(《孟子・梁惠王下篇》)

孟子爲謀人民和平，雖納幣、割地皆其所願。至於墨家主張非攻，道家老子
也說：「夫佳兵者，不祥之器。」(《老子》三十一章)則爲反戰思想。以下進
一步分析漢代提倡征伐匈奴的思想背景：

（一）晁錯之主戰言論及思想基礎

　　漢自平城之困後屈事匈奴，匈奴日益驕縱。文帝時冒頓單于死，然爲患
情形並未改善。班固曾言：

　　　　逮至孝文，與通關市，妻以漢女，厚贈其賂，歲以千金，而匈奴數
　　　　背約束，邊境屢被其害。是以文帝中年，赫然發憤，遂躬戎服，親
　　　　御鞍馬，從六郡良家材力之士，馳射上林，講習戰陣。聚天下精兵，
　　　　軍於廣武。顧問馮唐，與論將帥。(《漢書・匈奴傳》贊)

說明文帝和親之後，依然未換得北疆的安寧，於是有朝軍事發展的趨向。文
帝重軍事的轉變與謀臣的建議有關，其中表現較突出者爲晁錯。〔註20〕

　　晁錯曾向文帝上〈言兵事書〉，文章首先指出匈奴趨使軍隊「攻城屠邑，
毆略畜產」、「殺吏卒，大寇盜」，必然遭到人民的強烈反對。晁錯認爲人民對
匈奴同仇敵愾，則「起破傷之民，以當乘勝之匈奴」必能阻斷匈奴侵擾。文
中並以擊退匈奴侵犯的隴西戰役爲例，分析戰勝原因。其曰：「賴社稷之神靈，

〔註20〕管東貴已提出此說，出處同註2。

奉陛下之明詔，和輯士卒，底（砥）厲其節，起破傷之民，以當乘勝之匈奴。」（《漢書‧晁錯傳》）說明制定正確抗戰措施，官兵團結，即可抵擋匈奴的侵犯。其次，晁錯詳細分析漢匈雙力軍隊的特點。其曰：

> 上下山阪，出入溪澗，中國之馬弗與也；險道傾仄，且馳且射，
> 中國之騎弗與也；風雨罷勞，飢渴不困，中國之人弗與也；此匈
> 奴之長技也。若夫平原易地，輕車突騎，則匈奴之眾易撓亂也；
> 勁弩長戟，射疏及遠，則匈奴之弓弗能格也；堅甲利刃，長短相
> 雜，游弩往來，什伍俱前，則匈奴之兵弗能當也；材官驅發，矢
> 道同的，則匈奴之革笥木薦弗能支也；下馬地鬥，劍戟相接，去
> 就相薄，則匈奴之足弗能給也，此中國之長技也。（《漢書‧晁錯
> 傳》）

匈奴軍隊長處是戰馬能上山下坡，出入山澗溪流，士卒善於騎射，能耐風雨疲敝及飢渴。漢軍長處是在平原地善於車戰、善用強弓長戟，戰時隊列嚴整、戰術靈活，弓箭射手動作迅猛，又善於馬下戰鬥，短兵相接。由此看來，匈奴長技少，漢軍長技多。加以漢軍在數量上占優勢，所謂「數十萬之眾，以誅數萬之匈奴」，認為已具備戰勝匈奴的條件。

晁錯於〈言兵事疏〉中具體提出對抗匈奴的戰術，魯迅於《漢文學史綱要》中將其列為「西漢鴻文」之一，[註21] 極力稱贊此文在邊疆問題上的深識。至於晁錯思想受法家影響甚大，嘗「學申商刑名於軹張恢生所」(《漢書‧晁錯傳》)。於上書文帝言太子教育問題時，認為「人主所以尊顯功名揚名於萬世之後者，以知術數也。」（同上）以「上世之君，不能奉其宗廟而劫殺於其臣者，皆不知術數者也。」（同上）所謂「術數」，顏師古解釋為「法制」的治國之術。晁錯認為太子不懂法治學說，死讀儒家經典，是無益於今世的術數。其說得文帝重視，拜晁錯為太子家令。得太子信任，稱作「智囊」。[註22] 由此可見晁錯對於法治的認同。此外，文帝詔有司舉賢良文學，晁錯回答文帝關於治國大計問題時，曾滿腔熱情贊揚秦始皇的豐功偉業，而曰：「財用足，民利戰。」與當時否定秦始皇的思潮大相逕庭。[註23] 至於司馬遷批評晁錯：

〔註21〕 參見魯迅《漢文學史綱要》第七篇，頁391。收入《魯迅全集》第九冊。人民
　　　　文學出版社，西元1991年出版。
〔註22〕 參見《漢書‧晁錯傳》。
〔註23〕 同上註。

漢興，孝文施大德，天下懷安。至孝景，不復憂異姓，而晁錯刻削
諸侯，遂使七國俱起，合從而西鄉，以諸侯太盛，而錯爲之不以漸
也。及主父偃言之，而諸侯以弱，卒以安。安危之機，豈不以謀哉？
（《史記·孝景本紀》贊）

晁錯爲家令時，數言事不用；後擅權，多所變更。諸侯發難，不急
匡救，欲報私讎，反以亡軀。語曰：「變古亂常，不死則亡」。豈錯
等謂邪！（〈晁錯列傳〉）

由司馬遷的評述中，可領略晁錯行事峭直深刻，所謂「爲之不以漸」以及「變
古亂常」更是服膺刑名法術者的特徵，晁錯受法家學說影響明白可見，其主
戰意識自然得自於法家學說。

（二）王恢主戰之思想基礎

漢代對匈奴大加撻伐起自武帝元光二年，武帝曾諮詢公卿曰：「朕飾子女
以配單于，金幣文繡賂之甚厚，單于待命加嫚，侵盜亡已，邊境被害，朕甚
閔之，今欲舉兵攻之，何如？」（《漢書·武帝紀》）大行王恢主戰，韓安國則
以爲不可，雙方展開激烈辯爭。

王恢的生平不詳，然其主戰思想受法家影響。因韓安國以高帝、文帝爲
例而反戰，王恢反駁說：

臣聞五帝不相襲禮，三王不相復樂，非故相反也，各因世宜也。（《漢
書·韓安國傳》）

臣聞鳳鳥乘於風，聖人因於時。昔秦繆公都雍，地方三百里，知時
宜之變，攻取西戎，辟地千里，并國十四，隴西、北地是也。（同上）

王恢因時制宜的主張與韓安國相反，韓安國曾說：

臣聞利不十者不易業，功不百者不變常，是以古之人君謀事必就祖，
發政占古語，重作事也。（同上）

基本上，王恢因時制宜的主張與商鞅變法論調如出一轍，商鞅曾說：

三代不同禮而王，五霸不同法而霸。……前世不同教，何古之法？
帝王不相復，何禮之循？……各當時而立法，因事而制禮。禮法以
時而定，制令各順其宜。（《商君書·更法篇》）

韓非也強調進化的歷史觀，其曰：

聖人不期脩古，不法常可，論世之事，因爲之備。……世異則事異，

事異則備變。(《韓非子‧五蠹篇》)

由上可見，王恢的歷史觀受商韓影響，其主戰的意識亦出自法家的影響。

（三）張湯主戰之思想基礎

《史記‧酷吏列傳》記載武帝伐匈奴，匈奴向漢朝請和，群臣在武帝前開會討論。博士狄山主張言和，張湯則以爲和親乃「愚儒，無知」。按其始末轉載如下：

> 匈奴來請和親，群臣議上前，博士狄山曰：「和親便」。上問其便，山曰：「兵者凶器，未易數動。高帝欲伐匈奴，大困平城，乃遂結和親。孝惠、高后時，天下安樂。及孝文帝，欲事匈奴，北邊蕭然若兵。孝景時，吳、楚七國反，景帝往來兩宮間，寒心者數月，吳楚已破，竟景帝不言兵，天下富實。今自陛下舉兵擊匈奴，中國以空虛，邊民大困貧。由此觀之，不如和親。」上問湯，湯曰：「此愚儒，無知」……（《史記‧酷吏列傳》）

張湯反對和親，其思想與法家有關。基本上，張湯是一位維護綱紀，崇尚刑名之學的法家人物。《史記》記載：

> 張湯用峻文決理爲廷尉，於是見知之法生，而廢格沮誹窮治之獄用矣。其明年，淮南、衡山、江都王謀反跡見，而公卿尋端治之，竟其黨與，而坐死者數萬人，長吏益慘急而法令明察。（〈平準書〉）

所謂「見知之法」是一種連坐法，是官吏明知官僚犯法而不檢舉者，與犯人同罪。自此始漢法益加嚴刻。其思想及行事爲法家作風，對於匈奴的策略或看法，應受法家思想影響。

（四）鹽鐵論大夫一派主戰之思想基礎

漢昭帝始元六年（西元前 81 年），召開鹽鐵會議。會上以御史大夫桑弘羊爲代表的大夫一派，與來自各地的六十多位儒生，即賢良文學展開論戰。桓寬《鹽鐵論》記載此次論戰。是書所論原以經濟爲主，然其範圍頗廣，不以經濟爲限。由於鹽鐵官營的政策與足軍旅的費用問題相連繫，故大夫與賢良文學針對如何對待匈奴騷擾，亦進行激烈論爭。是書爲昭宣以後記載主戰和主和論爭的重要文獻。

大夫一派主張撻伐匈奴，其曰：

> 匈奴桀黠，擅恣入塞，犯厲中國，殺伐郡縣。朔方都尉甚悖不軌，

直誅討之日久矣。陛下垂大惠，哀元元之末澹，不忍暴士大夫於原野；縱然被堅執銳，有北面復匈奴之志。又欲罷鹽鐵均輸，憂邊用，損武略。無憂邊之新，於其義末便也。（〈力耕篇〉）

今匈奴蠶食內侵，遠者不離其苦，獨邊境蒙其敗。……不征備則暴害不息，故先帝興義兵以征厥罪。（〈誅秦篇〉）

夫漢之有匈奴，譬若木之有蠹，如人有疾，不治則侵以深，故謀臣以為擊奪以困極之。（〈世務篇〉）

匈奴數和親而常先犯約，貪侵盜驅，長詐謀之國也。反復無信，百約百叛，……而欲信其用兵之備，親之以德亦難矣。（〈和親篇〉）

乘強漢之威，凌無義之匈奴，制其死命。（〈論勇篇〉）

至於儒生則認為去武行文，加之以德，施之以惠，匈奴即會屈服於漢朝。其曰：

古者貴以德而賤用兵。孔子曰：「遠人不服，則修文德以來之，既來之則安之。今廢道德而任兵革，興師而伐之，屯戍而備之，暴兵露師以支久長。轉輸糧食無已，使邊境之世饑寒於外，百姓勞苦於內。立鹽鐵，始張利，官以給之，非長策也。故以罷之為便也。」（〈力耕篇〉）

賢良之士不主張用兵而強調以德服人，然匈奴的問題仍存在，遂又提出與匈奴和親的建議。其曰：

往者匈奴結和親，諸夷納貢，即君臣外內相信，無胡越之患。當此之時，上求寡而易澹，民安樂而無事。耕田而食，桑麻而衣，家有數年之蓄，縣官餘貨財，閭里耆老或及其澤。自是之後，退文任武，苦師勞眾，以略無用之地。立郡沙石之間，民不能自守。發屯乘城，輓輦而澹之。愚竊見其亡，不睹其成。（〈結和篇〉）〔註24〕

基本上，大夫言論多來自法家，賢良文學則受儒家影響。此觀點可從《鹽鐵

〔註24〕又〈和親篇〉言：「往者通關梁，交有無，自單于以下，皆親漢內附，往來長城之下。其後王恢誤謀馬邑，匈奴絕和親，故當路結禍，紛挐而不解，兵連而不息，邊民不解甲弛弩，行數十年。介冑而耕耘，鉏櫌而候望，遂燔烽舉，丁壯弧弦而出門，老者超越而入葆，言之足以流涕寒心，則仁者不忍也。詩云：投我以桃，報之以李，未聞善往而有惡來者。故君子敬而無失，與人恭而有禮，四海之內，皆為兄弟也。故內省不疚，夫何憂何懼？」賢良文學認為漢與匈奴和親政策，皆曾收效於一時。和親不失為可行之策。

論》一書中大夫一派對商鞅、韓非、吳起、申不害等法術之士多持推崇態度得知。其言曰：

> 夫善爲政者，弊而補之，決而塞之，故吳子以法治楚魏，申商以法彊秦韓也。（〈申韓篇〉）

> 商君以王道說孝公，不用，即以彊國之道，卒以就功。……商君雖革法改教，志存於彊國利民。（〈論儒篇〉）

由於崇敬法家，故對堯舜及孔孟持反面評價。而曰：

> 道堯舜之德，無益於治。（〈遵道篇〉）

> 孟軻守舊術，不知世務，故困於宋，孔子能方不能圓，故饑於黎丘。（〈論儒篇〉）

至於賢良文學的論調與其相反，多尊崇堯舜孔孟而質疑吳起商韓。故曰：

> 商鞅、吳起，反聖人之道，變亂秦俗，其後政耕亂而不能理。（〈申韓篇〉）

此外，又如大夫主任刑，而賢良文學主緩刑；〔註25〕大夫尙力，而賢良文學尙德。根據二派主張的不同可推知賢良文學爲重儒派，而大夫爲重法派。

因此，武帝、昭宣時期主戰論與法家學說關係密切。至於對匈奴大張撻伐者爲武帝，武帝時漢已有七十餘年的休養生聚，由於承襲文帝以來對於邊疆的經營成果，國家財力、人力、物力已有相當累積。雖其曾用董仲舒之議，罷黜百家獨尊儒術，然其本身性格具有法家精神。說明如下：

（1）以殺鉤弋夫人爲例：《史記》記載：

> 鉤弋夫人生子一人，昭帝是也，……後數日，帝譴責鉤弋夫人，夫人脫簪珥，叩頭，帝曰：「引持去」，送掖庭獄。夫人還顧，帝曰：「趣行，汝不得活」……其後，帝閒居，問左右曰：「人言云何？」左右對曰：「人言且立其子，何去其母乎？」帝曰：「然，是非兒曹愚人所知也。往古國所以亂也，由主少母壯也。女主獨居驕蹇，淫亂自恣，莫能禁也。汝不聞呂后邪，故……其母無不譴死。」（〈外戚世家〉褚少孫所補之史料）

〔註25〕大夫重刑、賢良文學緩刑之言論可參見〈刑德篇〉。大夫曰：「令嚴而民慎，法禁而姦禁。網疏則獸失，法疏則罪漏；罪漏則民放佚而輕犯禁。故禁下必法。」文學曰：「方今律令百有餘篇，文章繁，罪名重，郡國用之疑惑。或淺或深，自吏明習者，不知所處，而況愚民乎？此斷獄所以滋事，而民犯禁也。」

因昭帝年稚而母少，爲了帝權的鞏固立太子而去其母，可說是枉顧夫妻之情，個性殘忍。

（2）以拜公孫賀爲相之例：《漢書》記載：

> 初賀引拜爲丞相，不受印綬，頓首涕泣，曰：「臣本邊鄙，以鞍馬騎射爲官，材誠不任宰相。」上與左右見賀悲哀，感動下泣，曰：「扶起丞相」賀不肯起，上乃起去。賀不得已拜。出，左右問其故，賀曰：「主上賢明，臣不足以稱，恐負重責，從是殆矣。」（〈公孫賀傳〉）

武帝時丞相因罪而死或除去三公之職者爲數甚多。是以公孫賀拜相時，不受印綬而頓首涕泣，反諷武帝的嚴酷。

（3）以李將軍之事件爲例：《史記》記載：

> 廣以衛尉爲將軍出雁門擊匈奴，匈奴兵多，破敗廣軍，生得廣。單于素聞廣賢，令曰：「得李廣必生致之」。胡騎得廣，廣時傷病。置廣兩馬間絡，而盛臥廣，行十餘里。廣詳（佯）死，睨其旁有一胡兒騎善馬，廣暫騰而上胡兒馬，因推墮兒，取其弓，鞭馬南馳數十里，復得其餘軍。因引而入塞，……於是至漢，漢下廣吏，吏當廣所失亡多，爲虜所生得，當斬，贖爲庶人。（〈李將軍列傳〉）

可見貴爲將軍，一次不愼便有生命危險，因先前累積的戰功尚多，才得以贖爲庶人。使得奮戰沙場的戰士，深怕偶觸刑章即棄屍刑場。至元狩四年（西元前119年）李廣隨大將軍衛青、驃騎將軍霍去病出擊匈奴，大將軍命李廣率領前軍部隊會合，從東道出發。結果於沙漠中迷路。後果是李廣被殺，趙食其「下吏，當死，贖爲庶人。」（同上）可見漢武帝對有功將軍的殘刻。

此外，武帝又定訂森嚴的法紀及實行酷吏之治。《漢書》記載：

> 及至孝武即位，外事四夷之功，內盛耳目之好。徵發煩數，百姓貧耗。窮民犯法，酷吏擊斷，姦軌不勝。於是招進張湯、趙禹之屬，條定法令，……律令凡三百五十九章，大辟四百九條，千八百八十二事，死罪決事比萬三千四百七十二事。文書盈於几閣，典章不能遍睹，是以郡國承用者駁，或罪同而論異。……（〈刑法志〉）

可推測武帝本人具有濃厚的法家傾向，所以能接受王恢等人具法家意識的主戰言論。加以本身雄才大略，有滅胡之志。〔註26〕在歷史機緣的配合及法家

〔註26〕《漢書・張騫傳》言：「張騫，漢中人也，建元中爲郎。時匈奴降者言，匈奴破月氏王，以其頭爲飲器。月氏遁而怨匈奴，無與共擊之，漢方欲事滅

學說主戰言論的推波助瀾下，對匈奴的屈事忍讓，乃轉爲積極崇尚戰爭。

二、平定邊患

（一）討伐匈奴

匈奴於戰國中期已開始活躍，〔註 27〕其生活形態及習性，正如司馬遷所描述的：

> 隨畜牧而轉移，其畜之所多則馬、牛、羊……逐水草遷徙，毋城郭常處耕田之業……士力能毋（彎）弓，盡爲甲騎……苟利所在，不知禮義……貴壯健，賤老弱……。（《史記·匈奴列傳》）

因生活環境而造成生活習性與漢族的不同。周朝時代，匈奴已時有與中國諸侯勾結，干擾中國的內政情形發生。〔註28〕

春秋戰國時，中國在諸侯割據局面下，雖然不受制於周天子，但又喊著「嚴夷夏之辨」及「尊王攘夷」的口號，主要即是中原文化力量發生的作用。秦統一中國後，自然承擔邊境內外的安全問題。《史記》記載：

> 秦滅六國，而始皇帝使蒙恬將十萬之眾北擊胡，悉收河南地，因河爲塞，築四十四縣城臨河，徙適戍以充之，而通直道，自九原至雲陽，因邊山險，塹谿谷，可繕者治之，起臨洮至遼東萬餘里。又渡河據陽山北假中。當是之時，東胡彊而月氏盛。匈奴單于曰頭曼，頭曼不勝秦，北徙。十餘年而蒙恬死，諸侯畔秦，中國擾亂，諸秦所徙適戍邊者皆復去，於是匈奴得寬，復稍度河南，與中國界於故塞。（〈匈奴列傳〉）

說明秦始皇帝統一天下，派大將蒙恬率軍三十萬，驅匈奴於套外，修築長城，

胡……」。王先謙補注：「漢胡構兵始於元光二年馬邑之役，而建元中即欲事滅胡，則知武帝雄心定於即位之始矣。」

〔註27〕 傅樂治〈漢匈戰爭與自然環境的關係〉一文，已提出說明此時匈奴已有高度文化，具有精巧金屬手工藝品，並對死者營葬相當講究。出處同註3。

〔註28〕 《史記·匈奴列傳》記載：「穆王之後二百有餘年，周幽王用寵姬褒姒之故，與申侯有郤。申侯怒而與犬戎共殺周幽王于驪山之下，……初，周襄王欲伐鄭，故娶戎狄女爲后，與戎狄兵共伐鄭。已而黜狄后，狄后怨，而襄王後母曰惠后，有子子帶，欲立之，於是惠后與狄后、子帶爲內應，開戎狄，戎狄以故得入，破逐周襄王，而立子帶爲天子。於是戎狄或居于陸渾，東至於衛，侵盜暴虐中國，中國疾之，故詩人歌之曰「戎狄是應」，「薄伐玁狁，至於大原」，「出輿彭彭，城彼朔方」。

建立四十四處要衝地，駐大軍防守，以阻匈奴人南侵。這一措施，便嚴格地區分華、夷的活動範圍，長城以南，是漢族爲主的農業社會，而北方是游牧民族的天下。匈奴頭曼單于因畏懼蒙恬，將部落稍微北移，雙方相安無事。至秦二世胡亥立，蒙恬被害，匈奴又重新侵入河套地區。至楚漢相爭之際，匈奴冒頓單于得以坐大，國力空前強大。是以漢高祖與匈奴對陣，即遭平城之困。〔註29〕

匈奴成爲漢代強大威脅的原因有二：〔註30〕一是文化形態及社會形態的不同，二是秦漢之交，匈奴成爲統一蒙古的大帝國。尤其後者影響特大，若爲單純文化、社會形態的不同，部落的危害性有限。匈奴一旦成爲帝國，漢代邊防問題必然益形困難。因此，漢初平城之困後即採納劉敬意見，對匈奴和親納奉，委曲求安。〔註31〕直至漢武帝雄才大略，有滅胡之志，再加上法家主戰言論的推波助瀾，對匈奴的屈事忍讓乃轉爲以積極戰爭對抗。

學者統計武帝對匈奴的征伐自元光二年（西元前 133 年）馬邑設伏起，至征和四年下輪臺之詔止，共計四十餘年，並列表說明。〔註32〕本文檢覈《漢書·匈奴傳》所記，轉引如下：

時　間	戰　事　簡　略　經　過
元光二年	漢馬邑設伏，誘擊匈奴未果。
元光六年	漢使衛青等四起，擊匈奴未果，獨衛青一路有斬獲。
元朔元年	匈奴二萬騎寇邊，漢使衛青等將三萬騎反擊。
元朔二年	匈奴犯上谷、漁陽，衛青等將騎數萬，包圍河南地，樓煩、白羊王敗落而殲之，復秦故地。
元朔四年	匈奴以九萬騎侵代、上郡、朔方等郡。

〔註29〕 漢高祖七年（西元前200年），冒頓單于率大軍圍攻代郡馬邑，韓王信降匈奴，匈奴因引兵南踰句注，攻太原至晉陽下。高祖親率大軍三十萬往擊匈奴。冒頓佯敗走，高祖追之，不幸中計，被冒頓大軍圍困於平城之白登，內外不得相救餉，達七日之久。參見《史記·高祖本紀》及〈匈奴列傳〉。

〔註30〕 出處同註2，頁40至43。

〔註31〕 《史記·劉敬傳》記載：「高帝罷平城歸，韓王信亡人胡。當是時，冒頓爲單于，兵彊，控弦三十萬，數苦北邊，上患之，問劉敬。劉敬曰：『天下初定，士卒罷於兵，未可以武服也。冒頓殺父代位，妻群母，以武力爲威，未可以仁義說也。……陛下誠能以適長公主妻之，厚奉遺之，彼知漢適女送厚蠻夷，心慕以爲閼氏，生子必爲太子……冒頓在固爲子婿，死則外孫爲單于。豈嘗聞外孫敢與大父抗禮者哉。』……取家人名爲長公主，妻單于，使劉敬往結親約。」

〔註32〕 參見傅樂治〈漢匈戰爭與自然環境的關係〉一文，收入《簡牘學報》第五期。

元朔五年	漢使衛青等十萬騎，遠襲右賢王庭於漠北殲之。
元狩二年	漢使霍去病萬騎擊河西匈奴大破之。漢使霍去病等掃蕩河西，盡取河西走廊之地。
元狩四年	漢使衛青、霍去病各率精騎五萬，分兩縱隊對匈奴掃蕩，大破之，直攻至今外蒙古庫倫而還。
元鼎六年	漢遣公孫賀、趙破奴各率騎萬餘，以匈奴河水、浮沮井爲目標，設四郡，聯月氏、人夏以脅使匈奴降服，幾經圖謀無功。
太初二年	漢遣趙破奴至浚稽山迎降，反爲匈奴所殲滅。
天漢二年	漢遣李廣利等四將軍進攻天山，先勝後敗。
天漢四年	漢遣李廣利等四將軍進攻匈奴於涿邪山，無功而還。
征和三年	匈奴入侵五原、酒泉，漢遂遣李廣利等三將軍，兵十餘萬，向匈奴做深遠之攻擊，李廣利將軍被殲於燕然山。

根據上表，漢匈戰役可分爲四階段：〔註33〕元光二年至元光六年爲第一階段，元朔元年至元狩四年爲第二階段，元鼎六年至太初二年爲第三階段，天漢二年至征和三年爲第四階段。其中以第二階段漢匈雙方爭奪河西走廊最爲激烈，也是西漢時期對匈奴打擊最爲沉重的一次，此後匈奴不敢貿然進犯，有「幕南無王庭」（《漢書・匈奴傳》）的現象。至武帝末年，漢與匈奴重開戰局，但漢軍已不能保持前一時期的優勢。是以匈奴對漢朝態度又開始傲慢，聲稱：

> 南有大漢，北有強胡。胡者，天之驕子也，不爲小禮以自煩。……
> 取漢女爲妻，歲給我糵酒萬石，稷米五千斛，染繒萬匹。（《漢書・匈奴傳》）

不過，匈奴終未能恢復至漢初的形勢。武帝時匈奴問題並未完全解決，但徹底改變和匈奴的劣勢關係。至東漢光武帝未遑遠略，於是贈送匈奴歲幣以修好，但因匈奴驕踞而無成效，後又遣將攻伐亦無戰功。於是匈奴漸騷擾邊境，《後漢書》記載此段史實，指出：

> 光武初，方平諸夏，未遑外事。至六年（西元 30 年）……賂遺金幣，以通舊好，而單于驕踞，自比冒頓，對使者辭語悖慢。……匈奴數與盧芳共侵北邊。九年（西元 33 年）遣大將軍吳漢等擊之。經歲無功，而匈奴轉盛，鈔暴日增。十三年，遂寇河東，州郡不能禁。……二十年（西元 44 年）遂至上黨、扶風、天水。二十一年冬，復寇上

〔註33〕同上。

谷、中山，殺略鈔掠甚眾，北邊無復寧歲。（〈南匈奴傳〉）

至光武二十四年匈奴分裂，有南北二庭，南匈奴降漢奉藩稱臣。《後漢書》記載：

> 二十二年（西元 46 年）單于輿死，子左賢王烏達鞮侯立爲單于。……
> 而匈奴中連年旱蝗，赤地數千里，草木盡枯，人畜饑疫，死耗大半，
> 單于畏漢乘其敝，乃遣使詣漁陽求和親。……而比密遣漢人郭衡，
> 奉匈奴地圖。二十三年……求內附。……二十四年春，……比爲呼
> 韓邪單于，……於是款五原塞，願永爲藩蔽，扞禦北虜。帝……許
> 之。……二十五年春，……將兵萬餘人，擊北單于，……又破北單
> 于帳下，并得其眾，合萬餘人。北單于震怖，卻地千里。……南單
> 于復遣使詣闕。奉藩稱臣，獻國珍寶。（〈南匈奴傳〉）

南單于得漢助，北單于深懼，亦數遣使者求和親。光武帝因南單于已附，遂僅賜書報答不遣使者。至明帝爲弭邊患，設度遼將軍，《後漢書》記載：

> 北單于惶恐，頗還所略漢人，以示善意。……二十七年北單于遂遣
> 使詣武威，求和親，天子召公卿廷議，不決。皇太子言曰：南單于
> 新附，北虜懼於見伐，故傾耳而聽，爭欲歸義耳。今未能出兵，而
> 反交通北虜，臣恐南單于將有志，北虜降者，且不復來矣。帝然之，
> 告武威太守，勿受其使。二十八年北匈奴復遣使詣闕，貢馬及裘，
> 更乞和親。……三十一年北匈奴復遣使如前，乃璽書報答，賜以繒
> 繒，不遣使者。（〈南匈奴傳〉）

> 永平六年……時北匈奴猶盛，數寇邊，朝廷以爲憂，會北單于欲合
> 市，遣使求和親。顯宗（明帝）冀其交通，不復爲寇，乃許之。……
> 由是始置度遼營。（〈南匈奴傳〉）

不過北匈奴仍「數寇鈔邊郡，焚燒城邑，殺略甚眾，河西成門晝閉。」（〈南匈奴傳〉）章帝時北匈奴內亂，南單于欲并其地，上書請出兵滅之。漢遣竇憲出塞會師，破北匈奴，勒銘紀功而還。《後漢書》記載：

> 章帝元年鮮卑入左地，擊北匈奴，大破之，斬優留單于。……北庭
> 大亂。……二年，……時北虜大亂，加以饑蝗，降者前後而至，南
> 單于將并北庭，會肅宗崩。竇太后臨朝，其年七月單于上言：……
> 宜及北虜分爭，出兵討伐，破北成南，并爲一個，令漢家無北念。……
> 太后以示耿秉，秉上言……以夷伐夷，國家之利，宜可聽許。……

太后從之。永元元年以秉爲征西將軍,與車騎將軍竇憲,率騎八千,與度遼兵及南單于眾三萬騎道朔方,擊北虜,大破之。北單于奔走,首虜二十餘萬人。(〈南匈奴傳〉)

與北單于戰於稽落山,大破之,虜眾崩潰,單于遁走,追擊諸部。……憲、秉遂登燕然山,去塞三千餘里,刻石勒功,紀漢威德,令班固作銘。(〈竇融傳附竇憲傳〉)

自此以後,北匈奴益衰微不振,南單于益不復爲邊患,匈奴問題才算得到比較徹底的解決。

(二)征服烏桓、鮮卑

據《後漢書‧烏桓鮮卑列傳》記載:「烏桓者,本東胡也。」「鮮卑者,亦東胡之支也。」是烏桓、鮮卑爲東胡族的一支。至於東胡首見於《史記‧匈奴傳》。《史記》記載:

秦穆公得由余、西戎八國服於秦,故自隴以西有緜諸、緄戎、翟獂之戎,岐梁山涇漆之北有義渠、大荔、烏氏、朐衍之戎,而晉北有林胡、樓煩之戎,燕北有東胡山戎,各分散居谿谷,自有君長。(〈匈奴傳〉)

由《史記》記載,東胡已爲中原所知,而且《史記》又言:

於是秦有隴西、北地、上郡,築長城以拒胡。而趙武靈王亦變俗,胡服、習騎射,北破林胡樓煩,築長城,……其後燕有賢將秦開,爲質於胡,胡甚信之,歸而襲破走東胡,東胡卻千餘里。(〈匈奴傳〉)

可推知當時所言的「東胡」及「胡」二者間有差異。王國維先生言:

我國古時有一強梁之外族,其族西至汧隴,環中國而北,東及太行常山間,中間或分或合,……其見於商周間者,曰鬼方、曰混夷、曰獯鬻,……又稱之曰胡、曰匈奴。綜上諸稱觀之,則曰戎曰狄者,皆中國人所加之名。曰鬼方曰混夷曰獯鬻曰玁狁曰胡曰匈奴者,乃其本名。〔註34〕

說明「胡」乃匈奴之自稱,而「東胡」據《史記‧匈奴傳》「東胡山戎」之注疏,稱:

東胡,東烏丸之先,後爲鮮卑,在匈奴東,故曰東胡。

〔註34〕參見王國維《觀堂集林》〈鬼方昆夷玁狁考〉一文。

說明東湖乃指居匈奴東方的非華夏民族。東胡後爲匈奴所滅，《史記》對此段史實有記載：

> 東胡彊盛，聞冒頓弒父自立，乃使使謂冒頓，欲得頭曼有千里馬。冒頓群臣，群臣皆曰：「千里馬，匈奴寶馬也，勿與。」冒頓曰：「奈何與人鄰國而愛一馬乎？」遂與之千里馬。居頃之，東胡以爲冒頓畏之，乃使使謂冒頓，欲得單于一關氏。冒頓復問於左右，左右皆怒曰：「東胡無道，乃求關氏！請擊之。」冒頓曰：「奈何與人鄰國愛一女子乎？」遂取所愛關氏予東胡。東胡王愈益驕，西侵。與匈奴閒，中有棄地，莫居，千餘里，各居其邊爲甌脫。東胡使使謂冒頓曰：「匈奴所與我界甌脫外棄地，匈奴非能至也，吾欲有之。」冒頓問群臣，群臣或曰：「此棄地，予之亦可，勿予亦可。」於是冒頓大怒曰：「地者，國之本也，奈何予之！」諸言予之者，皆斬之。冒頓上馬，令國中有後者斬，遂東襲擊東胡。東胡初輕冒頓，不爲備，及冒頓以兵至，擊，大破滅東胡王，而虜其民人及畜產。(〈匈奴列傳〉)

說明匈奴冒頓弒頭曼自立爲單于，東胡恃強向匈奴強索千里馬及冒頓所愛關氏，冒頓單于皆予之，東胡得寸進尺以爲匈奴可欺，欲強索甌脫之地，匈奴冒頓單于乃大怒而擊破東胡。東胡爲匈奴所滅，但其民族並未滅絕，而以鮮卑、烏桓之名出現。據《後漢書》記載：

> 烏桓者，本東胡也。漢初，匈奴冒頓滅其國，餘類保烏桓山，因以爲號焉。……烏桓自爲冒頓所破，眾遂孤弱，常臣伏匈奴，歲輸牛馬羊皮，過時不具，輒沒其妻子。及武帝遣驃騎將軍霍去病擊匈奴左地，因徙烏桓於上谷、漁陽、右北平、遼東五郡塞外，爲漢偵察匈奴動靜。(〈烏桓鮮卑列傳〉)

> 鮮卑者，亦東胡之支也，別依鮮卑山，故因號焉。……漢初，亦爲冒頓所破，遠竄遼東塞外，與烏桓相接，未嘗通中國焉。(同上)

《後漢書》稱匈奴滅東胡之後，其餘眾退保烏桓山及鮮卑山，並因以爲號。

有關烏桓與鮮卑的習俗，據《後漢書》所載：

> 俗善騎射，戈獵禽獸爲事。隨水草放牧，居無常處。以穹廬爲舍，東開向日。食肉飲酪，以毛毳爲衣。貴少而賤老，其性悍塞。怒則殺父兄，而終不害其母，以母有族類，父兄無相仇報故也。有勇健

能理決鬥訟者，推爲大人，無世業相繼。邑落各有小帥，數百千落自爲一部。大人有所召呼，則刻木爲信，雖無文字，而部眾不敢違犯。氏姓無常，以大人健者名字爲姓。大人以下，各自畜牧營產，不相傜役。……其俗妻後母，報寡嫂，死則歸其故夫。計謀從用婦人，唯戰鬥之事乃自決之。……婦人能刺韋作文繡，織氀毲。男子能作弓矢鞍勒，鍛金鐵爲兵器。……（〈烏桓鮮卑列傳〉）

《三國志‧烏丸鮮卑東夷傳》對烏桓、鮮卑的淵源及習俗，亦有詳盡記載，可補《後漢書》的不足。〔註 35〕上述史料說明烏桓、鮮卑的生活、居住、飲食、氏族倫理、婚俗、婦女地位等。又上述資料記載「大人有所召呼，則刻木爲信，雖無文字，而部眾不敢違犯」。可推知東漢時，烏桓、鮮卑尚未創製文字。

西漢昭帝、宣帝時，烏桓曾爲亂，《後漢書》記載：

昭帝時，烏桓漸強，乃發匈奴單于冢墓，以報冒頓之怨。匈奴大怒，乃東擊破烏桓。大將軍霍光聞之，因遣度遼將軍范明友將二萬騎出遼東邀匈奴，而虜已引去。明友乘烏桓新敗，遂進擊之，斬首六千餘級，獲其三王首而還。由是烏桓復寇幽州，明友輒破之。宣帝時，乃稍保塞降附。（〈烏桓鮮卑列傳〉）

至王莽時匈奴爲患，烏桓與匈奴結合勢力成爲邊害。《後漢書》記載：

及王莽篡位，欲擊匈奴，興十二部軍，使東域將嚴尤領烏桓、丁令兵屯代郡，皆質其妻子於郡縣。烏桓不便水土，懼久屯不休，數求謁去。莽不肯遣，遂自亡畔，還爲抄盜，而諸郡盡殺其質，由是結怨於莽。匈奴因誘其豪帥以爲吏，餘者皆羈縻屬之。（〈烏桓鮮卑列傳〉）

〔註35〕 《三國志‧烏丸鮮卑東夷傳》對烏桓、鮮卑之記載，錄於下以茲比對。「魏書曰：烏丸者，東胡也。漢初，匈奴冒頓滅其國，餘類保烏丸山，因以爲號焉。俗善騎射，隨水草放牧，居無常處，以穹廬爲宅，皆東向。日弋獵禽獸，食肉飲酪，以毛毳爲衣。貴少賤老，其性悍驁。怒則殺父兄，而終不害其母，以母有族類，父兄以己爲種，無復報者故也。常推募勇健能理決鬥訟相侵犯者爲大人，邑落各有小帥，不世繼也。數百千落自爲一部。大人有所召呼，刻木爲信，邑落傳行，無文字，而部眾不敢違犯。氏姓無常，以大人健者名字爲姓。大人已下，各自畜牧治產，不相傜役其嫁娶皆先私通，……然後遣媒人送馬牛羊以爲聘娶之禮。……其俗從婦人計，至戰鬥時，乃自決之。……父兄死妻後母執嫂，……大人能作弓矢鞍勒，鍛金鐵爲兵器，能刺韋作文繡，織縷氀毲。……」

因王莽以烏桓部兵屯代郡，又質其妻女，烏桓遂亡畔與匈奴結合勢力。東漢時匈奴與烏桓連兵為寇尤烈，有關東漢時烏桓為患情形，根據《後漢書·烏桓鮮卑列傳》製簡表如下：

時　間	漢　與　烏　桓　戰　事　簡　略　經　過
光武初年	烏桓匈奴連兵寇漢邊郡，代郡以東受創尤甚。
建武二十一年	遣伏波將軍馬援將三千騎出五阮關掩擊之。烏桓得知遂逃去。後尾擊馬援，馬援晨夜奔歸，馬死者千餘匹。
建武二十二年	匈奴境內旱蝗，烏桓乘機擊匈奴，光武帝以幣帛賂烏桓。
建武二十五年	遼西烏桓大人郝旦等九百二十二人率眾向化，獻奴婢牛馬及弓、虎豹貂皮。漢置烏桓校尉，歲時互市。
明、章、和三帝	烏桓附漢，保塞無事。
安帝永初三年	漁陽烏桓與右北平胡千餘寇代郡、上谷。鴈門烏桓率眾王無何，與鮮卑大人丘倫及南匈奴骨都侯，合七千騎寇五原。漢軍大敗。漢遣車騎將軍何熙、度遼將軍梁慬擊之，方破之。
順帝陽嘉四年	烏桓寇雲中，度遼將軍耿曄追擊，不利。後增兵，烏桓乃退。
永和五年	烏桓大人阿堅、羌渠等與南匈奴吾斯反畔，中郎將張耽擊破之。
桓帝永壽中	朔方烏桓與休著屠各並畔，中郎將張奐擊平之。
延熹九年	烏桓與鮮卑及南匈奴寇緣邊九郡，張奐討之，皆出塞去。
靈帝中平四年	前中山太守張純畔，自號彌天安定王，與烏桓元帥，寇略青、徐、幽、冀四州。
中平五年	劉虞為幽州牧，虞購募斬純首，北州乃定。
獻帝建安初年	冀州牧袁紹與前將軍公孫瓚相持不決。烏桓蹋頓遣使詣袁紹求和親，遂遣兵助擊瓚。
建安十年	曹操平定河北，閻柔率烏桓、鮮卑歸附。
建安十二年	曹操自征烏桓，大破蹋頓於柳城，斬之，首虜二十餘萬人。從此烏桓勢弱。

至於東漢時鮮卑為患亦烈，誠如蔡邕所言：

> 自匈奴遁逃，鮮卑強盛，據其故地，稱兵十萬，才力勁健，意智益生。加以關塞不嚴，禁網多漏，精金良鐵，皆為賊有。漢人逋逃，為之謀主，兵利馬疾，過於匈奴。(《後漢書·烏桓鮮卑列傳》)

有關東漢時鮮卑為患情形，根據《後漢書·烏桓鮮卑列傳》製簡表如下：

時　　間	漢　與　鮮　卑　戰　事　簡　略　經　過
光武初年	匈奴強盛，率鮮卑與烏桓寇抄北邊。
建武二十一年	鮮卑與匈奴入遼東，遼東太守祭肜擊破之。
建武二十五年	鮮卑通驛使。
建武三十年	鮮卑大人於仇賁、滿頭等率種人詣闕朝賀，慕義內屬。
永平元年	祭肜擊破烏桓，鮮卑大人皆來歸附。
明、章二帝	保塞無事。
和帝永元九年	遼東鮮卑攻肥如縣，太守祭參坐沮敗。
永元十三年	遼東鮮卑寇右北平，因入漁陽，漁陽太守擊破之。
延平元年	鮮卑復寇漁陽，太守張顯率數百人出塞追之，大敗。
安帝永初中	詣闕朝賀。是後或降或畔。
元初二年	遼東鮮卑圍無慮縣，無所得。
元初四年	遼西鮮卑連休等燒塞門，寇百姓。烏桓與郡兵攻擊，大破之。斬首千三百級，獲其牲口牛馬財物。
元初五年	代郡鮮卑萬餘騎穿塞入寇，分攻城邑。又入上谷，攻居庸關。
元初六年	鮮卑入馬城塞，殺長吏。度遼將軍鄧遵及中郎將馬續率南單于，與遼西、右北平兵馬會，出塞追擊鮮卑，大破之。
永寧元年	遼西鮮卑大人烏倫、其至鞬率眾詣鄧遵降，奉貢獻。
建光元年	其至鞬復畔，寇居庸。雲中太守成嚴擊之，兵敗。鮮卑於是圍烏桓校尉徐常於馬城。度遼將軍耿夔與幽州刺史龐參發廣陽、漁陽、涿郡甲卒，分為兩道救之。
延光元年	復寇鴈門、定襄，遂攻太原，掠殺百姓。
順帝永建元年	鮮卑其至鞬寇代郡，太守李超戰死。
永建二年	中郎將張國遣從事將南單于兵步騎萬餘人出塞，擊破之。時遼東鮮卑六千餘騎亦寇遼東玄菟，烏桓校尉耿曄出塞擊之，大獲而還。
永建三年、四年	鮮卑頻寇漁陽、朔方。
永建六年	耿曄及漁陽太守擊鮮卑，大獲而還。
陽嘉元年	耿曄率烏桓兵出塞抄擊鮮卑，大斬獲而還。鮮卑後寇遼東屬國，耿曄乃移屯遼東無慮城拒之。
陽嘉二年	鮮卑穿塞入馬城，代郡太守擊之，不能克。
桓帝永壽二年	鮮卑檀石槐將三四千騎寇雲中。
延熹元年	鮮卑寇北邊，中郎將張奐率南單于出塞擊之，斬首二百級。
延熹二年	鮮卑復入鴈門，大抄略而去。
延熹六年	鮮卑寇遼東屬國。

延熹九年	鮮卑寇緣邊九郡，殺掠吏人。張奐擊之，鮮卑遂出塞。漢廷積患之，欲與和親。檀石槐不肯受，寇抄滋甚。
靈帝熹平三年	鮮卑入北地，太守夏育率休著屠各追擊破之。
熹平五年	鮮卑寇幽州。
熹平六年	鮮卑寇三邊。漢帝遣夏育出高柳，田晏出雲中，匈奴中郎將臧旻出鴈門擊鮮卑。大敗。
熹平六年	鮮卑寇遼西。
光和六年	鮮卑寇酒泉。
光和中	鮮卑檀石槐死，子和連立。亦數為抄寇，但性貪淫，眾畔者半。

根據上表可知，東漢時鮮卑、烏桓轉強，沿邊各邑多被抄略，東漢與其和戰不定。

（三）平定羌亂

武帝除出兵伐匈奴之外，亦斥逐諸羌。羌族與華夏關係可追溯至商代。〔註36〕史書記載如下：

1. 《尚書》有「庸蜀羌髳微盧彭濮人」句（〈牧誓篇〉）。馬融注曰：「武王所率，將來伐紂也。」是周武王伐紂之時，八族出兵助戰，羌即八族之一。

2. 《詩經》記載：「昔有成湯，自彼氐羌，莫敢不來享，莫敢不來王。」（〈商頌〉）可知商代初期，西方羌族已慕化來朝見。

3. 殷墟甲骨文中發現許多羌字。如「羌方」、「羌婦」、「命羌人」等。

至於春秋時期「自隴山以東，及乎伊、洛，往往也戎。」（《後漢書・西羌傳》）。名為戎而實為羌，據《後漢書・西羌傳》記載，羌於始祖無弋爰劍以前皆稱為戎。所以學者考察春秋經中多無羌字出現。〔註37〕在羌人自述其開國的神話中，有一段記載：

> 羌無弋爰劍者，秦厲公時為秦所拘執，以為奴隸，不知爰劍何戎之別也。後得亡歸，而秦人追之急，藏於巖穴中得免。羌人云：爰劍初藏穴中，秦人焚之，有景象如虎為其蔽火，得以不死。既出，又與劓女遇於野，遂成夫婦。女恥其狀，被髮覆面，羌人因以為俗，遂俱亡入三河間。諸羌見爰劍被焚不死，怪其神，共畏事之，推以為豪。……其後世世為豪，……子孫分別各自為種，任隨所之；或

〔註36〕參見闕鐈曾〈兩漢的羌患〉一文，收入《政治大學學報》第14期。
〔註37〕參見管東貴〈漢代的羌族〉一文。收入《食貨月刊》第一卷第1期。

為氂牛種，越巂羌是也；或為白馬種，廣漢羌是也；或為參狼種，
武都羌是也。(《後漢書‧西羌傳》)

說明西羌始祖為無弋爰劍，秦厲公時被執為奴，後得逃脫匿於巖穴。秦人焚
之，有景象如虎為其蔽火，得以不死。後無弋爰劍脫離，與劓女結為夫婦，
入居河湟間，為諸羌所敬畏，推以為豪。自爰劍後子孫繁衍，凡百五十種。《後
漢書》記載：

其九種在賜支河首以西，及在蜀漢徼北，唯參狼在武都。其五十一種
衰少不能自立，分散為附落，或絕滅無後，或引而遠去。其八十九種
唯鍾最強，其餘大小不一，更相鈔盜，盛衰無常。發羌唐旄等絕遠，
未嘗往來。氂牛白馬羌在蜀，其種別名號皆不可記知。(〈西羌傳〉)

由於百五十種的羌人中，名號可考者只有三十種。〔註38〕故羌族人口數目頗
難確認。不過，據《後漢書》記載鍾族有勝兵十餘萬；又順帝時諸羌勝兵二
十萬，且羌人被殺及俘降者，率以萬千計；〔註39〕羌人內徙之數又頗為可觀，
〔註40〕羌人人口之盛，應不在少數。

羌族生活方式以畜牧為主。許慎解釋「羌」字曰：

羌，西戎牧羊人也，從人從羊。(《說文解字》)

《後漢書》亦言及羌人主要生產為畜牧，其曰：

宣帝時，遣光祿大夫義渠安國覘行諸羌，其先零種豪言：願得度湟
水，逐人所不田處，以為畜牧。(〈西羌傳〉)

其畜產品種類繁多，可從戰爭中的虜獲品得知。《後漢書》記載：

潁自率步騎進擊水上，羌卻走，因與愷等挾東西山縱兵擊破之，羌
復敗散。潁追至谷上下門窮山深谷之中，處處破之，斬其渠帥以下
萬九千級，獲牛、馬、驢、騾、氈、裘、廬帳、什物，不可勝數。(〈段
潁傳〉)

羌族經濟上是牧重於農，至於飲食衣服、言語習俗也與漢人迥異。例如《後

〔註38〕 參見闕鑛曾〈兩漢的羌患〉一文，同註36。
〔註39〕 例如安帝元初四年，任尚、馬賢與羌人戰於富平上河，斬首五千級；永寧元
年，馬賢擊當煎種羌，斬首數千級；順帝陽嘉四年，鍾羌且昌等率種人十餘
萬詣涼州刺史降；漢安元年，罕種率邑落五千餘戶降；桓帝建和二年，益州
刺史率板楯蠻討破白馬羌，斬首招降二十萬人等。
〔註40〕 例如和帝永元六年，大夷種羌豪造頭等，率種人五十餘萬口內屬。安帝永初
元年，羌龍橋等六種萬七千二百八十口內屬；永初二年，羌薄申等八種三萬
六千九百口舉土內屬；廣漢塞外參狼種羌二千四百口內屬等。

漢書》記載：

> 所居無常，依隨水草，地少五穀，以產牧爲業。（〈西羌傳〉）
>
> 被髮左衽，而與漢人雜處，習俗既異，言語不通。（同上）
>
> 其俗，氏族無定，或以父名母姓爲種號，十二世後相與婚姻。父歿
> 則妻後母，兄亡則納氂嫂，故國無鰥寡，種類繁熾。不立君臣，無
> 相長一，強則分種爲酋豪，弱則爲人附落，更相抄暴，以力爲雄。
> 殺人償死，無它禁令。其兵長在山谷，短於平地，不能持久，而果
> 於觸突，以戰死爲吉利，病終爲不祥。堪耐寒苦，同之禽獸，雖婦
> 人產子亦不避風雪，性堅剛勇猛，得西方金行之氣。（同上）

所謂「氏族無定」是指諸羌尙未脫離母系時代，子從母姓，父子異姓。所謂
「不立君臣」，指諸羌尙未形成統一的政治團體，故「強則分種爲酋豪，弱則
爲人附落」。在婚姻方面，羌人妻後母，納寡嫂，藉以增殖人口，已成爲羌人
風俗。由上述可推知羌族文化落後習俗鄙陋。

羌人分布地域，《後漢書》曾記載：

> 西羌之本，出自三苗，羌姓之別也。其國近南岳。及舜流四凶，徙
> 之三危，河關之西南羌地是也。濱於賜支，至乎河首，綿地千里。
> 賜支者，《禹貢》所謂析支者也，南接蜀漢徼外蠻夷，西北接鄯善、
> 車師諸國。（〈西羌傳〉）

范曄說西羌徙於三危，三危在「河關之西南」。杜佑改作「漢金城之西南」（《通
典・邊防序略》），大約是青海東南部，爲羌人主要分布中心。〔註41〕

西漢在武帝、宣帝及元帝時，先後發生羌亂。《後漢書》曾載：

> 武帝征伐四夷，開地廣境，北郤匈奴，西逐諸羌。乃渡河湟，築令
> 居塞，初開河西，列置四郡，通道玉門，隔絕羌胡，使南北不得交
> 關。於是障塞亭燧出長城外數千里。（〈西羌傳〉）

說明元狩二年霍去病攻取河西地，置酒泉、武威、張掖、敦煌四郡，已隔絕
西羌與匈奴的交通。匈奴失去河西極爲痛惜，乃遣使聯結西羌。西羌與匈奴
勾結，〔註42〕於是武帝元鼎五年（西元前112年），發生羌胡合兵十餘萬的聯

〔註41〕 羌人分布地區可參見馬長壽《氐與羌》第三章。上海人民出版社出版。及關
　　　　鏞曾〈兩漢的羌患〉一文，同註36。

〔註42〕 《漢書・趙充國傳》記載：「（充國對曰）至征和五年，先零豪封煎等通便匈
　　　　奴，匈奴使人至小月氏，傳告諸羌曰：『漢貳師將軍眾十餘萬人降匈奴。羌人
　　　　爲漢事苦，張掖酒泉本我地，地肥美，可共擊居之。』以此觀匈奴欲與羌合，

合大入寇。《漢書》記載：

> 元鼎五年九月，西羌眾十萬人反，與匈奴通使，攻安故，圍枹罕。
> 六年十月，發隴西、天水、安定騎士，及中尉、河南、河內卒十萬
> 人，遣將軍李息、郎中令徐自爲征西羌，平之。(〈武帝紀〉)

基本上，武帝以出師征伐爲維護國土及政權的情形可見。宣帝神爵元年先零
羌復反，《後漢書》記載：

> 宣帝時，遣光祿大夫義渠安國覘行諸羌，其先零種豪言：願得度湟
> 水，逐人所不田處以爲畜牧，安國以事奏聞，後將軍趙充國以爲不
> 可聽。後因緣前言，遂度湟水，郡縣不能禁。至元康三年，先零乃
> 與諸羌大共盟誓，將欲寇邊。帝聞，復使安國將兵觀之。安國至，
> 召先零豪四十餘人斬之，因放兵擊其種，斬首千餘級。於是諸羌怨
> 怒，遂寇金城。(〈西羌傳〉)

先零羌再度反叛與義渠安國處置失當，濫殺無辜有關。羌亂再起，宣帝：

> 發三輔、中都官徒弛刑，及應募佽非射士、羽林孤兒，胡、越騎，
> 三河、穎川、沛郡、淮陽、汝南材官，金城、隴西、天水、安定、
> 北地、上郡騎士、羌騎，詣金城。夏四月，遣後將軍趙充國、彊弩
> 將軍許延壽擊西羌。六月，拜酒泉太守辛武賢爲破羌將軍，與兩將
> 軍並進。……二年夏五月，羌虜降服。斬其首惡大酋豪楊玉、酋非
> 首。置金城屬國以處降羌。(《漢書・宣帝紀》)

宣帝以後將軍趙充國爲主帥，許延壽爲彊弩將軍，拜酒泉太守辛武賢爲破羌
將軍，統軍擊西羌。「羌本可五萬人軍，凡斬首七千六百級，降者三萬一千二
百人，溺河湟饑餓死者五六千人。……充國振旅而還。」(《漢書・趙充國傳》)

元帝永光二年秋，乡姐等七種羌，乘珠國連年饑荒，侵寇隴西。光祿勳
馮奉世主張以兵力討之，其曰：

> 奉世曰：「羌虜近在境內背叛，不以時誅，無以威制遠蠻，臣願帥師
> 討之。」上問用兵之數，對曰：「臣聞善用兵者，役不再興，糧不三
> 載，故師不久暴，而天誅亟決。往者數不料敵，而師至於折傷，再
> 三發軔，則曠日煩費，威武缺矣。今反虜無慮三萬人，法當倍，用
> 六萬人。然羌戎弓矛之兵耳，器不犀利，可用四萬人，一月足以決。」
> (《漢書・馮奉世傳》)

非一世也。」

元帝以馮奉世力請，「天子大爲發兵六萬餘人，拜太常弋陽侯任千秋爲奮武將軍以助焉。」（《漢書‧馮奉世傳》）大破羌眾，或降或逃亡出塞。

　　至於東漢自光武建武十年，迄於獻帝興平元年止，一百六十年間與羌人征戰時間幾達半數。〔註43〕誠如段熲所言：

　　　　中興以來，羌寇最盛，諸之不盡，雖降復叛，……攻沒縣邑，剽掠
　　　　人物，發冢露尸，禍及生死！（《後漢書‧段熲傳》）

說明東漢一代幾與羌禍相始終。有關東漢與羌亂情形，根據《後漢書‧西羌傳》以及學者研究成果，〔註44〕列簡表如下：

時　間	戰　事　簡　略　經　過
光武建武十年	先零豪與諸種相結，寇金城、隴西，中郎將來歙等擊之，大破。
建武十一年	先零種復寇臨洮，隴西太守馬援破之。
建武十二年	武都參狼羌反，援又破降之。
中元元年	武都參狼羌反，辛都、李苞將兵與羌戰，破之。 燒當羌滇吾、滇岸寇隴西塞，劉盱擊之，不克。守塞諸羌相率爲寇
明帝永平元年	遣中郎將竇固、捕虜將軍馬武擊滇吾，大破之。
章帝建初元年	卑南種與勒姐及吾良二種相結爲寇，李睦擊之，斬首虜數百人。
建初二年	迷吾與諸種聚兵，欲叛出塞，金城太守郝崇追之，崇兵大敗。 迷吾又與封養種共寇隴西、漢陽。馬防及耿恭征討破之。
元和三年	迷吾與號吾諸雜種反叛，李章追之，生得號吾。
章和元年	迷吾叛，傅育追迷吾，兵敗被殺。不久迷吾入金城塞，護羌校尉張紆遣從事司馬防會戰之，迷吾敗走。 迷唐與燒何、當煎、當闐相結，寇隴西塞，太守寇盱與戰，不能討。
和帝永元元年	護羌校尉鄧訓遣兵擊迷唐。
永元四年	迷唐叛，寇金城塞。
永元五年	護羌校尉貫友搆離諸種，誘以財貨。友乃遣兵出塞，攻迷唐獲勝。
永元八年	護羌校尉史充擊迷唐，史充失敗。
永元九年	迷唐寇隴西，眾羌與其相應。征西將軍劉尚、越騎校尉趙代副，將三萬人討之。雙方死傷多。
永元十二年	迷唐叛，入寇湟中。

〔註43〕參見管東貴〈漢代處理羌族問題的辦法的檢討〉附錄〈漢代羌事年表〉。收入《食貨月刊》第二卷第3期。

〔註44〕同註43。

永元十三年	迷唐將兵入塞，周鮪與金城太守侯霸將三萬人出塞，羌眾折傷，迷唐遂弱。
永元十四年	燒何種脅諸羌反叛，郡兵擊滅之。
安帝永初二年	先零別種滇零與鍾羌寇掠，鄧騭、任尚屯漢陽。鍾羌擊敗鄧騭軍。任尚、司馬鈞與滇零戰，尚軍大敗。於是滇零自稱天子，遂集武都、參狼、上郡、西河諸雜種，眾遂大盛。並殺漢中太守董炳。
永初三年	漢兵數挫，當煎、勒姐種攻沒破羌縣，鍾羌又沒臨洮縣。
永初四年	滇零入寇，漢中太守鄭勤與羌戰大敗，鄭勤死。
永初五年	羌入寇河東，任尚擊眾羌，破之。
永初七年	騎都尉馬賢、侯霸擊零昌別部牢羌。
元初元年	零昌、號多、當煎與勒姐大豪共脅諸種，分兵略武都。程信擊破之。
元初二年	零昌寇益州，中郎將尹就擊零昌黨。 龐參將羌胡與司馬鈞分道北擊零昌，戰歿。
元初三年	鄧遵擊零昌於靈州，斬首八百餘級。 任尚遣兵擊破先零羌於丁奚城，又遣兵擊零昌，斬首七百餘級。
元初四年	任尚與馬賢並進擊狼莫，大破之。
元初六年	勒姐種與隴西種羌號良通謀欲反，馬賢逆擊之。
永寧元年	上郡沈氐羌寇張掖，馬賢將兵擊之。 當煎種乘虛寇金城，馬賢還軍追之出塞。
建光元年	馬賢率兵召盧忽斬之，放兵擊其種人。 忍良與麻奴兄弟相結，共脅將諸種寇湟中，攻金城諸縣，又敗武威、張掖郡兵。馬賢追擊戰破之。
延光元年	虔人種羌與上郡胡反。度遼將軍耿夔將兵擊破之。
順帝永建元年	隴西鍾羌反，馬賢擊之，斬首千餘級。
陽嘉三年	鍾羌良封復寇隴西、漢陽。馬賢鎮撫諸種。
陽嘉四年	馬賢率兵擊殺良封，斬首千八百級。復進擊鍾羌且昌。
永和二年	白馬羌叛，馬賢擊斬其渠帥。
永和三年	燒當種那離寇金城塞，馬賢將兵擊之。那離復西召羌胡，殺傷民吏。
永和四年	馬賢將兵擊殺那離。
永和五年	且凍傅難種羌反叛，大寇三輔，殺害長吏。馬賢與耿叔屯兵以保聚百姓。且凍分遣種人寇武都，燒隴關，掠苑馬。
永和六年	馬賢擊且凍，戰歿。鞏唐種寇隴西，任頵追擊，戰歿。武威太守趙沖破之。罕種羌寇北地，北地太守賈福與趙沖擊之，不利。
漢安三年	趙沖與漢陽太守張貢擊燒何種。斬首千五百級。

建康元年	護羌從事馬玄，將羌眾亡出塞，趙沖追之，遇羌伏兵戰歿。
桓帝建和二年	白馬羌寇廣漢屬國，刺史率板楯蠻討破之。
延熹二年	燒當八種寇隴右，段熲擊破之。
延熹四年	零吾、先零及上郡沈氏、牢姐諸種並力寇并、梁及三輔。中郎將皇甫規擊破之。
延熹五年	沈氏諸種、烏吾種等入寇，諸兵共擊之。
永康元年	東羌、岸尾等脅同種連寇三輔。中郎將張奐破之。
延熹六年	滇那入寇，隴西太守孫羌擊破之。
靈帝建寧二年	當煎羌寇武威。破羌將軍段熲破滅之。
中平元年	先零羌因黃巾大亂，與漢中羌等寇隴西。
中平二年	復入寇三輔，侵逼陵寢，託誅宦官為名。破虜將軍董卓與右扶風鮑鴻等共擊破之。
獻帝興平元年	馮翊降羌反，寇諸縣，郭汜、樊稠擊破之。

　　上述東漢的羌患，前後歷時一百六十年，又漢軍征討的情形，可分為四期。〔註45〕第一期自光武帝建武十年起至和帝永元十四年止，第二期自安帝永初元年至順帝永建元年止，第三期自順帝永建四年起至沖帝永嘉元年止，第四期自桓帝延熹二年起至靈帝建寧二年止。其中第二期羌變中，漢師屢受挫敗，羌勢最為猖獗。其時「壯漢則委身於兵場，女婦則徽縲而為虜，發冢露胔，死生塗炭。自西戎作逆，未有陵斥上國若斯其熾也！」（《後漢書·西羌傳》論曰）第四期則是漢羌長期衝突的解決時期。護羌校尉段熲對羌採取窮追不捨的策略，於桓帝永康元年討平西羌，靈帝建寧二年平定東羌。歷時百年的羌禍終告解決，但東漢國力也消耗殆盡，故羌患雖平而「漢祚亦衰」。

　　根據上述，韓非尊君學說對漢代軍事的影響有以下幾點認識：

　　1. 強制執行移民墾荒，可解決當時人口日繁，飲食日用不足的現象。一般而言，移民多自地狹人稠之處，徙至空曠寬大地區。有開疆拓土以清除外患的意義，又具有解決災荒問題的作用。例如《漢書》記載：

　　　　山東被水災，民多饑乏。……迺徙貧民於關以西及充朔方以南新秦
　　　　中七十餘萬口。（〈食貨志〉）

不過，由於移徙人數眾多，國庫耗費甚多，且屯田需一段時間方可看出成效，因此其成績可能不如預期。但已可見統治者洞悉屯田具有鞏固國防及安頓流

─────────────────

〔註45〕同註36。

民的價值。

2. 窮兵黷武形成府庫空虛現象。如《漢書》所記：

> 兵連而不解，天下共其勞，干戈日滋。行者齎，居者送，中外騷擾
> 相奉，百姓抏敝以巧法，財賂衰耗而不澹。(〈食貨志〉)
> 衛青比歲十餘萬眾擊胡，斬捕首虜之士受賜黃金二十餘萬斤，而漢
> 軍士馬死者十餘萬，兵甲轉漕之費不與焉。……賦稅既竭，不足以
> 奉戰士。(同上)

又如東漢平定羌亂耗費亦大。《後漢書》記載：

> 伏記永初中，諸羌反叛，十有四年，用二百四十億；永和之末，復
> 經七年，用八十餘億。費耗若此，猶不誅盡。(〈段熲傳〉)

因戰爭而府庫空虛用度不足，武帝用賣官鬻爵的方式彌補國庫。故《漢書》
記載：

> (武帝即位)干戈日滋，財賂衰耗而不贍入物者捕官，……其後府
> 庫益虛，乃募民能入奴婢，得以終身復，為郎、增秩，及入羊為郎
> 始於此。……令民得買爵及贖禁錮免罪。(〈食貨志〉)

有錢可買官爵造成官吏氾濫的不公平現象。而且，即使無賣官鬻爵的措施，
窮兵黷武耗費國庫，也勢必造成人民賦稅的增加而負擔加重。

3. 大肆用兵，農民失時。由上列各表分析，可得一簡單結論：武帝有法
家性格，軍事上多採主動攻擊。當時國家承平日久，基於武帝雄才大略，擴
充國土心理，其軍事行動或有其必要。然而，至東漢的戰役，由上列各表可
知是次數多、規模大小不一。當時國力已不如漢武帝時期，實不必窮兵黷武
以武力作為解決外交問題的主要方法。此應為漢武帝時以法家性格主導軍
事，影響至東漢所形成的不良現象。戰爭對家庭及人民生命財產的傷害極大，
尤其因應戰爭的需要往往大收壯男。如東漢軍情緊急，亦徵調年二十的男子
及體格小弱者服役。例如《後漢書》記載黃巾賊叛變時，羊續徵調縣中「男
子二十以上，皆持兵勒陳，其小弱者，悉使負水灌火，會集數萬人。」(〈羊
續傳〉)壯丁徵調必然無法從事農耕，即所謂「外事四夷，內興功利，役費並
興，而民去本。」(《漢書‧食貨志上》)的現象。基本上，由漢代窮兵黷武、
農民失時現象，可知韓非不惜民力致力耕戰(〈八說篇〉)的學說理論，是弊
多於利。

第九章　從韓非尊君學說考察漢代社會上之現象

　　韓非的社會價值標準在耕戰，他將全體人民劃分爲兩類：一是農夫及戰士，韓非稱之爲有益之民；另一種是貴生之士、文學之士、有能之士、辯智之士、辯勇之士及任譽之士，韓非稱之爲「姦僞無益之民」。他說：

> 畏死、遠難，降北之民也，而世尊之曰：「貴生之士」。學道、立方，離法之民也，而世尊之曰：「文學之士」。游居、厚養，牟食之民也，而世尊之曰：「有能之士」。語曲、牟知，詐僞之民也，而世尊之曰：「辯智之士」。行劍、攻殺，暴憿之民也，而世尊之曰：「碪勇之士」。活賊、匿姦，當死之民也，而世尊之曰：「任譽之士」。此六民者，世之所譽也。……姦僞無益之民六，而世譽之如彼；耕戰有益之民六，而世毀之如此，此之謂六反。(《韓非子・六反篇》)

在韓非社會政策中，農人及戰士最具價值。而貴生之士、文學之士、有能之士、辯智之士、碪勇之民及任譽之士，這些人物怕死畏難、不守法令、不勞而獲，又善巧辯、虛僞，嚴重防害耕戰政策的推行。韓非將符合耕戰標準者稱之爲公利，此標準之外者稱之爲私譽，二者互不相容（〈八說篇〉）。至於如何實行公利，以符合韓非社會政策的需求呢？韓非提出以富貴利誘的方法。他說：

> 夫耕之用力也勞，而民爲之者，曰：可得以富也。戰之爲事也危，而民爲之者，曰：可得以貴也。(〈五蠹篇〉)

以賞罰滿足個人欲望，同時對國家有利的社會政策亦可實現。

這種社會政策目的在完成國家的富強，以鞏固國君地位。所以，按韓非理論，國家大權在君主一人，社會政策實為鞏固國君而設。

在此「尊君」前提下，韓非雖一再強調「中君」的重要，不可觸犯「十過」。但不可諱言，君主很難抵抗利祿享受的誘惑而私心自用。「在上有所好，下必有甚焉」的情況下，人民亦崇尚奢華。誠如馬廖〈上明德太后疏〉所言：

> 臣案前世詔令以百姓不足，起於世尚奢靡。……夫改政移風必有其
> 本，傳曰：吳王好劍客，百姓多創瘢；楚王好細腰，宮中多餓死。
> 長安語曰：城中好高髻，四方高一尺；城中好廣眉，四方且半額。
> 城中好大袖，四方全匹帛。斯如戲言，有切事實。……今陛下躬服
> 厚繒，斥去華飾，素簡所安，發自聖性。此誠上合天心，下順民望，
> 浩大之福，莫尚於此。（《後漢書・馬廖傳》）

說明人類能學習他人行為，甚至對偏執之見也能毫無批判的加以接受。尤其是上位者的行為，更成為人心的歸趨。是以劉向於《說苑・反質篇》一文中舉例強調上行下效的影響。其記載：

> 齊桓公謂管仲曰：「吾國甚小，而材用甚少；而群臣衣服輿馬甚汰。
> 吾欲禁之，可乎？」管仲曰：「君嘗之，吾嘗之，臣食之；君好之，
> 臣服之。今君之食也，必桂之漿，衣練紫之衣，狐白之裘。此群臣
> 之所奢汰也。詩云『不躬不親，庶民不信』。君欲禁之，胡不自親乎？」
> 桓公曰：「善」於是更制練帛之衣，大白之冠。朝一年，而齊國儉也。
> 〔註1〕

人民對掌控名利的君主必然會產生模倣行為，誠如司馬光所言「教立於上，俗成於下。」（《資治通鑑》卷六十八）劉向遂藉上行下效的現象，警惕君主宜謹慎行為。

上述韓非的社會政策，一在主張耕戰，並以賞罰誘民耕戰，人民價值觀易流於功利。一在藉耕戰而尊君，君主生活趨向奢華，成為人民效慕對象。在此功利誘惑下，商人容易乘機居奇，例如：蜀郡卓氏以冶鐵起家，財傾滇蜀，富有擬於人君；又如南陽孔氏，連車騎通商賈之利；以及宣曲任氏，以屯積糧食發財，久為大富。所以韓非社會政策中雖排斥商人，但商人卻紛紛興起。

由於國君、貴族及工商業者掌握大多數資源，生活的豪奢，形成社會價

〔註 1〕劉向《說苑》，中國子學名著集成珍本初編第二十六冊。民國 67 年出版。

值取向，韓非學說的尊君，可能在某種程度上助長了奢華的社會風氣，這是韓非始料未及者。本文即針對韓非尊君對漢代所形成的社會風氣、價值觀以及社會問題，歸納說明於下。

第一節　奢靡功利之社會價值觀

　　根據歷史文獻記載，漢世風俗有以財貨相雄、唯利是圖的取向。漢代學者言及社會風氣及價值觀時，每多對其重奢華功利的偏頗現象不滿。以西漢早期《鹽鐵論》的〈散不足篇〉為例，即列舉當時社會存在的多方面弊端。〔註2〕賢良文學採用今昔對比的手法，從宮室、車馬、服飾、器械、喪祭、飲食、聲色玩好等方面，分作細目進行檢討。肯定古代的質樸，並譴責了當代的奢侈浪費。其曰：

> 宮室奢侈，林木之蠹也。器械雕琢，財用之蠹也。衣服靡麗，布帛之蠹也。狗馬食人之食也，五穀之蠹也。口腹從恣，魚肉之蠹也。用費不節，府庫之蠹也。漏積不禁，田野之蠹也。喪祭無度，傷生之蠹也。墮成變故傷功，工商上通傷農。故一杯棬用百人之力，一屏風就萬人之功，其為害亦多矣！目脩於五色，耳營於五音，體極輕薄，口極甘脆。功積於無用，財盡於不急。口腹不可為多。故國病聚不足即政息，人病聚不足則身危。

歷數了現實社會中存在的種種不良現象以及對社會的危害性。此外，劉向主張去除社會上盛行的繁文縟節而返樸歸真。文中舉方士、賓客勸諫秦始皇為例，說明奢侈靡費可以亡國，其曰：

> 今陛下奢侈失本，淫佚趨末。宮室臺閣，連屬增累；珠玉重寶，積襲成山；錦繡文采，滿府有餘；婦女倡優，數巨萬人；鐘鼓之樂，流漫無窮；酒食珍味，盤錯於前；衣服輕暖，輿馬文飾，所以自奉，麗靡爛漫，不可勝極。……臣等不惜臣之身，惜陛下國亡耳。（《說苑·反質篇》）

又藉魏文侯及李克的對答，強調奢侈是奸邪淫佚的根源。並藉秦穆公得由余、吞西戎的故事，說明儉可得國，奢可失國的道理。又藉晉平公造馳逐之車、田差三過而不一顧的故事，宣傳反對奢侈的主張。全文以大量篇幅闡明奢侈

〔註2〕桓寬《鹽鐵論》，世界書局，民國47年出版。

浮華的危害性，其目的徐復觀先生曾說：

這是針對漢代自武帝時代起，朝廷社會的奢侈浮虛的風氣以爲言。

〔註3〕

我們可說劉向生活在漢代社會，爲社會所影響及制約，〈反質篇〉是反映生活的社會現象，並設法改善崇尚奢侈浮華的社會問題。

東漢依然瀰漫功利奢華的風氣，桓帝時朱穆曾感時而作〈崇厚論〉，他說：

務進者趨前而不顧後，榮貴者矜己而不待人，智不接愚，富不賑貧。……時否俗薄，雖君子爲邪，義不能止也。……先進者既往而不反，後來者復習俗而追之，是以虛華盛而忠信微，刻薄稠而純篤稀。（《後漢書・朱暉傳附朱穆傳》）

又靈帝時呂強上書，曾說：

今外戚四姓貴倖之家，及中官公族無功德者，造起館舍，凡有數萬，樓閣連接，丹青素堊，雕刻之飾，不可單言。喪葬踰制，奢麗過禮，競相放效，莫肯矯拂。……上之化下，猶風之靡草。今上無去奢之儉，下有縱欲之敝，至使禽獸食民之甘，木土衣民之帛。（《後漢書・宦官列傳・呂強傳》）

朱穆及呂強之言，是統治者奢侈、功利的見證。東漢的有識之士對當時社會風氣亦多有批評，如王符《潛夫論》說：

凡今之人，言方行圓，口正行邪。行與言謬，口與心違。論古則知稱夷、齊、原、顏，言今則必官爵職位。虛談則知以德義爲賢，貢薦則必閥閱爲前。（〈交際篇〉）

世人之論也，靡不貴廉讓而賤財利焉，及其行也，多釋廉讓而甘財利。之於人，徒知彼之可以利我也，而不知我之得彼，亦將爲人利也。知脂蠟之可明燈也，而不知其甚多則冥之，知利之可娛己也，而不知其無稱而必也禍焉。前人以病，後人以競，庶民之愚而衰闇之至也。（〈過利篇〉）

仲長統對當時的社會風氣亦有感慨，而提出興井田以端正風俗的想法。他說：

井田之變，豪人貨殖，館舍布於州郡，田畝連於方國。……榮樂過於封君，勢力侔於守令。……正風俗之奢儉，非井田實莫由也。（《後

〔註 3〕 參見徐復觀《兩漢思想史》卷三，頁 99，學生書局，民國 78 年出版。

漢書・仲長統列傳》)

張衡亦目睹天下承平日久，自王侯以下莫不踰侈，遂擬班固〈兩都賦〉作〈二京賦〉加以諷諫（《後漢書・張衡列傳》）。王暢見郡中豪族多以奢靡相尚，遂「常布衣皮褥，車馬羸敗，以矯其敝。」（《後漢書・王龔傳附王暢傳》）崔寔也反對奢侈，其說見於《政論》。〔註4〕他對奢侈僭上之風抱持否定的態度。其言曰：

> 夫人情莫不樂富貴榮華，美服麗飾，鏗鏘眩耀，芬芳嘉味，……先王之御世也，必明法度閑民欲……下僭其上，尊卑差別。

崔寔從維護禮法規範來談奢侈問題，並指出奢侈之風的危害性有兩方面：

一、奢僭之風致使「無用之器貴」及「本務之業賤」，其言曰：

> 世奢服僭，則無用之器貴，本務之業賤矣。……故農夫輟耒而彫鏤，工女投杼而刺繡。……百姓窮匱而為姦寇，是以倉廩空而囹圄實。

二、沉溺奢僭，則各級官吏多犯王法搜括百姓以滿足所需。其言曰：

> 外溺奢風，內憂窮竭。故在位者則犯王法以聚斂。愚民則冒罪戮以為健。俗之壞敗，乃至於斯，此天下患。

雖然崔寔反奢僭，不過為父親舉行的葬禮卻極盡奢侈。史書記載：

> 寔父卒，剽賣田宅，起冢塋，立碑頌。葬訖，資產竭盡。因困窮，以酤釀販鬻為業。（《後漢書・崔寔傳》）

崔寔有反奢僭的想法，卻行奢侈的行為，是有扭轉時風的理想，但仍不免於俗，無法抗拒奢華的潮流。

上述學者評論漢代社會風氣，多呈現當時的功利奢華。此種說法是否為持平之論，首先應從漢代各階層的生活面貌檢視之。

就天子而言，其地位無與倫比，居於中國政治社會的頂端，以天賦權威君臨天下。與其相關的宮室、輿服、宗廟、陵寢和禮儀，多有一套極為繁複的制度。蔡邕即曾記錄、整理皇帝食衣住行等特定稱號，其言曰：

> 天子正號曰皇帝，自稱曰朕，臣民稱之曰陛下。其言曰制詔，史官記事曰上。車馬衣服器械百物曰乘輿。所在曰行。所進曰御。其命令：一曰策書，二曰制書，三曰詔書，四曰戒書。（《獨斷》卷一）

而這些制度的建立，無非用來顯示和維護帝王至高無上的形象。以皇帝起居

〔註4〕崔寔《政論》《隋書・經籍志》著錄五卷，北宋時已散失。輯佚本收於嚴可均《全上古三代秦漢六朝文》第二卷，世界書局，71年出版。

的宮室爲例，就極其壯觀。《漢書》記載：

> 蕭何治未央宮，立東闕、北闕、前殿、武庫、太倉。上見其壯麗，
> 甚怒。謂何曰：「天下匈匈，勞苦數歲，成敗未可知，是何治宮室過
> 度也？」何曰：「天下方未定，故可因以就宮室。且夫天子以四海爲
> 家，非令壯麗，亡以重威，且亡令後世有以加也。」（〈高帝紀下〉）

蕭何爲高祖建未央宮，務求壯麗，高祖怒其耗資過多，蕭何言「天子以四海
爲家，非令壯麗，無以重威」。可見宮室具有象徵意義，所以以華麗爲理所當
然，並非以實用與否爲考量前提。未央宮的規制據文獻資料仍可考見，《三輔
黃圖》記載：

> 未央宮周回二十八里，前殿東西四十丈，深十五丈，高三十五丈。

《西京雜記》記載：

> 未央宮周回二十二里，九十五步。五街道周回七十里，臺殿四十三，
> 其三十二在外，其十一在後宮。池十三、山六，池一、山一，亦在
> 後宮，門闥凡九十五。

規模之大，可見梗概。至於皇帝何以能夠受享無窮，黃宗羲曾作詮釋：

> 有生之初，人各自私也，人各自利也。天下有公利而莫或興之，有
> 公害而莫或除之。有人者出，不以一己之利爲利，而使天下受其利：
> 不以一己之害爲害，而使天下釋其害。此其人之勤勞，必千萬於天
> 下之人。夫以千萬倍之勤勞，而己又不享其利，必非天下之人情所
> 欲居也。故古之人君，去之而不欲入者，許由、務光是也，堯、舜
> 是也；初不欲入而不得去者，禹是也。豈古之人有所異哉？好逸惡
> 勞，亦猶夫人之情也。（《明夷待訪錄》〈原君篇〉）

黃宗羲認爲人君有千萬倍的勤勞，自己又不享其利。換言之，是責任重而權
利少，必非天下人情所欲居。「故古之人君，去之而不欲入者，許由、務光是
也，堯、舜是也；初不欲入而不得去者，禹是也。」持此心理者，多爲賢聖
之君。反之，君主即以國家爲私利，甚至一味追求聲色犬馬之娛，或大興土
木，廣營宮室，視民財如糞土而驕奢淫逸。例如漢成帝「湛于酒色，趙氏亂
內，外家擅朝，言之可爲於邑。」（《漢書‧成帝紀》）。又如安帝時欲造畢圭
靈琨苑，「猥規郊城之地，以爲苑囿，壞沃衍，廢田園，驅居人，畜禽獸，……。」
並聽信侍中、中常侍所謂：「昔文王之囿百里，人以爲小；齊宣五里，人以爲
大。今與百姓共之，無害於政也。」（同上）的說法。此例說明了統治者的奢

侈及不體恤百姓的行爲（《後漢書·楊震列傳附楊賜傳》）。再如桓帝時「多內幸，博採宮女至五六千人。」（《後漢書·皇后紀下》）類此現象史書記載甚多，時人似乎也以國君的奢華爲常態。

天子如此，百僚臣民轉相汲引，奢華之輩實不勝數。《漢書》記載成帝永始四年下詔：

> 方今世俗奢僭罔極，靡有厭足。公卿列侯親屬近臣，四方所則，未聞修身遵禮，同心憂國者也。或乃奢侈逸豫，務廣地宅，治園池，多畜奴婢，被服綺縠，設鐘鼓，備女樂，車服嫁娶葬埋過制。使民慕效，寖以成俗，而欲望百姓儉節，家給人足，豈不難哉！（〈成帝紀〉）

表示成帝已憂慮官僚臣民的奢侈無度敗壞風氣。貴戚官吏的奢華如王符所言：

> 當今列侯，率皆襲先人之爵，因祖考之位，其身無功於漢，無德於民，專國南面，臥食重祿，下殫百姓，富有國家，此素餐之甚者也。〈三式篇〉

> 封君王侯貴戚豪富，……假舉驕奢，以作淫侈，高負千萬，不肯償責，……且觀諸敢妄驕奢而作大責者，必非救飢寒而解困急，振貧窮而行禮義者也，咸以崇驕奢而奉淫湎爾。（〈斷訟篇〉）

今舉史實說明於下：如成帝時之石顯「坐專權擅勢免官，徙歸故郡。顯貲巨萬，當去，留床席器物數百萬直。」（《漢書·萬章傳》）肅宗時，濟南安王康「多殖貨財，大修宮室，奴婢至千四百人，廐馬千二百匹，私田八百頃，奢侈恣欲，游觀無節。永元初，國傅何敞上疏諫康：「……今奴婢廐馬皆有千餘，增無用之口，以自蠹食。……又多起內第，觸犯防禁，費以巨萬，而功猶未半。……今數游諸第，晨夜無節。」可見其奢華的大概。（《後漢書·光武十王列傳》）又如琅邪孝王京都莒，「好修宮室，窮極伎巧，殿館壁帶皆飾以金銀。」（同上）桓帝時宦者「五侯」因誅梁冀有功，而生活日奢。「競起第宅，樓觀壯麗，窮極伎巧。金銀罽毦，施於犬馬，多取良人美女以爲姬妾，皆珍飾華侈，擬則宮人，其僕從皆乘牛車而從列騎。」（《後漢書·宦者單超傳》）靈帝時張讓甚至行驕奢並接受孟佗的賄賂。史載「扶風人孟佗，資產饒贍，與奴朋結，傾竭饋問，無所遺愛。奴咸德之，問佗曰：『君何所欲，力能辦也』曰：『吾望汝曹爲我一拜耳』時賓客求謁讓者，車恆數百千兩，佗時詣讓，後至，不得進，監奴乃率諸倉頭迎拜於路，遂共轝車入門。賓客咸驚，謂佗善

於讓，皆爭以珍玩賂之。佗分以遺讓，讓大喜，遂以佗爲梁州刺史」（《後漢書・宦者張讓傳》）奢侈貨賂敗壞社會風氣可見。因此安帝時，楊震即已上書，言及「親近倖臣，未崇斷金，驕溢踰法，多請徒士，盛修第舍，賣弄威福。道路讙譁，眾所聞見。」（《後漢書・楊震列傳》）的現象。

流風所及，學者亦以祿利浮華爲念。漢代知識份子不乏有識之士，例如叔孫通以明禮儀、知掌故的實用知識爲政治服務。董仲舒一類的知識份子，建構知識理論以節制政治權威。王符、仲長統、崔寔，則以在野者身份，論刺批評當世政治、社會、經濟各方面的弊病。東漢黨錮之禍時，有李固、陳蕃、李膺、范滂等知識份子，不畏強權與宦官外戚搏鬥。但不諱言，漢代知識份子存在以知識換取祿位的觀念，此態度極爲普遍。例如《漢書補注》記載夏侯勝每講授，常告訴諸生：「士病不明經術，經術苟明，其取青紫如俯拾地芥耳，學經不明，不如歸耕。」（卷七十五）說明知識只是商品而已。士人讀經的目的即在作官，誠如班固所言：

> 自武帝立五經博士，開弟子員，設科射策，勸以官祿，訖於元始，百有餘年。傳業者寖盛，支葉繁滋。一經說至百餘萬言，大師眾至千餘人，蓋利祿之路然也。（《漢書・儒林傳》贊）

馬宗霍先生也說：

> 可知當時上以官祿而勸經，下爲利祿而習經，故經之官學，遂爲梯榮致顯之捷徑。凡儒生之爲肆經者，莫不游學京師，受經博士。武帝時，爲博士官置弟子五十人，昭帝時增滿百人，宣帝未增倍之，元帝更爲設員千人，成帝末，增弟子員三千人，其由是而出者，行雖不備，猶得補官，非是者，雖經明行修，名亦不顯，故終西漢之世，惟官學大昌，而位愈高者，則徒眾亦愈盛，以爲可藉以相援也。
> 〔註5〕

說明士人爲追求利祿入太學，皓首窮經以獲官位的現象。士人讀經目的爲獲取祿位，具有濃厚的功利價值取向。

統治者趨炎附利的功利價值觀，對民間百姓亦有相當大的影響。此部份的文獻資料較少，不過由史書記載的人物行事中，亦可感受到民間崇尙浮華的風氣。例如《後漢書》記載：

> 許荊字少張，會稽陽羨人也。祖父武，太守第五倫舉爲孝廉。武以

〔註5〕 參見馬宗霍《中國經學史》頁51至52。商務印書館，民國75年出版。

二弟晏、普未顯，欲令成名。乃請之曰：「禮有分異之義，家有別居
之道」於是共割財產以爲三分，武自取肥田廣宅奴婢強者，二弟所
得並悉劣少。鄉人皆稱弟克讓而鄙武貪婪，晏等以此並得選舉。武
乃會宗親，泣曰：「吾爲兄不肖，盜聲竊位，二弟年長，未豫榮祿，
所以求得分財，自取大譏。今理產所增，三倍於前，悉以推二弟，
一無所留」。於是郡中翕然，遠近稱之。位至長樂少府。（〈循吏許荊
傳〉）

許荊爲使二弟並得選舉，故強分財產而自取肥田廣宅，以塑造二弟的「悌」、
「讓」形象。此例「不獨可觀見東漢考選浮僞之濫，而世俗欺給之弊，其禍
爲何如，自不難得知」。〔註6〕至於世俗何以欲欺紿而得察舉之名？自然與社
會重功利的價值取向有關係。

當然時人亦有不慕榮利者，如司馬遷記載：

自秦以來，匹夫之俠湮滅不見，余甚恨之。以余所聞，漢興有朱家、
田仲、王公、劇孟、郭解之徒，雖捍當世之文罔，然其私義廉潔退
讓，有足稱者，名不虛立，士不虛附。至如朋黨宗彊，比周設財，
役貧豪暴，侵凌孤弱，恣欲自快，游俠亦醜之。余悲世俗不察其意
而猥以朱家、郭解等令與暴豪之徒同類而笑之也。（《史記・游俠列
傳》）

游俠即是不爲自己錢財及享受，能修行砥名、廉潔退讓，實超脫於社會風氣
之上，而救人之急，不避禍難者。〔註7〕可惜此態度並未能形成社會潮流。

根據上述，基本上漢代社會各階層大部分多呈現浮華趨利的意識，可推
測漢代學者所論爲持平之見。至於形成社會功利價值觀的原因很多，舉凡政
治制度、經濟結構均可能成爲形成社會風氣的要素。本文是嘗試分析韓非尊
君學說也是形成漢代功利社會的眾多原因之一。

（一）自利人性觀之反映

韓非認爲利之所在，人民往往不辭危險及辛勞而爲之。其言曰：

利之所凡人之有爲也，非名之，則利之也。（《韓非子・內儲說上篇》）
利之所在，民歸之；名之所彰，士死之。（〈外儲說左上〉）

〔註6〕　參見劉師文起《王符潛夫論所反映之東漢情勢》頁177，文史哲出版社，民國
　　　　84年出版。
〔註7〕　此觀點參見勞幹〈論漢代的游俠〉一文，收入文史哲學報第1期。

因此，古代風俗純樸，韓非認為並非古多聖人，而是環境使然。其言曰：

> 古者，丈夫不耕，草木之實足食也；婦人不織，禽獸之皮足衣也。不事力而養足，人民少而財有餘，故民不爭。是以厚賞不行，重罰不用，而民自治。今人有五十不為多，子又有五子，大父未死而有二十五孫。是以人民眾而貨財寡，事力勞而供養薄，故民爭。雖倍賞累罰，而不免於亂。(〈五蠹篇〉)

說明古人今人行為的不同，並非人性之善，實由財貨多寡不同。〔註8〕由於人多而資源不足，遂暴露出人類自利的天性，也揭示了人類追求財貨、欲望的心理。按此理論推演，則漢代奢華功利的風氣，可說是人類天性的自然表現。

除韓非外，司馬遷也揭示了人類有追求財富的天性。〔註9〕其言曰：

> 禮由人起，人生有欲，欲而不得則不能無忿，忿而無度量則爭，爭則亂。先生惡其亂，故制禮義以養人之欲，給人之求。使欲不窮於物，物不屈於欲。二者相待而長，是禮之所起也。故禮者養也。(《史記·禮書》)

此段闡明禮之起源外，文中「人生有欲」及「養人之欲，給人之求」的論點，已認定人類有滿足欲望的需求。而「禮者養也」其目的則在提醒應以合理方式滿足物質欲望。然而，隨客觀經濟條件的成長，個人欲望也會提昇，此即所謂：

> 人體安駕乘，為之金輿錯衡以繁其飾；目好五色，為之黼黻文章以表其能；耳樂鐘磬，為之調諧八音以蕩其心；口甘五味，為之庶羞酸鹹以致其美；情好珍善，為之琢磨圭璧以通其意。(同上)

因此追求利益及財富的活動自然不斷進行。所謂：

> 天下熙熙，皆為利來；天下攘攘，皆為利往。(〈貨殖列傳〉)

由於「千乘之王，萬家之侯，百室之家，尚猶患貧，而況匹夫編戶之民乎？」(〈貨殖列傳〉)因而形成注重功利的社會現象。在人類欲望的自然需求，及經濟發展的趨勢下，不從事生產而貧困，卻高談仁義道德者，多為人所恥笑。如司馬遷說：

> 無巖處奇士之行，而長貧賤，好語仁義，亦足羞也。(同上)

〔註8〕此觀點姚蒸民已提出，參見《法家哲學》頁87，東大圖書公司，民國75年出版。

〔註9〕此觀點賴師明德已提出。參見《司馬遷之學術思想》頁528。洪氏出版社，民國72年出版。

司馬遷由人類本性的剖析及對現實社會的體驗，得知人類多有改善物質生活的欲望。其言曰：

> 夫神農以前，吾不知已。至若詩書所述，虞夏以來，耳目欲極聲色之好，口欲窮芻豢之味，身安逸樂，而心誇，矜勢能之榮，使俗之漸民久矣，雖戶說以眇論，終不能化。（同上）

所謂眇論，是指老子返樸歸眞的生活。其意是認爲在經濟演進下，欲使人民回歸清心寡欲自然是不可能。

基本上，藉人性自利詮釋漢代功利社會的形成，是一普遍的哲學論點，並不能突出時代問題。而且，韓非雖主張人性自利，但其尊君學說所建構的社會在富國強兵，其理想的社會理論上是一純樸社會。但漢代實踐尊君學說，卻是一功利奢華社會。換言之，韓非尊君學說可能有極大缺陷，不僅不能形成健康的社會風氣，反而助長虛浮的風氣。

（二）尊君之影響

漢元帝時貢禹曾上書指陳當時社會風氣敗壞之原因，其言曰：

> 居官而置富者爲雄桀，處姦而得利者爲壯士。兄勸其弟，父勉其子。俗之敗壞，乃至於是。察其所以然者，皆以犯法得贖，求士不得眞實，相守崇財利，殊不行之所致也！（《漢書·貢禹傳》）

貢禹深刻的分析形成功利社會的原因有三：犯法得贖、求士不得眞賢、相守崇財利。由於時人最能洞悉社會問題之所在，是以針對貢禹的看法，作深入之解析。

1. 就犯法得贖言：犯法得贖的原因起於武帝因闢地、縱嗜欲而用度不足，所形成的一時權宜之計。貢禹說：

> 武帝始臨天下，重賢用士，闢地廣境數千里。自見功大威行，遂縱嗜欲，用度不足乃行一之變，使犯法者贖罪，入穀者補吏。是以天下奢侈，官亂民貧，盜賊並起，亡命者眾，⋯⋯（《漢書·貢禹傳》）

所以犯法得贖可說是皇權的擴大與濫用。其流弊除貢禹所說「天下奢侈，官亂民貧，盜賊並起」外，更助長功利價值觀的形成。此點可從蕭望之〈駁張敞入穀贖罪議〉中分析得知，其言曰：

> 今欲令民量粟以贖罪，如此則富者得生，貧者獨死。是貧富異利而法不一也。人情貧窮，父兄囚執，聞出財得以生活，爲人子弟者將不顧死亡之患，敗亂之行，以赴財利，求救親戚，一人得生，十人

　　以喪。如此伯夷之行壞，公綽之名滅，政教壹傾。雖有周召之佐，

　　恐不能復古者藏財於民，不足則取有餘則予。(《漢書・蕭望之傳》)

入穀贖罪形成「富者得生，貧者獨死」現象，人民自然趨赴求利求財，甚至
不顧橫暴之行取財取利。蕭望之即言：

　　天漢四年，常使死罪人入五十萬錢，減死罪一等，豪強吏民請奪假

　　貸，至爲盜賊以贖罪。其後姦邪橫暴，群盜並起，至攻城邑，殺郡

　　守，充滿山谷，吏不能禁。……愚以爲此死罪贖之敗也，故曰不便。

　　(《漢書・蕭望之傳》)

入穀贖罪不僅使社會風氣敗壞，而且由於盜賊可入穀贖罪，遂使其爲所欲爲
而姦邪橫暴並起。

　　2. 就求士不得眞賢而言：韓非因尊君而用賢，但落實結果是漢武帝因尊
君而妒賢，破壞宰相制度。正如徐復觀先生所言：

　　武帝順著專制的特性，完成皇帝直接處理政治的格局，但在實質上

　　徹底破壞了宰相制度，成爲政治混亂，及宦官外戚等禍害的總根源。

　　〔註10〕

因不重用賢才，轉而任用外戚宦官。至東漢戚宦勢力鞏固，甚至控制朝廷任
人的大權，舉凡察舉多有不實現象發生。如《後漢書》記載：

　　(桓帝時)宦官方熾，任人及子弟爲官，布滿天下。……內外吏職，

　　多非其人。……枝葉賓客布列職署，或年少庸人，典據守宰。(〈楊

　　秉傳〉)

宦官親屬多參與政事，「父兄子弟皆爲公卿列校，牧守令長，布滿天下。」(〈宦
者曹節傳〉) 不獨宦官，外戚亦然。誠如王符所言：

　　將相權臣，必以親家，皇后兄弟，主婿外孫，年雖童妙，未脫桎梏，

　　猶藉此官職，功不加民，澤不被下，而取封侯，又不得治民效能，

　　以報百姓，虛食重祿，素餐尸位，而但事淫侈，坐作驕奢。(《潛夫

　　論・思賢篇》)

戚宦藉察舉樹立黨羽，助長選舉的敗壞，而眞正人才也多被廢棄，無法效忠
朝廷。這可說是武帝擴張君權的禍患。

　　3. 就相守崇財利而言：此與國君生活奢侈，臣僚競相仿效有關。趙壹於
〈刺世疾邪賦〉說：

〔註10〕同註3，頁317至318。

> 河清不可俟，人命不可延。順風激靡草，富貴者稱賢。文籍雖滿腹，
> 不如一囊錢。伊優北堂上，抗髒倚門邊。(《後漢書‧文苑趙壹傳》)

又劉梁作〈破群論〉說：

> 疾世多利交，以邪曲相黨。(《後漢書‧文苑劉梁傳》)

可見世人多以功利財富相尚，何況是官吏守相。尤其東漢官場爲戚宦把持，
藉察察、貲選、任子等方式，排除異己，以其血親、門生故舊爲官，結爲勢
力集團。當時政治環境如王符所言：

> 群僚舉士者，或以頑魯應茂才，以桀逆應至孝，以貪婪應廉吏，以
> 狡猾應方正，……名實不相符，情貢不相稱。富者乘其財力，貴者
> 阻其勢要，以錢多爲賢，以剛彊爲上，此在位所以多非其人，而官
> 職所以數亂荒也。(〈考績篇〉)

在此背景下，富者以其財勢賄賂而得官職者，自然不在少數。風氣如此，官
吏崇財利自可想見。

　　貢禹分析犯法得贖、求士不得眞賢、相守崇財利三項爲促使社會崇尚功
利的原因。而此三點與漢代尊君有密切關係，可說明韓非尊君學說落實於漢
代有形成功利價值觀的流弊。至於漢代崇尚功利所衍生的社會問題爲何？分
析說明如下。

第二節　崇尚功利之社會問題

　　漢代因尊君而造成功利奢靡的風氣，其所產生的社會問題，說明如下。

一、踰制過節之婚葬習俗

（一）就婚姻層面言

婚姻在社會中具有重大意義。《易經》記載：

> 有天地，然後有萬物；有萬物，然後有男女；有男女，然後有夫婦；
> 有夫婦，然後有父子，然後有君臣；有君臣，然後有上下，有上下，
> 然後禮義有所錯。(〈序卦下〉)

所以婚姻制度被視爲基礎的社會制度，一切社會關係多由此推展。漢代已有
完整的婚姻程序，分納采、問名、納吉、納徵、請期、親迎六禮。〔註11〕其

〔註11〕參見劉增貴《漢代婚姻制度》頁50至51。華世出版社，民國69年出版。

中踰制過節情形，亦多可見。

就納徵之禮而言：一般豪富聘金耗資甚多。如：

> 趙王使謁者持牛酒，黃金三十斤勞博，博不受。復使人願尚女，聘金二百斤，博未許。（《漢書‧淮陽憲王傳》）

> 及規卒時，妻年猶盛，面容色美，後董卓爲相國，承其名，聘以軿輬百乘，馬二十匹，奴婢錢帛充路。（《後漢書‧列女傳‧皇甫規妻》）

此種社會風氣亦反映在文學作品中，如古詩〈焦仲卿妻〉寫太守家聘蘭芝的情形：

> 齎錢三百萬，皆用青絲穿，雜綵三百匹，交廣市鮭珍，從人四五百，鬱鬱登郡門。（《樂府詩集‧雜曲歌辭‧焦仲卿妻》）

因聘金重，間接助長社會貪其貨幣的風氣。例如：

> 沛劉長卿妻者，同郡桓鸞之女也。……生一男五歲而長卿卒，妻防遠嫌疑，不肯歸寧。兒年十五，晚有夭歿。妻慮不免，乃豫刑其耳以自誓。（《後漢書‧列女傳‧劉長卿妻》）

> 南陽陰瑜妻者，潁川荀爽之女也，……聰敏有才藝。年十七，適陰氏，十九產一女，而瑜卒。采時尚豐少，常慮爲家所逼，自防禦甚固。後同郡郭奕喪妻，爽以采許之，因詐稱病篤，召采。既不得已而歸，懷刃自誓。爽令傅婢執奪其刃，扶抱載之，……女既到郭氏，乃僞爲歡悅之色，謂左右曰：「我本立志與陰氏同穴，而不免逼迫，遂至於此，素情不遂，奈何？」……奕敬憚之，遂不敢逼，至曙而出。采因飭令左右辨浴。既入室而掩戶，權令侍人避之，以粉書扉上曰：「尸還陰」。陰字未及成。懼有來者，遂以衣帶自縊。（《後漢書‧列女傳‧陰瑜妻》）

此二例極可能是娘家貪其貨幣，而逼迫婦女改嫁之例。〔註12〕誠如王符所言：

> 又貞節寡婦，或男女備具，財貨富饒，欲守一醮之禮，成同穴之義，執節堅固，齊懷必死，終無更許之慮。遭值不仁世叔，無義兄弟，或利其聘幣，和貪其財賄，或私其兒子，則彊中欺嫁，處迫脅遣送，人有自縊房中，飲藥車上，絕命喪軀，孤捐童孩，此猶迫脅人命自殺也。或後夫多設人客，威力脅載，守將抱持，連日乃緩，與彊掠

〔註12〕劉師文起已提出此說法。同註6，頁182。

人爲妻無異，婦人軟弱，猥爲衆彊所扶與軏迫，幽阨連日，後雖欲
復脩本志，嬰絹吞藥。(《潛夫論・斷訟篇》)

即貪利貨幣而強逼婦女改嫁的說明。

就親迎之禮而言，亦多踰制過節。《後漢書・輿服志》劉昭補注載蔡邕〈表
志〉曰：「永平初，詔書下車服制度，……諸侯王以下，至於士庶，嫁娶被服，
各有秩品。」然此秩品之設，多爲虛文。例如袁槐嫁女於張奉，「奴婢百人，
皆被羅縠，軿輜充路。」(《太平御覽五○二引謝承後漢書》)《鹽鐵論》說：

葬死殫家，遣女滿車。富者欲過，貧者欲及，富者空減，貧者稱貸。

(〈國疾篇〉)

蔡邕也說：

良辰既至，婚禮以舉，二族崇飾，威儀有序，嘉賓僚黨，祈祈雲聚，
車服照路，駿騑如舞，既臻門屏，結軌下車，阿傅御豎，雁行蹉跎，
麗女盛飾，曄如春華。(《初學記十四》〈協和婚賦〉)

所以王符認爲：

富貴嫁娶，車軿駱驛，騎奴侍僮，夾轂節引，富者競欲相過，貧者
恥不逮及。(《潛夫論・浮侈篇》)

婚娶的奢華可見一般。

(二) 就喪葬層面言

所謂厚葬即喪葬之制逾越某一公認標準，或鋪陳其事，而非其能力所能
逮者，即所謂厚葬。[註13] 漢代趙咨曾討論喪葬之制的演變，其曰：

易曰：「古之葬者，衣以薪，藏之中野，後世聖人易之以棺槨。」棺
槨之造，自黃帝始，爰自陶唐，逮于虞、夏，猶尚簡樸，或瓦或木，
乃至殷人而以有加焉。周室因之，制兼二代。復重以牆翣之飾，表
以旌銘之儀，招復含斂之禮，殯葬宅兆之期，棺槨周重之制，衣衾
稱襲之數，其事煩而害實，品物碎而難備。然而秩爵異級，貴賤殊
等。自成、康以下，其典稍乖。至於戰國，漸至積陵，法度衰毀，
上下僭雜。終使晉侯請隧，秦伯殉葬，陳大夫設參門之木，宋司馬
造石槨之奢。爰暨暴秦，違道廢德，滅三代之制，興淫邪之法，國
貲糜於三泉，人力殫於酈墓，玩好窮於糞土，伎巧費於窀穸。自生

〔註13〕參見蒲慕州《墓葬與生死》頁227。聯經出版社，民國82年出版。

民以來，厚終之敝，未有若此者。(《後漢書‧趙咨傳》)

喪葬的規範至成康之時「其典稍乖」，戰國之後「漸至殞陵，法度衰毀，上下僭雜」，爰及秦世「違道廢德，滅三代之制，興淫邪之法，國貨麋於三泉，人力殫於酈墓，玩好窮於糞土，伎巧費於窀穸」說明了厚葬是時代演變趨勢。〔註14〕

至兩漢形成僭禮厚葬的習尚，其中原因很多，蒲慕州先生說：

> 厚葬久喪的行爲不能完全由風氣奢華、經濟富裕，甚至孝道思想所完全解釋。人之所以願意厚葬死者，總是基於某種對靈魂或死後世界之相信。……漢代厚葬風氣的形成與這種對死後世界的想像的具體化應該有相當密切的關係。〔註15〕

按其分析，舉凡風氣奢華、經濟富裕、孝道思想，以及對死後世界的想像，多助長厚葬的形成。又說：

> 然而厚葬的事實所以能夠普遍出現，無疑和當時整個社會的經濟力有直接的關係。……而有能力模仿其奢侈之生活與排場的，如成帝詔中「吏民慕效」的「吏民」，和帝詔中的「商賈小民」，安帝詔中「小人無慮」的「小人」，《鹽鐵論》中「黎民慕效」的「黎民」等等，恐亦多爲有相當財力者，才有可能「發屋賣業」(《鹽鐵論》語)。這些人在整個社會中所占的比例應該不能算多數，但對於一時風氣之造成，則不能說沒有極大之影響。〔註16〕

說明有相當財力者才能有厚葬的事實。本文所欲檢討的是何以戚宦豪富之家極欲競尚誇浮而鼓動厚葬風氣？這與韓非尊君學說應有密切關係。由於漢代尊君，天子地位崇高，天子喪葬自然不可輕忽。《晉書》記載：

> 漢天子即位，一年而爲陵，天下貢賦，三分之一供宗廟，一供賓客，一供山陵。(〈索琳傳〉)

漢天子即位一年即開始修陵，又以三分之一的貢賦爲之，規模之宏大可見。文獻多記載漢代皇帝陵墓隨葬品奢華豐富。例如文帝雖尙簡，所修霸陵，「皆瓦器，不得以金銀銅錫爲飾。」(《漢書‧文帝紀》)。然而，遺詔中曾說：

> 朕聞之，蓋天下萬物之萌生，靡不有死，死者天地之理，物之自然者，悉可甚哀。當今之世，咸嘉生而惡死，厚葬以破業，重服以傷

〔註14〕此觀點蒲慕州已提出。出處同上。
〔註15〕同註13，頁248。
〔註16〕同註13，頁246至247。

生，吾甚不取。……今乃幸以天年得復供養於高廟，朕之不明與嘉
之，其悉哀念之有。其令天下吏民，令到出臨三日，皆釋服。毋禁
取婦嫁女祠祀飲酒食肉。自當給喪事服臨者，皆無踐。経帶無過三
寸，無布車及兵器，無發民男女哭臨宮殿中。殿中當臨者，皆以旦
夕各十五舉音，禮畢罷，非旦夕臨時，禁無得擅哭。以下，服大紅
十五日，小紅十四日，纖七日，釋服。它不在令中者，皆以此令比
類從事。(《漢書‧文帝紀》)

文帝主張薄葬，較前代君王節儉。然而，晉建興中，「三秦人伊桓、解武等千
家盜發漢霸杜二陵，多獲珍寶。」(《晉書‧索琳傳》) 文帝尚儉，其陵墓尚且
如是，其餘則更甚之。《晉書》記載武帝的厚葬說：

漢武帝饗年久長，比崩而茂陵不復容物，其樹皆已拱。赤眉取陵中
物，不能減半，于今猶有朽帛委積，珠玉未盡。(〈索琳傳〉)

元帝時，貢禹記載昭帝的厚葬說：

昭帝幼弱，霍光專事，不知禮正，妄多藏金錢財物鳥獸魚鱉牛馬虎
豹生禽，凡百九十物，盡瘞藏之，又皆以後宮女，置之園陵，大失
禮，逆天心，又未必稱武帝意也。(《漢書‧貢禹傳》)

《漢書》記載成帝修昌陵的耗費說：

昌陵因卑爲高，積土爲山，度便房猶在平地上，……卒徒工庸以巨
萬數，至燃脂火夜作，取土東山，且與穀同價。作治數年，天下遍
被其勞，國家罷敝，府藏空虛，下至眾庶，熬熬苦之。(〈陳湯傳〉)

此外，《三輔舊事》引〈關中記〉亦記載昌陵修建之事，其曰：

取土東山，與粟價同，所費巨萬，積年無成。

至於元帝之墓葬亦極盡豪華，據考古發現漢元帝渭陵，至今尚不斷出土罕見
的文物。例如西元 1966 年出土透雕羊脂玉羽人飛馬，之後陸續出土線刻鎏金
銅鼎、鎏金編鐘及玉雕等。「其雕刻之精，體裁之廣，是漢玉中較少見的。」
〔註 17〕此外，《西京雜記》記載：「漢帝送死皆珠襦玉匣，匣形如鎧甲，連以
金鏤。」(卷一) 臣民不得擅用。以上所述，多可爲漢代國君陵墓的奢華作見
證。

　　以最近 (西元 1998 年 5 月 10 日) 在國立歷史博物館的「西漢南越土墓
文物特展」爲例，西漢南越王墓是西元 1983 年於廣州象崗被發現。墓主是南

〔註 17〕參見〈漢元帝渭陵調查記〉，收入《考古與文物》1980 年創刊號。

越國第二代君主趙眜。這是大陸已發掘的漢墓中帝王級的陵墓。一共出土一千多件文物，包括銅器、鐵器、陶器、牙骨器等十類。與同期漢代君主王墓相比，南越王墓雖然規模不大，但完整性高，文物也相當精美。自南越王墓的出土文物來看，可以見到南越王在文化上受到中原漢楚文化影響很大。其中尤吸引人者是一套絲縷玉衣。這套絲縷玉衣長一百七十三公分，由兩千兩百九十一塊青玉片組成。玉片以絲線連綴，玉片表面再以紅色窄絲帶交叉黏貼，再用寬絲帶沿邊作縱合黏連，所以稱為絲縷玉衣。由南越王墓特展中，漢代墓葬的講究與奢華可得到證明。

此種厚葬風氣，王公貴戚及下民則轉相倣效。成帝曾下詔：

> 方今世俗奢僭罔極，靡有厭足。公卿列侯親屬近臣，四方所則，未
> 聞修身遵禮，同心憂國者也。或乃奢侈逸豫，務廣地宅，治園池，
> 多畜奴婢，被服綺縠，設鐘鼓，備女樂，車服嫁娶葬埋過制。吏民
> 慕效，寖以成俗，而欲望百姓儉節，家給人足，豈不難哉！（《漢書·
> 成帝紀》）

可推知當時公卿列侯踰制奢僭，吏民效慕競相為之的現象。例如桓帝永興元年，「有宦者趙忠喪父，歸葬安平，僭為璵璠、玉匣、偶人。」（《後漢書·朱暉傳附朱穆傳》）杜預注：「璵璠，美玉名也，君所佩也。」宦者喪父僭用璵璠、玉匣、偶人，即是喪葬踰制過節的事實。

學者曾對中原、楚粵及秦一帶的貴族漢墓陪葬品作一統計，得知厚葬風氣遍及全國。〔註18〕東漢王符曾說：

> 今京師貴戚郡縣豪家，生不極養，死乃崇喪，或至刻金縷玉，梓楩
> 枏，良田造塋，黃壤致藏，多埋珍寶偶人車馬，造起大冢，廣種松
> 柏，廣舍祠堂，崇侈上僭。……計一棺之成功，將千萬夫。其終用，
> 重且萬斤，非大眾不能舉，非大車不能輓。東至樂浪，西至敦煌，
> 萬里之中，相競用之，此之費功傷農，可為痛心。（《潛夫論·浮侈
> 篇》）

其說奢華厚葬不獨京師為然，且遍及全國，可見具有真確性。

不過，東漢皇帝曾力圖扭轉此風。歷代國君都有下詔糾正厚葬風尚。光武帝建武七年（西元 31 年）詔曰：

> 世以厚葬為德，薄終為鄙，至於富者奢僭，貧者單財，法令不能禁，

〔註18〕同註13，頁 249。

禮義不能止，倉卒乃知其咎。其布告天下，令知忠臣、孝子、慈兄、悌弟薄葬送終之義。（《後漢書·光武帝紀下》）

此詔所謂「倉卒」，指王莽失敗到詔書下達之間的戰亂時期。此詔書暗示在戰亂中，人們仍不肯放棄厚葬之俗。〔註19〕至於所謂「乃知其咎」，據李賢注：「諸厚葬者皆被發掘，故乃知其咎。」（《後漢書·光武帝紀下》）指東西漢之交時，赤眉挖掘諸陵之事。《後漢書》記載：

赤眉貪財物，復出大掠。……至陽城、番須中，逢大雪，坑谷皆滿，士多凍死，乃復還，發掘諸陵，取其寶貨，遂汙辱呂后屍。凡賊所發，有玉匣殮者率皆如生，故赤眉得多行婬穢。（〈劉盆子列傳〉）

實際上受害者當不止皇陵。《呂氏春秋》早已提出厚葬有如立碑招人盜掘。其曰：

今有人於此，爲石銘置之壟上曰：此其中之物，具珠玉玩好財物寶器甚多，不可不抇。抇之必大富，世世乘車食肉。人必相與笑之以爲大惑。世之厚葬也有似於此。（〈安死篇〉）

所以貴族富豪陵墓恐亦遭赤眉的挖掘。然而，厚葬之風未止。明帝永平十二年（西元 69 年）詔曰：

昔曾、閔奉親，竭歡致養，仲尼葬子，有棺無槨。喪貴致哀，禮存寧儉。今百姓送終之制，競爲奢靡。生者無擔石之儲，而財力盡於墳土。伏臘無糟糠，而牲牢兼於一奠。靡破積世之業，以供終朝之費，子孫飢寒，絕命於此，豈祖考之意哉！又車服制度，恣極耳目。田荒不耕，游食者眾。有司其申明科禁，宜於今者，宣下郡國。（《後漢書·明帝紀》）

章帝建初二年（西元 77 年）詔曰：

比年陰陽不調，飢饉屢臻，深惟先帝憂人之本，詔書曰：不傷財，不害人，誠欲元元去末歸本。而今貴戚近親，奢縱無度，嫁取送終，尤爲僭侈。有司廢典，莫肯舉察。（《後漢書·章帝紀》）

和帝永平十一年（西元 99 年）詔曰：

吏民踰僭，厚死傷生，是以舊令節之制度。頃者貴戚近親，百僚師尹，莫肯率從。有司不舉，怠放日甚，又商賈小民，或忘法禁，奇巧靡貨，流積公行。其在位犯者，當先舉正，市道小民，但且申明

〔註19〕同註 13，頁 241。

憲綱，勿因科令，加虐羸弱。(《後漢書・和帝紀》)

安帝永初元年（西元 107 年）詔曰：

秋九月庚午，詔三公明申舊令，禁奢侈，無作浮巧之物，殫財厚葬。

（《後漢書・安帝紀》）

元初五年（西元 118 年）又下詔：

舊令制度，各有科品，欲令百姓務崇節約。遭永初之際，人離荒厄，
朝廷躬自菲薄，去絕奢飾，食不兼味，衣無二綵。去年雖獲豐穰，
尚乏儲積。而小人無慮，不圖久長，嫁娶送終，紛華靡麗，至有走
卒奴婢被綺縠，著珠璣。京師尚若斯，何以示四遠？（同上）

根據上述詔令，雖在禁止厚葬浪費，但由詔令的一再下達，也表示豪族貴戚
的行為不易改正。此風氣除因國君厚葬外，王符認為與貴戚的互相鼓勵有關，
其謂「今京師貴戚郡縣豪家，生不極養，死乃崇喪。」班固亦言：「列侯貴人
車服僭上，眾庶放效，羞不相及，嫁娶尤崇侈靡，送葬過度。」（《漢書・地
理志》）可知。以下就貴戚豪族的厚葬行為舉例說明之：

據王符〈浮侈篇〉所言，漢代喪葬多以楩梓梗柟等名木為棺。貴戚尤有
甚者。《後漢書》記載：中山簡王焉，和帝永元二年薨，「大為修冢塋，開神
道，平夷吏人冢墓以千數，作者萬餘人。發常山、鉅鹿、涿郡柏黃腸雜木，
三郡不能備，復調餘州郡工徒及送致者數千人。凡徵發搖動六州十八郡。」（《後
漢書・光武十王列傳》）可謂已崇侈上僭。

又有起大冢，多種松柏，乃至競修廬舍祠堂者。按墳之高低，原有定制。
《周禮》記載：「漢律：列侯墳高四丈，關內侯以下至庶人各有差。」（〈春官・
冢人〉）至於天子之墳有高至十餘丈者，而庶人之制則為五丈之墳，或為半仞
之墳。王符言「造起大冢」則必高於此數，十分奢華。例如：桓帝時侯覽喪
母還家，「大起塋冢，……前後請奪人宅三百八十一所，田百一十八頃。起立
第宅十有六區，皆有高樓池苑，堂閣相望，飾以綺畫丹漆之屬。……又預作
壽冢，石槨雙闕，高廡百尺。」（《後漢書・宦者列傳・侯覽傳》）

此外，墳上又多種植松柏。根據《風俗通》所記，種植松柏在禁禦魍象。
時人多種之，古詩〈孔雀東南飛〉曰：「兩家求合葬，合葬華山傍，東西種松
柏，左右種梧桐。」又《西京雜記》曰：「杜子夏葬長安北四里，墓前種松柏
樹五株，至今茂盛。」可知。富人則有「積土成山，列樹成林」（《鹽鐵論・
散不足篇》）的現象。

至於廬舍祠堂，則為富人喪葬習俗所易見，《漢書》記載：「勝因敕以棺斂喪事：『衣周於身，棺周於衣。勿隨俗動吾家，種柏，作祠堂』。」（〈龔勝傳〉）由「龔勝違俗不作祠堂，則漢時築祠堂乃常見可知。」〔註20〕其中有制作工麗者，如《水經注》記載：

> 車隆山之西側，有漢日南太守胡著碑，子珍，騎都尉，尚湖陽公主，即光武之伯姊也。廟堂皆以青山為階陛。廟北有石塋，珍之玄孫桂陽太守場以延熹四年遭母憂，於墓次立石祠，勒銘於梁。石宇傾頹，而梁宇無毀。隆山南有一小山板，有兩石虎札對夾隧道，雖處蠻荒，全無破毀，作制甚工，信為妙矣。（〈比水篇〉）

> 黃水東南流，水南有漢荊州刺史李剛墓，有石闕，祠堂石室三間，椽架高丈餘，鏤石作椽瓦，屋施平天，造方井，側荷梁柱，四壁引起，雕刻為君臣官屬龜龍麟鳳之文，飛禽走獸之像，作制工麗，不甚毀傷。（〈濟水篇〉）

呈現漢世厚葬的奢麗實況。此外，漢世送葬也競為華觀。如《漢書》記載：「（孔）光薨，公卿百官會弔送葬，車萬餘兩。」（〈孔光傳〉）《後漢書》記載：都平王蒼薨，肅宗「遣大鴻臚持節，五官中郎將副監喪，及將作使者凡六人，令四姓小侯諸國王主悉會詣東平奔喪，賜錢前後一億，布九萬匹。及葬，……加賜鸞輅乘馬，龍旂九旒，虎賁百人，奉送王行。」（〈光武十王列傳〉）「及黃瓊卒，歸葬江夏，四方名豪會帳下者六七千人。」（〈申屠剛傳〉）又曰：「（樓望）卒於官，門生會葬者數千人。」（〈儒林樓望傳〉）以及「（鄭）玄卒，自郡守以下嘗受業者縗絰赴會千餘人。」（卷三十五〈鄭玄傳〉）可知。

又有賵贈之送，王侯貴戚死，天子有賵錢至億萬者。如《後漢書》記載：中山簡王焉，永平二年薨，「自中興至和帝時，皇子始封薨者，皆賵錢三千萬，布匹三萬匹。嗣王薨，賵錢千萬，布萬匹。是時竇太后臨朝，竇憲兄弟擅權，太后及憲等，東海出也，故睦於焉而重於禮，加賵錢一億。」（〈光武十王列傳〉）。至於竇融、馬廖、杜詩、樊儵、中山王焉、齊北惠王壽等，死後天子賵送甚厚。分見《後漢書》之〈竇融傳〉、〈馬援列傳附馬廖傳〉、〈杜詩傳〉、〈樊宏列傳附樊儵傳〉、〈光武十三王傳〉以及〈章帝八王傳〉。

至於民間在王公貴人倡導下，人民亦多傚效。成帝永始四年詔書所言：「公

〔註20〕同註13，頁240。

卿列侯親屬近臣，四方所則，未聞修身遵禮，同心憂國者也。或乃奢侈逸豫，……車服嫁娶葬埋過制。吏民慕效，浸以成俗，欲望百姓儉節，家給人足，豈不難哉！」（〈成帝紀〉）。此正是王符所言厚葬之俗，「邊遠下土，競相倣效」。亦即貢禹所謂「眾庶葬埋，皆虛地上以實地下，其過自上生，皆在大臣循故事之也。」（《漢書‧貢禹傳》）即上行下效之義。

漢世厚葬久喪的風氣瀰漫於社會而無所節制，甚至成為誇富鄉里的手段。如《呂氏春秋》所說：

> 今世俗大亂之主，愈侈其葬，則心非為乎死者慮也，生者以相矜尚也。侈靡者以為榮，儉節者以為陋，不以便死為故，而徒以生者之誹譽為務。（〈節喪篇〉）

這種浮華奢靡的價值觀，是漢世尊君形成皇帝陵墓奢華，而上行下效所致。至於與厚葬相反之例亦有，但很少見。如「張禹行篤厚節儉。父卒，汲吏人賻送前後數百萬，悉無所受。又以田宅推與伯父，身自寄止。」（《後漢書‧張禹傳》）又如靈帝時，范冉卒於家。臨命遺令敕其子曰：「吾生於昏闇之世，值乎淫侈之俗，生不得匡世濟時，死何忍自同於世！氣絕便斂，斂以時服，衣足蔽形，棺足周身，斂畢便穿，穿畢便埋。其明堂之奠，干飯寒水，飲食之物，勿有所下。墳封高下，令足自隱。……制之在爾，勿令鄉人宗親有所加也。」（《後漢書‧范冉列傳》）范冉之例是以薄葬反抗世俗的奢侈，亦可證明漢代厚葬之風。

二、農村破產，奴隸日增

漢世社會存在普遍的功利趨勢，但生活的奢華多侷限於統治者，且君權浮誇助長貴族及商人的奢侈，不僅增加社會負擔，並激化社會階層之間的矛盾，甚至形成嚴重的奴隸及流民問題。漢世財政資源何以多集中於統治者及商人手中？這與專制政權的建立及商業發展的背景有關。漢世商品經濟及貨幣經濟日趨發達，原先單純的生產活動，已轉趨多元而複雜。在此大環境下，漢世雖重農，但商人、封君早已成為土地所有者。晁錯曾說：

> 今農夫五口之家，……勤苦如此，尚復被水旱之災，急政暴虐，賦斂不時，朝令而暮改，當具有者，半價而賣，亡者取倍稱之息，於是有賣田宅，鬻子孫，以償責者矣，而商賈大者積貯倍息，小者坐列販賣，操其奇贏。……亡農夫之苦，有阡伯之得。……此商人所

> 以兼併農人，農人所以流亡者也。……今法律賤商人，商人已富貴
> 矣，尊農夫，農夫已貧賤矣。(《漢書‧食貨志》)

說明漢初生產的恢復與發展，與之俱來的是小農的貧困破產及被兼併。掌握
實際財富及握有新經濟力量的是商人，他們佔有廣大土地。農民反而「賣田
宅，鬻子孫，以償責者矣」，農民有賣身為奴的情形。又《史記》記載：

> ……及名國萬家之城，帶郭千畝，畝鍾之田，若千畝巵茜，千畦薑
> 韭，此其人皆與千戶侯等。然是富給之資也，不窺市井，不行異邑，
> 坐而待收。(〈貨殖列傳〉)

說明封君的城郊土地有千畦、千畝。至於富人擁有廣大土地，亦可從漢武帝
治緡錢所沒收的財富中，看到當時情形。據《漢書》記載：

> 迺分遣御史廷尉正監分曹，往往即治郡國緡錢，得民財物以億計，
> 奴婢以千萬數。田，大縣百頃，小縣百餘頃，宅亦如之。於是商賈
> 中家以上，大氐破。(〈食貨志下〉)

此段記載說明了三點事實：〔註21〕

（一）商人貴族，擁有以億計的財物。在郡國的大縣中擁有數百頃的土
地，小縣中則擁有百餘頃的土地及大量奴隸。

（二）商人封君已經影響統治者政權，治緡錢目的即是欲阻止商人封君
擴張財力。

（三）武帝沒收的奴隸以千萬數，事實上也是用於生產。據《漢書》記
載：「迺分緡錢諸官，而水衡少府太僕大農，各置農官，往往即郡縣比沒入田，
田之。其沒入奴婢，分諸苑養狗馬禽獸，及與諸官，官亦雜置多，徒奴婢眾。」
(〈食貨志〉)可知沒入奴婢分給各農官作為耕作土地的勞動力，並分部份於
「諸苑養狗馬禽獸」。

根據上述分析，漢世土地多為商賈富豪貴戚所掌握，並以奴隸從事勞動。
就農業生產而言：《後漢書》記載：

> 豪人之室，連棟數百，膏田滿野，奴婢千群。……妖僮美妾，填乎
> 綺室，倡謳妓樂，列乎深堂。(〈仲長統傳〉)

證明了奴婢千群正是耕種膏田滿野的直接生產者，而「妖僮美妾，填乎綺室」
則是富豪腐化荒淫的生活。此外，如《後漢書》記載：

〔註21〕參見王思治、杜文凱及王汝豐〈關於兩漢社會性質問題的探討〉一文，收入
　　　　《歷史研究》1955 年第 1 期。

（樊宏）父重字君雲，……其營理產業，物無所棄，課役僮隸，各
得其宜，故能上下戮力，財利歲倍。至乃開廣田土三百餘頃，……
陂渠灌注。（〈樊宏傳〉）

《史記》記載：

季布許之，迺髡鉗季布，……並與其家僮數十人，之魯朱家所賣之，
朱家心知是季布，乃買而置之田。（〈季布傳〉）

由樊重及朱家買奴隸而廣開田地，反映了時人購買奴隸從事農業生產的事實。

就手工業而言：兩漢奴隸多從事手工業的生產，尤其是鹽鐵方面。如《史
記》記載：卓氏「用鐵冶富，……富至僮千人。」（〈貨殖列傳〉）刁間「桀黠
奴，……使之逐漁鹽商賈之利，……起富數千萬。」（同上）張安世「家僮七
百人，皆有手技作事，內治產業，累積纖微，是以能殖其貨，富於大將軍光。」
（《漢書‧張湯傳附子安世傳》）

基本上，社會上工業及商業的發展，擴大了統治者追求奢侈生活的欲望，
並加深對奴隸的剝削。至於富豪貴戚如何剝削小農？使其不斷轉化為奴隸，
以擴大奴隸的來源，貢禹曾探究其中原因說：

古者不以金錢為幣，專意於農。……自五銖錢起已來七十餘年，民
坐盜鑄錢被刑者眾，富人積錢滿室，猶無厭足。……商賈求利，東
西南北，各用智巧，好衣美食，歲有十二之利，而不出租稅。農夫
父子暴露中野，不避寒暑，捽草杷土，手足胼胝，已奉穀租，又出
槀稅，鄉部私求，不可勝供。故民棄本逐末，耕者不能半，貧民雖
賜之田，猶賤賣以賈，窮則起為盜賊。何者，末利深而惑於錢也。（《漢
書‧貢禹傳》）

何以「貧民雖賜之田，猶賤賣以賈」？貢禹認為其因在經濟發展，以貨幣作為
交換媒介，人民需要貨幣購買生活必需品，而農民生產者為米穀並非貨幣。農
民為取得貨幣，將米穀賣給商人，商人則乘農人窮急，賤價以購米穀。〔註22〕
若此，農人於貨物最低廉時賣了貨物，於貨物價格最昂貴時買了日常必需品。
所以農民日益貧困，最後竟無法清償債務，而需「賣田宅，鬻子孫，以償責者
矣。」

而豪富權貴的畜養奴婢奢僭無度，已成為一社會問題。成帝時始敕漸禁，

〔註22〕此觀點參見薩孟武《中國社會政治史》頁208至209。三民書局，民國64年
出版。

據《漢書》記載：

> 永始四年詔曰：公卿列侯親屬近臣多畜奴婢，被服綺縠，其申敕有
> 司以漸禁之。（〈成帝紀〉）

哀帝時又立限制，以爵位高低決定畜奴多寡。據《漢書》記載：

> 即位詔曰：諸侯王列侯公主吏二千石及豪富多畜奴婢田宅亡限。其
> 議限制，有司條奏：「諸侯王奴婢二百人，列侯公主百人，關內侯吏
> 民三十人。諸名曰畜奴婢過者，皆沒入縣官」。（〈哀帝紀〉）

然而豪富權貴的畜奴及僭奢無度，已無法禁止。例如竇融自祖及孫，「奴婢以千數」。馬防兄弟貴盛，「奴婢各千人以上」。濟南安王劉康多殖貨財，「奴婢至千四百人」。梁冀取良人悉爲奴婢，「至數千人」。權貴畜養奴隸數目之多，由此可見。依學者統計，漢世奴隸數目從百萬至三千萬不等，而且由權貴豪族掌控。〔註23〕是以奴隸成爲豪富貲財增值的對象及手段。根據出土文物可知奴隸不獨可視爲財產而自由買賣，而且價格頗高。〔註24〕又歷史文獻有龐儉「行求老蒼頭謹信屬任者，年六十餘，直二萬錢。」（《太平御覽》卷四七二《風俗通》）的記載，可爲證明。

是以奴隸不僅爲農業、工業生產的勞動者，亦爲豪門奢侈生活的表徵。仲長統曾描述豪人之室，指出有「奴婢千群，徒附萬計」的勞役：

> 船車賈販，周於四方。廢居積貯，滿於都城，琦賂寶貨，巨室不能
> 容；馬牛羊豕，山谷不能受。妖童美妾，填乎綺室，倡謳妓樂，列
> 乎深堂。賓客待見而不敢去，車騎交錯而不敢進。三牲之肉，臭而
> 不可食，清醇之酎，敗而不可飲。睞盼則人從其目之所視，喜怒則
> 人隨其心之所慮。（《昌言·理亂篇》）

富人奢侈腐化，多由剝削奴隸小農而來。小農生活則「衣牛馬之衣，食犬彘之食」，生活貧窮悲慘。社會風氣之奢淫及貧富嚴重對立的問題由此可見。

三、土地兼并日趨嚴重

漢代土地兼併爲當時嚴重社會問題，正如司馬遷所言：

> 網疏而民富，役財驕溢，或至兼并，豪黨之徒以武斷於鄉曲，宗室

〔註23〕參見楊生民〈漢代社會性質研究〉第五章，北京師範學院出版社。
〔註24〕《文物》1974年第4期載四川郫縣犀浦出土之東漢殘碑文，內有奴婢五人值二十萬之文字，則一奴之價爲四萬。

有土，公卿大夫以下爭于奢侈，宗廬輿服僭于上無限度，物盛而衰，固其變也。(《史記·平準書》)

所以土地兼併與時代的奢華風氣有密切關係，甚至皇帝也以兼併土地爲是，助長兼併之風。漢代土地兼併日益嚴重起於何時？歷來有兩種說法：

（一）起自漢初。發此論者首爲荀悅，後有蘇洵。〔註25〕荀悅曾說：

古者什一而稅，以爲天下之中正。今漢氏或百一而稅，可謂鮮矣。然豪強佔田逾侈，文帝不正其本，而務除租稅，適足以資豪強也。(《漢紀》卷八)

荀悅謂文帝「不正其本」，是指不改變土地兼併的情形，雖減輕租稅，農民亦無好處。荀悅之言有兩曾意義：第一是說明文帝時已有土地兼併現象。第二是文帝時土地問題已甚嚴重，所以得不到政府免稅的好處。〔註26〕至於蘇洵則說：

周之時，則井田，井田廢，田非耕者之所有，而有田者不耕也。(《周祐集》卷五)

換言之，蘇洵認爲井田廢棄之後，即出現嚴重的兼併現象。陳之蘭更明白表示此類見解，其曰：

自授田法廢，而民無常生之業。天即豐年，能豐之於田之所在，不能豐之於田之所不在。君即薄征，能薄之於斂之所及，而不能薄之於斂之所不及。〔註27〕

所謂田之所在即土地所有權的地主。土地所有者，負納稅之責，所以「斂之所及」亦指地主。「自授田法廢」政府薄斂，受惠者自然多爲地主。近代經濟史、田賦史及稅制史學者，如陳伯瀛、陳登原及陳安仁等多持此說。〔註

〔註25〕參見宋敘五〈兩漢土地兼并考證〉一文，收入《土地改革》十五卷第 7 期。
〔註26〕同上註。
〔註27〕參見陳之蘭〈限田論〉一文，出自《切問齋文錄》卷十五，收入清陸燿《國朝文錄續編》，大新書局，民國 54 年出版。
〔註28〕陳伯瀛指出：「漢興高后元年，即除孝弟力田之官，督民敦本。食貨志謂：『漢興，乘秦之散，諸侯並起，民失作業，而大饑饉。凡米石五千，人相食，於是約法省刑，輕田租，十五而稅。』什五稅一，較什一更輕，『什一行而頌聲作』矣，然而不然。然按何休注公羊，謂什一行而頌聲作，正漢人田賦思想之代表。然當時，田賦之外，又有私租，於農民爲兩重負擔，故國家即減田租。得益者，只地主耳。於農民疾苦，初無與焉。」參見《中國田制叢考》卷三第十七章。明文書局，民國 74 年出版。又陳登原指出：「薄賦之政，其影響於當時者何如？則亦有二事可述焉。其一，則薄賦之惠及地主，而未能

28）認為廢井田之後，土地多歸豪強兼併，形成「田非耕者之所有，而有田者不耕」的現象。是以漢初雖減免田租，但未能惠及農民，反適足以厚植豪強。

　　（二）起自武帝。所持的理由有三點：第一是根據哀帝時師丹上書說：

> 孝文皇帝，承亡周亂秦兵革之後，天下空虛，故務勸農桑，帥以節儉，民始充實，未有兼併之害，故不為民田及奴婢之限。（《漢書‧食貨志上》）

師丹為西漢時人，其言文帝時無兼併之害，可信度極高。第二是根據晁錯記載，文帝時商人投資土地意願不高。晁錯言商人：

> 操其奇贏，日遊都市。乘上之急，所賣必倍。……因其富厚，交通王侯，力過吏勢，以利相傾。（同上）

當時商人交通王侯，財力雄厚，但多操其奇贏，日遊都市，未將土地兼併視為利途。又據晁錯上書言：

> 今海內為一，土地人民之眾，不避湯禹。加以無天災數年之水旱，而蓄積未及者何也？地有遺利，民有餘力，生穀之土未盡墾，山澤之利未盡出，游食之民未盡歸農也。（同上）

所謂「生穀之土未盡墾，山澤之利未盡出」，可推測當時地曠人稀，土地未充份利用，土地兼併情形尚未形成。第三根據《史記》記載：

> 至今上（武帝）即位數歲，漢興七十餘年之間，國家無事，非遇水旱之災，民則人給家足。……當是之時，網疏而民富，役財驕溢，或至兼併，豪黨之徒，以武斷於鄉曲，宗室有土。（〈平準書〉）

明白說明西漢土地兼併，豪黨之徒武斷於鄉曲，是在武帝初年。

　　第二種說法引史書論述明白，本文採此說。至於何以武帝以後土地問題嚴重，其原因可分為三點：〔註29〕

及乎佃人也。考漢時地主，已成行列，『君能薄賦，亦能薄於斂之所及，而不能薄於斂之所不及。』」參見《中國田賦史》本論第二章。商務印書館，民國55年出版。陳安仁指出：「漢之田賦雖輕，只便宜於一般大地主，……文獻通考卷一，荀悅曰：『古者什一而稅，以為天下之中正也。今漢世百一而稅，可謂鮮矣。然豪強人佔田逾侈，輸其賦大半，官家之賦，優於三代，豪強之暴，酷於亡秦，以上惠不通，威福分於豪強也。文帝不正本，而務除租稅，適足以資豪強也。』可見漢代之減賦政策，是不澈底的。」參見《中國農業經濟史》第三章。華世出版社，民國68年出版。

〔註29〕參見宋敍五〈兩漢土地兼并考證〉一文。出處同註25。

　　（一）土地自由買賣制度的形成。董仲舒言：「至秦則不然，用商鞅之法，改帝王之制。廢井田，民得買賣。富者田連阡陌，貧者無立錐之地。」說明土地買賣形成地權的集中。這可說是法家廢除井田制，土地私有的結果。

　　（二）文景之時的休養生息。至武帝時社會繁榮，土地兼併亦然。如《史記》記載：

> 至今上（武帝）即位數歲，漢興七十餘年之間，國家無事，非遇水旱之災，民則人給家足，都鄙廩庾皆滿，而府庫餘貨財，京師之錢累百巨萬，貫朽而不可校。太倉之粟，陳陳相因，充溢露積於外，至腐敗不可食。眾庶街巷有馬，阡陌之間成群。……當是之時，網疏而民富，役財驕溢，或至兼併，豪黨之徒，以武斷於鄉曲，宗室有土。（〈平準書〉）

說明文景之時與民休息，社會經濟富庶，於社會繁榮後引起貧富懸殊及財富的集中。

　　（三）入粟納爵政策的影響。文帝時接納晁錯建議，令民入粟受爵及除罪，對土地兼併有助長作用。入粟納爵的辦法，《漢書》記載：

> 欲民務民，在於貴粟。貴粟之道，在於使民以粟為賞罰。今募天下入粟縣官，得以拜爵，得以除罪。如此富人有爵，農民有錢，粟有所渫。未能入粟以受爵，皆有餘者也。取於有餘，以供上用，則貧之賦可損。所謂損有餘補不足，令出而民利者也。（〈食貨志上〉）

所謂「富人有爵，農民有錢」，是晁錯認為在入粟納爵後，富人會向農民購買糧食以納粟拜爵，遂令人民有錢。可見此時多數土地非富人所有。不過，文帝推行此政策後，更導致了富人積極購置土地，並無法達成農民有錢的目的。

　　漢代土地兼併者多為貴族及富賈，哀帝綏和二年（西元前 7 年）「議限列名田詔」曰：

> 制節謹度，以防奢淫，為政所先，百王不易之道也。諸侯王、列侯、公主、吏二千石，及豪富民，多畜奴婢，田宅亡限，與民爭利，百姓失職，重困不足。其議限列。（《漢書·哀帝紀》）

可知兼併土地者多為諸侯王、列侯、公主、吏二千石，及豪富民。根據史書所載歸納當時土地兼併的惡質面貌如下：

　　（一）軍人功成名就後為其父置田產。如：霍去病「既壯大，乃自知父為霍中孺。……為驃騎將軍，擊匈奴，道出河東，……遣吏迎中孺，……去

病大爲中孺買田宅奴婢而去。」（《漢書‧霍光傳》）

（二）官吏因商失敗，歸而經營田產者。如：寧成歸家，稱曰「仕不至二千石，賈不至千金，安可比人乎。乃貰貸，買陂田千餘頃。假貧民役使數千家，數年會赦，致產數千金。」（《史記‧酷吏寧成傳》）

（三）儒者取得祿位，廣置田地。如：「禹爲人謹厚，……家以田爲業，及富貴，多買田至四百頃，皆涇渭灌溉，極膏腴上賈。」（《漢書‧張禹傳》）

（四）貴族貪求和田情形。如：淮南王安後荼，「太子遷及女陵得愛幸王，擅國權，侵奪民田宅，衡山王亦數侵奪人田。」（《史記‧淮南衡山王傳》）

（五）非法盜取公家土地而變賣情形。如：「李蔡以丞相坐詔賜冢地陽陵當得二十畝，蔡盜取三頃，頗賣得四十餘萬。」（《漢書‧李廣傳》）

（六）家族子孫多欲獲得田產。如疏廣「既歸田里，日令家共具，設酒食，請族人故舊賓客，與相娛樂。……廣子孫竊謂其昆弟老人，廣所信愛者曰：子孫幾（希冀）及君時頻立產業基趾。今日飲食費日盡，宜從丈人所勸，說君買田宅。老人即以暇時爲廣言此計。」（《漢書‧疏廣傳》）

至東漢土地兼併情形亦然，光武帝建武十五年曾下詔「州郡檢覈墾田頃畝」（《後漢書‧光武帝紀下》），事實上多未能徹底執行。根據《後漢書》記載：

> 時諸郡各遣使奏事。帝見陳留吏牘上有書，視之，云潁川弘農可問，河南南陽不可問。……帝怒。時顯宗爲東海公，年十二，在幄後，言曰：吏受郡敕，當欲以墾田相方耳。帝曰，即如此，何故言河南南陽不可問。對曰：「河南帝城，多近臣；南陽帝鄉，多近親，田宅踰制，不可爲準。」帝令虎賁將詰問吏，吏乃實首服。如顯宗對。（〈劉隆傳〉）

可見光武限制檢覈其效力僅及於小民，「近臣」、「近親」多「田宅踰制」，其後貴族權倖及富豪無不廣收田產。舉例如下：

（一）光武帝的外家爲地主。如「宏世祖之舅，……世善農稼，好貨殖。……其管理產業，物無所棄。課役童隸，各得其宜。故能上下勠力，財利歲倍，至乃開廣田土三百餘頃。」（《後漢書‧樊宏傳》）

（二）廉范爲蜀郡太守，亦爲大地主，不過其肯賑恤他人。「范世在邊，廣田地，積財粟。悉以賑宗族朋友。」（《後漢書‧廉范傳》）

（三）暴發戶的地主多置田產。如「陰子方臘日晨炊，而灶神形見。子方再拜受慶，家有黃羊，因以祀之。自是後，暴至巨富，田有七百餘頃。」（《後

漢書‧陰識傳》）

（四）封君爲私人大地主。如「康在國多不法，顯宗因削其縣，後復還所削地。康遂多殖貨財。大修宮室，奴婢至千四百人，廄馬千二百匹，私田八百頃。」（《後漢書‧光武十王濟南王康傳》）。

（五）封君侵奪人田的情形。如「穆遷繒相，繒侯劉敝，……所爲多不法。穆到官，乃上沒敝所侵奪官民田地。」（《後漢書‧方術傳‧沙穆》）

（六）馬皇后謙抑，力裁外家，而其兄弟仍極豪富。如「防兄弟貴盛，奴婢各千人以上，資產巨億，皆買京師膏腴美田。」（《後漢書‧馬援傳附防傳》）

（七）貴戚爭奪田地之例。如竇憲「恃宮掖聲勢，遂以賤直請奪沁水公主園田，主逼畏不敢計。宕肅宗駕出過園，指以問憲，憲陰喝不得對。後發覺，帝大怒，召憲切責曰：『深思前後，奪主田園時，何用愈趙高指鹿爲馬。久念使人驚怖。昔永平中常令陰黨、陰博、鄧疊三人更相糾察，故諸豪戚莫敢犯法者。而詔書切切猶以舅氏田宅爲言。今貴主尚見枉奪，何況小人哉。……』憲大恐懼，皇后爲毀服深謝，良久乃得解，使以田還主。」（《後漢書‧竇融傳附憲傳》）

（八）宦者非法豪奪土地。如「小黃門殷珪家在濟陰，與覽並立田業，近濟北界，僕從賓客，侵犯百姓。……督郵張儉因舉奏覽貪恥奢縱，……前後請奪人宅三百八十一所，四百一十八頃，起立第宅十有六區。」（《後漢書‧宦者侯覽傳》）又如劉佑「轉大司農，時（桓帝時）中常侍蘇康、管霸，用事於內，遂固（圈占）天下良田美業山林湖澤，民庶窮困。……佑移書所在，因科品沒入之。桓帝大怒，論佑輸左校。」（《後漢書‧黨錮劉佑傳》）

（九）豪強侵奪田宅情形。如范康爲太山太守，「郡內豪姓多不法，康至奮威怒，施嚴令，莫有敢犯者，先所請奪人田宅，皆遽還之。」（《後漢書‧黨錮苑康傳》）

學者指出：「後漢權豪貴族佞倖之土地慾尤盛，其取得土地之非法，尤甚於前漢時。」〔註30〕由此可知兩漢土地兼併的嚴重和普遍。

由於土地兼併形成分貧富對立，影響國家經濟發展，國君及大臣多思索因應之策以求改善。例如漢代實行徙富豪於京師的政策，就有緩和土地兼併的作用。根據《漢書》記載：

〔註30〕 參見李劍農《先秦兩漢經濟史稿》頁249。華世出版社，民國70年出版。

漢興立都長安，徙齊諸田、楚昭、屈、景及諸功臣家於長陵。後世
世徙吏二千石，高訾富人，及豪傑併兼之家於諸陵，蓋亦強幹弱枝，
非獨為奉山園也。(〈地理志上〉)

主父偃說上曰：天下豪傑兼併之家，亂眾民；皆可徙茂陵，內實京
師，外銷奸猾，上從之。(〈主父偃傳上〉)

此政策乃延襲秦代徙富豪於京師而來。〔註31〕漢代行此政策者，例如：

高祖九年十一月，徙齊楚大族昭氏屈氏景氏懷氏田氏五姓關中，與
利田宅。(《漢書・高帝紀下》)

武帝元朔二年，徙郡國豪傑及訾三百萬以上于茂陵。(〈武帝紀〉)

太始元年，徙郡國吏民豪傑於茂陵雲陵。(〈武帝紀〉)

宣帝本始元年，募郡國吏民訾百萬以上，徙平陵。(〈宣帝紀〉)

元康二年，徙丞相將軍列侯吏二千石訾百萬者杜陵。(〈宣帝紀〉)

凡吏二千石以上及平民有財產、土地者，恐其勢力坐大，危害統治者權力，
遂每隔一不特定時間實施徙民。〔註32〕由於地方上的大家族及官吏兼併大量
土地，政府將其移徙至京師，則豪族將難保持其原有土地。此點元帝永光四
年的詔書曾指出：

有司以臣子之義，奏徙郡國民以奉園陵，令百姓遠棄先祖陵墓，破
業失產，親戚別離，人懷思慕之心，家有不安之意。(《漢書・元帝
紀》)

此詔書指出被徙者「破產失業」，可想見大族多視此為畏途，徙民政策自然可
避免豪族權勢的集中。

此外，又如武帝時，董仲舒見豪族所釀成的社會問題，乃有限民名田的
建議以杜塞兼併。其目睹社會貧富不均的現象，曾說：

古者稅民不過什一，其求易共，使民不過三日，其力易足，民財內
足以養老盡孝，外足以事上共稅，下足以畜妻子極愛，故民說從上。
至秦則不然，用商鞅之法，改帝王之制，除井田，民得賣買，富者
田連阡陌，貧者無立錐之地。又顓川澤之利，管山林之饒。荒淫越
制，踰侈以相高，邑有人君之尊，里有公侯之富，小民安得不困？

〔註31〕參見宋敘五〈兩漢土地兼并考證〉一文。同註25。
〔註32〕漢代實行徙民政策宋敘五已提出。出處同註25。

又加月爲更卒，已復爲正，一歲屯戍，一歲力役，三十倍於古，田
租口賦鹽鐵之利二十倍於古，或耕豪民之田，見稅什五，故貧民常
衣牛馬之衣，而食犬彘之食，重以貪暴之吏，刑戮妄加，民愁亡聊，
亡逃山林，轉爲盜賊，赭衣半道，斷獄歲以千萬數，漢興循而未改。
（《漢書‧食貨志上》）

董仲舒理想的土地分配制度爲井田制（《春秋繁露‧爵國篇》）。由於時移境遷
已無法付諸實行，遂提出限田主張。其內容爲：

古井田法雖難卒行，宜少近古，限民名田，以澹不足，塞併兼之路，
鹽鐵皆歸於民，去奴婢，除專殺之威，薄賦斂，省繇役，以寬民力，
然後可善治也。（《漢書‧食貨志上》）

兼併現象嚴重，所謂「富者田連阡陌，貧者無立錐之地」極爲明顯，董仲舒
之言遂由此而發。

又武帝元狩年間對外用兵，國庫空虛，更遭山東水旱之災，貧民被迫流亡。
雖「天子遣使者，虛郡國倉廩以賑貧民。」「貧民畜積無有，皆仰縣官。」（《史
記‧平準書》）但猶不足以濟貧，遂「募豪富人相貸假」。據〈平準書〉所記，
當時豪富人多爭匿財，唯有卜式「持錢二十萬予河南守，以給徙民」，「百姓終
莫分財佐縣官」，武帝遂有禁商賈名田以及告緡政策的推行。《史記》記載：

賈人有市籍者，及其家屬，皆無得籍名田，以便農。敢犯令，沒入
田僮。（〈平準書〉）

楊可告緡遍天下，中家以上，大抵皆遇告。杜周治之，獄少反者，
乃分遣御史廷尉正監分曹往，即治郡國緡錢。得民財物以億計，奴
婢以千萬數。田，大縣數百頃，小縣百餘頃，……。（同上）

禁人名田及告緡令的施行，對土地兼併形成一種阻遏力量。

至成哀之際，全國上下奢恥成俗，土地兼併日趨嚴重。師丹針對此現象
提出解決辦法，其曰：

古之聖王莫不設井田，然後治乃可平。孝文皇帝承亡周亂秦兵革之
後，天下空虛，故務勸農桑，帥以節儉，民始充實，未有兼併之害，
故不爲民田及奴婢爲限。今累世承平，豪富吏民訾數鉅萬，而貧弱
愈困。蓋君子爲政貴因循而重改作。然所以有改者，將以救急也，
亦未可詳，宜略爲限。（《漢書‧食貨志上》）

後經丞相孔光及大司空何武合等合擬，而訂立限田制。其內容據〈食貨志〉

所記，要點如下：

（一）諸侯王列侯皆得名田國中，列侯在長安，公主名田縣道及關內侯
　　　吏民皆毋過三十頃。

（二）賈人不得名田為吏，犯者律論。

（三）諸侯王奴婢二百人，列侯公主百人，關內侯吏民三十人。年六十
　　　以上，十歲以下，不在數中。期盡三年，犯者沒入官。〔註33〕

　　限田制於綏和二年實行，但哀帝賜倖臣董賢良田二千餘頃，限田令遂名
存實亡。〔註34〕王莽掌控政權之後亦重視農業，由於西漢提倡的限田措施失
敗，於始建國元年（西元9年）發布王田令，詔書曰：

　　今更名天下田曰王田，奴婢曰私屬，皆不得賣買。其男口不盈八，
　　而田過一井者，分餘田予九族鄰里鄉黨。故無田，今當受田者，如
　　制度。敢有非井田聖制，無法惑眾者，投諸四裔，以禦魑魅，如皇
　　始祖考虞帝故事。（《漢書‧王莽傳》）

可知王莽改革重點是土地國有，私人不得買賣。男丁八口以下，占田不得過
一井。占田過限者，則分餘田與宗族鄰里。無田者則政府予田。由於引起豪
強反抗，又始建國四年（西元12年）中郎將區博進諫，認為王田制違民心。
遂下詔「王田皆得賣之」，王田制遂不得貫徹。

　　根據上述，漢世國君多有限制土地兼併的措施。然而，基本上，限田成
效不大，所以漢世有流民問題的產生。所謂「流民」，據羅彤華先生說法就是
無戶籍者。〔註35〕形成流民問題的原因有：脆弱的小農經濟、賦稅繁重、盜
寇侵陵繇役擾民、吏治不良豪強欺壓及災荒頻仍等五項。〔註36〕此外，根據
本節論述，土地兼併農民無田可耕，也是導致流民惡化的原因。此觀點於哀
帝時鮑宣的上書已提出，其曰：

　　凡民有七亡，陰陽不和，水旱為災，一亡也。縣官重責，更賦租稅，
　　二亡也。貪吏並公，受取不已，三亡也。豪強大姓，蠶食無厭，四
　　亡也。苛吏繇役，失農桑時，五亡也。部落鼓鳴，男女遮迣，六亡
　　也。盜賊劫略，取民財物，七亡也。（《漢書‧鮑宣傳》）

〔註33〕參見《漢書‧食貨志上》。
〔註34〕參見《漢書‧佞幸董賢傳》。
〔註35〕參見羅彤華《漢代的流民問題》頁4至15。學生書局，民國78年版。
〔註36〕同上註，頁71至176。

說明農民有「七亡而無一得」，「有七死而無一生」，其中「豪強大姓，蠶食無厭」即是重要一條。元帝以後，破產的農民與日俱增。史載「今（元帝初）天下獨也關東，關東大者獨也齊楚，民眾久困，連年流離，離其城郭，相枕席於道路。」（《漢書·賈捐之傳》），可看出流民遍及全國，成為漢代嚴重社會問題。史書記載：

（元帝）始即位，關東連年被災害，民流入關。（《漢書·元帝紀》）

成帝河平元年三月，旱，傷麥，民食榆皮，……流民入函谷關。（《漢書·天文志》）

成帝陽朔二年關東大水，流民欲入函谷、天井、壺口、五阮關。（《漢書·成帝紀》）

今年（成帝元延元年）蠶麥咸惡，百川沸騰，江河溢決，大水氾濫郡國十五有餘。比年喪稼，時過無宿麥。百姓失業流散，群輩守關。（《漢書·谷永傳》）

強調流民的形成多出自天災。但是如果沒有地主的剝削兼并，農民破產程度不致於如此嚴重。至於當時流民人數有多少，史書雖未曾估計，但由上述史書不間斷的記載，可推測當時流民是不斷的出現。而且《漢書》記載：

元封四年，關東流民二百萬口，無名數者四十萬，公卿議欲請徙流民於邊以適之。（《漢書·石奮傳》）

武帝時流民人數已達二百餘萬人，顯示農民無田可耕的人數龐大。國君極欲解決此一問題，有識之士如董仲舒及師丹亦提出限田之議。但終因豪強勢力過大，限田並無結果，王莽推行的王田令亦歸失敗。人民在賣妻鬻子，流離失所的情況下，眼見貴族階級過著輕歌曼舞、窮奢極欲的生活，遂挺而走險。是以流民問題嚴重，農民生活不能維持，自然引起反彈。正如《淮南子》所言：「夫飢寒並至，能不犯法干誅者，古今之未聞也。……故物豐則慾省，求澹則爭止。」（〈齊俗篇〉）即說明此道理。所以農民最後淪為盜賊亦屬無奈。武帝時就有人民起義動亂之事發生。《漢書》記載：

南陽有梅免、百政，楚有假中、杜少，齊有徐勃，燕趙之間有堅盧、范主之屬。大群至數千人，擅自號，攻城邑，取庫兵，釋死罪，縛辱郡守、都尉，殺二千石，為檄告縣趣具食。小群以百數，掠鹵鄉里者不可稱數。（《漢書·咸宣傳》）

所謂「小群以百數」、「大群至數千人」，其中必然有生活無以為濟的農民。此

情形至東漢時更爲嚴重，靈帝光和三年黃巾起事前，短短六七十年中，東漢帝國內部之中，盜賊民敗的次數，就多達四十餘次。〔註37〕按史書記載，暴動規模較小者，如順帝永和三年：「江賊蔡伯流等數百人攻廣陵、九江，燒城郭，殺都長。」（《後漢書・天文志中》劉昭補注）至於規模大者，如靈帝光和三年「江夏蠻復反，與廬江賊黃穰相連結，十餘萬人，攻沒四縣，寇患累年。」（《後漢書・巴郡南郡蠻傳》）人數由數百人至十餘萬人不等，其中四散的農民應占多數。

　　至於靈帝中平元年，鉅鹿張角，以黃巾爲標幟，聚眾數十萬起事，「所在燔燒官府，劫略聚邑，州郡失據，長吏多逃亡。旬日之間，天下響應，京師震動。」（《後漢書・皇甫嵩傳》）雖不到一年黃巾賊即潰散，但餘黨仍流竄不已。凡此種種，唯有萬千農民之離鄉背井，圍聚起事，方能匯爲巨流洪濤。〔註38〕所以農民無田可耕，奴隸日增，流民嚴重，導致漢代暴亂迭起、社會不安。這是社會風氣奢侈功利，豪富兼併土地，形成貧富對立的結果。

四、奢侈浮華之生活享受

　　貴族富豪除畜養奴婢、兼併土地之外，並汲汲經營奢侈的生活。就天子而言，揚雄〈羽獵賦〉即鋪述了天子狩獵場面的雄偉壯觀。其曰：

> 武帝廣開上林，東南至宜春、鼎湖、御宿、昆吾，旁南山，西至長楊、五柞，北繞黃山，濱渭而東，周袤數百里。穿昆明池，象滇河，營建章、鳳闕、神明、馺娑、漸臺、泰液，象海水周流方丈、瀛洲、蓬萊。游觀侈靡，窮妙極麗，雖頗割其三垂以贍齊民，然至羽獵，甲車戎馬，器械儲偫，禁禦所營，尚泰奢麗誇詡，非堯、舜、成湯、文王三驅之意也。（《揚子雲集》卷五）

說明漢武帝擴建上林苑，南面至宜春、鼎湖、御宿、昆吾，繞終南山，西南至長楊宮、五柞宮，北面繞過黃山宮，沿渭水向東延伸，周長數百里。其中挖掘昆明池，營造建章宮、鳳闕、神明臺、馺娑宮、漸臺、泰液池，並築方丈、瀛洲、蓬萊三座仙山。遊玩觀賞，奢侈浪費，窮盡奇妙，極其華麗。以建章宮爲例，《水經注》記載：

> 建章宮……二十餘里，千門萬戶。其東鳳闕高七丈五尺，……中作

〔註37〕參見鄔紀萬《兩漢土地問題研究》第五章第一節，台大文史叢刊。
〔註38〕同註6，頁110。

神明臺、井幹樓，咸高五十餘丈。……北有太液池，池中有漸臺，高三十丈。……南有璧門三層，高三十餘丈，中殿十二間。階陛咸以玉爲之，鑄銅鳳五丈，飾以黃金。樓屋上椽首，薄以玉璧，因曰璧玉門。……長樂宮北有咸陽宮，（有渭橋）。造此橋廣六丈，南北三百八十步，六十八間，七百五十柱，一百二十二梁。（《水經注釋》卷十九）

所謂「階陛咸以玉爲之，鑄銅鳳五丈，飾以黃金」，其奢華浪費可想而知。因此，〈羽獵賦〉雖然爲文人的描述，難免流於誇飾，但其中暗示帝王的奢華，可信度極高。至於其它皇帝的用度耗費亦十分驚人。如元帝時：

方今（元帝）齊三服官作工各數千人，一歲費數巨萬。蜀廣漢主金銀器，歲各用五百萬。三工官費五千萬，東西織室亦然，廄馬食粟將萬匹。……東宮之費亦不可勝計。（《漢書·貢禹傳》）

至成帝更是一「湛於酒色」（《漢書·成帝紀》）玩樂的荒淫君主。史書記載成帝：

（成）帝以三秋閑日與飛鷰戲於太液池，以沙棠木爲舟，貴其不沉沒也，以雲母飾於鷁首，一名雲舟，又刻大桐木爲龍，雕飾如眞，以夾雲舟而行。（《拾遺記》卷六）

置私田於民間，畜私奴車馬於北宮，數去南面之尊，離深宮之固，挺身獨與小人晨夜相隨，烏集醉飽吏民之家，……公卿百寮不知陛下所在，積數年矣。（《漢書·五行志中之上》）

說明其「置私田於民間，畜私奴車馬於北宮」。而且，成帝欲向胡人顯示其多禽獸，竟不顧農民耕作令民捕捉獵物，致使勞民傷財。史書記載：

上將大誇胡人以多禽獸。秋，命右扶風發民入南山，西自褒斜，東至弘農，南毆漢中，張羅罔置罘，捕熊羆豪豬虎豹狖玃狐菟麋鹿，載以檻車，輸長楊射熊館。以罔爲周阹。縱禽獸其中，令胡人手搏之，自取其獲，上親臨觀焉。是時，農民不得收斂。（《漢書·揚雄傳下》）

又如東漢安帝欲造畢圭靈琨苑，楊賜上疏諫曰：「……今猥規郊城之地，以爲苑囿，壞沃衍，廢田園，驅居人，畜禽獸，殆非所謂『若保赤子』之義。」……帝欲止，以問侍中、中常侍樂松。松等曰：「昔文王之囿百里，人以爲小；齊宣五里，人以爲大。今與百姓共之，無害於政也。」帝悅，遂令築苑。此例

說明了統治者的奢侈及不體恤百姓的行爲。(《後漢書‧楊震列傳附楊賜傳》)

　　此外，皇帝的奢靡亦見於舞樂之樂，故倡優倖進而位居顯要。例如武帝時：

> 李延年坐法腐刑，給事狗監中，延年善歌，爲新變聲。是時上方興
> 天地諸祠，欲造樂，令司馬相如等作詩頌，延年輒承意弦歌所造詩，
> 爲之新樂曲。而李夫人產昌邑王，延年繇是貴爲協律都尉，佩二千
> 石印綬，而與上臥起，其愛倖埒韓嫣。(《漢書‧佞幸傳》)

李延年出自卑微，因新樂而獵取富貴。至於李夫人初亦倡優，因「延年待上
起舞，歌曰：北方有佳人，絕世而獨立，一顧傾人城，再顧傾人國，寧不知
傾城與傾國，佳人難再得！上嘆息曰：善，世豈有此人乎？平陽主因言延年
有女弟，上乃召之，實妙麗善舞，由是得幸。」(《漢書‧外戚傳上》) 其後，
成帝之趙飛燕亦以歌舞倡進而至皇后。史書記載：

> 孝成趙皇后，本長安宮人。……屬陽阿主家，學歌舞，號曰飛燕成。
> 帝嘗微行，出過陽阿主，作樂，上見飛燕而說之，召入宮。大幸。(〈外
> 戚傳下〉)

至於其生活則極其奢華，史載趙飛燕：

> 居昭陽舍，其中庭彤朱，而殿上髹漆，切皆銅沓冒黃金塗，白玉階，
> 壁帶往往爲黃金釭，函藍田璧，明珠、翠羽飾之，自後宮未嘗有焉。
> (〈外戚傳下〉)

以上不僅顯示漢代舞樂之盛，而后妃奢侈的生活亦可見一般。東漢皇帝的奢
靡亦然。如桓帝荒淫，李賢記載其「宮女多達五、六千人」(《後漢書‧孝桓
帝紀》)。靈帝時，「後宮綵女數千餘人，衣食之費，日數百金。……宮女無用，
塡積後庭，天下雖復盡力耕桑，猶不能供。」(《漢書‧宦者呂強列傳》) 即是。

　　上有所好，下必甚之。貴族、大臣的奢侈生活亦超過以往。所謂「好聲
色，上侈靡，廉恥之節薄，淫辟之意縱。」(《漢書‧匡衡傳》) 已成爲風氣。
如成帝時外戚王氏五兄弟「五侯群弟，爭爲奢侈，賂遺珍寶，四面而至，後
庭姬妾，各數十人，僮奴以千百數，羅鐘磬，舞鄭女，作倡優，狗馬馳逐，
大治第室，起土山漸臺，洞門高廊閣道，連屬彌望。百姓歌之曰：『五侯初起，
曲陽最怒，壞決高都，連竟外杜，土山漸臺西白虎』其奢僭如此。」(《漢書‧
元后傳》) 又如史丹「僮奴以百數，后房妻妾數十人，內奢淫，好飲酒，極滋
味聲色之樂。」(《漢書‧史丹傳》) 又如哀帝時董賢被皇帝寵幸，生活豪奢。

史載：

> 賢治大第，開門向北闕，引王渠灌園池，使者護作，賞賜吏卒，甚
> 於治示廟。賢母病，長安廚給祠具，道中過著皆飲食。爲賢治器，
> 器成，奏御乃行，或物好，特賜其工，自貢獻宗廟三宮，猶不至此。
> 賢家有賓婚及見親，諸官並共，賜及倉頭奴婢，人十萬錢。（《漢書・
> 王嘉傳》）

成帝亦深感此種豪奢淫佚之風，而曰「公卿列侯親屬近臣，四方所則，未聞
修身遵禮，……或乃奢侈逸豫務廣第宅，治園池，多畜奴婢，被服綺縠，設
鐘鼓，被女樂，車服嫁娶埋葬過制。」（《漢書・成帝紀》）

　　至東漢之世，侈靡無度的生活，相沿而未改。如史載光武帝之子琅邪孝
王京：

> 顯宗尤愛幸，賞賜恩寵殊異，莫與爲比。……光烈皇后崩，帝悉以
> 太后遺金寶財物賜京。京都莒，好修宮室，窮極技巧，殿館壁帶皆
> 飾以金銀。（《後漢書・光武十三王列傳》）

章帝時外戚馬防、馬光兄弟貴盛，史載其：

> 奴婢各千人以上，資財巨億，皆買京師膏腴美田，又大起第觀，連
> 閣臨道，彌互街路，多聚聲樂，曲度比諸郊廟。賓客奔湊，四方畢
> 至，京兆杜篤之徒數百人，常爲食客，居門下，刺史、守、令多出
> 其家。（《後漢書・馬援列傳附馬防傳》）

至和帝時，天下承平。然「自王侯以下，莫不踰侈。」（《後漢書・張衡列傳》）
「貴戚近親，百僚師尹，莫肯率從，有司不舉，怠放日甚。」（《後漢書・和
帝紀》）桓帝時，梁冀奢侈，大起第舍。史書記載：

> 冀乃大起第舍，而壽亦對街爲宅，單極土木，互相誇競。堂寢皆有
> 陰陽奧室，連房洞戶，柱壁雕鏤，加以銅漆。窗牖皆有綺疏青瑣，
> 圖以雲氣仙靈。臺閣周通，更相臨望，飛梁石磴，陵跨水道。金玉
> 珠璣，異方珍怪，充積藏室。遠致汗血名馬。又廣開園囿，採土築
> 山，十里久板，以像二崤，深林絕澗，有若自然，奇禽馴獸，飛走
> 其閒。冀壽共乘輦車，張羽蓋，飾以金銀，游觀第內，多從倡伎，
> 鳴鐘吹管，酣謳竟路。或連繼日夜，以騁娛恣。……又多柘林苑，
> 禁同王家，西至弘農，東界滎陽，南極魯陽，北達河、淇，包含山
> 藪，遠帶丘荒，周旋封域，殆將千里。又起菟苑於河南城西，經互

數十里，發屬縣卒徒，繕修樓觀，數年乃成。（《後漢書・梁統列傳
　附梁冀傳》）

故桓帝時，劉瑜上書：「……今第舍增多，窮極奇巧，掘出攻石，不避時令。……
州郡官府，各自考事，姦情賕賂，皆爲吏餌。」（《後漢書・劉瑜列傳》）至靈
帝時，奢僭亦然。例如：靈帝時，朱瑀「父子兄弟被蒙尊榮，素所親厚布在
州郡，……不惟祿重位尊之責，而苟營私門，多畜財貨，繕修第舍，連里竟
巷。盜取御水以作於釣，車馬服玩擬於天家。」（《後漢書・宦者列傳・曹節
傳》）當時呂強亦上諫書：

　　外戚四姓貴倖之家，及中官公侯無功德者，迭起館舍，凡有萬數，
　　樓閣連接，丹青素堊，雕刻之飾，不可單言。（《後漢書・宦者呂強
　　列傳》）

說明統治階級的奢侈生活已成爲流風時尙。誠如王符所言：

　　今京城貴戚，衣服飲食，車輿文飾盧舍，皆過王制，僭上甚矣。從
　　奴僕妾，皆服葛子升越，筩中女布，細緻綺縠，冰紈錦繡，犀象珠
　　玉，琥珀玳瑁，石山隱飾，金銀錯鏤，獐鹿履舃，文組綵褋，驕奢
　　僭主，轉相誇詫。箕子所唏，今在僕妾，富貴嫁娶，車軿各十，騎
　　奴侍僮，夾轂節引，富者競欲相通，貧者恥不逮及。（《潛夫論・浮
　　侈篇》）

雖然統治階層人數遠不及農民、奴婢及流民，但擁有大部份的政經資源，所
以影響甚大。王符所謂「富者競欲相過，貧者恥不逮及」，即明貴戚豪族奢侈
生活，對社會風氣形成的作用。

　　根據上述，對韓非尊君學說可作一檢討。韓非尊君學說本在透過法、術、
勢的運用，鞏固國君地位之尊隆。至於其所尊之君，乃「能立道於古往，而
垂德於萬世」的明主，是預設尊君學說所尊之君爲賢君。故於〈安危篇〉所
提出之安術七項，即要求國君應明是非。其曰：

　　安術：一曰賞罰隨是非。二曰禍福隨善惡。三曰生死隨法度。四曰
　　有賢不肖而無愛惡。五曰有愚智而無非譽。六曰有尺寸而無意度。
　　七曰有信而無詐。危道：一曰斷削於繩之內。二曰斷割於法之外。
　　三曰利人之所害。四曰樂人之所禍。五曰危人之所安。六曰所愛不
　　親，所惡不疏。（〈安危篇〉）

於〈守道篇〉要求國君守法，其曰：

託天下於堯之法，則貞士不失分，姦人不僥倖。

於〈觀行篇〉要求國君宜取長補短，改正缺失。其曰：

古之人目短於自見，故以鏡觀面；智短於自知，故以道正己。……

故以有餘補不足，以長續短，以謂明主。

然而，由於尊君的緣故，為突出國君地位的無與倫比，與凡居住、衣服、器物等多華麗雄偉，以凸顯國君與平民百姓的不同，往往形成國君的華侈生活。

漢代國君的奢華生活，事實上，已犯了韓非〈十過篇〉所規勸國君不務聽治而好五音、貪愎喜利以及耽於女樂不顧國政的三項過失。這表示韓非尊君學說預設明君的理論前提很難達到。上述漢代國君的現實生活，不論死後之陵墓或生前的生活享受，都極盡華奢。由於上行下效，諸侯公卿亦競尚奢華。甚至影響整個社會風氣，形成貴族富豪土地兼并、畜養奴隸的嚴重貧富對立問題。

總上所述，可推知社會風氣浮華是普遍的社會現象，但是韓非學說必然導向此一方向。因韓非主張尊君，君權極度擴張，君主奢華縱欲亦無人可限制。加上人有上行下效的本能，於是諸侯官吏及百姓亦趨向浮華，這是韓非學說本質上的盲點。至於儒家執政，國家承平日久，也會導致浮華現象，但這是時間演進上所形成的問題，並非本質上的困結。

第十章　結語──韓非尊君學說影響兩漢所形成之流弊

　　根據上述，韓非尊君學說對兩漢政經形勢有一定影響，但其中也有輕重之別。漢代對官僚制度、法律制定及學術、軍事控制上，受韓非學說影響較深刻，至於經濟、社會由於涉及範圍廣泛，相對的韓非學說的影響力就有一定限度。關於韓非學說的負面批評，多集中在韓非集法家學說大成形成專制政體上。譬如：郭沫若先生言：

> 韓非子個人在思想上的成就，最重要的似乎就在把老子的形而上觀，接上了墨子的政治獨裁的這一點。……韓非就是這樣的一位極權主義者，他的議論實在足以使歐洲中世紀的麥迦威理（Machiavelli，1469～1527）減色。〔註1〕

胡拙甫先生說：

> 韓非絕無民主思想，熊先生謂其爲君主思想。爲列強競爭時代之極權主義者。其志在致國家於富強，以兼併天下。故人可謂爲侵略主義者。〔註2〕

王曉波先生指出：

> 韓非是在封建末期的戰國時代並主張專制政治的，……因此，代表法家思想的商鞅和韓非也就成了眾矢之的。〔註3〕

〔註1〕　參見郭沫若《十批判書》，收入《郭沫若全集》歷史編第二卷，頁349至385。人民出版社，1982年出版。

〔註2〕　參見胡拙甫《韓非子評論》頁3。香港人文出版社，民國39年出版。

〔註3〕　參見王曉波〈韓非的哲學思想〉，收入《儒法思想論集》頁187。時報文化出

基本上，韓非學說無庸置疑是為君主專制而設計的。不過，在韓非的設計中，專制君主若要長久保持其權力，必需兼用法、術、勢。其中「勢」的涵義便是人君自處於至尊地位，地位崇高。由於權力使人腐化，國君往往為使權力發揮至最大限度，只擇取韓非學說中有利於尊君的「勢」、「術」理論，對公平的「法」，在某種程度下，則已遭歪曲。誠如余英時先生所說：

> 後世的皇帝對韓非的「勢」、「術」兩件武器都已運用得非常到家，
> 唯獨對於「法」這一項卻不能接受韓非的建議。〔註4〕

所以從兩漢政經形勢中探討韓非尊君學說所形成的流弊，雖代表韓非學說本身的缺陷，但有部份也是統治者自己所導致的。這是檢討韓非學說流弊時應有的認識。以下進一步歸納前文之論述，說明韓非尊君學說影響兩漢所形成的流弊。

第一節　就政治層面而言

政治為管理眾人之事，君主所憑藉的不外是官僚與法律以統理眾人，君主面對的主要是總理官僚及制定法的問題。因此，兩漢政治落實韓非尊君學說所形成的流弊，可分為兩方面論述。

一、就總理官僚而言

此部份又可分為人為技術上的流弊及學說理論上的流弊兩點。

（一）人為技術上的流弊

人為上的問題是選舉不實及考課不公監察不實，說明如下：

1. 選舉不實

選官與取士是為集權專制政體維持政權的必要工具。韓非曾說：「明主者，推功而爵祿，稱能而官事，所舉者必有賢，所用者必有能。」（〈人主篇〉）此即因能授官，「內舉不避親，外舉不避仇。」（〈說疑篇〉）的態度。所以漢代有察舉制度推舉賢良方正、孝廉來落實因能任職的用意。但察舉制度發展至末流只徒為形式，所取之士非當道子孫，即為貴戚親友。例如地方察舉，權任太守，多營私舞弊。正如范曄所言：「州郡察孝廉秀才……權門貴仕，請

版公司，民國 72 年出版。

〔註 4〕 參見余英時〈君尊臣卑下的君權與相權〉，收入《歷史與思想》頁 72。聯經出版社，民國 65 年出版。

謁繁興。」(《後漢書‧左雄傳》論曰)權門貴仕之請託，使門閥士族壟斷仕途，寒門進仕無門。漢代《樂府詩集》就曾反映此現象，其曰：

> 牢耶，石耶，五鹿客耶？
>
> 印何纍纍，綬若若耶？(〈牢石歌〉)

〈牢石歌〉是元帝時的民謠，牢是牢梁，石是石顯，五鹿是五鹿充宗，是元帝時的大官。此三人結黨營私，掌握朝政。詩中即對諂媚依附者多得高官加以諷刺。〔註5〕因此，「權富子弟多以人事得舉，而貧約守志者以窮退見遺。」(《後漢書‧黃瓊傳》附黃琬傳)。在此情況下，舉主與故吏之間，往往形成「表舉薦達，例皆門徒，及所辟召，靡非先舊。」(《後漢書‧李固傳》)的依附關係。此外，察舉多重視名譽，使人產生徇名而喪實的虛偽行為，如久喪、讓爵、推財、避聘、報恩等，多矯枉過正。再加上名士賢材互相標榜，往往自抬身價，正如王符所說：

> 虛張高譽，彊蔽疵瑕，以相詆耀，有快於耳，而不若忠選實行，可任於官也。(〈實貢篇〉)

由於選舉不實，官吏多不能努力於吏政。如順帝於陽嘉元年的詔書就已反映官吏不勤的現象，其曰：

> 閒者以來，吏政不勤，故災咎屢臻，盜賊多有，退省所由，皆以選舉不實，官非其人，是以天心未得，人情多怨。(《後漢書‧順帝紀》)

順帝永建初年，尚書令左雄說：

> 謂殺害不辜為威風，聚斂整辨為賢能，以理己安民為劣弱，以奉法循理為不化。(〈左雄傳〉)

官吏行為多腐化，官場風氣敗壞，事實上多因於選舉不實，而用人不當所致。

　　基本上，這並非韓非用人唯才觀念上的錯誤，而是在此觀念上所建立的察舉制度本身所衍生的問題。我們可將察舉制度與漢代的貲選、任子等選官仕進方法作一比較，即可明白。

　　所謂貲選制度即賣官鬻爵，有錢人家可買爵任官。至於任子制，乃為權貴子弟的仕進授與特權，達官貴人亦藉此制度，將其權位世代承襲。是以東漢政治幾為豪族政治，例如：三輔竇氏、南陽鄧氏、安定梁氏，在明帝之時前後專政，即世代為宦的豪門。以鄧氏一家而言，封侯者二十九人，為三公

─────────

〔註5〕參見劉大杰《中國文學發展史》第七章〈漢代的詩歌〉頁211。華正書局，民國73年出版。

者二人，爲大將軍者十三人，中二千石者十四人，列校二十二人，州牧郡守四十八人，其餘侍中、將軍、大夫、郎、謁者，不可勝數。梁冀一門，前後七封侯、三皇后、六貴人、二大將軍、女食邑稱君者七人，尚公主者三人，其餘卿、將、尹、校五十七人。〔註6〕誠所謂「子弟祿仕，曾無限極。」（《後漢書·李固傳》）爲保障貴戚的既得利益，任子制多大行其道。

貲選及任子二者多不經考試，不問才德如何，而被任命爲官。相形之下，察舉不失爲公平的任人方法。而且選舉也曾發揮「明試以功，故官無廢事，下無逸民，教化流行，風雨和時，百穀用成，眾庶樂業，咸以康寧。」（《漢書·成帝紀》）的作用。至於察舉制度所以形成貴戚當道的流弊，應屬於人爲運作的問題。與貲選、任子制本身即爲腐化的用人制度不同。由貲選、任子制的缺失，可證明韓非因能授官的用人態度，有其睿智及必需性。

2. 考課不公，監察不實

韓非提出循名責實以考核臣僚的辦法，成爲中央集權國家一項重要措施。以考核升遷任免，可避免權臣犯上，並發揮官僚機構的統治效能。故韓非曰：「任事者知不足以治職，則放官收璽。」（〈八經篇〉）

漢代考課官吏政績的方式，大抵以「案比」及「上計」爲基礎。「案比」是朝廷爲確保賦稅、繇役及兵役來源而實施的戶籍登記。「案比」之後則有「上計」，是下級向上級、地方向中央上報。藉上計考核官吏，其考課範圍其廣，舉凡租稅收入、戶口增減、盜賊、治獄、農桑及災害賑濟等，多列入檢核。再根據考課評定之等第進行獎懲。

地方受計者爲郡，縣道上其計簿，由郡守考課。「凡郡國皆掌治民，進賢勸功，決訟檢姦。常以春行所主縣，勸民農桑，振救乏絕。秋冬遣無害吏案訊諸囚，平其罪法，論課殿最。歲盡遣吏上計，……。」（《後漢書·百官志五》劉昭補注）。朝廷的受計者，西漢時在中央爲丞相、御史二府，東漢時則由司徒爲之，或由尚書主持。故劉昭言司徒掌「人民事，凡教民孝悌、遜順、謙儉、養生送死之事，則議其事，建其度，凡四方民事功課，歲盡則奏其殿最而行賞罰。」（《後漢書·百官志五》劉昭補注）

東漢之後，郡守怠忽職守現象，史不絕書。例如《後漢書》記載：

先帝（章帝）明敕在所，令試之以職，乃得充選，……宣布以來，

〔註6〕劉師文起已作此歸納。參見劉師文起《王符潛夫論所反映之東漢形勢》頁46。文史哲出版社，民國84年出版。

　　出入九年，二千石曾不承奉，恣心所好。（〈和帝紀〉）

　　方今案比之時，郡縣多不奉行，雖有糜粥，糠秕相半，長吏怠事，
　　莫有躬親，甚違詔書養老之意。（〈安帝紀〉）

王符更有一段明白的敘述：

　　今則不然，令長守相，不思立功，貪殘專恣，不奉法令，侵冤小民，
　　州司不治，令遠詣闕，上書訟訴，尚書不以責三公，三公不以讓州
　　郡，州郡不以討縣邑，是以凶惡猾，易相冤也。（〈考績篇〉）

上至尚書三公，下至州郡縣邑，「不思立功，貪殘專恣」。又不督導下級官吏，
所以「尚書不以責三公，三公不以讓州郡，州郡不以討縣邑。」只是一味「愛
其變媚之美，不良其材而受之官。」（〈思賢篇〉）

　　上級既無治世績效，亦乏督導統馭之功，形成「案比」、「上計」的不實
現象，而有考課不公之事。再加上考績關係官吏的仕進，官吏又有舞弊其計
簿的方法，考課遂多不公。基本上，考課制度須賴強有力的中央集權，及各
項制度的配合。在統治者日趨腐敗，以及朝政紊亂下，考課多無法推行。考
課制度的不能健全，與監察制度的敗壞亦有因果關係。官吏考課的推行靠監
察制度的落實。韓非言：「人主以一國目視，故視莫明焉；以一國耳聽，故聽
莫聰焉。」（〈定法篇〉）換言之，善治國者宜監督官吏，使不得為非。漢天子
深明此道，建立了一套嚴密的監察體系。

　　漢代監察組織以御史大夫為首，御史中丞副之，監察中央官史者有侍御
史，監察地方官吏者有部刺史。刺史專察郡國二千石之官，二千石以下之官
由郡國守相考課。武帝時刺史以六條察州，非條所問即不省察，且不得干預
治民之事。至東漢則權責較西漢為增，不獨可干預地方行政，且可代行郡守
權責，甚而可領兵領郡。〔註7〕已成為郡國守相的上級長官，此從東漢諸帝
詔書，常置刺史於郡國守相之上，並二者連稱知之。〔註8〕各郡國又設有督
郵，督郵職責在監察所屬縣令、長。系統分明，各有職掌，而且上下相監臨。

　　但東漢時刺史多「專情務利，不恤公事。」（《潛夫論·敘錄篇》）又督郵
為惡，常不稱職。〔註9〕尤其東漢「權移外戚之家，寵被近習之豎。」（《後漢

〔註7〕　參見勞榦〈兩漢刺史制度考〉一文，收入中研院史語所集刊第十一本。

〔註8〕　劉師文起歸納章帝建初元年三月詔、元和元年二月詔、順帝陽嘉元年閏月詔，
　　　　而提出之論點。

〔註9〕　東漢時刺史多「專情務利，不恤公事」，其例可參見第五章之說明。又督郵為
　　　　惡，常不稱職，例如：《後漢書·方術列傳·高獲傳》記載：光武帝時，汝南

書·仲長統傳》)朝廷由外戚宦官交相竊柄,監察制度遂未能有具體成效。

韓非考課及監察理論的提出,使考課官吏有公平升遷管道,此部份的學說實有正面價值。但漢代未完全體現韓非學說,重用外戚宦官,自然不能發揮監督本意,以乃皇權不彰後所衍生的現象。

兩漢選舉不實、考課不公的後果是造成吏治不清,貪吏俗吏及酷史專橫的事實。例如:

> (東漢豎宦充朝),羽毛齒革、明珠南金之寶,殷滿其室,富擬王府,勢回天地。(《後漢書·黃瓊傳》)

> 俗吏之治,皆不本禮讓,而上克暴。或忮害好陷人於罪,貪財而慕勢,故犯法者眾,姦邪不止。(《漢書·匡衡傳》)

> 選舉乖實,俗吏傷人,官職秏亂,刑罰不中。(《後漢書·章帝紀》建初元年詔)

> 俗吏矯飾外貌,似是而非,揆之人事則悅耳,論之陰陽則傷化,朕甚饜之,甚苦之。(同上,元和二年詔)〔註10〕

凡此多爲概略式的敘述,已可見漢代吏治的混濁。此外,史書更有醒目的事例記載,如:

> (元初二年)被蝗以來,七年于茲,而州郡隱匿,裁言頃畝。今群飛蔽天,爲害廣遠,所言所見,寧相副邪?三司之職,內外是監,既不奏聞,又無舉正,天災至重,欺罔罪大。(《後漢書·安帝紀》元初二年詔)

此正是俗吏欺罔誤國的明證。由於在位者多非其人又驕奢淫侈,甚至有掠民財物以供其揮霍的事情發生。漢樂府民歌即記載:

> 平陵東,松柏桐,不知何人劫義公。劫義公,在高堂下,交錢百萬兩走馬。兩走馬,亦誠難,顧見追吏心中惻。心中惻,血出漉,歸告我家賣黃犢。(〈相和歌辭三·平陵東〉)

詩中說將義公劫至高堂,勒逼財物又能派出追吏,暗示官府公開掠民財物。人民生活不受照顧,自然苦不堪言。

高獲素善天文、曉遁甲,能役使鬼神。時郡境大旱,太守鮑昱親往問何以致雨?「獲曰:『急罷三部督郵,明府當自北出,到三十里,雨可致也。』」督郵不孚人望可知。

〔註10〕漢代酷吏之例,可參見法治方面流弊的論述。

（二）學說理論上的流弊

上述之選舉不實及考課不公監察不實，是人爲運作上所產生的問題。至於韓非學說理論上的流弊，說明如下：

韓非完成尊君卑臣學說，在君主集權之下，強調勢的重要。其曰：

> 人主之所以身危國亡者，大臣太重，左右太威也。所爲貴者，無法而擅行，操國柄而使私者也。所謂威者，擅權勢而輕重者也。此二者不可不察也。夫馬之所以能任重，引車，致遠道者，以筋力也。萬乘之主千乘之君所以制天下而威諸侯者，以其威勢也。威勢者人主之筋力也。今大臣得威，左右擅勢，是人主失力。人主失力而能有國者，千無一人。（〈人主篇〉）

說明臣子義務在盡能，積極興功。君權則握有賞罰，以駕馭群臣。若臣權太重侵逼君權，如趙高指鹿爲馬，即爲實例。所以，在君主集權制度中，君主與臣子兩種力量不免形成緊張矛盾。〔註11〕君臣間權力無法平衡，遂引發流弊：

1. 君權與相權之失衡

漢代丞相乃位居君主之下，總攬統治權利的機關。職掌範圍甚廣，權力甚大。由於君權與相權爲兩種互相矛盾的權力，相權過大造成君權的威脅，是以韓非學說又主張限制臣權的發展。漢代君主遂藉操持賞罰之柄限制丞相權力，並設置御史大夫，用以監督丞相。丞相具有行政權，御史大夫則有監察權。國有大事丞相得衡量利弊得失而執行政策，而御史大夫得就其監察立場審察丞相是否違法。

國君雖已限制相權，但相權之大仍使國君惴惴不安。遂又形成變向削弱丞相職權的現象。

（1）爲鞏固皇權，特選「無所能發明」（《史記‧張丞相列傳》）之輩出任相職，宰相自此可說是「娖娖廉謹」備員而已（同上）。並且根據學者分析，武帝前後計丞相十二人，被迫自殺及下獄死者達五人，可見相權的低落。〔註12〕基本上，丞相一職多由御史大夫升任，據《漢書》卷十九〈百官公卿表〉所載，四十一名丞相中，由御史大夫升任者二十二人。所謂「選中二千石御史大夫，任職者爲丞相，位次有序，所以尊聖德，重國相也。」（《漢書‧朱博傳》）。史

〔註11〕此觀念曾繁康〈法家思想與秦漢時代的丞相制度〉一文已提出。參見《社會科學論叢》第七輯。

〔註12〕同註6，頁25。

載：

> （薛宣爲左馮翊）吏民稱之，郡中清靜，遷爲少府，共張職辦。月餘，御史大夫于永卒，谷永上疏曰：「……御史大夫内承本朝之風化，外佐丞相統理天下，任重職大，非庸材所能堪。今當選於群卿，以充其缺？……竊見少府宣，材茂行絜，達於從政……上然之，遂以宣爲御史大夫，數月代張禹爲丞相。」（《漢書・薛宣傳》）

可證明天子多選功績顯著德操公潔者爲相。然而武帝獨用無所能者，可見其對相權壓抑之程度。

（2）由於丞相權重，故啓用近旁之卑官使掌機要。《後漢書》記載武帝「數宴后庭，或潛游離館，故請奏機事，多以宦人主之。」（〈宦者列傳〉）說明宦官成爲皇帝處理政務的助手。徐復觀先生分析武帝將處理政務實權，由宰相轉移至尚書主要原因是：

> 因爲他們地位很低，可以減輕盜權竊柄的顧慮，並容易貫徹自己的主張，不致受到宰相的牽制。〔註 13〕

基本上，尚書的選任多得天子信任。史書記載：「（成帝）時……光（孔光）以高第爲尚書。觀故事品式，數歲明習漢制及法令，上甚信任之，轉爲僕射、尚書令。」可知（《漢書・孔光傳》）。尚書既爲天子所信任，一切機要自然委任尚書處理，而侵越三公職權。

至東漢天子竊懼大臣之心益形顯露，由東漢三公實質與兩漢有異及重用尚書二者推知。兩漢時三公爲丞相、太尉及御史大夫，後罷太尉，職併丞相。雖有三公之名，實則統理國政者爲丞相、御史大夫。東漢則襲王莽所定之司馬、司徒、司空爲三公。光武中興，典章制度多從西漢，然三公從王莽之制，個中理由可從王莽立三公之用意推敲。〔註 14〕《後漢書》載陳元之言：「王莽，遭漢中衰，專操國柄，以偷天下。況己自喻，不信群臣，奪公輔之任，損宰相之威。」（〈陳元傳〉）一語道破三公鼎立目的爲貶抑權臣。光武亦恐政歸於下而因之。

此外，凡樞要之政事天子均不委付三公，由尚書（臺閣）處理。然而政事有失則策免三公，故仲長統所言：「光武皇帝，慍數世之失權，忿彊臣之竊

〔註 13〕 參見徐復觀《兩漢思想史》卷一，頁 235。學生書局，民國 79 年出版。
〔註 14〕 此觀點楊樹藩已提出。參見《兩漢中央政治制度與法儒思想》頁 99 至 101。商務印書館，民國 56 年出版。

命，矯枉過直，政不任下，雖置三公，事歸臺閣。」（《後漢書·仲長統傳》）因此，三公人選多「循常習故」之士，少有急進人才，正如仲長統所言：「中世之選三公也，務於清愨謹慎，循常習故者，是婦女之檢柙，鄉曲之常人耳。惡足以居斯位邪？勢既如彼，選又如此，而欲望三公勳立於國家，績加於生民，不亦遠乎？」（《後漢書·仲長統傳》）。

楊樹藩先生歸納《漢書》及《後漢書》所記，兩漢尚書權任甚重。其中對三公權任衝擊甚巨者，在國政議奏權的獲得。〔註15〕按理言之，國家行政事項如有所研議，應透過三府會議及廷議，東漢天子卻常詔尚書會議，並由臺閣逕奏天子。〔註16〕其次，是尚書擁有詰責權及劾奏權。〔註17〕西漢尚書承天子之旨，可召問、詰責丞相。至東漢尚書則操有自主的詰責權，甚至對被召責難的官員加以暴行。〔註18〕至於劾奏權則上自丞相，下至縣令都在劾奏的範圍。

尚書可詰責丞相，官場體制紊亂失序可推見。尚書地位雖隆，然「錄尚書事」者（西漢稱「平尚書事」或「領尚書事」）有權斥責尚書。〔註19〕錄尚書事除可由三公擔任外，復因女主親政，所以外戚亦可參錄政事。〔註20〕若因天子昏庸，委任戚宦，而至無所不為，則助理萬機之三公權能自然有名無實。所以王符說：

> 今則不然，令長守相，不思立功，貪殘專恣，不奉法令，侵冤小民，
> 州司不治，令遠詣闕，上書訴訟，尚書不以責三公，三公不以讓州

〔註15〕 參見楊樹藩〈兩漢尚書制度之研究〉一文，收於《大陸雜誌》第二十三第 3期。

〔註16〕 如《後漢書·朱暉傳》記載：「是時（章帝元和中）穀貴，縣官經用不足，朝廷憂之。尚書張林上言，穀所以貴，由錢賤故也。可盡封錢，一取布帛為租，以通天下之用……於是詔諸尚書通議。暉（尚書僕射朱暉）奏：據林言不可施行，事寢」。

〔註17〕 如《漢書·龔勝傳》記載：「丞相王嘉上書薦故廷尉梁相等，尚書劾奏嘉言事恣意迷國罔上，不道」。

〔註18〕 如《後漢書·左雄傳》記載：「（順帝時）大司農劉據以職事被譴，召詣尚書，傳呼促卞，又加捶撲」。

〔註19〕 如《後漢書·陳蕃傳》曰：「永康元年，（桓帝）崩，竇后臨朝。……以蕃（太尉陳蕃）為太尉錄尚書事。時新遭大喪，國嗣未立，諸尚書畏懼權官，託並不朝，蕃以書責之曰：古人立節，事亡如存，今帝祚未立，政事日蹙，諸君奈何委荼蓼之苦，息偃在床，於義不足，焉得仁乎？諸尚書惶怖，皆起視事。」

〔註20〕 如《後漢書·梁冀傳》曰：「（順帝崩）沖帝始在襁褓，太后（梁太后）臨朝，詔冀（梁冀）與太傅趙峻、太尉李固參錄尚書事。」

郡，州郡不以討縣邑，是以兇惡狡猾，易相冤也。(《潛夫論‧考績》)
所指「尚書不以責三公，三公不以讓州郡」，即說明尚書之權已在三公之上。
又曰：

> 下土冤民，能至闕者，萬無數人，其得省間省，不過百一，既對尚
> 書，空遣去者，復十六七，雖蒙考覈，州郡轉相顧望，留苦其事，
> 春夏待秋冬，秋冬復涉春夏。(〈述赦〉)

國家樞機與州郡政事應由三公督考，今反由尚書考劾，尚書秉握機衡情形可
推知。誠如陳忠所言：「今之三公，雖當其名，而無其實，選舉誅賞，一由尚
書。尚書見任，重於三公，陵遲以來，其漸久矣。」(《後漢書‧陳寵傳》)因
尚書爲天子所重任，至順帝時尚書便有「天子喉舌」之稱。〔註21〕

2. 抑制相權釀成宦官外戚專權

國君削弱臣權，難免孤立於上。然而，國君不可能獨立而無輔弼，於是
重用外戚之官及近習之臣。所謂「權移外戚之家，寵被近習之豎。」(《昌言‧
法誡》)即此現象。基本上，君主精明時尚可利用外戚宦官壓制群臣，一旦君
主柔弱，則反被外戚宦官所壓制。

宦官爲日侍左右之人，親雖不及外戚，密則過之，以寵近而形成權要亦
所必然。至於外戚日盛，則因母后臨朝，諸后爲鞏固政權重用外戚，惟父兄
是賴，外戚即憑藉群帶關係而至封侯拜將把持政權。此外，諸后因女主臨朝，
除外戚之外亦同時重用宦官。誠如《後漢書》所言：

> ……女主臨政，而萬機殷遠。朝臣國議，無由參斷帷幄。稱制下令，
> 不出房闈之間。不得不委用刑人，寄之國命。(〈宦者列傳〉)

所以給予外戚宦官可乘之機。

宦官勢力的發展，與中央集權制度的發展有一致性。漢武帝爲強化皇帝
個人權力，展開一系列集權動作，其中一項就是削弱外朝，重用內朝。宣帝、
元帝時，宦官權力已極爲龐大。如《漢書》記載：

> 宣帝不甚從儒術，任用法律，而中書宦官用事。中書令弘恭、石顯
> 久典樞機，明習文法，亦與車騎將軍（史）高爲表裏，論議常獨持

〔註21〕 參見馬端臨《文獻通考‧職官五‧尚書省》記載：「(尚書)至後漢則爲優重，
出納王命，敷奏萬機，蓋政令之所由宣，選舉之所由定，罪賞之所由正，斯
乃文昌天府，眾務淵藪，內外所折衷，遠近所稟仰。故李固云：『陛下有尚書，
猶天之有北斗，斗爲天喉舌，尚書亦爲陛下喉舌，斗斟酌元氣，運平四時，
尚書出納三命，賦政四海。』」

故事，不從望之等。(〈蕭望之傳〉)

元帝被疾，不親政事，方隆好於音樂，以顯久典事，中人無外黨，精專可信任，遂委以政。事無小大，因顯白決，貴幸傾朝，百僚皆敬事顯。(〈佞幸傳・石顯傳〉)

即國君重用宦官的具體表現。不過，西漢時宦官地位不高，始終受人歧視。〔註22〕受刑後任中書令的司馬遷在〈復任安書〉中曾說：

行莫醜於辱先，而詬莫大於宮刑。……夫中材之人，事關於宦豎，莫不傷氣，況慷慨之士乎！如今朝雖乏人，奈何令刀鋸之餘薦天下豪儁哉！(《漢書・司馬遷傳》)

又《漢書》記載：

(許皇后)即立，霍光以后父廣漢刑人不宜君國，歲餘乃封爲昌成君。(〈外戚傳上，孝宣許皇后傳〉)

許皇后父親爲刑餘之人，同樣擺脫不了低人一等的待遇。直至東漢時，宦官勢力日益擴大，社會地位才改善。〔註23〕

中常侍是皇帝處理政務主要助手，「掌侍左右，從入內宮，贊導內眾事，顧問應對給事。」(《後漢書・百官志》注)爲宦官操縱朝政提供一重要條件。明帝時其員額增加至十人以上，位高權重。〔註24〕一旦國君無能，統治權極易落入宦官手中。

至於外戚至東漢時十分活躍，因東漢皇帝多幼主即位，母后臨政多達六人。范曄即曰：「自古雖主幼時艱，王家多釁，必委成冢宰，簡求忠賢，未有專任婦人，斷割重器。……東京皇統屢絕，權歸女主，外立者四帝，臨朝者六后，莫不定策惟帷，委事父兄。」(《後漢書・皇后紀上》)有關國君集權導致外戚宦官的禍害則說明如下：

(1) 干預察舉

〔註22〕此觀點大陸學者馬良懷已提出。參見〈兩漢宦官考〉一文，收入《中國史研究》，西元 1987 年出版。

〔註23〕例如《後漢書・虞詡傳》記載：虞詡因反對張防恃用權勢而下獄，其子顗與門生百餘人「舉幡候中常侍高梵車，叩頭流血，訴言枉狀。梵乃入言之，防坐徙邊。」又《後漢書・宦者列傳・曹騰傳》記載：「曹騰所進達，皆海內名人，陳留虞放、邊韶，南陽延固、張溫，弘農張奐，穎川堂谿典等。」子弟率門生向宦官叩頭求情和名士通過宦官推薦作官，都代表宦官地位之提升。

〔註24〕《後漢書・宦者列傳》記載：明帝永平中，始置員數，中常侍四人。至殤帝延平時，委用漸大，中常侍有十人。

　　察舉爲漢代選拔官吏的制度，但此制度日益敗壞。學者曾歸納東漢國君改良察舉弊病的詔書，即可見當時選舉不實的情形。〔註25〕例如明帝曾下詔：

今選舉不實，邪佞未去。權門請託，殘吏放手。……有司明奏罪名，并正舉者。(《後漢書‧明帝紀》)

又章帝下詔：

朕既不明，涉道日寡。又選舉乖實，俗吏傷人。官職耗亂，刑罰不中，可不憂與。……夫鄉舉里選，必累功勞。今刺史、守相，不明眞僞，茂材、孝廉，歲以百數。既非能顯，而當授之政事，甚無謂也。每尋前世，舉人貢士，或起甽畝，不繫閥閱。敷奏以言，則文章可採，明試以功，則政有異跡。文質彬彬，朕甚嘉之。(《後漢書‧章帝紀》)

和帝亦下詔：

選舉良才，爲政之本。科別行能，必由鄉曲。而郡國舉吏，不加簡擇。故先帝明敕在所，令試之以職，乃得充選。又德行尤異，不須經職者，別署狀上。(〈和帝紀〉)

當時選舉不實情形誠如王符所言：

群僚舉士者，或以頑魯應茂才，以桀疾應至孝，以貪饕應廉吏，以狡猾應方正，以諛諂應直言，以輕薄應敦厚，以空虛應有道，以囂闇應明經，以殘酷應寬博，以怯弱應武猛，以愚頑應治劇。名實不相副，求貢不相稱。富者乘其財力，貴者阻其勢要。以錢多爲賢，以剛強爲上。(《潛夫論‧考績》)

漢樂府民歌亦諷刺：

舉秀才，不知書；察孝廉，父別居。(《樂府詩集‧雜歌謠辭五‧後漢桓靈時謠》)

至於察舉本與宦官外戚無關。但隨著宦官外戚勢力的發展，漸演變成二者結黨營和的工具。如《後漢書》記載：

(桓帝時)，宦官方熾，任人及子弟爲官，布滿天下。……內外吏職，多非其人。……枝葉賓客布列職署，或年少庸人，典據守宰。(〈楊秉傳〉)

並且宦官親屬多參預政事，「父兄子弟皆爲公卿列校，牧守令長，布滿天下。」

〔註25〕參見楊聯陞〈東漢的豪族〉一文，收入《清華學報》第十一卷第 4 期。

（《後漢書・曹節傳》）因此耆宿大賢多被廢棄。〔註26〕外戚宦官藉察舉樹立黨羽，自然更助長選舉的敗壞。

（2）聚斂財富

宦官生活多驕奢淫逸揮金如土，過著腐朽生活。如《漢書》記載：

> 成帝初，石顯坐專權擅勢免官，徙歸故郡。顯貲巨萬，當去，留床
> 席器物數百萬直，欲與以章，章不受。（〈萬章傳〉）

石顯的床席器物竟達數百萬直，其生活奢恥可想而知。又桓帝時，中常侍徐璜、具瑗、左悺、唐衡，「皆竟起第宅，樓觀壯麗，窮極技巧。……多取良人美女姬妾，皆珍飾華侈，擬則宮人。其僕從皆乘牛車而從列騎。」（《後漢書・宦者列傳・單超傳》）第宅壯觀，擬則宮人，生活豪奢則非虛言。因此，范曄對宦官的驕奢作一歸納：

> 府署第館，棊列於都鄙，……南金、和寶……盈仞珍藏，嬪媛、侍
> 兒、歌童、舞女之玩，充被綺室。狗馬飾雕文，土木被緹繡。皆剝
> 割萌黎，竟恣奢欲。（〈宦者列傳〉）

宦官財富多由聚斂而得，其聚斂方式有三：受賄、敲詐勒索及兼并土地。〔註27〕人民則成為剝削的對象。

至於外戚平時多受賞賜本已富足，而得其權位更加奢靡。例如和帝時竇憲以外戚專權，其曾祖竇融入京師時「官屬賓客相隨，駕乘千餘兩，馬牛羊被野。」（《後漢書・竇融傳》）。其「官府邸第，相望京邑。奴婢以千數。於親戚、功臣中，莫與為比。」（同上）其財富自然是搜括強占而來，不擇手段剝削人民。〔註28〕

（3）外戚與宦官之間的奪權

外戚宦官為國君所親信，但二者之間始終互相惡烈攻訐，東漢政權亦加速敗亡。由於政治權益分配不均，無論是外戚專權或宦官專權，實際上多代

〔註26〕《後漢書・樊儵傳》記載：「郡國舉孝廉，率取年少能報恩者。耆宿大賢，多見廢棄。宜敕郡國，簡用良俊」。

〔註27〕馬良懷〈兩漢宦官考〉一文，對宦官聚斂財富多有説明。收入《中國史研究》，西元1987年出版。

〔註28〕如《後漢書・竇融傳》記載：竇憲：「侵凌小人，強奪財物，篡取罪人，欺略婦女，商賈閉塞如避寇讎。」〈梁商傳〉記載梁冀曰：「皆貪叨凶淫，各遣私客籍屬縣富人，被以他罪，閉獄拷掠使出錢自贖……廣開園囿，西至弘農，東至滎陽，南極魯陽，北達河淇，周旋封域殆將千里……或取良人悉為奴婢至數千人，名曰自賣人。」

表政治上一小集團的得勢而不利於其他集團，因而必然引發其他集團勢力的仇視。〔註 29〕東漢當外戚把持政權時，聲威凌駕皇帝之上，引發宦官及士大夫的反對，結果宦官倚仗皇帝信任打擊外戚。但從外戚手中接收政權者不是皇帝而是宦官，宦官竊權後，凶燄更甚於外戚。二者循環弄權，影響國君政權運作。有關外戚與宦官之間奪權的史實，舉例說明如下：

東漢和帝之立，尊皇后為皇太后，太后臨朝，竇憲、竇篤、竇景專政。至永元四年（西元 92 年）遂與宦官鄭眾等謀，誅竇憲等兄弟。〔註30〕

安帝時期，安帝駕崩，閻皇后為皇太后，臨朝稱制，閻顯為車騎將軍，決策禁中。宦官孫程消滅江京及閻顯，擁立濟陰王為帝，是為順帝。〔註31〕

順帝時期，立皇后梁氏，信任后父梁商。順帝崩，尊梁氏為皇太后，外戚梁冀專權。太后臨朝歷經沖帝及質帝，至桓帝既立，對梁冀專權不滿，密謀宦官而殺梁冀。〔註32〕遂重用宦官，其詔曰：「梁冀姦暴，濁亂王室，……禍害深大。……賴宗廟之靈，及中常侍單超、徐璜、具瑗、左悺、唐衡……內外協力……梟逆梟夷……其封超等五人為縣侯。」（《後漢書・桓帝紀》）宦者單超、徐璜、具瑗、左悺、唐衡以誅梁冀有功，五人同日封侯，故世稱五侯。由是權由宦官，「天下為之語曰：『左回天，具獨坐，徐臥虎，唐兩墮』。」（《後漢書・宦者列傳・單超傳》），朝政亦日益混亂。

靈帝時期，桓帝崩靈帝即位，尊竇皇后為皇太后，太后臨朝，尊竇武為大將軍。竇武與陳蕃、李膺、杜密擬誅宦官，以匡救社稷，但布署疏漏，反

〔註29〕 此觀點參見郭人民〈東漢統治階級內部的矛盾鬥爭——外戚宦官與黨錮〉一文，收入《新史學通訊》西元 1953 年第 10 期。

〔註30〕 《後漢書・竇憲傳》記載：「舉得幸太后，遂共圖為殺害。帝陰知其謀，乃與近幸中常侍鄭眾定議誅之。以憲在外，慮其懼禍為亂，忍而未發。會憲及鄧疊班師還京師，詔使大鴻臚拜節郊遊，……憲等既至，帝乃幸北宮，詔執金吾、五校尉勒兵屯衛南、北宮，閉城門，收捕疊、磊、橫、舉，皆下獄誅，……收憲大將軍印綬，……憲、篤、景到國，皆迫令自殺。」

〔註31〕 《後漢書・宦者列傳・孫程傳》記載：「及北侯薨，車騎將軍閻顯及江京，與中常侍劉安、陳達等白太后，秘不發喪，而更徵立諸國王子，乃閉宮門，屯兵自守。……中黃門孫程等十九人，共斬江京、劉安、陳達等，迎濟陰王德陽殿西鍾下，即皇帝位。」

〔註32〕 《後漢書・梁冀傳》記載：「（桓帝）與中常侍單超、具瑗、唐衡、左悺、徐璜等五人成謀誅冀。……冀心疑超等，乃使黃門張惲入省宿，以防其變。具瑗敕令收惲，以輒從外入，欲圖不軌。帝因御前殿，召諸尚書入，發其事，使尚書令尹勳持節勒丞郎以下皆操兵守省閣，斂諸符節送省中。使黃門令具瑗將左右……，合千餘人，與司隸校尉張彪共圍冀第，……冀及妻壽即日皆自殺。」

則於宦官之手。〔註33〕靈帝遂為宦官為挾持。

　　少帝時期，靈帝崩少帝即位，尊何皇后為皇太后，太后臨朝，后兄何進以大將軍輔政。何進欲誅宦官但為宦官所殺，當時軍人袁紹乘亂誅宦官二千餘人，且董卓入宮，立獻帝，吞併京師軍隊，漢代已名存實亡了。

二、就法治方面而言

　　韓非主張的法具有公平、公開、適時及標準性等正面價值，但法的特性在主權者下達命令，強制人民遵守，違者即負擔責任與義務。在此前提下，「法」反而易失去公平判斷標準。其流弊說明於後：

（一）君主側重嚴刑，造成酷吏專橫

　　漢代立法權出自國君，律令嚴密繁多，就程樹德《九朝律考》中之〈漢律考〉，漢代律令形式有律、令、科、比。就漢律形名而言，除有梟首、要斬、棄市、黥刑、劓刑、刖刑、宮刑、完刑、作刑之外，尚有贖刑、罰金、奪爵、除名、夷三族、徙邊、督刑及禁錮等刑罰。刑罰多嚴酷。尤其武帝一朝，由於「外事四夷之功，內盛耳目之好，徵發煩數，百姓貧耗，窮民犯法，酷吏擊斷，奸軌不勝。」（《漢書・刑法志》）為鞏固政權進而修改法令，據《漢書》記載：

> 於是招進張湯、趙禹之屬，條定法令，作見知故縱、監臨部主之法，
> 緩深故之罪，急縱出之誅。（〈刑法志〉）

> 武帝時，禹以刀筆吏積勞，遷為御史。上以為能，至中大夫。與張
> 湯論定律令，作見如，吏轉相監司以法，盡自此始。（〈酷吏列傳〉）

說明武帝時修改律令，主持者為張湯、趙禹。武帝修改律令後的現象，據《漢

〔註33〕　《後漢書・竇武傳》記載：「武既輔政，常有誅翦宦官之意。太傅陳蕃，亦素
　　　　有謀，時共會朝堂，蕃私謂武曰：『中常侍曹節、王甫等，自先帝時操弄國權，
　　　　亂海內，百姓匈匈，歸咎於此，今不誅節等，後必難圖！』武深然之。……
　　　　時中常侍管霸頗有才略，專制省內，武先白太后誅霸及中常侍蘇康等，竟死。
　　　　武復白誅曹節等，太后猶豫未忍，故事久不發。劉瑜……又與武、蕃書，宜
　　　　速斷大計，……武乃奏免黃門令魏彪，以所親小黃門山水代之，使水奏素狡
　　　　猾尤無狀者長樂尚書鄭颯，送北寺獄。蕃謂武曰：『此曹子使當收殺，何復考
　　　　為？』武不從。……雜考颯辭，連及曹節、王甫……盜發武奏，罵曰：『中官
　　　　放縱者，自可誅耳。吾曹何罪而當盡見族滅？』因大呼曰：『陳蕃、竇武奏白
　　　　太后，廢帝為大逆！』乃夜召素所親壯健者長樂從官史共普、張亮等十七人，
　　　　插血共盟，誅武等。……捕收武等。」武兵敗遂自殺。

書》記載：

> 律令凡三百五十九章，大辟四百九條，千八百八十二事，死罪決事
> 比三萬三千四百七十二事。文書盈於几閣，典者不能遍睹。是以郡
> 國承用者駮，或罪同而論異。姦吏因緣爲市，所欲活則傅生議，所
> 欲陷則予死比，議者咸冤傷之。（〈刑法志〉）

條目不僅變多，律令內容亦更加龐雜。尤其是「姦吏因緣爲市，所欲活則傅生議，所欲陷則予死比。」律法多有不公平的現象發生。迄於成帝漢律發展爲「大辟之刑千有餘條，律令煩多，百有餘萬言，奇請它比，日以益滋，自明習者不知所由。」（同上）成帝遂「與中二千石、二千石、博士及明習律令者議減死刑及可蠲除約省者。」（同上）然而，大臣多守舊，只「徒鉤摭微細，毛舉數事，以塞詔而已。」（同上）遂至西漢末，漢律未作大幅度修改。

漢代刑罰因多嚴酷繁多，君主便任用崇尚刑名之學的酷吏爲其整飭天下，維繫綱紀。流弊所及，酷吏便不斷產生。酷吏以峭直深刻執法，以慘酷少恩行事。〔註34〕

漢代酷刑，至元帝時已是「律令煩多而不約，自典文者不能分明，而欲羅元元之逮，斯豈刑中之意哉！」（《漢書・刑法志》）其意言將一般缺乏法律知識者羅織入罪，怎能算刑罰得當呢？況且成帝指出：

> 今大辟之刑千有餘條，律令煩多，百有餘萬言，奇請它比，日以益
> 滋，自明習者不知所由，欲以曉喻眾庶，不亦難乎！（《漢書・刑法
> 志》）

說明當時的斬首極刑就有一千多條，法律命令達一百萬字。此外，不依法律而奏請皇帝下達的判決，以及比附援引者，與日俱增。想要人民熟習明白法令，談何容易！據《漢書・刑法志》記載，當今「郡國被刑而死者歲以萬數，天下獄二千餘所，其冤死者多少相覆，獄不減一人」。衍然形成酷吏橫行現象，百姓並未因「法」而樂利。反而因酷吏，使人民生命受到威脅。所謂：

> 今之聽獄者，求所以殺之；古之聽獄者，求所以生之。……今之獄
> 吏，上下相驅，以刻爲明，深者獲功名，平者多後患。（《漢書・刑
> 法志》）

司馬遷就是生長在這一酷吏橫行的時代，而且深受其害。所以在《史記・循吏列傳》中，介紹五位善良官吏：孫叔敖、子產、公儀休、石奢及李離，多

〔註34〕 參見賴師明德《司馬遷之學術思想》頁366。洪氏出版社，民國72年出版。

是春秋時代之人物。反之，〈酷吏列傳〉所介紹之人物，例如：郅都、甯成、周陽由、趙禹、張湯、義縱、王溫舒、尹齊、減宣、杜周等人，多為漢武帝時代人物。此種編排處理，說明漢代已無循吏可言。〔註35〕

　　事實上，酷吏的產生並不始於武帝。早在呂后之時，已有酷吏侯封「刻轢宗室，侵辱功臣」（《史記‧酷吏列傳》），文帝執政時，絳侯周勃被人上書構陷，事下廷尉，周勃出獄後曾說：

　　　　吾嘗將百萬軍，然安知獄吏之貴乎？（《史記‧絳侯周勃世家》）

道出酷吏的可畏。景帝時郅都、甯成等酷吏，形成「宗室豪傑，皆人人惴恐」地步（《史記‧酷吏列傳》）。武帝時因用法愈加峻烈，所以酷吏張湯、杜周等變本加厲。司馬遷記載張湯治理刑獄的情形，曾說：

　　　　湯雖文深意忌不專平……，及治淮南、衡山、江都反獄，皆窮根本。嚴助及伍被，上欲釋之。湯爭曰：「伍被本畫反謀，而助親幸出入禁闥爪牙臣，乃交私諸侯如此，弗誅，後不可治。」於是上可論之。其治獄所排大臣自為功，多此類。（《史記‧酷吏列傳》）

　　　　張湯用峻文決理為廷尉，於是見知之法生，而廢格沮誹窮治之獄用矣。其明年，淮南、衡山、江都王謀反跡見，而公卿尋端治之，竟其黨與，而坐死者數萬人，長史益慘急而法令明察。（〈平準書〉）

記載酷吏杜周治獄情形，曾說：

　　　　至周為廷尉，詔獄亦益多矣。二千石繫者，新故相因，不減百餘人。郡吏大府舉之廷尉，一歲至千餘章。章大者，連逮證案數百，小者，數十人，遠者數千、近者數百里。會獄，吏因責如章告劾，不服，以笞掠定之。於是聞有逮，皆亡匿。獄久者，至更數赦。十有餘歲而相告言。大抵盡詆以不道以上。廷尉及中都官詔獄，逮至六七萬人，吏所增加十萬餘人。……天子以為盡力無私，遷為御史大夫。……其治暴酷皆甚於王溫舒等矣。〈酷吏列傳〉

司馬遷對酷吏極為痛恨，因生長於漢代無法作正面批評，但仍言及酷吏功過，說：

　　　　自郅都、杜周十人者，此皆以酷烈為聲，然郅都伉直，引是非，爭天下大體。張湯以知陰陽，人主與俱上下，時數辯當否，國家賴其便。趙禹時據法守正。杜周從諛，以少言為重。自張湯死後，網密，

────────────
〔註35〕參見周虎林《司馬遷與其史學》頁157。文史出版社，民國76年出版。

多詆嚴，官事寖以秏廢。九卿碌碌奉其官，救過不贍，何暇論繩墨
之外乎！然此十人中，其廉者足以爲儀表，其污者足以爲戒，方略
教導，禁姦止邪，一切亦皆彬彬，質有其文武焉。雖慘酷，斯稱其
位矣。（〈酷吏列傳〉太史公曰）

說明酷吏「以酷烈爲聲」、「殘酷，斯稱其位」。至於東漢時代亦是酷吏專橫。
根據《後漢書‧酷吏傳》記載舉例如下：

（光武帝時）董宣……累遷北海相。到官……大姓公孫丹……乃令
其子殺道行人，……宣知，即收丹父子殺之。丹宗族親黨三十餘人，
操兵詣府，稱冤叫號。……使門下書佐水丘岑盡殺之。

樊曄……爲天水太守，政嚴猛，好申韓法，善惡立斷。人有犯其禁
者，率不生出獄。

李章……遷千乘太守。坐誅斬盜賊過濫，徵下獄免。

（章帝時）周紓，……爲人刻削少恩，好韓非之術。……收考姦臧，
無出獄者。以威名遷齊相，亦頗嚴酷，專任刑法，……坐殺無辜，
復左轉搏平令。

（順帝時）黃昌……後拜宛令，政尚嚴猛，好發姦伏。人有盜其車
蓋者，昌初無所言，後乃密遣親客至門下賊曹家掩取得之，悉收其
家，一時殺戮。

（桓帝時）王吉……中常侍甫之養子也，……以父秉權寵，年二十
餘，爲沛相。若有生子不養，即斬其父母，合土棘埋之。凡殺人皆
磔屍車上，隨其罪目，宣示屬縣。夏月腐爛，則以繩連其骨，周偏
一郡乃止，見者駭懼。視事五年，凡殺萬餘人，其餘慘毒刺刻，不
可勝數。

至於酷吏殺伐苛刻，對平民百姓造成直接傷害。因此司馬遷引用孔子言以及
老子之言認爲酷吏之治對維持社會秩序成效不大。其曰：

孔子曰：「導之以政，齊之以刑，民免而無恥。導之以德，齊之以禮，
有恥且格。」老氏稱：「上德不德，是以有德；下德不失德，是以無
德。法令滋章，盜賊多有。」太史公曰：「信哉，是言也！法令者治
之具，而非制治清濁之源也。」（〈酷吏列傳〉）

引孔子之言說明用法制禁令領導人民，用刑罰使人民服從，人們爲免於受刑

罰而服從，但並未產生羞恥心。若用人格感化人民，則可使人民產生羞恥心，並改邪歸正。同時老子也指出：上德之人，依道而行，無心求德反而有德。下德之人，有心求德，反而沒有德。法令過於嚴苛，逼得人民無法生活，盜賊反而愈來愈多。所以太史公認為法是政治工具，但是並非解決善惡的根本方法。

　　因此，漢代雖重嚴刑之酷吏之治，但作姦犯科等行為仍數見不鮮，所謂「昔天下之網嘗密矣，然姦偽萌起，其極也，上下相遁，至於不振。當是之時，吏治若救火揚沸，非武健嚴酷，惡能勝其任而愉快乎！」（〈酷吏列傳〉）雖非酷吏不能盡職，但也只是揚湯止沸，並無成效可言。

（二）君主忽視名實，造成刑法不公

　　漢律有儒法合流現象，並有「春秋決獄」律法儒學化的斷獄方式產生。根據前文歸納，引決獄形成的儒學化法律觀點有「君親無將，將而誅焉」、「親親得相首匿」、「惡惡止其身」、「以功覆過」及「原心定罪」等五項。至於春秋決獄原則為「原心定罪」。董仲舒曾說：「春秋之聽獄也，必本其事，而原其心，志邪者不待成，首惡者位特重，本直者其論輕。」（《春秋繁露·精華篇》）換言之，其目的為「志善而違于法者免，志惡而合於法者誅。」（《鹽鐵論·刑德篇》）可說是立意良善，是以春秋決獄之初，必然可改良法律嚴苛現象。然而，其結果卻反而使酷吏藉法律儒學化緣飾律法的嚴苛。而且，由於經典文字簡約，非規範性文字，往往斷章取義，執政者甚至拋開法令，根據主觀意識決獄，左右法律，漫無標準。與韓非所定之法具有公開性及平等性的內涵相違。韓非曾給法下一定義，其曰：

> 法者，編著之圖籍，設之於官府，而布之於百姓者也。……故法莫如顯。……是以明主言法，則境內卑賤莫不聞也。（《韓非子·難三篇》）

> 法者，憲令著於官府，賞罰必於民心，賞存乎慎法，而罰加乎姦令者也。（〈定法篇〉）

> 法不阿貴，繩不撓曲。法之所加，智者弗能辭，勇者不敢爭。刑過不避大臣，賞善不遺匹夫。故矯上之失，詰下之邪，治亂決繆，絀羨齊非，一民之軌，莫如法。（〈有度篇〉）

以上說明法的特色有三：一是法由文字寫定，「編著之圖籍」為成文法。因訴

諸文字，有條文可據，則有一定的標準。二是法須頒布，「憲令著於官府」，故法爲公布法。因公布而大眾週知，則民知所適從。三是法要獎懲兼備，並具公平性，即「刑過不避大臣，賞善不遺匹夫。」

就引經決獄而言，執政者以經典詮釋法律，甚至抛開律令以主觀意識決獄，違背法的公開性及公布性。所以，是擴大君權使統治者可憑主觀意識左右法律。此點雖是歪曲了韓非對法的理解，以加強君權的施展，但是也是在韓非尊君的提倡下所形成的效應。此外，引經決獄有「以功覆過」一項，與韓非以名舉實的觀念不合。

由於韓非言法之公平性，換言之，必涉及賞罰的標準。韓非強調賞的標準是「功」，不可依國君私愛而賞；罰之標準是「罪」，不可依國君之私惡爲罰。故其曰：

> 明主賞不加於無功，罰不加於無罪。(〈難一篇〉)

換言之，有功之實，方有賞之名。所謂名實，其意等同於刑名。王鳴盛言：「刑非刑罰之刑，與刑同，古字通用。刑名，猶言名實」。名實之意即以名舉實。刑是現象，名是稱謂。現象與稱謂必需配合，所以韓非言循名責實。商鞅已將名實觀念用於法治，其說散見於《商君書》中。〔註36〕其曰：

> 授官予爵，不以其勞，則忠臣不進。行賞賦祿，不稱其功，則戰士
> 不用。(〈修權篇〉)

所以賞罰要以實際客觀事實爲標準，務使「賞隨功，罰隨罪。」(〈禁使篇〉)韓非亦言：

> 聖人之治國也，賞不加於無功，而誅必行於罪者也。(〈姦劫弒臣篇〉)

以賞罰爲名，賞必與功一致，罰必與罪相當，避免一切名不稱實現象。倘若名不稱實，則形成矛盾，可用《韓非子》的矛盾故事加以理解，其曰：

> 楚人有鬻盾與矛者，譽之曰：「吾盾之堅，物莫能陷也。」又譽其矛
> 曰：「吾矛之利，於物無不陷也。」或曰：「以子之矛，陷子之盾，
> 何如？」其人弗能應。

因此，引經決獄中以功覆過一項，其適足以導致價值觀念的混淆，引起政治、社會危機。

而且由法律上的名實不符，可延展至政治上的名實不符現象，並互爲因果。如司馬遷所著之〈佞臣列傳〉，高祖時之佞臣有籍孺，惠帝有閎孺，文帝

〔註36〕參見拙著《商鞅反人文觀研究》頁155至158。東吳大學民國81年碩士論文。

有鄧通、趙同、北宮伯子，景帝有周仁，武帝有韓嫣、韓說、李延年等，多媚於主上，悅人耳目和主顏色而獲親近，並無信服人之功績。是以國君行事未能以名舉實，寵信佞臣而無標準，誠非國家之福。

　　基本上，引經決獄不僅擴大君權，使統治者可憑主觀意識左右法律，而且由法律上名實不符現象，變化成政治上的名實不符。這兩點是歪曲韓非學說對「法」的理解，以加強君權的施展。但是，不可諱言，這也是韓非提倡尊君的前提下所產生的負面效應。

第二節　就學術層面而言

　　漢武帝表彰六經，推崇儒術，與秦始皇焚書坑儒達到統一思想的目的相同，但做法上二者有天淵之別，故一成一敗。漢代經學獨尊形成一變相發展，在上位者藉利祿引誘維持儒學一尊地位，實藉以鞏固政權之統一。而經生對經學的研究，亦多不是爲了經學本身，而是爲了利祿的追求。故班固曰：

> 自武帝主五經博士，開弟子員，設科射策，勸以官祿……大師眾至
> 千餘人，蓋祿利之路然也。(《漢書・儒林傳》)

顏師古注：

> 言爲經學者，則學爵祿而獲其利，所以益勤。(同上)

劉申叔先生亦言：

> 自漢武表彰六經，罷黜百家，託通致用之名，在下者視爲祿利之途，
> 在上者因爲挾持之具。〔註37〕

因此，「不在六藝之科孔子之術者，皆絕其道，勿使並進。」的表彰六經，雖滿足政局的一統，但因受利祿引誘，通經者可得爵祿，利之所在，很少人不爲之心動，所以就學術發展而言，可視作一種抑制手段。其弊害誠如梁啓超先生所言：

> 惟一儒術，而學術思想進步之跡，亦自茲凝滯矣；夫造化之與競爭，
> 相緣者也。競爭絕，則造化亦將與之俱絕……故儒學統一者非中國
> 學界之幸，而實中國學界之大不幸也。〔註38〕

〔註37〕　參見劉申叔《國學發微》頁14。國民出版社，民國48年出版。
〔註38〕　參見梁啓超〈中國學術思想變遷之大勢〉一文，收入《飲冰室文集類編下》，
　　　　　頁49。華正書局，民國63年出版。

認為學術定於一尊則造成凝滯，故又曰：「中國學術思想之衰，實自儒學統一時代始。」〔註39〕其流弊說明如下：

一、學者因利祿之爭而黨同伐異

漢初儒學未獨占思想界，董仲舒對策曾言：「今師異道，人異論，百家殊方。」可知漢初百家各行其道，學術文化上為一開放作風。雖然李斯於始皇三十四年上焚書奏，直至三十七年始皇病逝沙邱，其間諸子爭鳴遺風衰歇。其後，楚漢相爭，項羽入咸陽，「燒秦宮室，火三月不滅」，書籍大量亡佚。先秦典籍得以大量流傳者相當有限。至漢惠帝四年（西元前 191 年），下令廢止挾書禁律，並進一步鼓勵民間獻書。《漢書》記載：

> 漢興，改秦之敗，大收篇籍，廣開獻書之路。（〈藝文志〉）

> 河間獻王德，……修學好古，實事求是，從民間得善書，必為好寫與之，留其真，加金帛賜以招之。繇是四方道術之人，不遠千里，或有先祖舊書，多奉以奏獻王者，故得書多，與漢朝等。（〈景十三王傳〉）

除鼓勵民間獻書外，也主動派人至各地訪求亡失之書籍。《史記》載：

> 孝文帝時，欲求能治尚書者，天下無有，乃聞伏生能治，欲召之。是時伏生年九十餘，老，不能行，於是乃詔太常使掌故朝錯往受之。秦時焚書，伏生壁藏之。其後兵大起，流亡。漢定，伏生求其書，亡數十篇，獨得二十九篇，即以教于齊魯之間。學者由是頗能言尚書，諸山東大師，無不涉尚書以教矣！（〈儒林傳〉）

是文帝時令晁錯至齊地從伏生受尚書，可見當時求遺書的積極。於是天下舊書日益復出，因而便於學術之普及，百家學說亦復活躍。〔註40〕武帝獨尊儒術後，始置五經，為《詩》《書》《禮》《易》《春秋》置博士。五經之師，據《史記》記載：

> 言詩於魯則申培公，於齊則轅固生，於燕則韓太傅。言尚書自濟南伏生，言禮自魯高堂生。言易自菑川田生，言春秋於齊魯自胡母生，於趙自董仲舒。（〈儒林傳〉）

〔註39〕 出處同上。

〔註40〕 李則芬已提出此觀點。參見〈從叔孫通、公孫弘、董仲舒三人看儒家的齊化〉一文，收入《東方雜誌》，第十四卷第 3 期。

於宣帝元帝時發展爲十四博士之學。〔註41〕

　　武帝之前，如文景帝時，《論語》、《孝經》、《孟子》、《爾雅》亦置有博士。〔註42〕武帝時博士乃專指經學研究的經師而言，爲維護博士學官的名位、利祿，遂有黨同伐異的偏狹現象形成。說明如下：

（一）今古文之爭

　　王氏念孫讀書雜志用其子伯申氏之說曰：『……起，興起也；家，家法也。……孔氏治古文經，讀之說之，傳以教人，其後遂有古文家，是古文家法自孔氏興起也。』……蓋古文尚書初出，其本與伏生所傳頗有異同，而尚無章句訓詁。安國因以今文定其章句，通其假借，讀而傳之……其所謂讀，與班孟堅所謂『齊人能正蒼頡讀』，馬委長所謂『杜子春始通周官讀』之讀，無以異也。〔註43〕

說明孔安國得到孔壁古文尚書，因而興起古文尚書家法。孔安國對古文尚書未必有註解，因其通句讀、通假借，遂用當時之隸書翻譯，改寫成今文。當時古文雖成爲一家，但只行民間，與朝廷今文經學對立。至於公然與朝廷今文家爭立博士、校量長短，以劉歆〈移太常博士書〉爲最早，今古文正式爭論起於此。

　　劉歆求立古文經之論點，大抵針對今文經之弊勢而發。換言之，暴露今文學之短，欲以古文學加以補救。以下根據〈移太常博士書〉，分成幾項要點說明：〔註44〕

　　1. 漢初至武帝時，七十年間今文經學殘缺不全，當時已有賴於古文經書加以補足。至漢成帝以古文本校今文本，發現今文本的確有殘缺之處。其曰：

　　漢興，……天下唯有易卜，未有它書。……至孝文皇帝，……（伏生）尚書初出于屋壁，朽折散絕，……時師傳讀而已。詩始萌牙。……

〔註41〕西漢至元帝世見存之今文經學博士有十五家：易學——施讎（宣帝立）、孟喜（宣帝立）、梁丘賀（宣帝立）、京房（元帝立）。書家——大小夏侯（宣帝立）。詩家——魯申公（文帝立）、齊轅固生（景帝立）、韓嬰（文帝立）。禮家——大小戴（宣帝立）、慶普（宣帝立）。

〔註42〕後漢趙岐《孟子趙注・題辭》曰：「漢興，除秦虐禁，開延道德。孝文皇帝欲廣遊學之路，論語、孝經、孟子、爾雅，皆置博士。後罷傳記博士，獨立五經而已。」四部叢刊本，商務出版社出版。

〔註43〕參見王國維《觀堂集林》卷七〈史記所謂古文說〉。河洛圖書公司，民國 64年出版。

〔註44〕以下分項說明係參考程師元敏中國經學史講義而得。

至孝武皇帝，然後鄒魯梁趙頗有詩禮春秋。……當此之時，一人不能獨盡其經，或爲雅，或爲頌，相合而成。泰誓後得，博士集而讀之。（〈劉歆傳〉）

孝成皇帝閔學殘文缺，稍離其真，乃陳發秘藏，校理舊文，……以考學官所傳，經或脫簡，傳或間編。（同上）

2. 古文傳授之竹簡皆在，較今文經出於口耳相傳者可信。其曰：

及魯恭王壞孔子宅，……而得古文於壞壁之中：逸禮有三十九、（逸）書十六篇。天漢之後，孔安國獻之，遭巫蠱倉卒之難，末及施行；及春秋左氏、丘明所修，皆古文舊書……藏於秘府，伏而末發……傳問民間，則有魯國桓公（傳古文禮）、趙國貫公（傳左傳），膠東庸生（傳古文尚書）之遺學，與此同抑而末施。（〈劉歆傳〉）

說明孔壁出土有《逸禮》三十九篇、《逸書》十六篇以及《春秋左氏傳》。此三部書皆以古文書寫，遂稱古文舊書，未立於學官。民間研究此三部書者，《禮》有桓公，《左傳》有貫公，《尚書》有庸生。此三書皆有徵驗，故曰：

且此數家之事，皆先帝（成帝）所親論，今上（哀帝）所考視。其古文舊書，皆有徵驗，外（民間）內（秘藏）相應，豈苟而已哉！（〈劉歆傳〉）

3. 責備今文家抱殘守缺。故曰：

往者，綴學之士，不思廢絕之闕，苟因陋就寡，……信口說而背傳記，……保殘守缺。（〈劉歆傳〉）

4. 批評今文章句之學者，耗費精神於繁文碎辭之中，未能考究古代制度，而淪爲無用之學。其曰：

（今文學）分文析字，煩言碎辭，學者罷老且不能究其一藝，……國家將有大事，若立辟雍、封禪、巡狩之儀，則幽冥莫而知其原。（〈劉歆傳〉）

此點錢穆先生亦言：經學走向章句之學，對文字耗費神智，而精神用在飾說上面。〔註45〕因此，通經致用之學反而荒廢了。

5. 批評今文學蔽於師法，黨同門，妒道真。其曰：

（今文家）挾恐見破之私意，而無從善服義之公心。或懷妒嫉，不

〔註45〕 參見錢穆《秦漢史》頁 226。東大圖書公司，民國 76 年出版。

考情實，雷同相從，隨聲是非。（〈劉歆傳〉）

6. 指責博士拒絕益己之學，末能發揮扶微廣學之義。故曰：

（今文博士）深閉固距而不肯試，猥以不誦絕之，欲以杜塞餘道，
絕滅微學。（〈劉歆傳〉）

而且，根據《漢書·劉歆傳》所載「上曰，歆意欲廣道術」可知其目的不在
利祿而在道術。

此次劉歆要求立於學官之古文經為《逸禮》、《逸尚書》以及《左氏春秋》。
由博士書中「得此三事」、「抑此三學」可知。至於今文學家反擊古文學的意
見如下：

1. 批評劉歆非毀先帝所立之經書、經學，而且毀棄師法。如《漢書》記
載：

儒者師丹為大司空，亦大怒。奏歆改亂舊章，非毀先帝所立。（〈劉
歆傳〉）

2. 今文學家反駁《尚書》並不殘闕。〈移太常博士書〉曰：

（今文家）以尚書為備。（〈劉歆傳〉）

3. 認為《左傳》並非解《春秋》之書。《漢書》記載：「歆以為左丘明好
惡與聖人同，親見夫子，而公羊、穀梁在七十子後，傳聞之與親見之，其詳
略不同。歆數以難向，向不能非間也，然猶自持其穀梁義。」（〈劉歆傳〉）因
劉歆認為《左傳》較《公羊》、《穀梁》為可信，〈移太常博士書〉中即指出：

（今文學）謂左氏為不傳春秋。（〈劉歆傳〉）

爭論結果古文學家表面上失敗，劉歆等人皆「出補吏」。《漢書》記載：「歆由
是忤執政大臣，為眾儒所訕，懼誅，求出補吏，為河內太守。」（〈劉歆傳〉）
然而，事實上古文經已漸受重視。《漢書》記載：「平帝時，又立左氏春秋、
毛詩、逸禮、古文尚書，所以罔羅遺失，兼而存之，是在其中矣。」（〈儒林
傳〉贊）平帝時四部古文經書即立於學官，古文經學逐漸取代今文經學。

經學有今古文之爭，文字上之今與古，關係今古文之爭不大。〔註46〕由
於朝廷據經決事，典章制度用某家說法，往往關係此家派利祿，是以不得不
據理力爭。例如史書記載：

賢本始三年……為丞相。少子玄成，復以明經歷位至丞相，故鄒魯
諺曰：「遺子黃金滿籯，不如一經。」（《漢書·韋賢傳》）

〔註46〕程師元敏已提出此觀點。出處同上。

－429－

> 勝每講授，常謂諸生曰：「士病不明經術。經術苟明，其取青紫，如俛拾地芥耳。學經不明，不如歸耕。」（《漢書‧夏侯勝傳》
>
> 建武二十八年，……以榮爲少傅，賜以輜車、乘馬。榮大會諸生，陳其車馬、印綬，曰：「今日所蒙，稽古之力也。」（《後漢書‧桓榮傳》）

說明明經取士關係利祿之途，此乃今古文之爭的焦點。至於韋賢、韋玄成父子即以魯詩之學，侍宣帝、元帝二君主，官至卿相。夏侯勝因通經學，宣帝朝立爲博士。桓榮則以歐陽之學三代爲五帝王師。所以皮錫瑞說：

> 此漢世明經取士之盛興，亦後世明經取士之權輿。史稱之曰：「自此以來，則公卿大夫士吏彬彬多文學之士矣。」方苞謂古未有以文學爲官者，誘以利祿，儒之途通而其道亡。案方氏持論雖高，而三代以下既不尊師，如漢武使束帛加璧安馬駟馬迎申公，已屬曠世一見之事。欲興經學，非導以利祿不可。古今選舉人才之法，至此一變，亦勢之無可如何者也。〔註47〕

故「上以官祿而勸經，下爲祿利而習經，故經之官學，遂爲梯榮致顯之捷徑」而利祿薰心，黨同伐異以致影響學術精神，甚至形成東漢朋黨之禍。范曄分析東漢朋黨興起的原因，曾說：

> 自武帝以後，崇尚儒學，懷經協術，所在霧會，至有石渠分爭之論，黨同伐異之說，守文之徒，盛於時矣。至王莽專僞，終於篡國，忠義之流，恥見纓紼，遂乃榮華丘壑，甘足枯槁。雖中興在運，漢德重開，而保身懷方，彌相慕襲，去就之節，重於時矣。逮桓靈之間，主荒政繆，國命委於閹寺，士子羞與爲伍，故匹夫抗憤，處士橫議，遂乃激揚名聲，互相題拂，品覈公卿，裁量執政，婞直之風，於斯行矣。夫上好則下必甚，矯枉故直必過，其理然矣。若范滂、張儉之徒，清心忌惡，終陷黨議，不其然乎？（《後漢書‧黨錮列傳》）

東漢黨錮之禍興起近因，固然由於桓靈間主荒政謬，爲挽救國運，士人乃群起謀除宦官。而其遠因則可溯及西漢經學之紛爭。不過石渠之分爭，不出今文經之範疇，影響尚少。至哀帝劉歆校中秘書，欲立《左氏春秋》、《逸禮》、《古文尚書》於學官，掀起了今古文之爭的風潮則關係重大。

〔註47〕參見皮錫瑞《經學歷史》頁55。鳴宇出版社，民國69年出版。

（二）篤守師法與家法

兩漢治經必守師法、家法，前漢說經重師法，後漢演變爲重家法。所謂師法及家法，皮錫瑞說：

> 前漢重師法，後漢重家法。先有師法，而後能成一家之言。師法者，溯其源，家法者，衍其流也。〔註48〕

皮錫瑞由經學傳授源流說明二者之別。師法是傳習一經之始祖所留傳的典範，一經往往只有一位始祖，如《史記》記載：

> 今上即位，趙綰、王臧之屬明儒學，而上亦鄉之。於是招方正賢良文學之士。自是之後，言詩，於魯則申培公，於齊則轅固生，於燕則韓太傅。言尚書，自濟南伏生。言禮，自魯高堂生。言易，自菑川田生。言春秋，於齊魯自胡母生，於趙自董仲舒。（〈儒林列傳〉）

呂思勉指出：「經學之淵源，必不始此。然先師名字之可記識者，則始於此矣。」〔註49〕師法是一學派解經的指導原則，經生多應遵守師法。如《漢書》記載：

> （元帝）召問奉：「來者以善日邪時，孰與邪日善時？」奉對曰：「師法用辰不用日。」（〈翼奉傳〉）

> （尋）治《尚書》，與張孺、鄭寬中同師，寬中等守師法教授。……（卷七十五〈李尋傳〉）

> 甘露中，諸儒薦禹，有詔太子太傅蕭望之問，禹對《易》及《論語》大義，望之善焉，奏禹經學精習，以師法，可試事。奏寢，罷歸故官。（〈張禹傳〉）

但李威熊先生指出師法之說並非始於前漢，荀子書中已提到。〔註50〕《荀子》言：

> 有師法者人之大寶也，無師法者，人之大殃也。人無師法，則隆性矣！有師法者則隆積矣！（〈儒效篇〉）

> 不是師法，而好自用，譬之是猶以盲辨色，以聾辨生也，舍亂妄無爲也。（〈修身篇〉）

可見漢代師法淵源有自。又據《漢書》記載：

〔註48〕同處同上，頁136。
〔註49〕參見呂思勉〈毛詩傳授之誣〉一文，收於《光華大學半月刊》第二卷第6期。
〔註50〕參見李威熊〈兩漢經術獨尊與經學諸問題的探討〉一文，頁169。收入《孔孟學報》，第42期。

> 喜好自稱譽，得《易》家候陰陽災變書，詐言師田生且死時枕喜膝，
> 獨傳喜。諸儒以此耀之。同門梁丘賀疏通證明之，曰：「田生絕於施
> 讎手中，時喜歸東海，安得此事？」……博士缺，眾人薦喜，上聞
> 喜改師法，遂不用喜。（〈孟喜傳〉）

說明漢重師法，非特以傳師學為榮，其不守師法者同門攻之，朝廷亦斥黜之。如孟喜不守師法而失去博士地位。日本學者認為：經學流傳有其功，但「倘若一字一句，盡守師法的話，則是死法，而成為什麼學問也沒有的學問。」〔註51〕

家法則由師法而演生。章帝建初四年詔曰：

> 蓋三代導人，教學為本。漢承暴秦，褒顯儒術，建立五經，為置博
> 士。其後學者精進，雖曰承師，亦別名家。（《後漢書·章帝紀》）

李賢注：

> 言雖承一師之業，其後觸類而長，更為章句，則別為一家之學。（同
> 上）

可知後漢說經，師法之下又分家法，對經學弘揚有很大幫助。但在上者藉利祿維持儒學一尊地位，實藉以鞏固政權之統一。經生對經學之研究不是為經之本身，而是為利祿。甚至舉孝廉亦需通家法。如《後漢書》記載：左雄上言：郡國所舉孝廉，「請皆詣公府，諸生試家法。」（〈左雄傳〉）所以同門師友必互相援引，賢者與不肖者並進，利祿薰心學術敗壞。誠如王充所言：

> 儒者說五經，多失其實。前儒不見本末空生虛說，後儒信前師之言，
> 隨舊述故。滑習辭語，苟名一師之師，趨為師教授。及時蚤仕，汲
> 汲競進，不暇留精用心，考實根核，故虛說傳而不絕，實事沒而不
> 見，五經並失其實。（《論衡·正說篇》）

由於師法分出家法，家法又分出新家法，形成「支葉蕃滋」（《漢書·儒林傳》）現象。范曄論曰：

> 及東京，學者亦各名家。而守文之徒，滯固所稟，異端紛紜，互相
> 詭激。遂令經有數家，家有數說。（《後漢書·鄭玄列傳》）

因此「每有策試，輒興訟諍，論議紛錯，互相是非。」（《後漢書·徐防列傳》）於是後漢章帝建初年間「博集諸儒，會議白虎觀，天子稱制臨決。」（《文獻通考》卷四十）即朝廷鑒於經說歧異而詔集，由官方建立一統一的標準，使

〔註51〕轉錄自羅義俊〈論兩漢博士家法及其株生原因〉一文，收入《中國文化月刊》
第 116 期。

不再生歧說。〔註52〕

基本上，由今古文之爭立學官，以及不修師法家法不得擔任博士學官現象，是獨尊儒術下所形成黨同伐異的情形。又因家法株生而有欽定學術會議，更是對思想的禁錮。此現象與漢初七十年，百家競相貢獻所學情形不同。由於拘執家法師法，學術自然無法蓬勃發展，學者氣度之偏狹亦可見一般。

二、學術成爲政治附庸

（一）藉儒家灌輸尊君卑臣觀念

漢代儒學所以能與君主專制政體調和，主要因儒學主張「列君臣父子之禮，序夫婦長幼之別。」（《史記·太史公自序》引司馬談〈論六家要旨〉）與法家尊君卑臣有相通之處。雖儒家認同君臣之相對性與法家之君臣絕對關係殊異。然而，誠如梁啓超先生所言：

> 墨氏主平等，大不利於專制，老氏主放任，亦不利干涉，與霸者所持之術，固已異矣。惟孔學則嚴等差，貴秩序，而措而施之者，歸結於君權……於帝王馭民最爲合適，故霸者竊取而利用之，以宰制天下。〔註53〕

事實上，叔孫通定漢朝儀時，已爲此觀念奠下初基。據《史記》記載：

> 漢五年（西元前202年），已并天下，諸侯共尊漢王爲皇帝於定陶。叔孫通就其儀號，高帝悉去其秦苛儀，法爲簡易。群臣飲酒爭功，醉或妄呼，拔劍擊柱，高帝患之。叔孫通知上益厭之也，說上曰：「夫儒者，難與進取，可與守成。臣願徵魯諸生，與臣弟子共起朝儀，……漢七年，長樂宮成，諸侯群臣皆朝。儀，先平明，謁者治禮，引以次入殿門。……竟朝置酒，無敢讙譁失禮者。於是高帝曰：「吾迺今日知爲皇帝之貴也！」」（〈劉敬叔孫通列傳〉）

叔孫通以秦朝儀爲漢朝儀，百官恭謹，高祖充分感受國君之尊嚴，表現尊君卑臣絕對君權的觀念。因此，朱熹即批評叔孫通所定之朝儀，曰：「其效至於群臣震恐，無敢失禮者。比之三代燕享，君臣氣象便大不同。蓋只是秦人尊君卑臣之法。」（《朱子語類》卷一三五）

至董仲舒更以陰陽五行思想入儒，班固曾明言：「董仲舒治公羊春秋，推

〔註52〕羅義俊已提出此論題。出處同上。

〔註53〕同註38，頁50。

陰陽，爲儒者宗」。其「天人合一」理論有助於人君絕對化。按其大意說明人之遠祖爲天，天乃人之父，故人的形體類天（〈爲人者天篇〉）。又天有五形，人身有五臟；天有四時，人身有四肢（〈人副天數篇〉）。遂認爲天人間必有感應，所謂「天地之陰氣起，而人之陰氣應之而起；人之陰氣起，而天地之陰氣亦直應之而起。」（〈同類相動篇〉）

至於自然界中陽氣使萬物生長，陰氣使萬物收藏，於社會、政治中，君父自然居於主導地位。（〈基義篇〉）在天人同類互相感應前提下，人君應法天道與天地參。否則不僅人君喜怒賞罰不當而世亂，且感應四時以至運行不當而歲凶（〈天地陰陽篇〉）。基本上，董仲舒理論實欲使國君奉仁心以行愛民之實。至於發展爲法家「尊君卑臣」論，學者指出：

> 是由於研究陰陽學著了迷，從而透過陰陽合一的理論，把人君神聖
> 化，而逐漸發展出來的，其動機當係基於學術研究。〔註54〕

由於其說受漢武帝賞賜，接受其對策主張，於建元五年正式設置五經博士，並壓倒其它學術，壟斷教育。舉凡太學、地方官學及私學老師多爲經學博士，士人必讀經書，儒經成爲唯一教科書。又由於博士弟子並爲選士制度的對象之一，士人欲追求祿位而入太學，皓首窮經以獲官位。士人讀儒家經籍，以儒家倫理爲準則，儒家思想成爲時人思考模式。基本上，應可說漢代國君藉儒學塑造知識份子，以控制社會的精神生活。

獨尊儒術後，三綱五常，尤其是忠孝觀念成爲士人自覺遵守的行爲準則。其核心觀念爲服從，實際上即是對自我價值的否定，甚至轉爲奴性的順從。所以社會之尊卑、貴賤、上下的「差序格局」日益嚴明。因此，民國初年有胡適、陳獨秀等努力于儒學的變革，及對西方文化認同時，又有新儒學之興起。〔註55〕所謂新儒學並非舊的復活或翻版，李澤厚先生說：

> 在辛亥、五四以來的二十世紀的中國現實和學術土壤上，強調繼承、
> 發揚孔孟程朱陸王，以之爲中國哲學或中國思想的根本精神，並以
> 他爲主體來吸收、接受和改造西方近代思想（如「民主」、「科學」）
> 和西方哲學（柏格森、羅素、康德、懷海特等人），以尋求當代中國

〔註54〕出處同註40。
〔註55〕參見拙著《梁漱溟的孔學初探》一文。收入《鵝湖月刊》第二十卷第 3 期。
參見李澤厚《中國現代思想史論》頁 336。風雲時代出版公司，民國 79 年出版。

社會、政治、文化等方面的現實出路，這就是現代新儒學的基本特徵。〔註56〕

以居於新儒學啓蒙地位的梁漱溟爲例，其研究儒學的特色在標舉人的直覺以及突出人的理性。〔註57〕在《東西文化及其哲學》一書中，梁漱溟即言「敏銳的直覺，就是孔子所謂仁」。〔註58〕認爲直覺就是主宰，人的正確行爲就建立在當下的感應上，認爲人類諸德無不出自直覺。於西元1984年出版的《人心與人生》一書，又特意強調直覺的觀念。〔註59〕《中國文化要義》書中，則提出「理性」。指出《論語》一書「務爲理性之啓發」，又言「道德爲理性之事，存於個人之自覺自律」。〔註60〕早在西元1924年，印度詩人泰戈爾至中國，梁漱溟與其談論儒學道理時已提出，孔子道理著重之點都在自己。〔註61〕

梁漱溟一再強調個人的重要及自主性，與漢代藉儒學扼殺讀書人的精神，其態度迥然有別。因此，可推測漢代國君利用儒學強化大一統專制的禁錮思想現象。余英時先生說：

> 漢武之所以接受董仲舒建議，「罷黜百家，獨尊儒術」，卻決不是欣賞他的「貶天子」之說，而是因爲他巧妙地用儒家的外衣包住了法家「尊君卑臣」的政治內核。〔註62〕

（二）藉經學神學化鞏固政權

漢代將陰陽學說注入經書，同時有系統闡述君權神授之說者爲董仲舒。自董仲舒將陰陽學說應用於儒術，提出天人感應之說，以爲王者受命於天。其曰：「唯天子受命於天，天下受命於天子。」（《春秋繁露‧爲人者天》）皇帝的絕對權威由此得到肯定。董仲舒唯恐自己的君權神授觀念無法找到事實依據，於是從《春秋》中找憑證，認爲《春秋》所記的事與人，都有所用意，於是發揮《春秋》大義，說：

> 孔子作《春秋》，上揆之天道，下質諸人情，參之於古，考之於今，故《春秋》之所譏，災害之所加也。《春秋》之所惡，怪異之所施也。

〔註56〕同上註，頁336。
〔註57〕出處同55。
〔註58〕參見梁漱溟《東西文化及其哲學》頁149。里仁出版社，民國72年出版。
〔註59〕梁漱溟《人心與人生》谷風出版社，民國76年出版。
〔註60〕參見梁漱溟《中國文化要義》頁106至107，里仁書局，民國71年出版。
〔註61〕參見梁漱溟《朝話》頁70至71，文景出版社，民國61年出版。
〔註62〕參見余英時〈反智論與中國政治思想〉一文，出處同註4，頁43。

（《漢書・董仲舒傳》）

不獨如此，董仲舒的目的還在於通過闡述天人關係，來突出封建皇帝的主觀能動性。他在講《春秋》「一元之意」時說：

> 謂一爲元者，視大始而欲正本也。《春秋》深探其本，而反自貴者始。故爲人君者，正心以正朝廷，正朝廷以正百官，正百官以正萬民，正萬民以正四方。四方正，遠近莫敢不壹於正，而亡有邪氣奸其間者，是以陰陽調而風雨時，群生和而萬民殖，五穀熟而草木茂，天地之間被潤澤而大豐美，四海之內聞盛德而皆徠臣，諸福之物，可致之祥，莫不畢至，而王道終矣。（《漢書・董仲舒傳》）

說明人君貴在行王道，王道貴在正心，朝廷百官及萬民皆正，可使天地之間、四海之內得益。是藉說經賦予國君極大權力。其目的以爲王者當上承天意，苟不如此，天將出災異以譴告上。基本上，仍是以愛民爲政治目標，但爲時一久，穿鑿附會之說興起，遂以此自惑惑人。因此，宣帝、元帝時期，利用陰陽災異輔政成爲常事。學者統計：宣帝統治二十六年中，因災害、怪異而頒布詔書多達二十次（《漢書・宣帝紀》）。並任用善於推五行、說災異之經師夏侯勝爲諫大夫給事。並以陰陽作爲講人倫、婚姻之根據。〔註63〕

學者亦根據《漢書》卷九〈元帝紀〉統計，元帝統治十六年中，發布詔書有十九處，因天象及自然災害而頒布者達十二次之多。〔註64〕其中，初元三年（西元前46年）六月，詔書稱：

> 蓋聞安民之道，本繇陰陽。間者陰陽錯謬，風雨不時。朕之不德，庶幾群公有敢言朕之過者，今則不然。諭合苟從，未肯極言，朕甚閔焉。永惟烝庶之饑寒，遠離父母妻子，勞於非業之作，衛於不居之宮，恐非所以佐陰陽之道也。其罷甘泉、建章宮衛，令就農。百官各省費。條奏毋有所諱。有司勉之，毋犯四時之禁。丞相御史舉天下明陰陽災異者各三人。（《漢書・元帝紀》）

此詔書爲貢禹任御史大夫時上疏後頒布，詔書既下，「於是言事者眾，或進擢召見，人人自以得上意。」（《漢書・元帝紀》）社會上形成大講災異之風。由此可見，宣帝元帝之際陰陽災異之風的興盛，既有皇帝的提倡之力，也有經

〔註63〕 參見大陸學者楊志鈞、華友根、錢杭著《西漢經學與政治》頁205，上海古籍出版社，西元1994年出版。

〔註64〕 同上，頁207。

學之士的促進之功。皇帝提倡的目的，是爲了表明其順天承意，維護統治；經學之士促進的用意，在於顯示經學的作用爲滿足政治需要而鼓吹。

其後並有讖緯學說的興起。「讖緯」，經常聯稱在一起，事實上它並不是一類，《四庫全書總目提要》說：

> 案儒者多稱讖緯，其實讖自讖，緯自緯，非一類也。讖者，詭爲隱語，預決吉凶，《史記・秦本紀》稱盧生奏錄圖書之語，是其始也。緯者，經之支流，衍及旁義，《史記・自序》引《易》「失之毫釐，差以千里。」《漢書・蓋寬饒傳》引《易》「五帝官天下，三王家天下」，注者均以爲《易緯》之文也。蓋秦、漢以來，去聖日遠，儒者推闡論說，各有成書，與經原不相比附，如伏生《尚書大傳》、董仲舒《春秋陰陽》，核其文體，即是《緯書》，特以顯有主名，故不能託諸孔子。其它私相撰述，漸雜以術數之言，既不知作者爲誰，因附會以神其說，迨彌傳彌失，又益以妖妄之詞，遂與讖合而爲一。然班固稱聖人作經，賢者緯之。楊侃稱緯書之類，謂之內學；河洛之書，謂之靈篇。胡應麟亦謂讖緯二書，雖相表裏，而實不同，則緯與讖別，前人固已分析之，後人連類而議，非其實也。（經部卷六）

《四庫全書總目提要》以爲「讖自讖，緯自緯，非一類也。」「詭爲隱語，預決吉凶」的讖，經過傳播演變，並借用經義寫成文字，則演爲緯。可說是混合神學附會儒家經義之書，且隨儒家之獨尊而愈益發展。以讖緯解經充滿迷信，例如：

說《易》爲「氣之節，含五經，宣律曆。上經象天，下經計曆，文言立符，象出其節，象言變化，系沒類跡。」（《春秋諱・設題辭》）

說《尚書》爲「尚者上也，書者如也。上天垂文象，布節度，書如天行也。」（《尚書諱・璇璣鈐》）

說詩爲「詩者，天地之心，君主之德，百福之宗，萬物之戶也。」（《詩緯・含神霧》）

說《禮》爲「禮之動搖也，與天地同氣，四時合信，陰陽爲符，日月爲明，上下和洽，則物曾如其性命。」（《禮緯・稽命微》）

說《春秋》爲「孔子作《春秋》，陳天人之際，記異考符。」（《春秋諱・握誠圖》）經書蒙上神秘色彩。

最早讖書成於成哀之間，〔註65〕而作爲一社會潮流，則興起於哀平之際。

東漢時讖緯學成爲統治者略奪天下、鞏固政權的工具，尤其是得到王莽及光武帝的利用而大盛，《隋書・經籍志》敘述讖緯之學說：「讖緯之學起於王莽好符命，光武以圖讖興，遂盛行於世。」王莽以圖讖詐取天下，篡漢之後，政治教化多依符命來推行。首先，王莽爲居攝皇帝而造讖，《漢書》記載：

> 前煇光謝囂奏武功長孟通浚井得白石，上圓下方，有丹書著石，文曰『告安漢公莽爲皇帝』符命之起，自此始矣。⋯⋯太后下詔曰：『⋯⋯今前煇光囂、武功長通上言丹石之符。朕深思厥意，云「爲皇帝」者，乃攝行皇帝之事也。⋯⋯其令安漢公居攝踐祚，如周公故事。』
>
> （〈王莽傳上〉）

王莽以符命取得攝皇帝之位。又再僞造讖緯，說攝皇帝當爲眞，並利用甘忠可及夏賀良的讖書及曲解《尚書・康誥篇》的本文，來配合符瑞。〔註66〕

〔註65〕 西漢讖緯神學起源於何時？據張衡認爲起源於成、哀之後。其曰：「讖書始出，蓋知之者寡。自漢取秦，用兵力戰，功成業遂，可謂大事，當此之時，莫或稱讖。若夏侯勝、眭孟之徒，以道術立名，其所著述，無讖一言。劉向父子領校秘書，閱定九流，亦無讖錄。成、哀之後，乃始聞知。⋯⋯又言「別有益州」。益州之置，在於漢世。其名三輔諸陵，世數可知。至於圖中訖於成帝。⋯⋯至於王莽篡位，漢世大禍，八十篇何爲不戒？則知圖讖成於哀、平之際也。」（《後漢書・張衡傳》）其所據理由有三，一是夏侯勝及眭孟之著作，末言及讖緯。二是劉向父子柳校秘書、閱定九流，未見讖緯。三是圖讖對王莽代漢沒有戒告，可見圖讖成於王莽代漢之前。至於《漢書・李尋傳》關於讖緯出現的最早年代，較張衡所說略早。其曰：「初。成帝時，齊甘忠可詐造《天官曆》、《包元太平經》十二卷，以言『漢家逢天地之大終，當更受命於天，天帝使眞人赤精子下教我此道。』忠可以教重平夏賀良、容丘丁廣世、東郡郭昌等。中壘校尉劉向奏忠可鬼神罔上惑眾，下獄治服，未斷病死。」若甘忠可所造之書是最早出現之讖書，據此史料可知讖緯產生之確切時代是成、哀之際。學者分析，〈張衡傳〉及〈李尋傳〉所記並無衝突，歸納其理由有二：一是《漢書・李尋傳》明確講劉向在成帝時，「奏忠可假鬼神罔上惑眾」。可見劉向父子在校書前或校書過程中見到過讖書。但張衡又說劉向校定書目中無讖書。因劉向父子堅決反對讖書，同時讖書始出，數量太少，不大可能專列一項，附於別項之下又不妥。因此劉向父子見到讖書，而又未將其列入所校書目內。二是張衡講讖緯在「成、哀以後乃始聞之」，「成於哀、平之際」。與〈李尋傳〉記載成帝時甘忠可已造讖書，時間上明顯不合。但是成帝時，甘忠可下獄病死，讖書雖已出現，但被當政者視爲離經背古，因此不可能在社會上廣泛流傳。參見黃開國〈論漢代讖緯神學〉一文，收入林師慶彰編《中國經學史論文選集》上冊，頁298至307。文史哲出版社，民國81年出版。

〔註66〕 據《後漢書・王莽傳》記載：「七月中，其郡臨淄縣昌興亭長辛當一暮數夢，曰：『吾，天公使也。天公使我到于未央官之前殿。臣與太保安陽侯舜等視，

此外，王莽又利用符瑞從假皇帝成為眞皇帝，其經過《漢書》記載：

> （初始元年十二月），梓潼人哀章學問長安，素無行，好爲大言。見
> 莽居攝，即作銅匱，爲兩檢，署其一曰「天帝行璽金匱圖」，其一署
> 曰：「赤帝行璽某傳予黃帝金策書」。某者，高皇帝名也。書言王莽
> 爲眞天子，皇太后如天命。……弄至高廟拜受匱神壇。御王冠，謁
> 太后，還坐未央宮前殿，下書曰：「……赤帝漢氏高皇帝之靈，承天
> 命，傳國金策之書，予甚祇畏，敢不欽受！以戊辰直定，御王冠，
> 即眞天子之位，定有天下之號曰新。」（〈王莽傳上〉）

說明王莽利用哀章所獻金匱「赤帝行璽某傳予黃帝金策書」文字，即赤帝漢
高祖將漢家玉璽傳給皇帝王莽，因而奉天承運正式即天子之位。

　　東漢光武帝亦利用符命讖緯受命。根據《後漢書‧光武帝紀》當時宛人
李通及其父親李守向光武帝提供圖讖，才引發劉秀起兵討命。其後，劉秀同
儕彊華奉赤伏符，其中有「劉秀發兵捕不道，四夷雲集龍鬥野，四七之際火
爲主。」及「劉秀發兵捕不道，卯金修德爲天子。」等文字，遂舉行郊祭，
以圖讖告天，正式繼皇帝位。〔註67〕當時與王莽共爭天下的公孫述，亦利用
讖緯欲取代漢家王位。〔註68〕

天風起，塵冥，風止，得銅符帛圖於石前，文曰：「天告帝符，獻者封侯。承
天命，用神令。」騎都尉崔發等說。及前孝哀皇帝建平二年六月甲子下詔書，
更爲太初元將元年，案其本事，甘忠可、告亭長曰：「攝皇帝當爲眞」。即不
信我，此亭中當有新井。』亭長晨起視亭中，誠有新井，入地且百尺。十一
月壬子，直建冬至，巴郡石牛，戊午，雍石文，皆夏賀良讖書藏蘭臺。臣莽
以爲元將元年者，大將居攝改元之文也，於今信矣。尚書康誥『王若曰：「孟
侯，朕其弟，小子封」』此周公居攝稱王之文也。……臣莽敢不承用！臣請共
事神祇宗廟，奉言太皇太后、孝平皇后，皆稱假皇帝。……」

〔註67〕《後漢書‧光武帝紀》記載：（新莽）地皇三年（西元22年）光武避吏新野。……
宛人李通等以圖讖說光武云：『劉秀復起，李氏爲輔。』光武初不敢當，然獨
念兄伯升素結輕客，必舉大事，且王莽敗亡已兆，天下方亂，遂與定謀，於
是乃市兵弩。十月，與李通從弟軼等起於宛，時年二十八」又曰：「建武元年……
光武先在長安時同舍生彊華自關中奉赤伏符，曰：『劉秀發兵捕不道，四夷雲
集龍鬥野，四七之際火爲主』……光武於是命有司設壇場……建武元年六月
己末，即皇帝位，燔燎告天，……其祝文曰：『……讖記曰：「劉秀發兵捕不
道，卯金修德爲天子」……敢不敬承？』」

〔註68〕《後漢書‧公孫述傳》記載：「述亦好爲符命鬼神瑞應之事，妄引讖記。以
爲孔子作春秋，爲赤制而斷十二公，明漢至平帝十二代，歷數盡也，一姓不
得再受命，又引錄運法曰：『廢昌帝，立公孫』，括地象曰：『帝軒轅受命，
公孫氏握』……又自言手文有奇，及得龍興之瑞。數移書中國，冀以感動眾

　　光武帝有天下凡改正朔、易服色、立都、祭祀多依讖緯，甚至封禪也以讖緯決定。〔註69〕建武十一年劉秀統一全國政權鞏固，但讖緯有其危險性，遂將讖緯統一，成爲王朝的統治思想。〔註70〕此時，若有人擅造圖讖，即有謀篡王位之嫌。例如劉英爲劉秀之子，於明帝永平十一年（西元 70 年），因造讖被告發，「英與漁陽王平、顏忠等造作圖書，有逆謀。」之後即以大逆不道罪名被廢，不久自殺（《後漢書‧光武十王列傳》）。

　　在東漢許多儒生多爲讖緯神學的信奉者，〔註71〕不少經學家都以讖緯作爲解釋經書的依據。章帝建初四年召開的白虎觀會議，實際上就是以讖緯統一五經的會議。而且是欽定學術會議，政治主導學術。會議結果由班固所撰述之《白虎通德論》，主要在鞏固三綱六紀。據學者分析，全書引讖緯之處甚多。〔註72〕是透過讖緯補助其對三綱六紀的論證。所以《白虎通德論》可說是經學神學化的完成，同時是藉經學神學化鞏固君主地位。

第三節　　就經濟層面而言

　　韓非視農業爲本業，商業爲末業，影響漢代政治上推行重農輕商政策。譬如重農而減輕田租，《漢書》記載高祖田租減至「什五而稅一」（〈高帝紀〉），

　　　　心。」
〔註69〕如《東觀漢紀》卷一記載：「自帝即位，按圖讖，推五運，漢爲火德。周蒼漢赤，木生火，赤代蒼。故帝都洛陽，制兆於城南七里，北郊四里。行夏之時，時以平旦。服色犧牲尚黑。明火德之運，常服徽幟尚赤。四時隨色，季夏黃色。議者曰：『圖讖者伊堯，赤帝之子，俱與后稷並受命而爲王。漢劉祖堯，宜令郊祀帝堯以配天，宗祀高祖以配上帝』」。又梁劉昭補《後漢書志》卷七〈祭祀上〉記載：「（建武）三十二年正月，上（光武）齋，夜讀河圖會昌符，曰『赤劉之九，命岱宗。不愼克用，何益於承。誠善用之，姦僞不萌。』感此文，乃詔（梁）松等案索河雒讖文言九世封禪事者。松等列奏，乃許焉。」
〔註70〕《後漢書‧光武帝紀》記載：「（建武）中元元年，初起明堂、靈臺、辟雍，……宣布圖讖於天下。」此作法與王莽宣布圖讖於天下的態度一樣。《漢書‧王莽傳》記載：「新莽始建國元年秋，遣五威將王奇等十二人班符命四十二篇於天下。德祥五事，符命二十五，福應十二，凡四十二篇。」王莽總合圖讖編爲一書，凡與王莽取代漢家天下有幫助之瑞命符應皆收入編爲一書。
〔註71〕參見黃開國〈論漢代讖緯神學〉一文，收入林師慶彰編《中國經學史論文選集》上冊，頁306。文史哲出版社，民國81年出版。
〔註72〕參見《四庫題要》指出：白虎通引六經傳記外，又多涉及讖緯。以及陳槃〈讖緯命名及其相關諸問題〉收入《幼獅學報》第一卷第1期。

惠帝即位亦「減田租，復十五稅一」（〈惠帝紀〉）。孝文帝詔賜民田租之半，即減「十五稅一」爲「三十稅一」。《漢書》記載：

> 上（文帝）復從其（晁錯）言，乃下詔賜民十二年租稅之半，明年，遂除民田之租稅，後十三歲，孝景二年，令民半出田租，三十而稅一也。（〈食貨志上〉）

可見文帝、景帝時採用三十而稅一的稅率，且直至東漢亦如是。例如光武帝建武六年十二月詔曰：

> 頃者師旅未解，用度不足，故行什一之稅。今軍士屯田，糧儲差積，其令郡國收見田租三十稅一，如舊制。（《後漢書・光武帝紀下》）

光武帝時，因軍旅所需，田租曾增加爲什一。至屯田收入增加，又減免田租爲三十稅一之制。漢田租稅率大抵如是。此外，又倡入粟拜爵，以貴粟重農，對鼓勵農業生產有積極作用。然而，抑商雖有其政治作用，但抑商在相當程度上也造成推展農業的傷害。

一、藉抑商鞏固政權基礎

西漢爲鞏固中央集權專制政體，經濟方面除採取正面獎勵發展農業之措施外，並積極推行輕商政策。因爲當時商人的利益與國君權利形成矛盾。〔註73〕例如商人可屯積居奇、抬高物價，商人多擴充私有土地及奴婢，以及地方封建諸侯王與商人結合謀反等，因而，漢代國君抑商以鞏固政權。漢代抑商的重要措施說明如下：〔註74〕

（一）實行重稅政策

《史記》記載「天下已平，高祖乃令賈人不得衣絲乘車，重租稅以困辱之。」（〈平準書〉）又應劭注《漢書》：「漢律，人出一算，算百二十錢。唯賈人與奴婢倍算。」（〈惠帝紀〉注）可知一般情形是一人出算賦一算，唯商人與奴婢每人二算。此規定證明漢代對商人的重稅政策。

其次，對商人運輸工具車船課稅。武帝元光六年（西元前 129 年）施行「初等商車」（《漢書・武帝紀》），李奇注：「始稅商賈車船，令出算」是對商人車船課稅。又言：「非吏比者、三老、北邊騎士，軺車以一算，商賈人軺車

〔註73〕此觀點大陸學者高敏已提出，參見〈論漢代抑商政策的實質〉一文，《蘭州大學學報》1963 年第 3 期。
〔註74〕參見高敏〈論漢代抑商政策的實質〉一文，出處同上。

二算，船五丈以上一算。」（《史記‧平準書》）打擊商人之意明顯。

　　再次，是徵收商人算緡錢的財產稅。元狩四年（西元前 119 年）施行初算緡錢（《漢書‧武帝紀》）。其具體作法，據臣瓚言：

> 諸賈人、末作、貰貸、買居邑，儲積儲物，及商以取利者，雖無市籍，各以其物自占，率緡算二千而一算。此緡錢是儲錢也。故隨其用所施，施於利重者，其算亦多也！（《漢書‧武帝紀》臣瓚引《茂陵書》作注）

可知漢代算緡錢課稅對象主要是商賈。按法令規定，商人必需「以其物自占」，若有不實則罰「戍邊一歲」並「沒入緡錢」（《史記‧平準書》）。元鼎二年（西元前 115 年）又獎勵人民告發不實者（同上）。據史書記載，當時沒入之「民財以億計，奴婢以千萬數。田，大縣數百頃，小縣百餘頃，宅亦如之。於是商賈中家以上，大率破產。」（同上）

（二）實施幣制改革

　　漢初人民可自由鑄造錢幣，其結果形成巨富，給商人投機獲利的機會。實施幣制改革在打擊商人，如《史記》記載：

> 富商大賈，或蹛財役貧，轉轂百數，廢居居邑，封君皆低首仰給，冶鑄煮鹽，財或累萬金，而不佐國家之急，黎民重困。於是天子與公卿議，更錢造幣以贍用，而摧浮淫并兼之徒。（〈平準書〉）

又《漢書》記載：

> 湯承上指，請造白金及五銖錢，籠天下鹽鐵，排富商大賈。（〈張湯傳〉）

武帝遂實施幣制改革，元鼎四年（西元前 113 年）確立了五銖錢之定制，以打擊商人投機的機會。

（三）均輸平準法及專賣鹽鐵酒的實施，縮小商人謀利途徑

　　《史記‧平準書》及《漢書‧食貨志》記載東郭咸陽及孔僅，以大農丞專領鹽鐵之事。主張「募民，自給費，因官器作煮鹽，官與牢盆，……敢私鑄鐵器、煮鹽者，釱左趾，沒入其器物。」天漢三年（西元前 98 年）又行初榷酒酤之制。韋昭認為是「謂禁民釀酒，獨官開置，如道路設木為榷，獨取利也。」（《漢書‧武帝紀》韋昭注文）因此，鹽鐵酒等生活必需品為國家專營事業，商人無法從此領域謀利。

　　又元封元年（西元前 110 年）用桑弘羊行平準均輸法，使「大農之諸官，

盡籠天下之貨物，貴即賣之，賤則買之。如此，富商大賈，無所牟大利。」（《史記・平準書》）商人的獲利範圍縮小。

（四）禁止商人擁有土地

史書記載「賈人有市籍者及其家屬，皆無得籍名田，以便農。」（《史記・平準書》及《漢書・食貨志》均記載）商人及其家屬被剝奪擁有私有土地的權利。此外，又禁止商人入仕、禁止商人衣絲乘車、徵發商人戍邊等。基本上，漢代抑商政策，已非純粹將商人置於次要地位，而是從經濟上、政治上給予商人致命打擊，其中醞藏藉抑商鞏固漢室政權的作用。

二、重農抑商導致商人兼并土地，流民問題日益嚴重

兩漢流民問題時有所聞，但並未對「流民」名稱作一明確定義。《漢書》記載：

> 元封四年，關東流民二百萬口，無名數者四十萬，公卿議欲請徙流
> 民於邊以適之。（《漢書・石奮傳》）

顏師古注：

> 名數，若今戶籍。（同上）

說明流民是指脫離戶籍，流亡他鄉之人，無名數則是指無戶籍之人。由於史書將流民兩百萬口與無名數四十萬口分開，二者應有區別。但史書又將二者總稱為「流民」，所以羅彤華先生就戶籍觀點立論，指出二者皆已失籍，故稱為「流民」。〔註75〕

流民問題嚴重，章帝及和帝時，已有廩給流民之詔書。如章帝下詔：

> 流人欲歸本者，郡縣其實廩，令足還到。聽過止官亭，無雇舍宿。
> 長吏親躬，無使貧弱遺脱，小吏豪右，得容姦妄。詔書既下，勿得
> 稽留。刺史明加督察，尤無狀者。（《後漢書・章帝紀》）

和帝詔曰：

> 流民所過郡國，皆實廩之，其有販賣者，勿出租税。又欲就賤還歸
> 者，復一歲田租更賦。（《後漢書・和帝紀》）

又根據楊聯陞先生〈東漢的豪族〉一文統計，只和帝時賑貸地即有：〔註76〕

〔註75〕參見羅彤華《漢代的流民問題》頁4至15。學生書局，民國78年出版。
〔註76〕參見楊聯陞〈東漢的豪族〉一文，收入《清華學報》第十一卷第四期。

永元五年，遣使者分行貧民，舉實流冗。開倉賑廩三十餘郡。

永元六年，遣謁者分行廩貸三河、兗、冀、青州貧民。

永元八年，詔賑貸并州四郡貧民。

永元十二年，賑貸敦煌、張掖、五原民下貧者穀。

永元十四年，賑貸張掖、居延、敦煌、五原、漢陽、會稽流民下貧穀，各有差。

永元十五年，詔廩貸潁州、汝南、陳留、江夏、梁國、敦煌貧民。（以上出自《漢書‧和帝紀》）

可見流民地域廣泛，形成漢代政府救助時的龐大財政負擔，是漢代重大危機。

形成流民的原因很多，羅彤華《漢代的流民問題》一書中分析有：脆弱的小農經濟、賦稅繁重、盜寇侵凌與徭役擾民、吏治不良與豪強欺壓及災荒頻仍等五項。〔註77〕本文補充之論點是：抑商形成土地兼併，也是導致流民惡化的一大原因。分析如下：

（一）就抑商形成商人兼并土地而言

漢代重農，田租為賦稅的基本項目。景帝以後為三十稅一之制，漢人並不視三十稅一的田租為重稅。至於對於商人則大規模的採取重稅、告緡、均輸、平準及專賣等抑制措施，商人自然將其財產購置土地。土地兼并現象日益嚴重，小農則無田可耕。

（二）就抑商形成豪強兼并土地而言

商人社會地位低，所以豪強雖已有封地，但其資金並不投入商業建設發展，轉而購置兼并土地，使封地日益擴大。其流弊有二：

1. 兼并土地。豪強與一般百姓生活本有截然差別，若豪強不能守法，百姓生活更加淒涼。崔寔曾言：

上家累鉅億之資，戶地侔封君之土，行苞苴以亂執政，養刺客以威黔首，專殺不辜，號無市死之子，生死之奉，多擬人主。（《全後漢文》卷四十六引《政論》）

仲長統亦言：

井田之變，豪人貨殖，館舍不於州郡，田畝連於方國。身無半通青綸之命，而竊三辰龍章之服，不為編戶一伍之長，而有千室名邑之

〔註77〕同註75，頁71至176。

役。榮樂過于封君，勢力侔於守令。財賂自營，犯法不坐。刺客死
士，爲之投命，至使弱力少智之子，被穿幃敗，寄死不斂，冤枉窮
困，不敢自理。雖亦由網禁疏闊，蓋分田無限，使之然也。(《昌言·
損益篇》)

豪人之室，連棟數百。膏田滿野，奴隸千群，徒附萬計。船車賈販，
周於四方，廢居積貯，滿於都城。琦賂寶貨，巨室不能容，馬牛羊
豕，山谷不能受。(〈理亂篇〉)

由上所述，可推知豪強陵逼人民，以占田、畜奴最嚴重。國君亦極欲解決此
一問題，例如第七章所述董仲舒及師丹提出限田之議，即針對貴戚官吏及豪
強的「多畜奴婢，田宅亡限，與民爭利。」(〈漢書·哀帝紀〉)而來。但因豪
強勢力大，限田並無結果。而且，王莽時推行的王田令亦歸失敗。

2. 不重視耕種。〔註78〕豪強雖占地眾多，但未必能善盡地利，反而造成
農地浪費。王莽曾下令:「凡田不耕爲不殖，出三夫之稅，城郭中宅不樹藝者
爲不毛，出三夫之布。」(《漢書·食貨志下》)此項政令的頒布，意味著「田
不耕」情形的普遍。尤其豪強土地愈多，對土地運用益不看重。豪強兼并土
地現象不減，田不耕、樹不藝情形恐怕極難避免。故豪強土地兼并，不僅直
接導致人民無地可耕現象。且地利不盡，亦使糧食產量減少。因此，人與地
的不能平衡，應是導致流民興起的一大原因。

基本上，當時社會貧富差距日益擴大，農民生活艱苦，漢代文獻對此現
象多有批評。晁錯說:

今農夫五口之家，其服役者不下二人，其能耕者不過百畝。百畝之
收，不過百石。春耕夏耘，秋穫冬藏，伐薪樵，治官府，給繇役。
春不得避風塵，夏不得避暑熱，秋不得避陰雨，冬不得避寒凍。四
時之間，亡日休息。又私自送往迎來，弔死問疾，養孤長幼在其中。
勤苦如此，尚復被水旱之災，急政暴虐，賦斂不時，朝令而暮改。
當具有者半價而賣，亡者取倍稱之息，於是有賣田宅鬻子孫以償責
者矣。(《漢書·食貨志上》)

崔駰亦言:

博徒見農夫戴笠持耒，以芸蓼荼，面色驪黑，手足胼胝，膚如桑朴，
足如熊蹄，蒲望隴畝，汗出調泥，乃謂之曰:「子觸熱耕耘，背上生

───────────────
〔註78〕 此觀點羅彤華已提出。同註75，頁72至73。

鹽，脛如燒椽，皮如領革，錐不能穿，行步狼跋，蹄戾脛酸。謂子草木，支體屈伸，謂子禽獸，行容似人。何受命之薄，稟性不純！」

（《全上古三代秦漢三國六朝文·全後漢文》）

所以雖重農抑商，農民卻如同草木鳥獸。如此勞苦，卻依然無保障，甚至可能在兼并土地下犧牲成為流民，可說是漢代重農抑商絕大的諷刺。

第四節　就軍事層面而言

漢代的軍事策略由文帝、景帝時之安撫外夷至武帝時之兵戎相向，其轉變關鍵受法家學說影響。此觀點可根據武帝時提出對外用兵之大臣多有法家傾向得知（參見第九章所述）。漢代軍事行動多在抵禦外侮以及移民屯墾上。基本上，國家對外作一定的防備與反擊有其必要。若好大喜功而妄動興兵，則會「多殺士眾，竭民財力。」「天下虛耗，百姓流離。」（《漢書·夏侯勝傳》）至於強制實行移民墾荒，對於解決當時人口日繁，飲食日用日益不足的現象，則不失為一釜底抽薪的方法。換言之，漢代軍事策略有其優點及缺失，說明如下：

一、移民屯墾，安頓流民

屯田之功能是利用邊區地利，移民就地生產，增加國家解決外患的力量。〔註 79〕漢代屯田構想出自晁錯，至武帝時期漸受到重視而發展。晁錯屯田構想中，收羅人力方法為「募民」，根據其所上第一道奏疏言「乃募民之欲往者」及第二道奏疏言「貧民相募而勸往矣」可知。至於晁錯的全盤計劃在文帝時期曾實行至何種程度，則未見文獻記載。武帝時屯田則始於元朔二年（西元前 127 年），《史記》記載：

偃盛言：「朔方地肥饒，外阻河，蒙恬城之，以逐匈奴，內省轉輸戍漕，廣中國，滅胡之本也。」上覽其說，下公卿議，皆言不便。公孫弘曰：「秦時常發三十萬眾逐北河，終不可就，已而棄之」。主父偃盛言其便，上竟用主父計，立朔方郡。（〈平津侯主父列傳〉）

提出此次計劃者為主父偃，認為漢戰勝匈奴後可在朔方移民屯墾。同年夏天

〔註79〕此觀點管東貴〈漢代屯田的組織與功能〉一文已提出。《中研院歷史語言研究所集刊》第四十八本第三分。

即大舉移民。《漢書》亦記載此次移民：

> （元朔二年春），遣將軍衛青、李息出雲中，至高闕，遂西至符離，獲首虜數千級。收河南地，置朔方，五原郡。……夏，募民徙朔方十萬口。（〈武帝紀〉）

而朔方屯田具有開疆拓土以來清除外患威脅的積極作用。〔註80〕至元狩三年（西元前 120 年），山東大水，遂又將七十餘萬災民移向朔方一帶。《漢書》記載：

> 其明年，山東被水災，民多饑乏。於是天子遣使虛郡國倉廩以振貧。猶不足，又募豪富人相假貸。尚不能相救，乃徙貧民於關以西，及充朔方以南新秦中，七十餘萬口，衣食皆仰給於縣官。數歲，貸與產業，使者分部護，冠蓋相望，費以億計，縣官大空。（〈食貨志下〉）

可見此次移民具有解決災荒問題的作用。

一般而言，移民多自地狹人稠之處，徙至空曠寬大之區。誠如景帝元年詔書所言：「間者歲比不登，民多乏食，……郡國或磽陿，無所農桑畜畜；或地饒廣，薦草莽，水泉利，而不得徙。其議民欲徙寬大地者，聽之。」（《漢書‧景帝紀》）至於武帝元狩三年將數十萬災民移向朔方一帶，雖有疏解災民問題的效果，但也形成「縣官大空」情形。然而，學者認為：

> 元狩四年移徙的慘痛經驗，並不代表該政策全不可行。只是武帝於大批流民產生後，方才想到護送其至邊區重建家園，既已失安民先機，又需在極短期內支應龐大的移徙、置產費用，當然會有心餘力絀之感。〔註81〕

東漢崔寔即能洞悉屯田開墾的意義，他說：

> 今青徐兗冀，人稠土狹，不足相供，而三輔左右及涼幽州內附近郡，皆土曠人稀，厥田宜稼，悉不肯墾發。小人之情，安土重遷，寧就飢餒，無適樂土之慮。……今宜復遵故事，喜貧人不能自業者于寬地，此亦開草闢土振人之術也。（《全上古三代秦漢三國六朝文‧全後漢文》卷四十六）

所謂「遵故事」，即指武帝元狩三年徙山東貧民七十餘萬至朔方之事。可見屯田政策雖耗費大，但具有鞏固國防以及安頓流民之價值。

〔註80〕參見管東貴〈漢代屯田的組織與功能〉一文。出處同上。
〔註81〕同註75，頁 228。

二、大肆用兵，農民失時

對於「農時」問題東漢王符有深刻的認識，於《潛夫論》中專門撰述〈愛日〉一篇，詳述此一問題。文中評論農村經濟，特別重視「民功」及「日力」。其曰：

> 民之所以爲民者，以有穀也，穀之所以豐殖者，以有人功也。功之所以能逮者，以日力也。(《潛夫論・愛日篇》)

換言之，所謂「日力」指農民工作的時間及勞動力，爲收成的必要條件。因此，王符說：

> 治國之日舒以長，故其民間暇而力有餘；亂國之日促以短，故其民困務而力不足。(同上)

以日力的長短作爲影響國家治亂的要素。其關鍵則在統治者，若愛惜民力則民日長，反之則民力短，倘濫用至極則百姓將處於「無日」之困境。王符〈愛日篇〉言及影響日力推展的原因有：天災、官府之繁擾苛察、公卿師尹之貪瀆無能、吏治不良訴訟不公以及徭役賦稅之輕重多寡等因素。〔註82〕此處要補充說明的是：戰亂對百姓日力的傷害尤爲酷烈。王符於〈勸將篇〉及〈救邊篇〉中曾言及戰爭之慘烈，所謂「雲烝霧起，合從連橫，掃滌并涼，內犯司隸，東寇趙魏，西鈔蜀漢，五州殘破，六郡削跡。」(〈勸將篇〉)以及「週迴千里，野無孑遺，寇鈔禍害，晝夜不止，百姓滅沒，日月焦盡。」(〈救邊篇〉)可知戰爭瀰漫，家園殘破，人命財產消耗殆盡實在驚人。其對農莊之傷害亦無庸置疑，誠如范曄所言：

> 農功消於轉運，資財竭於徵發，田疇不得墾闢，禾稼不得收入，搏手困窮，無望來秋，百姓力屈，不復堪命。(《後漢書・龐參傳》)

尤其爲因應戰爭之需要則大收壯男，例如文帝因匈奴之患，役及五尺之童。〔註83〕武帝大興兵戎，五、六十歲的除役者竟與子孫並役。〔註84〕王莽時群盜叛亂，十八歲以上亦受徵調。〔註85〕東漢時則一旦軍情緊急，亦徵調年二

〔註82〕 參見劉師文起《王符潛夫論所反映之東漢形勢》頁118至120及頁151至156。文史哲出版社，民國84年出版。

〔註83〕 《漢書・賈誼傳》疏曰：「今西邊、北邊之郡，雖有長爵不經復除，五尺以上不輕得息」。有關課役標準及年齡，參見杜正勝〈編戶齊民的出現及其歷史意義〉一文，及羅彤華《漢代的流民問題》頁152至172。

〔註84〕 參見《鹽鐵論集釋・未通篇》。

〔註85〕 參見《漢書・王莽傳》。

十之男子以及小弱者。〔註86〕凡此兵役連年，壯丁徵調無已現象，必然內外俱擾，無法從事農耕。

　　學者曾統計，西漢中期以後，軍徵甚繁，而減省戍卒徭役的詔令只有三次：〔註87〕

　　　　（武地元狩三年）減隴西、北地、上郡戍卒半。（《漢書・武帝紀》）

　　　　（昭帝元平元年）日者省用，罷不急官，減外繇。（《漢書・昭帝紀》）

　　　　（宣帝五鳳四年）匈奴單于稱臣，……以邊塞亡寇，減戍卒什二。（《漢書・宣帝紀》）

與其徵調的次數相比有天壤之別。人民繇役沉重，尤其軍役奪去農時。是以漢雖重農抑商，但因戰爭威脅，家戶殘破。所謂「軍旅數發，父戰死於前，子鬥傷於後，女子乘亭鄣，孤兒號於道，老母寡婦飲泣巷哭。」（《漢書・貢捐之傳》）如何能從事農耕生產呢！

第五節　就社會層面而言

　　韓非尊君學說嚴格劃分尊卑等級，國君地位無與倫比，居於政治社會的頂端，以天賦權威君臨天下。而人民對統治者的行為，往往會形成上行下效的作用，進而影響社會風氣。其流弊說明如下：

一、社會風氣浮誇

　　韓非尊君學說本在透過法、術、勢的運用，鞏固國君地位之尊隆。但是由於尊君的緣故，為突出君主地位，舉凡日常生活中的食衣住行等多極盡華麗雄偉，以顯示帝王至高無上的形象。

　　以起居之宮室為例：未央宮就極為壯觀。其規制據《三輔黃圖》知「深十五丈，高三十五丈」規模之大可見梗概。《漢書》言：「蕭何治未央宮，立東闕、北闕、前殿、武庫、太倉……非令壯麗，無以重威。」（〈高帝紀下〉）說明以宮室之雄偉以顯示國君形象的用心。

　　以遊玩觀賞為例：揚雄〈羽獵賦〉曾鋪述天子狩獵場面的壯觀，敘述武帝擴建上林苑，土地遼擴，並挖掘昆明池，營建宮室，又造仙山，窮盡奇妙

〔註86〕參見《後漢書・羊續傳》。

〔註87〕同註75，頁193。

華麗。又如《拾遺記》記載成帝耽於玩樂：

> 帝常以三秋閑日與飛鷰戲於太液池，以沙棠木爲舟，貴其不沉沒也，
> 以雲母飾於鷁首，一名雲舟。又刻大桐木爲蚪龍，雕飾如眞，以夾
> 雲舟而行。（卷六）

呈現出玩樂場所之奢華。

以飲食日用爲例：皇帝之用度耗費極爲驚人。如元帝時「齊三服官作工各數千人，一歲費數巨萬。」（《漢書・貢禹傳》）又如「上林苑中，以養百獸，禽鹿嘗祭祠、祀賓客，用鹿千枚，麕兔無數。佽飛具繒繳，以射梟鴈，應給祭祀。置酒，每射，收得萬頭以上，給太官。」（《漢官舊儀》卷下）

以倖進后妃爲例：后宮嬪妃佳麗眾多，如桓帝「宮女多達五、六千人」（《後漢書・孝桓帝紀》）。靈帝時「後宮綵女數千餘人」（《後漢書・宦者呂強列傳》）。而且后妃生活極其奢侈，史載趙飛燕：「居昭陽舍，其中庭彤朱，而殿上髹漆，切皆銅沓冒黃金塗，白玉階，壁帶往往爲黃金釭，函藍田壁，明珠、翠羽飾之。」（《漢書・外戚傳下》）即爲證明。

以喪葬習俗爲例：天子地位尊崇，喪葬必然不會輕忽。漢天子即位即以三分之一的貢獻修陵，規模宏大可見。又皇帝陵墓隨葬品豐富，如武帝陵墓雖遭赤眉兵盜陵，珠玉仍不減半，可見隨葬品之多。

流風所及，當時宮卿列侯多效慕，汲汲經營奢侈生活。成帝時已有感於此，永治四年曾下詔書：

> 方今世俗僭僭罔極，靡有厭足。公卿列侯親屬近臣，四方所則，未
> 聞修身遵禮，同心憂國者也。或乃奢侈逸豫，務廣地宅，治園池，
> 多畜奴婢，被服綺縠，設鐘鼓，備女樂，車服嫁娶葬埋過制。吏民
> 慕效，寖以成俗，而欲望百姓儉節，家給人足，豈不難哉！（《漢書・
> 成帝紀》）

此詔書充分顯示當時公卿列侯、近親臣屬重財利的奢侈無度。有關公卿列侯的奢華第九章已有舉例說明。

貴族奢華，至於豪強地主亦然。其所得貲財以億萬計，卻非用於再生產，反投注於奢侈生活的花費。《鹽鐵論》記載豪強地主：

> 威重於六卿，富累於陶衛，輿服僭於王公，宮室溢於制度，并兼列
> 宅，隔絕閭巷，閣道錯連，足以游觀，鑿池曲道，足以馳騖，臨淵
> 釣魚，放犬早兔，隆豺鼎力，蹴鞠鬥雞。（〈刺權篇〉）

居住空間廣大，生活享受奢侈可見。由於豪強貴族掌控大多數的財力資源，遂又私營手工業，例如：光武皇后之兄郭況，累金數億，家僮四百餘人，「以黃金爲器，工治之聲，震于都鄙，時人謂：『郭氏之室，不雨而雷』言其鑄鍛之聲盛也。」（《拾遺記》卷六）又如西漢末，南陽樊重世善農稼，好貨殖，訾至巨萬，「至乃開廣田土三百餘頃，其所起廬舍，皆有重堂高閣，陂渠灌注。又池魚牧畜，有求必給。嘗欲作器物，先種梓漆，時人嗤之，然積以歲月，皆得其用，向之笑者咸求假焉。」（《後漢書·樊宏傳》）其成品多精美，曠日費工，《鹽鐵論》記載：

> 女極纖微，工極技巧，雕素樸而尚珍怪，鑽山石而求金銀，沒深淵求珠璣，設機陷求犀象，張罔羅求翡翠，求蠻貉之物以眩中國，徙邛筰之貨致之東海，交萬里之財，曠日費功，無益於用。（〈通有篇〉）

凡此浮侈無用之物，只有貴族能夠消費，可推測統治階級充斥「侈靡以爲榮，儉節者以爲陋」（《呂氏春秋·節喪篇》）的風氣。統治者奢華的價值取向，對民間百姓有極大影響。司馬遷說：

> 天下熙熙，皆爲利來，天下壤壤，皆爲利往。（《史記·貨殖列傳》）

財富名利成爲社會成員競相追逐的指標。故時人曰：

> 仕不至二千石，賈不至千萬，安可比人乎？（《漢書·酷吏傳·寧成傳》）

換言之，時人認爲若不能「推擇爲吏，又不能治生爲商賈」（《漢書·韓信傳》）則地位卑下。時人價值觀不是爲吏，就是爲賈。此乃肇因於崇尚奢華，追逐財力的風尚。

由於商業經營的收益多，如史書所載：

> 商賈求利，東西南北，各用智巧，好衣美食，歲有十二之利，而不出租稅。（《漢書·貢禹傳》）

> 商賈……乘上之急，所賣必倍，故其男不耕耘，女不蠶織，衣必文采，食必粱肉，無農夫之苦，有阡陌之得。因其富厚，交通王侯，力過吏勢，以利相傾，千里游敖，冠蓋相望，乘堅策肥，履絲曳縞，此商人所以兼併農人，農人所以流亡者也。（《漢書·食貨志上》）

東漢之時，商賈操縱居奇，收益尤其驚人。史書載：

> 今富商大賈，多放錢貨，中家子弟爲之保役，趨走與臣僕等勤，收稅與封君比入，是以眾人慕效，不耕而食，至乃多通侈靡，以淫耳

目。(《後漢書‧桓譚傳上》)

據上述資料，說明商業收益既大且易的事實，在社會逐利風尚之下，「民棄本逐末，耕者不能半。」(《漢書‧貢禹傳》) 人民百姓背本趨末現象，可推知兩漢社會上下階層多充斥奢華浮誇的現象。

二、貧富兩極對立

貴族富商及豪強人家好利求富而積累豐富，以滿足其競尚侈靡之生活，誠如仲長統所言：

> 館舍布於州郡，田畝連於方國，身無半通青綸之命，而竊三辰龍章之服，不爲編戶一伍之長，而有千室名邑之役，榮樂過於封君，勢力侔於守令。(《昌言‧理亂篇》)

「感於哀樂，緣事而發」(《漢書‧藝文志》) 的漢民間樂府也有這樣的記載：

> 君家誠易知，易知復難忘。黃金爲君門，白玉爲君堂。堂上置樽酒，作使邯鄲倡。中庭生桂樹，華登何煌煌。(《樂府詩集‧相和歌辭‧相逢行》)

> 黃金爲君門，璧玉爲軒堂。上有雙樽酒，作使邯鄲倡。……舍後有方池，池中雙駕鴦。(〈相和歌辭‧雞鳴〉)

此兩首詩歌深刻描繪出官吏的豪華生活。而一般農民百姓則是：

> 盜賊凶荒，九州代作，飢饉暴至，軍旅卒發，橫稅弱人，割奪吏祿，……
> 徭役並起，農桑失業，兆民呼嗟於昊天，貧窮轉死於溝壑矣。(同上)

農民戮力本業但不能求溫飽，一旦遇到徭役、凶荒或戰爭，則貧窮轉死溝壑。漢代樂府詩也曾記載人民窮困的現象：

> 婦病連年累歲，傳呼丈人前一言。當言未及得言，不知淚下一何翩翩。屬累君兩三孤子，莫我兒飢且寒。有過慎莫笞笥，行當折搖，思復念之。……(《樂府詩集‧相和歌辭‧婦病行》)

> 出東門，不顧歸。來入門，悵欲悲。盎中無斗米儲，還視架上無懸衣。拔劍東門去，舍中兒母牽衣啼。他家但願富貴，賤妾與君共餔糜。上用倉浪天故，下當用此黃口兒。今非！咄行，吾去爲遲，白髮時下難久居。(〈相和歌辭‧東門行〉)

詩中或描寫病婦的貧寒，或寫貧困家庭的迫於飢寒、挺而走險，道出了百姓生活的真象。由平民與貴族豪強生活兩極對立，呈現出貧富不均的嚴重社會

問題。此種貧富不均的問題，與土地兼并及富人畜奴有關。

就土地兼并而言：漢代土地兼并者多爲豪強富賈或貴族權倖（第九章曾舉例證明，可參考）。富者擁有土地，並以土地放租給農民。再以放租所得之財富，獨佔收購土地。是以富者田連阡陌，而貧者無立錐之地，甚至形成流民。例如武帝時，「關東流民二百萬口」（《漢書・石奮傳》），農民無田可耕之人數眾多，顯然土地兼并已對國家形成負面影響。因此，國君及大臣多思索改善方法。例如：

（一）高祖、武帝、宣帝及元帝，多曾實行徙富豪於京師之政策，以緩和土地的兼併。

（二）武帝時，董仲舒有限民名田的建議。

（三）武帝有禁商賈名田及告緡令之推行。

（四）成哀之際，師丹與丞相孔光及大司空何武等合擬，訂立限田制。

（五）王莽時有發布王田令，土地收歸國有。

（六）光武帝嘗下詔州郡，檢覈墾田頃畝，以防近親權貴田宅踰制。

（七）明帝時禁民二業。

但因涉及統治階層的既得利益，禁止土地兼併之政策並無成效，因而貧富兩極對立形勢無法緩減。

就富人畜奴而言：漢世土地多爲商賈權貴所掌握，人民貧困者或爲流民或「賣田地，鬻子孫」而爲奴。奴隸多爲富豪從事勞動，或爲農田耕作，或爲畜牧生產，或爲手工業之製造等。當然也有部份奴婢是供富人娛樂而不從事生產的。例如《漢書》記載：「又諸官奴婢十萬餘人戲游亡事，稅良民以給之，歲費五六鉅萬。」（〈貢禹傳〉）「昭信與去從十餘奴博飲游敖。」（〈景十三王傳・廣川惠王〉）「公卿列侯……多畜奴婢，被服綺縠，設鐘鼓，備女樂，……。」（〈成帝紀〉）基本上，上述奴婢不從事生產，但消耗大量社會財富。至於從事生產之奴隸，付出勞力而所得卻有限。且其生產所得往往厚值富賈貴族財富，形成富者愈富、貧者愈貧現象。貧富對立正是社會崇尚功利，富者日益剝削貧者所形成的不合理現象。人民在賣妻鬻子，流離失所的情況下，眼見貴族過著窮奢極欲的生活必然強烈反彈。所以武帝時就有動亂之事發生，至東漢靈帝甚至有黃巾賊的變亂。這是土地兼併、奴隸日增貧富對立的結果。

總上所述，本文透過兩漢政經形勢來檢視韓非尊君學說的影響。韓非尊君學說對於鞏固專制政體有種種正面價值，它能適合龐大官僚體制的需要，

又完成以法爲中心的學說體系，可作爲治國的標準及規範。漢代發揮韓非學說，在政治層面的優點說明如下：

（一）削弱諸侯王：韓非爲鞏固君權，主張廢封建、立郡縣。漢承之，於漢初削弱異姓諸侯王及同姓諸侯王。文帝景帝時，又行削藩政策。有促進全國統一的作用。

（二）察舉賢良：韓非用人唯材的觀念，成爲集權專制政體維持政權的必要方式。漢代受韓非影響，有察舉制度推舉賢良。和當時的貲選、任子制比較，可知韓非因能授官的睿智。

（三）考課制度：韓非提循名責實以考核臣僚的辦法，可避免權臣犯上，發揮官僚機構的統治效能。落實於兩漢有上計制度，地方向中央上計，縣向郡上計。藉上計考核官吏，舉凡租稅收入、戶口增減、農桑及災害多列入檢核，再以考核等第進行獎懲，建立了職責考核的辦法。

（四）監察制度：韓非主張國君虛靜無爲，建立監督臣下的御臣之術，有助於漢人監察制度的完成。無論是政策問題的監察或官吏枉法的監察，多日益完備。一則可避免倖進之路，再則可發揮「因任而授官」「循名而責實」的治術。

（五）律法的形成：韓非以法作爲全國統一的標準規範，法具有公平性、強制性、普遍性及公布性的特質。漢代承之，有漢律作爲治民標準。

（六）移民屯田的實踐：韓非耕戰合一的理論在漢代移民屯田上獲得實踐，不僅保衛邊防而且也能解決國內人口日繁，飲食日用不足的現象及流民問題。

韓非以術督責人事，以勢鞏固統治權力，以客觀化的法推動勢與術的運作。在實際政治上，有治國的必然實效。但是，漢代落實韓非尊君學說，也形成不少的流弊，問題出在那裏呢？

就削弱諸侯王而言：是強化君勢，完成中央集權。但統治者進而妒殺有德之諸侯王，是君「勢」抬頭，君在「法」之上，而不受法約束。法成爲君主一己之私，失去制衡功能，遂肆意殺害諸侯失去依據。

就總理官僚方面，形成選舉、考課不公及監察不實的缺失。這是因漢代後期國君的君勢不張，爲權臣所蒙蔽，術也就不能發揮作用。由於漢代後期國君多幼年即位，不能循名責實，所以不能貫徹韓非勢、術的論點所形成的。此外，漢代又有相權與君權失衡，釀成外戚與宦官專權的流弊。這是由於因

能授官而重用宰相，但國君又恐其君勢受威脅，而重用宦官外戚。也就是因能授官的「術」與尊君的「勢」，形成矛盾所衍生的現象。漢代重用外戚宦官牽制宰相，但是一旦君勢不張或國君昏庸，遂造成了戚宦專權現象。

就法治方面而言：韓非對法的立意有正面價值，但其學說中又強調「勢」，所以賞罰由國君所掌握。賞罰出自國君，國君超越於法，所以法成為人君統治人民的工具。因「抱法處勢」，法失去制衡國君的功能。漢代承之，有立法權源自國君、律令嚴密繁多及藉儒術緣飾吏事的流弊發生。由於法出於君，又君不一定具有才德，所以法不能制衡君勢，成為壓制人民的工具。這是韓非法的困境，而漢代統治者又順此缺失，扭曲法的特質而形成的。

就學術思想而言：韓非尊君以法為教，影響漢代統治者藉儒術統一思想。上位者一則藉利祿的誘惑以維持儒學一尊地位；再則學術成為政治附庸，統治者藉儒學灌輸尊君卑臣的觀念，甚至形成經學神學化鞏固政權。

就經濟方面而言：韓非視農業為本業，商業為末業，影響漢代推行重農抑商政策。但在晁錯、賈誼提倡的入粟拜爵政策中，忽略地位的存在，形成貧者愈貧，而富者愈富現象。又桑弘羊建議實施的均輸法中，卻忽略奸臣為利己而兼并國家財富的事實。所以均輸法未富國足民，反造成大官僚與大地主。他們又購置土地，形成嚴重的貧富對立現象，流民問題嚴重。這可能是韓非重農抑商政策的推動有實際上的困難。

就軍事方面而言：漢代軍事策略受韓非尊君尚力的影響，而妄動興兵，形成竭民財力及百姓流離現象。

就社會方面而言：韓非所建構的社會是尚耕戰的樸實社會，但是兩漢社會崇尚奢華，與韓非的社會模式截然不同。至於形成奢靡風氣的原因應是很複雜，但是韓非尚耕戰的社會理想也無法扭轉此風氣。其中緣由與韓非尚耕戰，又以富貴誘民，充斥功利思想，人民多重視現實利益。尤其是集權尊君，君勢獨大，無「法」可控制而形成為所欲為的縱欲，加上人有上行下效的本能。所以韓非尊君學說中的集權功利觀點，必然導致漢代奢華價值觀的形成，這是韓非尊君學說的困結。

上述說明韓非尊君學說落實於兩漢所形成的缺點，或為統治者不能徹底實行韓非尊君學說，或是扭曲了韓非學說，或者是韓非尊君學說本身的缺陷。大抵可以察知實行韓非尊君學說必需法術勢兼備，否則產生的負面影響是既深且鉅的。

重要參考文獻

一、韓非子及其相關研究著作

1. 《韓非學術思想》，黃秀琴，華僑出版社，西元 1962 年出版。
2. 《韓非子集解》，王先慎，世界書局，西元 1967 年出版。
3. 《韓非子校釋》，陳啟天，商務印書館，西元 1969 年出版。
4. 《韓非子淺解》，梁啟雄，學生書局，西元 1971 年出版。
5. 《韓非子考證》，容肇祖，臺聯國風出版社，西元 1972 年出版。
6. 《韓非子選》，王煥鑣，上海人民出版社，西元 1974 年出版。
7. 《韓非子選注》，唐敬杲，收入嚴靈峰編《無求備齋韓非子集成》第三十五冊，藝文印書館，西元 1974 年出版。
8. 《韓非子思想體系》，張素貞，黎明文化事業公司，西元 1974 年出版。
9. 《韓非子的哲學》，王邦雄，東大圖書公司，西元 1977 年出版。
10. 《韓非子評論》，熊十力，學生書局，西元 1978 年出版。
11. 《韓非子思想體系》，王靜芝，輔仁大學文學院出版社，西元 1979 年出版。
12. 〈韓子迂評〉凌瀛初集評，收入《中國子學名著集成》第七十冊，中國子學名著集成編印基金會，西元 1980 年出版。
13. 《韓非子札記》，周勛初，江蘇人民出版社，西元 1980 年出版。
14. 《韓非子析論》，謝雲飛，東大圖書公司，西元 1980 年出版。
15. 《韓非思想的歷史研究》，王曉波，聯經出版社，西元 1983 年出版。
16. 《韓非釋要》，徐漢昌，黎明文化事業公司，西元 1986 年出版。
17. 《韓非子集釋》，陳奇猷，華正書局，西元 1987 年出版。

18. 《韓非子難篇研究》，張素貞，學生書局，西元 1987 年出版。

19. 《韓非之著述及思想》，鄭良樹，學生書局，西元 1993 年出版。

二、古代著作（按《景印文淵閣四庫全書》分類編排）

（一）經部要籍

1. 《禮記》，《十三經注疏本》第五冊，藝文印書館，西元 1985 年出版。

2. 《左傳》，《十三經注疏本》第六冊，藝文印書館，西元 1985 年出版。

3. 《春秋繁露》，董仲舒，《景印文淵閣四庫全書》，商務印書館，西元 1985 年出版。

4. 《論語》，《十三經注疏本》第八冊，藝文印書館，西元 1985 年出版。

5. 《孟子》，《十三經注疏本》第八冊，藝文印書館，西元 1985 年出版。

（二）史部要籍

1. 《史記會注考證》，日・瀧川龜太郎，洪氏出版社，西元 1983 年出版。

2. 《漢書補注》，清王先謙，新文豐出版社，西元 1975 年出版。

3. 《漢書》，漢・班固撰、唐・顏師古注，收入楊家駱主編《中國學術類編》，鼎文書局，西元 1991 年出版。

4. 《後漢書》，宋・范曄撰、唐・李賢等注，收入楊家駱主編《中國學術類編》，鼎文書局，西元 1991 年出版。

5. 《後漢書志》，梁・劉昭補注，《景印文淵閣四庫全書》，商務印書館，西元 1985 年出版。

6. 《魏書》，北齊魏收撰，收入楊家駱主編《中國學術類編》，鼎文書局，西元 1991 年出版。

7. 《隋書》，唐・魏徵等撰，收入楊家駱主編《中國學術類編》，鼎文書局，西元 1991 年出版。

8. 《東觀漢紀》，漢・劉珍等撰，《景印文淵閣四庫全書》，商務印書館，西元 1985 年出版。

9. 《春秋大事表》，清・顧棟高，《景印文淵閣四庫全書》，商務印書館，西元 1985 年出版。

10. 《古史》，宋・蘇轍，商務印書館，西元 1983 年出版。

11. 《讀通鑑論》，清・王夫之，藝文印書館，西元 1957 年出版。

12. 《戰國策校注》，漢・高誘注，《四部叢刊本》，第十四冊，商務印書館，西元 1979 年出版。

13. 《三輔黃圖》，不著撰人，《景印文淵閣四庫全書》，商務印書館，西元

1985 年出版。

14. 《水經注》，漢・桑欽撰、魏・酈道元注，《四部叢刊本》，第十六冊，商務印書館，西元 1979 年出版。

15. 《通典》，唐・杜佑，大化書局，西元 1978 年出版。

16. 《秦會要訂補》，徐復觀，鼎文書局，西元 1978 年出版。

17. 《西漢會要》，宋・徐天麟，《景印文淵閣四庫全書》，商務印書館，西元 1985 年出版。

18. 《東漢會要》，宋・徐天麟，《景印文淵閣四庫全書》，商務印書館，西元 1985 年出版。

19. 《文獻通考》，元・馬端臨，《景印文淵閣四庫全書》，商務印書館，西元 1985 年出版。

20. 《漢舊儀》，漢・衛宏撰、孫星衍校，收入《叢書集成新編》第二十八冊，新文豐出版社，西元 1986 年出版。

21. 《漢官舊儀》，漢・衛宏，收入《叢書集成新編》第二十八冊，新文豐出版社，西元 1986 年出版。

22. 《漢律考》，程樹德，商務印書館，西元 1965 年出版。

23. 《唐律疏議》，唐・長孫無忌，商務印書館，西元 1990 年出版。

24. 《漢書藝文志考證》，宋・王應麟，《景印文淵閣四庫全書》，商務印書館，西元 1985 年出版。

25. 《四庫全書總目提要》，清・永瑢、紀昀，《景印文淵閣四庫全書》，商務印書館，西元 1985 年出版。

（三）子部要籍

1. 《荀子集解》，清王先謙集解，世界書局，西元 1962 年出版。

2. 《新語》，《四部叢刊本》，第十七冊，商務印書館，西元 1979 年出版。

3. 《新書》，《景印文淵閣四庫全書》，商務印書館，西元 1985 年出版。

4. 《鹽鐵論》，世界書局，西元 1958 年出版。

5. 《新序》，《四部叢刊本》，第十七冊，商務印書館，西元 1979 年出版。

6. 《法言》，《四部叢刊本》，第十八冊，商務印書館，西元 1979 年出版。

7. 《潛夫論》，《四部叢刊本》，第十八冊，商務印書館，西元 1979 年出版。

8. 《商君書新校正本》，嚴萬里，收入《萬有文庫簡編》第三十冊，商務印書館，西元 1939 年出版。

9. 《商君書解詁定本》，朱師轍，世界書局，西元 1975 年出版。

10. 《商君書錐指》，蔣禮鴻，北京中華書局，西元 1986 年出版。

11. 《申子》，收入清馬國翰輯《法家佚書輯本七種》，世界書局，西元 1988

年出版。

12. 《墨子閒詁》，孫詒讓注，廣文書局，西元 1972 年出版。

13. 《慎子校注及其學說研究》，徐漢昌，嘉欣水泥公司，西元 1976 年出版。

14. 《呂氏春秋》，漢高誘注《四部叢刊本》，第二十二冊，商務印書館，西元 1979 年出版。

15. 《淮南鴻烈解》，漢高誘注《四部叢刊本》，第二十二冊，商務印書館，西元 1979 年出版。

16. 《白虎通德論》，《四部叢書本》，第二十二冊，商務印書館，西元 1979 年出版。

17. 《獨斷》，漢‧蔡邕，收入《叢書集成新編》第二十八冊，新文豐出版社，西元 1986 年出版。

18. 《容齋隨筆》，洪邁，商務印書館，西元 1981 年出版。

19. 《日知錄》，顧炎武，萬有文庫，商務印書館，西元 1939 年出版。

20. 《論衡》，《四部叢刊本》，第二十二冊，商務印書館，西元 1979 年出版。

21. 《觀堂集林》，王國維，河洛圖書出版社，西元 1975 年出版。

22. 《老子註》，王弼注，藝文印書館，西元 1975 年出版。

23. 《莊子天下篇講疏》，顧實，商務印書館，西元 1976 年出版。

24. 《莊子纂箋》，錢穆，東大圖書公司，西元 1985 年出版。

（四）集部要籍

1. 《東坡全集》，蘇軾，《景印文淵閣四庫全書》，商務印書館，西元 1985 年出版。

2. 《龔自珍全集》，龔自珍，收入掃葉山房《定盦文集》，掃葉山房印行，西元 1932 年出版。

3. 《春在堂全書》，俞越，中國文獻出版社，西元 1968 年出版。

4. 《全上古三代秦漢三國六朝文》，嚴可均，世界書局，西元 1982 年出版。

5. 《樂府詩集》，宋‧郭茂倩輯，《景印文淵閣四庫全書》，商務印書館，西元 1985 年出版。

三、近代著作（按出版時間順序排列）

（一）專　著

1. 《中國田制叢考》，陳伯瀛，商務印書館，西元 1935 年出版。

2. 《十批判書》，郭沫若，群益出版社，西元 1946 年出版。

3. 《中國宰相制度》，李峻，商務印書館，西元 1947 年出版。

4. 《中國古代史》，夏曾佑，商務印書館，西元 1963 年出版。

5. 《兩漢察舉制度》，王兆徵，國立政治大學出版社，西元 1963 年出版。

6. 《中國六大政治家》，梁啟超，正中書局，西元 1963 年出版。

7. 《兩漢中央政治制度與法儒思想》，楊樹藩，商務印書館，西元 1967 年出版。

8. 《蔡元培先生全集》，蔡元培撰、孫常煒編，商務印書館，西元 1968 年出版。

9. 《兩漢的經濟思想》，韓復智，商務印書館，西元 1969 年出版。

10. 《兩漢監察制度研究》，陳世材，商務印書館，西元 1969 年出版。

11. 《中國法家概論》，陳啟天，中華書局，西元 1970 年出版。

12. 《中國政治思想史》第二冊，陶希聖，食貨出版社，西元 1972 年出版。

13. 《要籍解題及其讀法》，梁啟超，華正書局，西元 1974 年出版。

14. 《中國社會政治史》，薩孟武，三民書局，西元 1975 年出版。

15. 《中國思想通史》，侯外盧，人民出版社，西元 1975 年出版。

16. 《歷史與思想》，余英時，聯經出版社，西元 1976 年出版。

17. 《法意》，孟德斯鳩撰・嚴復譯，商務印書館，西元 1977 年出版。

18. 《諸子通考》，蔣伯潛，正中書局，西元 1978 年出版。

19. 《歷史研究》，湯恩比著・陳曉林譯，桂冠出版社，西元 1978 年出版。

20. 《經學歷史》，皮錫瑞，鳴宇出版社，西元 1980 年出版。

21. 《歷史與思考》，吳光明，聯經出版社，西元 1981 年出版。

22. 《先秦兩漢經濟史稿》，李劍農，華世出版社，西元 1981 年出版。

23. 《中國貨幣發展簡史和表解》，千家駒、郭彥崗，北京人民出版社，西元 1982 年出版。

24. 《國史大綱》，錢穆，商務印書館，西元 1982 年出版。

25. 《中國經學史的基礎》，徐復觀，學生書局，西元 1982 年出版。

26. 《中國法律制度史》，喬偉，吉林人民出版社，西元 1982 年出版。

27. 《中國思想史》，蕭公權，聯經出版社，西元 1982 年出版。

28. 《中國文化要義》，梁漱溟，里仁書局，西元 1982 年出版。

29. 《東西文化及其哲學》，梁漱溟，里仁書局，西元 1983 年出版。

30. 《中國哲學十九講》，牟宗三，學生書局，西元 1983 年出版。

31. 《先秦諸子論叢續編》，唐端正，東大圖書公司，西元 1983 年出版。

32. 《司馬遷之學術思想》，賴師明德，洪氏出版社，西元 1983 年出版。

33. 《中國封建社會》，瞿同祖，里仁書局，西元 1984 年出版。

34. 《續偽書通考》，鄭良樹，學生書局，西元 1984 年出版。

35. 《中國文學發展史》，劉大杰，華正書局，西元 1984 年出版。

36. 《中國法律與中國社會》，瞿同祖，里仁書局，西元 1984 年出版。

37. 《學術與政治之間》，徐復觀，學生書局，西元 1985 年出版。

38. 《法家哲學》，姚蒸民，東大圖書公司，西元 1986 年出版。

39. 《春秋戰國史話》，朱淑瑤、徐碩如，木鐸出版社，西元 1986 年出版。

40. 《先秦諸子繫年》，錢穆，東大圖書公司，西元 1986 年出版。

41. 《今存三國兩晉經學遺籍考》，簡博賢，三民書局，西元 1986 年出版。

42. 《中國古代哲學史》，胡適，遠流出版社，西元 1986 年出版。

43. 《中國經學史》，馬宗霍，商務印書館，西元 1986 年出版。

44. 《商鞅評傳》，陳啓天，商務印書館，西元 1986 年出版。

45. 《商鞅及其學派》，鄭良樹，學生書局，西元 1987 年出版。

46. 《中國思想史》，韋政通，水牛出版社，西元 1987 年出版。

47. 《中國哲學的特質》，牟宗三，學生書局，西元 1987 年出版。

48. 《中國哲學原論》，唐君毅，學生書局，西元 1987 年出版。

49. 《先秦兩漢儒家教育》，俞啓定，齊魯書社，西元 1987 年出版。

50. 《先秦政治思想史》，梁啓超，東大圖書公司，西元 1987 年出版。

51. 《秦漢史》，錢穆，東大圖書公司，西元 1987 年出版。

52. 《司馬遷與其史學》，周虎林，文史哲出版社，西元 1987 年出版。

53. 《中國法制史簡明教程》，蒲堅、趙昆坡，北京大學出版社，西元 1987 年出版。

54. 《中國文化史》，柳詒徵，正中書局，西元 1987 年出版。

55. 《中國人性論史》，徐復觀，商務印書館，西元 1988 年出版。

56. 《儒墨平議》，陳拱，商務印書館，西元 1988 年出版。

57. 《史學與傳統》，余英時，時報文化出版社，西元 1988 年出版。

58. 《董仲舒與新儒學》，黃朴民，山東大學博士論文，西元 1988 年出版。

59. 《儒家倫理與秩序情結》，張德勝，巨流出版社，西元 1989 年出版。

60. 《中國財政思想史》，胡寄窗、談敏，中國財政經濟出版社，西元 1989 年出版。

61. 《漢代的流民問題》，羅彤華，學生書局，西元 1989 年出版。

62. 《中國法制史稿》，薛梅卿、葉峰，高等教育出版社，西元 1990 年出版。

63. 《中國政治思想史》，蕭公權，聯經出版社，西元 1990 年出版。

64. 《中國現代思想史論》，李澤厚，風雲時代出版社，西元 1990 年出版。

65. 《兩漢思想史》，徐復觀，學生書局，西元 1990 年出版。

66. 《中國甲骨學史》，吳浩坤、潘悠，貫雅出版社，西元 1990 年出版。

67. 《中國哲學史新編》第二、三冊，馮友蘭，藍燈文化事業公司，西元 1991 年出版。

68. 《政道與治道》，牟宗三，學生書局，西元 1991 年出版。

69. 《先秦法家思想史論》，王曉波，聯經出版社，西元 1991 年出版。

70. 《中國文明史》，地球出版社，西元 1991 年出版。

71. 《士人與社會》，劉澤華，天津人民出版社，西元 1992 年出版。

72. 《儒家法思想通論》，俞榮根，廣西人民出版社，西元 1992 年出版。

73. 《秦漢史》，林劍鳴，上海人民出版社，西元 1993 年出版。

74. 《漢唐史論》，趙克堯，復旦大學，西元 1993 年出版。

75. 《漢代社會性質研究》，楊生民，北京師範學院，西元 1993 年出版。

76. 《墓葬與生死》，蒲慕州，聯經出版社，西元 1993 年出版。

77. 《兩漢經學與政治》，楊志鈞、華友根、錢杭，上海古籍出版社，西元 1994 年出版。

78. 《管子述評》、湯孝成，東大圖書公司，西元 1995 年出版。

79. 《王符潛夫論所反映之東漢情勢》，劉師文起，文史哲出版社，西元 1995 年出版。

80. 《中國文化史》，杜正勝，三民書局，西元 1995 年出版。

81. 《鄉土中國》，費孝通，作者自印本。

（二）學術期刊論文

1. 〈中國奴隸制度〉，梁啓超，《清華學報》第二卷第 2 期，西元 1927 年出版。

2. 〈東漢的豪族〉，楊聯陞，《清華國報》第十一卷第 4 期，西元 1936 年 10 月出版。

3. 〈中國法律之儒學化〉，瞿同祖，《國立北京大學五十周年紀念論文集》西元 1948 年出版。

4. 〈論漢代的游俠〉，勞榦，《文史哲學報》第 1 期，西元 1950 年 6 月出版。

5. 〈東漢統治階級內部的矛盾鬥爭──外戚宦官與黨錮〉，郭人民，《新史學通訊》，西元 1953 年第 10 期。

6. 〈兩漢監察制度與韓非思想〉，薩孟武，《社會科學論叢》第五輯，西元 1954 年 4 月出版。

7. 〈關於兩漢社會性質問題的探討〉，王思治、杜文凱、王汝豐，收入《歷史研究》西元 1955 年第 1 期。

8. 〈法家思想與秦漢時代的丞相制度〉，曾繁康，《社會科學論叢》第七輯，西元 1956 年 4 月出版。

9. 〈兩漢尚書職位及其對相權之影響〉，周道濟，《幼獅學報》第二卷第 2 期，西元 1959 年出版。

10. 〈兩漢尚書制度之研究〉，楊樹藩，《大陸雜誌》第二十三卷第 3 期，西元 1961 年 8 月出版。

11. 〈韓非學術原於老子說〉，羅宗濤，《國立師範大學國文研究所集刊》第八號，西元 1963 年 6 月出版。

12. 〈論漢代抑商政策的實質〉，高敏，《蘭州大學學報》西元 1963 年第 3 期。

13. 〈兩漢土地兼并考證〉，宋敘五，《土地改革》，第十五卷第 7 期，西元 1965 年 7 月出版。

14. 〈西周封建王國之研究〉，李方晨，《反攻》第 292 期，西元 1966 年 7 月出版。

15. 〈荀子非十二子篇詮論〉，黃叔權，《國立師範大學國文研究所集刊》第十一號，西元 1967 年 6 月出版。

16. 〈西周與法國封建制度的初步比較研究〉，謝康，《東海學報》第九卷第 1 期，西元 1968 年 1 月出版。

17. 〈從中國文化本位上論中國法制及其形成發展並予以重新評價〉，陳顧遠，收入《中國法制史論集》，中華法學協會，西元 1968 年出版。

18. 〈漢代的邊疆問題〉，管東貴，《史學通訊》第 4 期，西元 1969 年 5 月出版。

19. 〈法家思想與前漢之撻伐匈奴政策〉，孫會文，中華文化復興月刊，第二卷第 5 期，西元 1969 年 5 月出版。

20. 〈前漢在西北的移民與屯田〉，孫會文，《文史哲學報》第 19 期，西元 1970 年 6 月出版。

21. 《先秦諸子考佚》，阮廷焯，國立師範大學博士論文，西元 1970 年出版。

22. 〈漢代的屯田與開邊〉，管東貴，中研院歷史語言研究所集刊第四十五本第一分，西元 1973 年 10 月出版。

23. 〈中國學術思想變遷之大勢〉，梁啓超，收入《飲冰室文集類編》，華正書局，西元 1974 年出版。

24. 〈皇帝四經初探〉，唐蘭，《文物》西元 1974 年第 1 期。

25. 〈馬王堆出土老子乙本卷前古佚書的研究〉，唐蘭，《考古學報》西元 1975 年第 1 期。

26. 〈論韓非的軍事思想〉，廣東大學中文系三年級六班學員，《廣東師院學報》，西元 1975 年第 2 期。

27. 〈孟子散文研究〉，王基倫，《國立師範大學國文研究所集刊》第二十九號，西元 1975 年 6 月出版。

28. 〈漢代屯田的組織與功能〉，管東貴，中研院歷史語言研究所集刊第四十八本第三分，西元 1975 年 9 月出版。

29. 〈三代宗法社會的起源與發展〉，李震，《中國歷史學會史學期刊》第 8 期，西元 1976 年 3 月出版。

30. 〈睡虎地雲夢秦簡釋文〉，雲夢秦墓竹簡整理小組，《文物》西元 1976 年第 6、7、8 期。

31. 〈兩漢前期的削藩政策及其對政治的影響〉，洪神皆，《食貨月刊》第七卷第 3 期，西元 1977 年 3 月出版。

32. 〈山東省萊蕪縣西漢農具鐵範〉，山東省博物館，收入《文物》西元 1977 年第 7 期。

33. 〈韓非法學中的君德論〉，王靜芝，《東吳法律學報》第二卷第 1 期，西元 1977 年 11 月出版。

34. 〈韓非〉，楊樹藩，收錄於《中國歷代思想家》第二冊，商務印書館，西元 1978 年出版。

35. 〈孔子所說「郁郁乎文哉！吾從周」談周代學術文化之根——宗法制度〉，高桂惠，《孔孟月刊》第十八卷第 2 期，西元 1979 年 10 月出版。

36. 〈兩漢教化與獨尊儒術之闡析〉，曾俊岳，《新竹師專學報》第 5 期，西元 1979 年出版。

37. 〈從叔孫通、公孫弘、董仲舒三人看儒家的齊化〉，李則芬，《東方雜誌》，第十四卷第 3 期，西元 1980 年 9 月出版。

38. 〈聖教與異端——從政治思想論孔子在中國文化史的地位〉，蕭公權，收入《跡園文存》，環宇出版社，西元 1980 年出版。

39. 〈漢武帝抑黜百家非發自董仲舒考〉，戴靜山，收入《梅園論學集》，戴靜山先生遺著編輯委員會編，西元 1980 年出版。

40. 〈漢元帝渭陵調查記〉，李宏濤、王丕忠，《考古與文物》，西元 1980 年創刊號。

41. 〈內聖外王觀念的原始糾結與儒家政治思想的根本疑難〉，陳弱水，收入《史學評論》第 3 期，西元 1981 年 4 月出版。

42. 〈漢初的黃老之治與法家思想〉，王曉波，《食貨月刊》第十一卷第 10 期，西元 1981 年 10 月出版。

43. 〈經法等佚書是田駢的遺著〉，董英哲，《人文雜誌》西元 1982 年第 1 期。

44. 〈公與私——中心的倫理內涵〉，劉紀曜，收入《中國文化新論》思想篇二，聯經出版社，西元 1982 年出版。

45. 〈從卜辭經史考殷商氏族源流〉，黃競新，國立台灣大學中國文學系博士論文，西元 1982 年出版。

46. 〈兩漢任子問題之探討〉，廖曉晴，《遼寧大學學報》，西元 1983 年第 5 期。

47. 〈兩漢儒家政治思想與現實政治的互動：以奏議為中心的考察〉，盧瑞容，國立台灣大學中國文學系碩士論文，西元 1984 年出版。

48. 〈從爵制論商鞅變法所形成的社會〉，杜正勝，中研院歷史語言研究所集刊，第五十六本第三分，西元 1985 年 9 月出版。

49. 〈法在韓非思想中之意義〉，王曉波，收入《儒法思想論集》，時報文化公司，西元 1986 年出版。

50. 〈從王侯繼承和弒君看君主專制理論的逐步形成〉，尹振環，收入《中國史研究》西元 1987 年出版。

51. 〈兩漢宦官考〉，馬懷良，《中國史研究》，西元 1987 年出版。

52. 〈孔子之史學與心學〉，錢穆，收入《孔子與論語》，聯經出版社，西元 1988 年出版。

53. 〈商君書及其基本思想析論〉，賀凌虛，收錄於《商君書今註今譯》，商務印書館，西元 1988 年出版。

54. 〈論兩漢博士家法及其株生原因〉，羅義俊，《中國文化月刊》第 116 期，西元 1989 年 6 月出版。

55. 〈漢初黃老思想中的法家傾向〉，林聰舜，《漢學研究》第八卷第 2 期，西元 1990 年 12 月出版。

56. 〈申慎韓的黃老思想——兼論田駢〉，陳麗桂，《中國學術年刊》第 12 期，西元 1991 年 4 月出版。

57. 〈白虎通德論之思想體係及其倫理價值觀〉，張永雋，收入《漢代文學與思想學術研討會論文集》，國立政治大學中文研究所主編，文史哲出版社，西元 1991 年出版。

58. 〈論漢代讖緯神學〉，黃開國，收入《中國經學史論文選集》上冊，林師慶彰編，文史哲出版社，西元 1992 年出版。

59. 〈春秋戰國禮樂思索的正反諸型〉，李正治，國立台灣大學中國文學系博士論文，西元 1992 年出版。

60. 〈商鞅反人文觀研究〉，黃紹梅，私立東吳大學中國文學研究所碩士論文，西元 1992 年出版。

61. 〈罷黜百家獨尊儒術辨〉，趙克堯，收入《漢唐史論集》，復旦大學出版社，西元 1993 年出版。

62. 〈韓非思想的特色精義與限制——由其非儒的論點談起〉，林月惠，《嘉義師院學報》第 7 期，西元 1993 年 11 月出版。

63. 〈論引經決獄〉，高恒，收入《秦漢法制論考》，廈門大學出版社，西元 1994 年出版。

64. 〈老子的名論〉，黃紹梅，私立東吳大學中文研究集刊，第 2 期，西元 1995 年 5 月出版。

65. 〈韓非子儲說研究〉，陳麗珠，《國立師範大學國文研究所集刊》第四十號，西元 1996 年 3 月出版。